高中数学学科高地
王国江高中数学名师工作室
上海世外教育集团高中数学（金山世外）教学实践研究成果
杨浦区中小幼骨干教师骨干教师团队发展计划“数学资优生的培养体系建设与实施”成果

新标准、新教材、新课堂

高中数学教与学

主　编◎王国江　肖恩利
副主编◎浦静滢　张建国

编　者　（排名不分先后）
方耀华　张倬霖　朱　瑜　邵　翔　龚　亮　杨逸峰　刘　剡　曹丽琼
吴　颖　张哲明　冯　璟　李朝晖　谢大军　张克平　吴　坚　杨　蓉
张　怡　房丽云　陶　羿　童晨芳　严卫东　朱　华　毛培菁　刘　军
黄宇飞　吴雅晴　吴文洁　胡昊劼　崔　玥　徐　飞

同济大学出版社
TONGJI UNIVERSITY PRESS
·上海·

图书在版编目(CIP)数据

新标准、新教材、新课堂高中数学教与学 / 王国江，肖恩利主编. --上海：同济大学出版社，2024.7.
ISBN 978-7-5765-1227-4

Ⅰ. G633.602

中国国家版本馆 CIP 数据核字第 2024K70G28 号

新标准、新教材、新课堂高中数学教与学

主编　王国江　肖恩利

出 品 人　金英伟　　**策　　划**　谢惠云　　**责任编辑**　徐慧平
责任校对　徐春莲　　**封面设计**　渲彩轩

出版发行　同济大学出版社　www.tongjipress.com.cn
（地址：上海市四平路 1239 号　邮编：200092　电话：021－65985622）
经　　销　全国各地新华书店
排版制作　南京文脉图文设计制作有限公司
印　　刷　常熟市大宏印刷有限公司
开　　本　890mm×1240mm　1/16
印　　张　21.75
字　　数　487 000
版　　次　2024 年 7 月第 1 版
印　　次　2024 年 7 月第 1 次印刷
书　　号　ISBN 978－7－5765－1227－4

定　　价　64.00 元

前 言

上教版高中数学新教材遵循了《普通高中数学课程标准(2017年版)》的基本理念,贯彻“少而精”“简而明”的原则,关注数学的育人价值,落实立德树人的根本任务,将提升数学学科核心素养的理念贯彻在教材的结构、内容和表达中,在课程标准的基础上,突出了上海特色.

为了更好地将高中数学学科素养渗透到日常教学中,帮助教师明晰教学目标、梳理教学重点、提高教学效率,我们组织了各层面高中数学优秀教师深入领会新课程标准,研究新高考改革的要求,总结一线教学经验,将新课程标准的理念和新教材内容、新高考要求有机结合,供高三学生与教师在高考前全面复习时使用.

为了便于学生与老师使用,本书以单元复习作为线索,根据高中数学新教材的必修一、二、三和选择性必修一、二的各个章节教学内容的内在联系和知识点生成顺序,做了适当的调整.本书设有集合与逻辑、等式与不等式、函数、三角、三角函数、平面向量、复数、立体几何、概率统计、数列、解析几何、数学建模等单元,选取了历年上海春季高考、秋季高考的部分真题.

本书每个单元均设有以下栏目.

“知识梳理”:回顾每单元的知识结构、重点、难点以及一些常用的规律,并对易错的内容逐条分析,使读者对学习过程中必须关注的问题有全面的回顾和整理.

“讲练平台”:对每单元知识内容中常见的考点进行整理和分析,并配套相应的例题进行说明,注重知识与实际运用之间的关联,使读者可以更好地掌握所学的知识及其运用技巧.

“基础训练”:针对每单元的知识内容,提供精选的基础题和中档题练习,难度适中.

“能力提高”:围绕每单元的知识内容,提供训练思维、锻炼综合能力的练习题,难度相对较高.

“归纳小结”:对每单元知识进行回顾,针对重点、难点、易错点再度进行强调.

书末附有“基础训练”和“能力提高”的解答,供读者自检.

扫描书中二维码,可以查询详细的解题过程.

本书紧扣高中数学教学的基本要求和新高考的要求,明确复习课教学的重点、难点和关键点,在数学思想方法和解题策略上下功夫,从而提高学生的解题能力。数学的教学要重视知识之间的相互联系,提高数学复习课的教学效率,反对所谓“题海”的大量低效练习;数学的教学要帮助学生提升分析问题与解决问题的能力，以点带面、透析高考，关注解题过程；数学的教学反对单纯地围着一道题目转，而应当教会学生抓住一例、涉及一片、提高一步，并举一反三、触类旁通. 本书对教师的教和学生的学都具有一定的指导意义.

编　者

2024 年 5 月

目　录

1　集合与逻辑、等式与不等式

1.1　集合初步

【知识梳理】

1. 集合的概念

集合是能够确切指定的一些对象的全体，其中每个对象称为集合的元素. 元素具有确定性、互异性和无序性.

2. 特殊集合

$\varnothing$, $\mathbf{N}$, $\mathbf{Z}$, $\mathbf{Q}$, $\mathbf{R}$, …

3. 集合的表示方法

列举法、描述法、图示法.

4. 集合之间的关系

(1) 子集：如果 A 中任何一个元素都属于 B，那么 A 是 B 的子集，记作 $A\subseteq B$.

(2) 相等的集合：如果 $A\subseteq B$，且 $B\subseteq A$，那么 $A=B$.

(3) 真子集：$A\subseteq B$，且 B 中至少有一个元素不属于 A，记作 $A\subset B$.

5. 集合的运算（设全集为 U）

交集：$A\cap B=\{x\mid x\in A$ 且 $x\in B\}$.

并集：$A\cup B=\{x\mid x\in A$ 或 $x\in B\}$.

补集：$\bar{A}=\{x\mid x\in U$ 且 $x\notin A\}$.

6. 交、并、补运算中的性质（设全集是 U）

(1) $A\cap B\subseteq A$；$A\cap B\subseteq B$；

$A\cap B=A\Leftrightarrow A\subseteq B$；$A\cap B=B\Leftrightarrow B\subseteq A$.

(2) $A\subseteq A\cup B$；$B\subseteq A\cup B$；

$A\cup B=A\Leftrightarrow B\subseteq A$；$A\cup B=B\Leftrightarrow A\subseteq B$；$A\cap B=A\cup B\Leftrightarrow A=B$.

(3) $\bar{A}\cap B=\varnothing\Leftrightarrow B\subseteq A\Leftrightarrow \bar{A}\subseteq \bar{B}$.

(4) $\overline{A\cap B}=\bar{A}\cup\bar{B}$；$\overline{A\cup B}=\bar{A}\cap\bar{B}$.

【讲练平台】

考点 1　集合的描述法表示以及集合的运算

例 1　(1) 已知集合 $A=\{y\mid y=x^2-2x,\ x\in\mathbf{R}\}$，$B=\{y\mid y=-x^2+2x+6,\ x\in$

$\mathbf{R}\}$,求 $A \cap B$.

(2) 已知集合 $A=\{(x, y) \mid y=x^2-2x, x \in \mathbf{R}\}$, $B=\{(x, y) \mid y=-x^2+2x+6, x \in \mathbf{R}\}$,求 $A \cap B$.

解 (1) 因为 $y=x^2-2x=(x-1)^2-1$,所以 $y \geqslant -1$,所以 $A=[-1, +\infty)$.

因为 $y=-x^2+2x+6=-(x-1)^2+7$,所以 $y \leqslant 7$,所以 $B=(-\infty, 7]$.

所以 $A \cap B=\{y \mid -1 \leqslant y \leqslant 7\}$.

(2) 因为$\begin{cases} y=x^2-2x, \\ y=-x^2+2x+6, \end{cases}$所以$\begin{cases} x=3, \\ y=3 \end{cases}$或$\begin{cases} x=-1, \\ y=3. \end{cases}$

所以 $A \cap B=\{(3, 3), (-1, 3)\}$.

考点 2　集合的几何意义

例 2 已知集合 $A=\{(x, y) \mid x^2+y^2 \leqslant 3, x \in \mathbf{Z}, y \in \mathbf{Z}\}$,则 A 中元素的个数为多少?

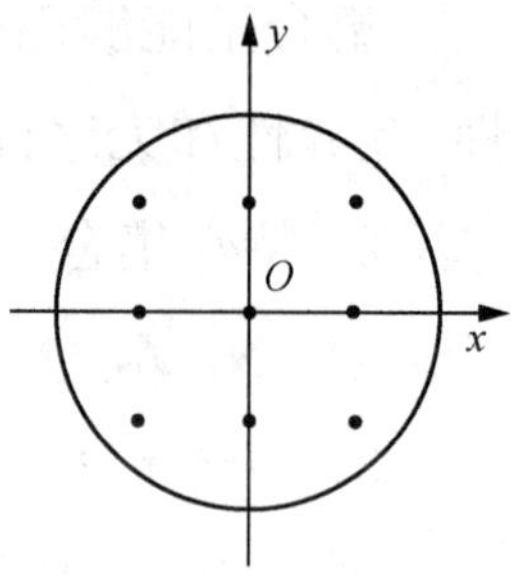

图 1-1

解 如图 1-1 所示,由 $x^2+y^2 \leqslant 3$ 知, $-\sqrt{3} \leqslant x \leqslant \sqrt{3}$, $-\sqrt{3} \leqslant y \leqslant \sqrt{3}$.

又 $x \in \mathbf{Z}$, $y \in \mathbf{Z}$,所以 $x \in \{-1, 0, 1\}$, $y \in \{-1, 0, 1\}$,

经检验,$C_3^1 C_3^1=9$ 组有序实数都满足 $x^2+y^2 \leqslant 3$,所以 A 中元素的个数为 9.

另解:由数形结合可知 A 中有 9 个元素.

考点 3　集合的运算及其性质

例 3 已知集合 $A=\{x \mid x^2-5x-24<0, x \in \mathbf{R}\}$, $B=\{x \mid x^2-3ax+2a^2<0, x \in \mathbf{R}\}$,若 $A \cup B=A$,求实数 a 的取值范围.

解 因为 $A \cup B=A$,所以 $B \subseteq A$.

因为 $x^2-5x-24<0$,所以$(x+3)(x-8)<0$,

所以 $-3<x<8$,所以 $A=(-3, 8)$.

因为 $x^2-3ax+2a^2<0$,所以$(x-a)(x-2a)<0$,

当 $a>0$ 时, $B=(a, 2a)$,因为 $B \subseteq A$,所以$\begin{cases} a \geqslant -3, \\ 2a \leqslant 8, \end{cases}$所以 $0<a \leqslant 4$;

当 $a<0$ 时, $B=(2a, a)$,因为 $B \subseteq A$,所以$\begin{cases} 2a \geqslant -3, \\ a \leqslant 8, \end{cases}$所以 $-\dfrac{3}{2} \leqslant a<0$;

当 $a=0$ 时,$B=\varnothing$,显然满足.

综上所述, $a \in \left[-\dfrac{3}{2}, 4\right]$.

【基础训练】

1. 集合 A 满足$\{1, 3\} \subset A \subseteq \left\{x \,\middle|\, y=\dfrac{15}{x}, x \in \mathbf{N}, y \in \mathbf{N}\right\}$,则集合 A 中有________个元素.

2. 已知集合 $A=\{x\mid -1<x\leqslant 4\}$, $B=\{-1, 1, 3\}$,则 $A\cap B$ 等于__________.

3. 已知集合 $A=\{(x, y)\mid y=a|x|\}$, $B=\{(x, y)\mid y=x+a\}$, $C=A\cap B$,且集合 C 为单元素集合,则实数 a 的取值范围是__________.

4. 已知集合 $A=\{x\mid |x^2-2x|\leqslant x\}$, $B=\left\{x\,\middle|\,\dfrac{x}{1-x}<\left|\dfrac{x}{1-x}\right|\right\}$, $C=\{x\mid ax^2-x+b<0\}$满足$(A\cup B)\cap C=\varnothing$, $(A\cup B)\cup C=\mathbf{R}$,求实数 a, b 的值.

5. 已知全集 $U=\mathbf{R}$, $A=\{x\mid |x-1|<3\}$, $B=\{x\mid x^2-2x+1-m^2\leqslant 0\}$,其中 $m<0$.

(1) 若 $A\cap B=A$,求实数 m 的取值范围;

(2) 若集合 $\bar{A}\cap B$ 中仅有两个元素,求实数 m 的值和集合 $\bar{A}\cap B$.

6. 对于给定集合 M,若集合 M 中任意两个不同元素之和仍是集合 M 中的元素,则称集合 M 是“封闭集合”. 设 p, q 为实常数且 $q\neq 0$,集合 $C=\{x\mid x=p+nq, n\in\mathbf{N}, n\geqslant 1\}$,证明:若集合 C 为“封闭集合”,则存在整数 $m\geqslant -2$,使得 $p=mq$;反之也成立,即若存在整数 $m\geqslant -2$,使得 $p=mq$,则集合 C 为“封闭集合”.

【能力提高】

1. 若非空实数集 M 满足任意 x, $y\in M$,都有 $x+y\in M$, $x-y\in M$,则称 M 为"优集". 已知 A, B 是"优集",则下列命题中错误的是(　　).

(A) $A\cap B$ 是"优集"　　(B) $A\cup B$ 是"优集"

(C) 若 $A\cup B$ 是"优集",则 $A\subseteq B$ 或 $B\subseteq A$　　(D) 若 $A\cup B$ 是"优集",则 $A\cap B$ 是"优集"

2. 对于正整数集合 $A=\{a_1, a_2, \cdots, a_n\}(n\in\mathbf{N}, n\geqslant 3)$,如果去掉其中任意一个元素 $a_i(i=1, 2, \cdots, n)$之后,剩余的所有元素组成的集合都能分为两个交集为空集的集合,且这两个集合的所有元素之和相等,就称集合 A 为"和谐集".

(1) 判断集合$\{1, 2, 3, 4, 5\}$是否为"和谐集";

(2) 求证:若集合 A 是"和谐集",则集合 A 中元素个数为奇数;

(3) 若集合 A 是"和谐集",求集合 A 中元素个数的最小值.

【归纳小结】

1. 在用描述法表示集合时,要注意弄清该集合中元素的一般形式.

2. 特殊集合的记忆和理解对于解题是非常重要的,特别是对于空集$\varnothing$概念的理解. 我们规定不含任何元素的集合是空集. 一个集合是空集,可能是指方程无解,可能是指图像没有交点. 对此的理解与转换可能就是解题的突破口.

3. 对于含参数的集合之间关系的讨论,特别要注意其端点处的讨论,避免出现漏情况或多情况的错误.

4. 在处理子集、真子集及集合运算有关问题时,经常可借助集合的图示或者数轴来直观理解.

1.2 常用逻辑概念

【知识梳理】

1. 命题:判断真假的语句.通常用陈述句表示.一般形式:"若 p,则 q".判断结果为真的命题称为真命题,判断结果为假的命题称为假命题.

2. 如果 $p\Rightarrow q$,那么 p 是 q 的充分条件,q 是 p 的必要条件;

如果 $p\Rightarrow q$ 且 $q\Rightarrow p$,那么 p 是 q 的充要条件,q 是 p 的充要条件,此时 p 与 q 等价,记作 $p\Leftrightarrow q$.

3. 设 $A=\{x\mid x$ 具有性质 $p\}$,$B=\{y\mid y$ 具有性质 $q\}$,则 $A\subseteq B$ 与 $p\Rightarrow q$ 等价.

4. 反证法:要证明命题"若 p,则 q"是真命题,可以假设 q 不成立,然后经过正确的逻辑推理得到与已知条件或其他真命题相矛盾的结论,从而说明"q 不成立"不可能发生.

【讲练平台】

考点1 判断命题的真假

例1 已知命题 p:存在 $x\in\mathbf{R}$,使得 $mx^2-4mx+3=0$,命题 q:对任何 $x\in\mathbf{R}$,都有 $mx^2+4mx+4>0$.若 p 为假命题,q 为真命题.求实数 m 的取值范围.

解 当命题 p 为真命题时,即方程 $mx^2-4mx+3=0$ 有实根.

若 $m=0$,则方程 $mx^2-4mx+3=0$ 可化为 $3=0$,显然不成立,

所以 $m\neq 0$ 且 $\Delta=16m^2-12m\geqslant 0$,

解得 $m<0$ 或 $m\geqslant\dfrac{3}{4}$.

所以当命题 p 为假命题时,$0\leqslant m<\dfrac{3}{4}$.

又因为命题 q 是真命题,当 $m=0$ 时,不等式 $4>0$,显然成立;

当 $m\neq 0$ 时,$m>0$ 且 $\Delta=16m^2-16m<0$,解得 $0<m<1$.

所以当命题 q 是真命题时,$0\leqslant m<1$.

综上所述,存在实数 $m\in\left[0,\ \dfrac{3}{4}\right)$,使得命题 p 为假命题,命题 q 为真命题.

考点2 几种条件关系的判断

例2 判断 α:"$x+y>10$ 且 $xy>25$"是 β:"$x>5$ 且 $y>5$"的什么条件.

解 α 是 β 的必要非充分条件.

α 不是 β 的充分条件,如反例:$x=2$,$y=13$;

必要性:因为 $x>5$ 且 $y>5$,由不等式的性质,得 $x+y>10$ 且 $xy>25$,

所以 α 是 β 的必要条件.

综上所述，α 是 β 的必要非充分条件.

考点 3 集合的包含关系与命题的推出关系之间的等价性

例 3 已知 $p:\left|1-\frac{x-1}{3}\right|\leqslant 1$，$q:x^2-4x+4-m^2\leqslant 0\ (m>0)$，若 q 是 p 的充分非必要条件，求实数 m 的取值范围.

解 由已知，$p:\left|1-\frac{x-1}{3}\right|\leqslant 1$ 可得 $-1\leqslant\frac{x-1}{3}-1\leqslant 1$，可得 $0\leqslant\frac{x-1}{3}\leqslant 2$，解得 $1\leqslant x\leqslant 7$，

$q:x^2-4x+4-m^2\leqslant 0\ (m>0)\Leftrightarrow[x-(2-m)][x-(2+m)]\leqslant 0$，

又因为 $m>0$，所以不等式 $x^2-4x+4-m^2\leqslant 0(m>0)$ 的解集是 $[2-m,\ 2+m]$.

因为 q 是 p 的充分非必要条件，所以不等式 $x^2-4x+4-m^2\leqslant 0(m>0)$ 的解集是不等式 $\left|1-\frac{x-1}{3}\right|\leqslant 1$ 解集的真子集，

所以 $\begin{cases}m>0,\\2-m\geqslant 1,\\2+m<7\end{cases}$ 或 $\begin{cases}m>0,\\2-m>1,\\2+m\leqslant 7,\end{cases}$ 解得 $0<m\leqslant 1$.

所以实数 m 的取值范围是 $(0,\ 1]$.

考点 4 用反证法证明命题

例 4 用反证法证明 $y=\mathrm{e}^x+\frac{x-1}{x}$ 在 $(-\infty,\ 0)$ 上无零点.

证明 假设 $y=\mathrm{e}^x+\frac{x-1}{x}$ 在 $(-\infty,\ 0)$ 上有零点，

又 $y=\mathrm{e}^x+\frac{x-1}{x}=\mathrm{e}^x-\frac{1}{x}+1$，

令 $\mathrm{e}^x-\frac{1}{x}+1=0$，得 $\mathrm{e}^x=\frac{1}{x}-1$.

由于 $\mathrm{e}^x\in(0,\ 1)$，$\frac{1}{x}-1<-1$，

所以 $\mathrm{e}^x=\frac{1}{x}-1$ 不可能成立，与假设矛盾，

故 $y=\mathrm{e}^x+\frac{x-1}{x}$ 在 $(-\infty,\ 0)$ 上无零点.

【基础训练】

1. 已知命题 p："若 $f(x)<f(4)$ 对任意的 $x\in(0,\ 4)$ 都成立，则 $y=f(x)$ 在 $(0,\ 4)$ 上为增函数". 能说明命题 p 为假命题的一个函数是____________.

2. 已知 $f(x)=x\left(3^x a-\dfrac{3^{-x}}{a}\right)$，则“$a=1$”是“函数 $y=f(x)$ 为偶函数”的(　　).

(A) 充分非必要条件　　(B) 必要非充分条件

(C) 充要条件　　(D) 既非充分也非必要条件

3. 若 $k\in\mathbf{R}$，则“$-1<k<1$”是“方程 $\dfrac{x^2}{k+1}+\dfrac{y^2}{1-k}=1$ 表示椭圆”的(　　).

(A) 充分非必要条件　　(B) 必要非充分条件

(C) 充要条件　　(D) 既非充分也非必要条件

4. 若命题“对任何 $x\in(1,+\infty)$，不等式 $x+\dfrac{4}{x-1}\geqslant a$ 恒成立”为真命题，则实数 a 的取值范围是__________.

5. 用反证法证明：若函数 $y=f(x)$ 在区间 $[a,b]$ 上是严格增函数，则方程 $f(x)=0$ 在区间 $[a,b]$ 上至多只有一个实数根.

6. 已知命题 p：“方程 $4x^2+4x+m-2=0$ 没有实数根”，命题 q：“$m<1$”.

(1) 若 p 为真命题，求实数 m 的取值范围；

(2) 若 p 和 q 有且只有一个为真命题，求实数 m 的取值范围.

【能力提高】

1. 若实数 a,b 满足 $a\geqslant0$，$b\geqslant0$，且 $ab=0$，则称 a 与 b 互补，记 $\varphi(a,b)=\sqrt{a^2+b^2}-a-b$，那么“$\varphi(a,b)=0$”是“$a$ 与 b 互补”的(　　).

(A) 充分非必要条件　　(B) 必要非充分条件

(C) 充要条件　　(D) 既非充分也非必要条件

2. 定义域为 $\mathbf{R}$ 的函数 $y=f(x)$，对于给定的非空集合 A，$A\subseteq\mathbf{R}$，若对于 A 中的任意元素 a，都有 $f(x+a)\geqslant f(x)$ 成立，则称函数 $y=f(x)$ 是集合 A 上的 Z-函数.

(1) 给定集合 $A=\{-1,1\}$，函数 $y=f(x)$ 是集合 A 上的 Z-函数，求证：函数 $y=f(x)$ 是周期函数；

(2) 给定集合 $A=\{1\}$, $g(x)=ax^2+bx+c$,若函数 $y=g(x)$ 是集合 A 上的 Z-函数,求实数 a, b, c 所满足的条件;

(3) 给定集合 $A=[0,1]$,函数 $y=h(x)$ 是集合 A 上的 Z-函数,求证:"$y=h(x)$ 是周期函数"的充要条件是"$y=h(x)$ 是常值函数".

【归纳小结】

1. 要判断命题的真假,必须要牢记已经学过的定理、命题和性质.

2. 判断几种条件关系("充分非必要条件""必要非充分条件""充要条件""既非充分也非必要条件")的方法:

(1) 用定义判断;(2) 用集合的包含关系;(3) 用命题的等价性.

3. 真、假命题的证明:真命题是正确的命题,可以通过已有的公理、定理等进行严格证明;假命题是错误的命题,可以通过举反例进行说明.

4. 证明 α 是 β 的充要条件:(1) 充分性的证明: $\alpha\Rightarrow\beta$; (2) 必要性的证明: $\beta\Rightarrow\alpha$. 证明 α 是 β 的充分非必要条件:(1) 充分性的证明: $\alpha\Rightarrow\beta$; (2) 举反例说明 β 推不出 α.

5. 使用反证法证明一个命题时,要注意正确的否定形式,例如:"至少"与"至多","任意"与"存在"等.

1.3 等式与不等式的性质

【知识梳理】

1. 实数大小的比较: $a>b\Leftrightarrow a-b>0$; $a=b\Leftrightarrow a-b=0$; $a<b\Leftrightarrow a-b<0$.

2. 等式的性质:设 a, b, c 都是实数,

(1) 传递性:如果 $a=b$,且 $b=c$,那么 $a=c$;

(2) 加法性质:如果 $a=b$,那么 $a+c=b+c$;

(3) 乘法性质:如果 $a=b$,那么 $ac=bc$.

3. 韦达定理:若一元二次方程 $ax^2+bx+c=0\ (a\neq 0)$的两个根分别为 x_1, x_2,则有 $x_1+x_2=-\frac{b}{a}$; $x_1x_2=\frac{c}{a}$.

4. 不等式的基本性质:设 a, b, c 都是实数,

(1) 传递性:如果 $a>b$,且 $b>c$,那么 $a>c$;

(2) 加法性质:如果 $a>b$,那么 $a+c>b+c$;

(3) 乘法性质:如果 $a>b$,且 $c>0$,那么 $ac>bc$;如果 $a>b$,且 $c<0$,那么 $ac<bc$.

5. 不等式的常用性质:设 a, b 是实数,n 是正整数,

(1) 如果 $a>b$,且 $c>d$,那么 $a+c>b+d$;

(2) 如果 $a>b>0$,那么$\frac{1}{a}<\frac{1}{b}$;

(3) 如果 $a>b>0$,且 $c>d>0$,那么 $ac>bd$;

(4) 如果 $a>b>0$,那么 $a^n>b^n$;

(5) 如果 $a>b>0$,那么$\sqrt[n]{a}>\sqrt[n]{b}$.

【讲练平台】

考点1　含参方程的求解

例1　设 m 为实数,求关于 x 的方程$(m^2-m-2)x=m^2-3m+2$ 的解集.

解　当 $m^2-m-2\neq 0$,即 $m\neq 2$ 且 $m\neq -1$ 时,方程有唯一解,解集为$\left\{\frac{m-1}{m+1}\right\}$;

当$\begin{cases}m^2-m-2=0,\\ m^2-3m+2\neq 0,\end{cases}$即 $m=-1$ 时,解集为$\varnothing$;

当$\begin{cases}m^2-m-2=0,\\ m^2-3m+2=0,\end{cases}$即 $m=2$ 时,方程有无穷多解,解集为 $\mathbf{R}$.

考点2　韦达定理

例2　已知 x_1, x_2 是方程 $x^2-3x+1=0$ 的两个实根,求下列各式的值.

(1) $\frac{1}{x_1}+\frac{1}{x_2}$; (2) $x_1^2+x_2^2$; (3) $x_1^3+x_2^3$; (4) $x_1^3+8x_2$.

解　由韦达定理得 $x_1+x_2=3$, $x_1x_2=1$.

(1) $\frac{1}{x_1}+\frac{1}{x_2}=\frac{x_1+x_2}{x_1x_2}=\frac{3}{1}=3$.

(2) $x_1^2+x_2^2=(x_1+x_2)^2-2x_1x_2=3^2-2=7$.

(3) $x_1^3+x_2^3=(x_1+x_2)^3-3x_1x_2(x_1+x_2)=3^3-3\times 3=18$.

(4) $x_1^3+8x_2=x_1(3x_1-1)+8x_2=3(3x_1-1)-x_1+8x_2=8(x_1+x_2)-3=21$.

考点 3 不等式的性质

例 3 $\begin{cases}2<x+y<4,\\0<xy<3\end{cases}$是$\begin{cases}0<x<1,\\2<y<3\end{cases}$的(　　).

(A) 充分非必要条件　　(B) 必要非充分条件

(C) 充要条件　　(D) 既非充分也非必要条件

解 因为 $0<x<1$，$2<y<3$，由不等式的加法性质和乘法性质，可得 $2<x+y<4$，$0<xy<3$，必要性成立；但若 $x=2.5$，$y=0.5$，x，y 满足$\begin{cases}2<x+y<4,\\0<xy<3,\end{cases}$但不满足$\begin{cases}0<x<1,\\2<y<3,\end{cases}$充分性不成立. 故选(B).

考点 4 比较大小

例 4 已知 $0<x<1$，$a>0$，$a\neq1$，比较 $|\log_a(1-x)|$ 与 $|\log_a(1+x)|$ 的大小.

解法 1 因为
$$|\log_a(1-x)|-|\log_a(1+x)|=\frac{|\lg(1-x)|}{|\lg a|}-\frac{|\lg(1+x)|}{|\lg a|}$$
$$=\frac{1}{|\lg a|}[-\lg(1-x)-\lg(1+x)]$$
$$=-\frac{1}{|\lg a|}\lg(1-x^2)>0,$$

所以 $|\log_a(1-x)|>|\log_a(1+x)|$.

解法 2 因为
$$\frac{|\log_a(1-x)|}{|\log_a(1+x)|}=|\log_{(1+x)}(1-x)|=-\log_{(1+x)}(1-x)=\log_{(1+x)}\frac{1}{1-x}$$
$$=\log_{(1+x)}\frac{1+x}{1-x^2}>\log_{(1+x)}(1+x)=1,$$

所以 $|\log_a(1-x)|>|\log_a(1+x)|$.

【基础训练】

1. 若 $a>1$，$b>1$，则 $1+ab$ 与 $a+b$ 的大小关系是__________.

2. 若 a，b，$c\in\mathbf{R}$，则“$a>b$”是“$ac^2>bc^2$”的(　　).

(A) 充分非必要条件　　(B) 必要非充分条件

(C) 充要条件　　(D) 既非充分也非必要条件

3. 若方程 $f(x)\cdot g(x)=0$ 的解集为 M，则以下结论一定正确的是(　　).

① $M=\{x\mid f(x)=0\}\cup\{x\mid g(x)=0\}$

② $M=\{x\mid f(x)=0\}\cap\{x\mid g(x)=0\}$

③ $M\subseteq\{x\mid f(x)=0\}\cup\{x\mid g(x)=0\}$

④ $M\supseteq\{x\mid f(x)=0\}\cap\{x\mid g(x)=0\}$

(A) ①④　　(B) ②④　　(C) ③④　　(D) ①③④

4. 已知三个不等式:① $ab>0$; ② $-\frac{c}{a}<-\frac{d}{b}$; ③ $bc>ad$. 若以其中两个作为条件,剩下一个作为结论,可以组成____________个正确的命题.

5. 设 $m\in\mathbf{R}$,若关于 x 的一元二次方程 $2x^2-4x+m+3=0$ 有两个同号实根,则实数 m 的取值范围是____________.

6. 设 x, $y\in\mathbf{R}$,比较下列各组式子值的大小:

(1) x^2+3 与 $3x$;　　(2) x^2+y^2+1 与 $x+y+xy$;

(3) $\frac{x}{y^2}+\frac{y}{x^2}$ 与 $\frac{1}{x}+\frac{1}{y}$(其中 $x>0$, $y>0$);　　(4) $\sqrt{x+1}-\sqrt{x}$ 与 $\sqrt{x}-\sqrt{x-1}$ (其中 $x>1$).

【能力提高】

1. 已知 $m\in\mathbf{R}$,若 x_1, x_2 是方程 $4x^2-4mx+(m-1)^2+2=0$ 的两个实根,则 $x_1^2+x_2^2$ 的最小值为____________.

2. 若实数 x, y, m 满足 $|x-m|>|y-m|$,则称 x 比 y 远离 m.

(1) 若 x^2-1 比 1 远离 0,求 x 的取值范围;

(2) 对任意两个不相等的正数 a, b,证明:a^3+b^3 比 a^2b+ab^2 远离 $2ab\sqrt{ab}$.

【归纳小结】

1. 比较两个实数大小的主要方法

(1) 作差法；(2) 作商法(通常需知道两个实数的符号)；(3) 利用函数的单调性.

2. 易错、易漏点

(1) 不等式的基本性质可由等式的基本性质类比得到，是解不等式的理论依据，特别要注意同向不等式可相加，也可相乘，但相乘时，两个不等式两边的代数式都需大于零；

(2) 实系数一元二次方程 $ax^2+bx+c=0(a\neq 0)$ 中，无论方程具有实根还是虚根，韦达定理 $x_1+x_2=-\frac{b}{a}$，$x_1x_2=\frac{c}{a}$ 都成立，但在研究实根的情形中，需注意判别式 $\Delta\geqslant 0$.

1.4　不等式的解法

【知识梳理】

1. 不等式的解法：设 a，b，c 都是实数，且 $a\neq 0$.

(1) 一元一次不等式的求解：$ax>b$.

当 $a>0$ 时，$x>\frac{b}{a}$；当 $a<0$ 时，$x<\frac{b}{a}$.

【注】 若 $a=0$ 时，关于 x 的不等式 $ax>b$：

当 $b\geqslant 0$ 时，不等式无解；当 $b<0$ 时，不等式的解集为 $\mathbf{R}$.

(2) 一元二次不等式的求解：$ax^2+bx+c>0$ (<0，$\geqslant 0$ 或 $\leqslant 0$).

二次项系数 $a>0$ 时，一元二次方程、一元二次不等式与相应的一元二次函数的联系见表 1-1.

表 1-1　一元二次方程、一元二次不等式与相应的一元二次函数的联系($a>0$)

$f(x)=ax^2+bx+c$	$b^2-4ac>0$	$b^2-4ac=0$	$b^2-4ac<0$
零点	x_1，$x_2(x_1<x_2)$	x_0	不存在
函数 $y=f(x)$ 的大致图像	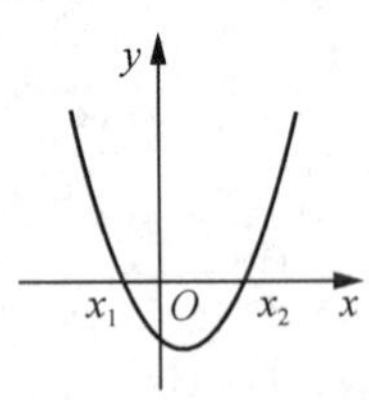	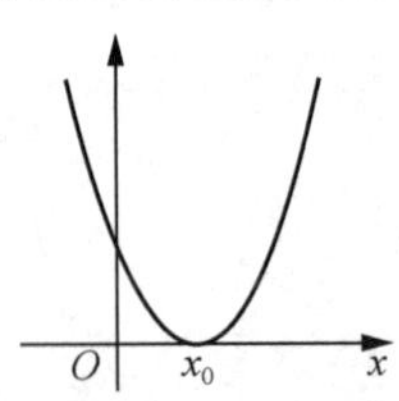	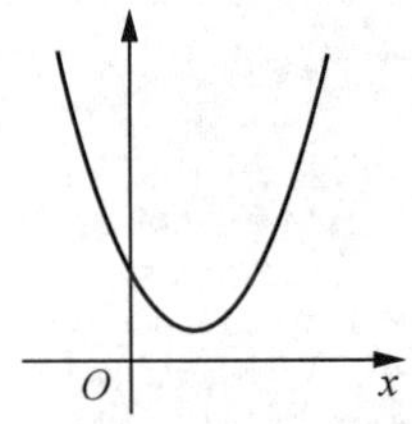
$f(x)>0$ 的解集	$(-\infty, x_1)\cup(x_2, +\infty)$	$(-\infty, x_0)\cup(x_0, +\infty)$	$\mathbf{R}$
$f(x)<0$ 的解集	(x_1, x_2)	$\varnothing$	$\varnothing$
$f(x)\geqslant 0$ 的解集	$(-\infty, x_1]\cup[x_2, +\infty)$	$\mathbf{R}$	$\mathbf{R}$
$f(x)\leqslant 0$ 的解集	$[x_1, x_2]$	$\{x_0\}$	$\varnothing$

(3) 分式不等式的求解：通过同解变形，将分式不等式转化为整式不等式.

① $\dfrac{f(x)}{g(x)}>0\Leftrightarrow f(x)g(x)>0$；
② $\dfrac{f(x)}{g(x)}<0\Leftrightarrow f(x)g(x)<0$；
③ $\dfrac{f(x)}{g(x)}\geqslant 0\Leftrightarrow\begin{cases}f(x)g(x)\geqslant 0,\\ g(x)\neq 0;\end{cases}$
④ $\dfrac{f(x)}{g(x)}\leqslant 0\Leftrightarrow\begin{cases}f(x)g(x)\leqslant 0,\\ g(x)\neq 0.\end{cases}$

(4) 含绝对值不等式的求解.

① $|f(x)|<g(x)\Leftrightarrow\begin{cases}f(x)<g(x),\\ f(x)>-g(x);\end{cases}$

② $|f(x)|>g(x)\Leftrightarrow f(x)>g(x)$ 或 $f(x)<-g(x)$；

③ $|f(x)|<|g(x)|\Leftrightarrow[f(x)]^2<[g(x)]^2$；

④ 零点分段讨论法.

(5) 指数不等式与对数不等式的求解：利用指数函数、对数函数的单调性求解.

① 当 $a>1$ 时，$a^{f(x)}>a^{g(x)}\Leftrightarrow f(x)>g(x)$，$\log_a f(x)>\log_a g(x)\Leftrightarrow f(x)>g(x)>0$；

② 当 $0<a<1$ 时，$a^{f(x)}>a^{g(x)}\Leftrightarrow f(x)<g(x)$，$\log_a f(x)>\log_a g(x)\Leftrightarrow 0<f(x)<g(x)$.

(6) 三角不等式的求解：利用单位圆、三角函数的周期性和单调性求解.

2. 不等式的恒成立问题

(1) 二次函数判别式法

若所求问题可以转化为二次不等式，则可考虑运用判别式法求解，如：

① $f(x)=ax^2+bx+c>0$ 恒成立$\Leftrightarrow\begin{cases}a=b=0,\\ c>0\end{cases}$或$\begin{cases}a>0,\\ \Delta<0;\end{cases}$

② $f(x)=ax^2+bx+c<0$ 恒成立$\Leftrightarrow\begin{cases}a=b=0,\\ c<0\end{cases}$或$\begin{cases}a<0,\\ \Delta<0.\end{cases}$

(2) 分离参数法

若可以通过恒等变形，分离出参数，则可考虑运用分离参数法，如：

① $a>f(x)$恒成立，则当 $y=f(x)$存在最大值 M 时，原问题等价于 $a>M$；

② $a<f(x)$恒成立，则当 $y=f(x)$存在最小值 m 时，原问题等价于 $a<m$.

【讲练平台】

考点1 不等式的基本解法

例1 (1) 不等式$|x|(x+3)>0$ 的解集是________；

(2) 当 $0<a<1$ 时，不等式$\dfrac{ax-1}{x-a}\leqslant 0$ 的解集是________.

解 (1) 由题意知$\begin{cases}x\neq 0,\\ x+3>0,\end{cases}$故解集为$(-3,0)\cup(0,+\infty)$.

(2) 不等式$\dfrac{ax-1}{x-a}\leqslant 0$ 等价于$\begin{cases}\left(x-\dfrac{1}{a}\right)(x-a)\leqslant 0,\\ x-a\neq 0,\end{cases}$故解集为$\left(a,\dfrac{1}{a}\right]$.

考点 2 含参不等式(组)的解法

例 2 已知 $a\in\mathbf{R}$,解关于 x 的不等式组$\begin{cases}ax>1,\\x<2.\end{cases}$

解 ① 当 $a<0$ 时,$\begin{cases}x<\dfrac{1}{a},\\x<2,\end{cases}$ 因为$\dfrac{1}{a}<0<2$,所以不等式组的解为 $x<\dfrac{1}{a}$;

② 当 $a=0$ 时,$0\cdot x>1$ 无解,所以不等式组无解;

③ 当 $a>0$ 时,$\begin{cases}x>\dfrac{1}{a},\\x<2,\end{cases}$

当$\dfrac{1}{a}\geqslant 2$,即 $0<a\leqslant\dfrac{1}{2}$时,不等式组无解;

当$\dfrac{1}{a}<2$,即 $a>\dfrac{1}{2}$时,不等式组的解为$\dfrac{1}{a}<x<2$.

综上,当 $a<0$ 时,不等式组的解为 $x<\dfrac{1}{a}$;当 $0\leqslant a\leqslant\dfrac{1}{2}$时,不等式组无解;当 $a>\dfrac{1}{2}$时,不等式组的解为$\dfrac{1}{a}<x<2$.

考点 3 利用函数单调性解不等式

例 3 设集合 $A=\{x\mid \log_x(5x^2-8x+3)>2\}$, $B=\{x\mid x^2-2x-a^4+1\geqslant 0\}$,若 $A\subseteq B$,求实数 a 的取值范围.

解 由题意可得 $\log_x(5x^2-8x+3)>2$,即 $\log_x(5x^2-8x+3)>\log_x x^2$.

① 当 $0<x<1$ 时,$0<5x^2-8x+3<x^2$,解得$\dfrac{1}{2}<x<\dfrac{3}{5}$.

② 当 $x>1$ 时,$5x^2-8x+3>x^2$,解得 $x>\dfrac{3}{2}$.

所以 $A=\left\{x\,\middle|\,\dfrac{1}{2}<x<\dfrac{3}{5}\text{ 或 }x>\dfrac{3}{2}\right\}$.

又由 $x^2-2x-a^4+1\geqslant 0$,即$(x-1-a^2)(x-1+a^2)\geqslant 0$,

所以 $B=\{x\mid x\geqslant 1+a^2\text{ 或 }x\leqslant 1-a^2\}$,由 $A\subseteq B$ 得 $1-a^2\geqslant\dfrac{3}{5}$ 且 $1+a^2\leqslant\dfrac{3}{2}$,

所以 $a^2\leqslant\dfrac{2}{5}$,即 $-\dfrac{\sqrt{10}}{5}\leqslant a\leqslant\dfrac{\sqrt{10}}{5}$.

考点 4 不等式的恒成立问题

例 4 若不等式$(a-1)x^2+2(a-1)x-4<0$ 的解集为 $\mathbf{R}$,求实数 a 的取值范围.

解 当 $a=1$ 时,不等式化为$-4<0$,满足条件,因此 $a=1$ 符合题意.

当 $a\neq 1$ 时，因为不等式 $(a-1)x^2+2(a-1)x-4<0$ 的解集为 $\mathbf{R}$，

所以 $\begin{cases}a-1<0,\\ \Delta=4(a-1)^2+16(a-1)<0,\end{cases}$

解得 $-3<a<1$.

综上可得，a 的取值范围为 $(-3,\ 1]$.

【基础训练】

1. 已知关于 x 的不等式 $ax^2+bx+2>0$ 的解集是 $\left(-\dfrac{1}{2},\ \dfrac{1}{3}\right)$，则实数 $a=$______，实数 $b=$______.

2. 不等式 $\dfrac{3x+2}{x-1}\geqslant 1$ 的解集是____________.

3. 已知关于 x 的不等式 $|2-x|+|1+x|\geqslant a^2-2a$ 恒成立，则实数 a 的取值范围是__________.

4. 已知关于 x 的不等式 $\dfrac{x-a}{x+1}>0$ 的解集为 A，不等式 $\log_2(x^2-1)\leqslant 1$ 的解集为 B，若 $B\subseteq A$，求正数 a 的取值范围.

5. 解关于 x 的不等式 $(x-2)(ax-2)>0$（其中 a 为实数）.

6. 设函数 $f(x)=|2x+1|-|x-4|$.

(1) 解不等式 $f(x)>0$；

(2) 若 $f(x)+3|x-4|\geqslant m$ 对一切实数 x 均成立，求实数 m 的取值范围.

【能力提高】

1. 已知函数 $y=f(x)$ 和 $y=g(x)$ 的表达式分别为 $f(x)=\sqrt{-x^2-4x}$，$g(x)=x|x^2-a|$，若对任意 $x_1\in[1,\sqrt{2}]$，总存在 $x_2\in[-3,0]$，使得 $g(x_1)<f(x_2)$，则实数 a 的取值范围是________.

2. 设关于 x 的不等式 $(ax-a^2-9)(x-b)\geqslant 0$ 的解集为 A，其中 a，$b\in\mathbf{R}$.

(1) 当 $b=6$ 时，

① 若 $A=(-\infty,+\infty)$，求 a 的值；

② 记 $L=d-c$ 为闭区间 $[c,d]$ 的长度. 当 $a<0$ 时，求区间 A 的长度 L 的最小值.

(2) 当 $b=2a-8$，且 $a<9$ 时，求 A.

【归纳小结】

1. 解不等式的主要方法

利用不等式的性质及不等式的同解变形，将分式不等式、含绝对值不等式等转化为一元一次或一元二次不等式(组)；或利用函数单调性将指数、对数不等式转化为指数、真数之间的不等式.

2. 易漏、易错点

(1) 解一元二次不等式时，需注意二次项系数的符号，以及判别式的符号；

(2) 解分式不等式时，注意 $\dfrac{f(x)}{g(x)}\geqslant 0\Leftrightarrow\begin{cases}f(x)g(x)\geqslant 0,\\g(x)\neq 0\end{cases}$ 中分母不为 0 的限制；

(3) 解指数、对数不等式时，注意底数“大于 0 且不等于 1”、真数“大于 0”的限制.

1.5 基本不等式及其应用

【知识梳理】

1. 平均值不等式

对于任意正数 a，b，有 $\dfrac{a+b}{2}\geqslant\sqrt{ab}$，当且仅当 $a=b$ 时，等号成立.

【注】 在利用平均值不等式求解最值问题"和为定值,积有最大值""积为定值,和有最小值"时,需注意"一正、二定、三相等".

2. 常用不等式

(1) 对于任意实数 a, b,有 $a^2+b^2\geqslant 2ab$,当且仅当 $a=b$ 时,等号成立.

(2) 对于任意实数 a, b,有 $\left(\frac{a+b}{2}\right)^2\geqslant ab$,当且仅当 $a=b$ 时,等号成立.

【注】 运用"代换"思想,也可以得到 $a^2+b^2\geqslant -2ab$,当且仅当 $a=-b$ 时,等号成立.

3. 三角不等式

对于任意实数 a, b,有 $|a+b|\leqslant|a|+|b|$,当且仅当 $ab\geqslant 0$ 时,等号成立.

【注】 运用"代换"思想,可以得到 $\big||a|-|b|\big|\leqslant|a\pm b|\leqslant|a|+|b|$,注意取等条件.

【讲练平台】

考点 1 平均值不等式的应用

例 1 公园管理方想建一块面积为 144 m^2 的草地,一边靠墙,另外三边用铁丝网围住,如图 1-2 所示,现有 44 m 铁丝网可供使用(铁丝网可以剩余),若利用墙的长度为 xm,

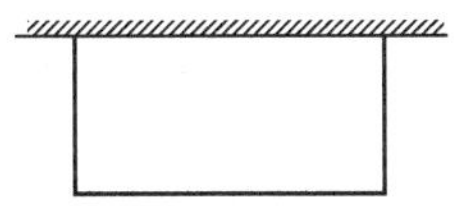

图 1-2

(1) 求 x 的取值范围;(2) 求最少需要多少米铁丝网(精确到 0.1 m).

解 (1) 由题意得 $x+2\times\frac{144}{x}\leqslant 44$,解得 $8\leqslant x\leqslant 36$.

(2) 总长 $y=x+\frac{288}{x}\geqslant 24\sqrt{2}$,当且仅当 $x=\frac{288}{x}$,即 $x\approx 16.97$ 时,y 取最小值 $24\sqrt{2}$,精确到 0.1 m,所以最少需 33.9 m 铁丝网.

考点 2 三角不等式的应用

例 2 已知不等式 $|x+3|+|x-a|\geqslant 5$ 对一切实数 x 恒成立,求实数 a 的取值范围.

解 由三角不等式知,$|x+3|+|x-a|\geqslant|(x+3)-(x-a)|=|a+3|$,当且仅当 $(x+3)(x-a)\leqslant 0$ 时,等号成立.若要 $|x+3|+|x-a|\geqslant 5$ 恒成立,只需 $|a+3|\geqslant 5$,故实数 a 的取值范围是 $(-\infty, -8]\cup[2, +\infty)$.

考点 3 含参数的不等式

例 3 设 $f(x)=2x^2+bx+c$,已知不等式 $f(x)<0$ 的解集是 $(0, 5)$.

(1) 求 $f(x)$ 的表达式;

(2) 若关于 x 的不等式 $f(x)-tx\leqslant -8$ 在区间 $[1, 3]$ 有解,求实数 t 的取值范围.

解 (1) 因为 $f(x)=2x^2+bx+c$,且不等式 $f(x)<0$ 的解集是 $(0, 5)$,

所以 $2x^2+bx+c<0$ 的解集是 $(0, 5)$,

所以 0 和 5 是方程 $2x^2+bx+c=0$ 的两个根,

由根与系数的关系知,$-\frac{b}{2}=5$, $\frac{c}{2}=0$,

解得 $b=-10$, $c=0$.

所以 $f(x)=2x^2-10x$.

(2) 不等式 $f(x)-tx\leqslant-8$ 在$[1, 3]$有解，

等价于 $2x^2-10x+8\leqslant tx$ 在$[1, 3]$有解，

等价于 $t\geqslant 2x+\dfrac{8}{x}-10$ 有解.

当 $x\in[1, 3]$时，$2x+\dfrac{8}{x}-10\geqslant 2\sqrt{2x\cdot\dfrac{8}{x}}-10=-2$，当且仅当 $x=2$ 时，等号成立，

故只需 $t\geqslant-2$.

【基础训练】

1. 已知命题甲：两实数 a, b 满足 $|a-b|<2$；命题乙：两实数 a, b 满足 $|a-1|<1$, $|b-1|<1$，则甲是乙的(　　).

(A) 充分非必要条件　　(B) 必要非充分条件

(C) 充要条件　　(D) 既非充分也非必要条件

2. 设 a, b, c 都是正数，则三个数 $a+\dfrac{1}{b}$, $b+\dfrac{1}{c}$, $c+\dfrac{1}{a}$ 的值中(　　).

(A) 至少有一个不大于 2　　(B) 至少有一个不小于 2

(C) 都小于 2　　(D) 都大于 2

3. 已知实数 a, b, c 满足：$|a+1|+|b|+|a-1|+|b-2|\leqslant 2\left|c+\dfrac{1}{c}\right|$ 对任意非零实数 c 都成立，则(　　).

(A) $0\leqslant ab\leqslant 2$　　(B) $-2\leqslant ab\leqslant 0$　　(C) $-1\leqslant a+b\leqslant 1$　　(D) $-1\leqslant a+b\leqslant 3$

4. 已知 a, $b>0$，且 $a^2+\dfrac{1}{2}b^2=1$，则 $a\sqrt{1+b^2}$ 的最大值是________.

5. 要制作一个容积为 $4\ \text{m}^3$、高为 $1\ \text{m}$ 的无盖长方体容器. 已知该容器的底面造价是每平方米 20 元，侧面造价是每平方米 10 元，那么该容器的最低总造价是多少元？

6. 某单位有员工 1 000 名，平均每人每年创造利润 10 万元. 为了增加企业竞争力，决定优化产业结构，调整出 x（x 是正整数）名员工从事第三产业，调整后他们平均每人每年创造利润为 $10\left(a-\frac{3x}{500}\right)$万元（$a>0$），剩下的员工平均每人每年创造的利润可以提高 $0.2x\%$.

(1) 若要保证剩余员工创造的年总利润不低于原来 1 000 名员工创造的年总利润，则最多调整出多少名员工从事第三产业？

(2) 在保证剩余员工创造的年总利润不低于原来 1 000 名员工创造的年总利润条件下，若要求调整出的员工创造出的年总利润始终不高于剩余员工创造的年总利润，则 a 的取值范围是多少？

【能力提高】

1. 设函数 $y=|x+1|-|x|$ 的最大值是 m.

(1) 求 m 的值；

(2) 若正实数 a，b 满足 $4a+3b=m$，求$\frac{1}{2a+b}+\frac{1}{a+b}$的最小值及此时 a，b 的值.

2. 设 $f(x)=\left|\frac{1}{x}+ax+b\right|$，若对任意的实数 a，b，总存在 $x_0\in\left[\frac{1}{2},2\right]$使得 $f(x_0)\geqslant m$ 成立，求实数 m 的取值范围.

【归纳小结】

1. 主要方法

平均值不等式与三角不等式的应用.

2. 易漏、易错点

(1) 在利用平均值不等式求解最值问题时，需注意“一正、二定、三相等”；

(2) 在运用平均值不等式、三角不等式时，需注意取等条件.

2 函　数

2.1 函数的概念

【知识梳理】

1. 函数

(1) 概念:设 D 是一个非空实数集,且对 D 中任意给定的实数 x,按照某种对应法则,都有唯一确定的实数值 y 与之对应,则这种对应关系称为集合 D 上的一个函数,记作 $y=f(x)$, $x\in D$. 其中 x 称为自变量,集合 D 称为该函数的定义域. 所有函数值的集合 $\{y \mid y=f(x), x\in D\}$ 称为该函数的值域.

(2) 图像特征:函数的图像与垂直于 x 轴的任何直线至多有一个公共点.

(3) 表示方法:解析法、图像法、列表法. 在用解析法表示函数时,有一些函数在不同的区间上可以有不同的表达式. 这样表示函数的方法称为分段表示法. 用分段表示法表示的函数的定义域是各段解析式中自变量取值集合的并集,值域是各段函数值集合的并集.

(4) 两要素:定义域和对应法则.

*2. 反函数

对于函数 $y=f(x)$, $x\in D$,记其值域为 $f(D)$. 如果对 $f(D)$ 中的每一个值 y,在 D 中都存在唯一的 x 值与之对应,且满足 $y=f(x)$,那么得到的 x 关于 y 的函数称为 $y=f(x)$ 的反函数,记作 $x=f^{-1}(y)$, $y\in f(D)$. 习惯上,自变量用字母 x 表示,函数值用 y 表示,因此,该函数常写为 $y=f^{-1}(x)$, $x\in f(D)$.

(1) $y=f(x)$ 与 $y=f^{-1}(x)$ 互为反函数.

(2) $y=f^{-1}(x)$ 的定义域是 $y=f(x)$ 的值域; $y=f^{-1}(x)$ 的值域是 $y=f(x)$ 的定义域.

(3) 严格单调函数必有反函数.

(4) 函数与其反函数的图像关于直线 $y=x$ 对称.

【讲练平台】

考点 1 函数的概念

例 1 判断下列各组中的两个函数是否为同一函数:

(1) $f(x)=\dfrac{x^2-1}{x+1}$, $g(x)=x-1$;

(2) $f(x)=x^0$, $g(x)=\dfrac{1}{x^0}$;

(3) $f(x)=\sqrt{x(x+1)}$, $g(x)=\sqrt{x}\sqrt{x+1}$;

(4) $f(x)=x^2-2x+1$, $g(t)=t^2-2t+1$;

(5) $f(x)=\sqrt{x^2}-1$, $g(x)=\sqrt[3]{x^3}-1$;

(6) $f(x)=2^x$, $x\in\{1, 2\}$; $g(x)=2x$, $x\in\{1, 2\}$.

解 (2),(4),(6)组中的函数为同一函数.

考点 2　函数的定义域

例 2 求下列函数的定义域:

(1) $y=\dfrac{\sqrt{x^2-3x-4}}{|x+1|-2}$;　　(2) $y=(2x+3)^0+\sqrt{\left(\dfrac{1}{3}\right)^x-\sqrt{3}}$;

(3) $y=\sqrt{\log_a(3x-1)}$ $(a>0$ 且 $a\neq 1)$.

解 (1) $\begin{cases}x^2-3x-4\geqslant 0,\\ |x+1|-2\neq 0\end{cases}\Rightarrow\begin{cases}x\geqslant 4 \text{ 或 } x\leqslant -1,\\ x\neq 1 \text{ 且 } x\neq -3\end{cases}\Rightarrow$定义域为$(-\infty, -3)\cup(-3, -1]\cup[4, +\infty)$.

(2) $\begin{cases}2x+3\neq 0,\\ \left(\dfrac{1}{3}\right)^x-\sqrt{3}\geqslant 0\end{cases}\Rightarrow\begin{cases}x\neq -\dfrac{3}{2},\\ \left(\dfrac{1}{3}\right)^x\geqslant\left(\dfrac{1}{3}\right)^{-\frac{1}{2}}\end{cases}\Rightarrow\begin{cases}x\neq -\dfrac{3}{2},\\ x\leqslant -\dfrac{1}{2}\end{cases}\Rightarrow$ 定义域为 $\left(-\infty, -\dfrac{3}{2}\right)\cup\left(-\dfrac{3}{2}, -\dfrac{1}{2}\right]$.

(3) $\log_a(3x-1)\geqslant 0\Rightarrow\log_a(3x-1)\geqslant\log_a 1$.

当 $a>1$ 时,$3x-1\geqslant 1\Rightarrow x\geqslant\dfrac{2}{3}$,即定义域为$\left[\dfrac{2}{3}, +\infty\right)$;

当 $0<a<1$ 时,$0<3x-1\leqslant 1\Rightarrow\dfrac{1}{3}<x\leqslant\dfrac{2}{3}$,即定义域为$\left(\dfrac{1}{3}, \dfrac{2}{3}\right]$.

考点 3　函数的解析式

例 3 (1) 已知对任何非负实数 x,都有 $f(\sqrt{x}+1)=x+2\sqrt{x}$,求当 $x\geqslant 1$ 时,函数 $y=f(x)$ 的解析式;

(2) 已知对任何非零实数 x,都有 $f\left(x+\dfrac{1}{x}\right)=x^2+\dfrac{1}{x^2}$,求当 $|x|\geqslant 2$ 时,函数 $y=f(x)$的解析式;

(3) 已知对任何正数 x,都有 $f\left(\dfrac{2}{x}+1\right)=\lg x$,求当 $x>1$ 时,函数 $y=f(x)$的解析式;

(4) 已知对任何实数 x,都有 $f(-x)+2f(x)=2^x$,求函数 $y=f(x)$的解析式.

解 (1) 令 $t=\sqrt{x}+1$,则 $t\geqslant 1$, $x=(t-1)^2$.

则 $f(t)=(t-1)^2+2(t-1)=t^2-1$,即 $f(x)=x^2-1$ $(x\in[1, +\infty))$.

或 $f(\sqrt{x}+1)=x+2\sqrt{x}=(\sqrt{x}+1)^2-1$,即 $f(x)=x^2-1\ (x\in[1,+\infty))$.

(2) 由 $f\left(x+\dfrac{1}{x}\right)=x^2+\dfrac{1}{x^2}=\left(x+\dfrac{1}{x}\right)^2-2$ 可得 $f(x)=x^2-2$.

又 $x+\dfrac{1}{x}\in(-\infty,-2]\cup[2,+\infty)$,所以当 $|x|\geqslant 2$ 时,$f(x)=x^2-2$.

(3) 令 $t=\dfrac{2}{x}+1$,由 $x>0$ 可得 $t>1$,且 $x=\dfrac{2}{t-1}$,

则 $f(t)=\lg\dfrac{2}{t-1}$,即 $f(x)=\lg\dfrac{2}{x-1}$,$x\in(1,+\infty)$.

(4) 用 $-x$ 替换 x,得 $f(x)+2f(-x)=2^{-x}$,解方程组

$$\begin{cases}f(-x)+2f(x)=2^x,\\ f(x)+2f(-x)=2^{-x},\end{cases}$$

可得 $f(x)=\dfrac{2^{x+1}-2^{-x}}{3}$.

考点 4 **函数的分段表示**

例 4 已知奇函数 $f(x)=\begin{cases}-x^2+2x, & x>0,\\ 0, & x=0,\\ x^2+mx, & x<0.\end{cases}$

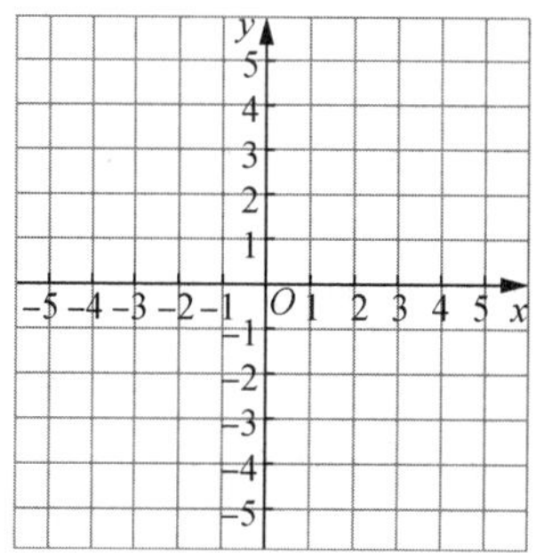

图 2-1

(1) 求实数 m 的值;

(2) 在图 2-1 中作出 $y=f(x)$的图像,并求出函数 $y=f(x)$在$[-2,1)$上的最值;

(3) 若函数 $y=f(x)$在区间$[-1,b-2]$上严格增,求实数 b 的取值范围.

解 (1) 设 $x<0$,则 $-x>0$, $f(-x)=-x^2-2x$.

因为函数 $f(x)$是奇函数,

所以 $f(x)=-f(-x)=x^2+2x\ (x<0)$,则 $m=2$.

(2) $y=f(x)$的函数图像,如图 2-2 所示.

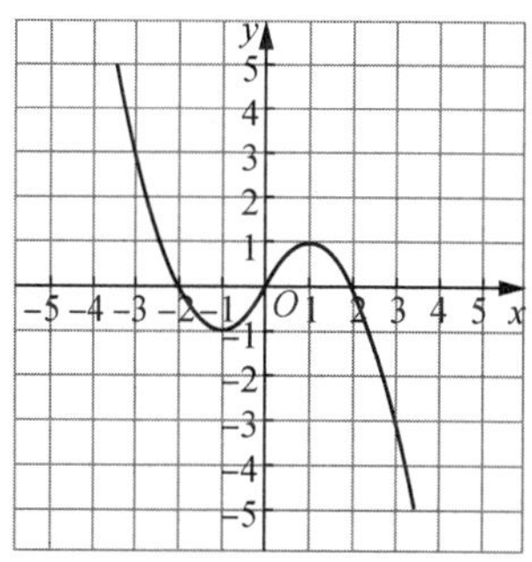

图 2-2

由数形结合可知:当 $x=-1$ 时,函数 $y=f(x)$的最小值为-1,函数在$[-2,1)$上无最大值.

(3) 由数形结合可知:要满足题意,只需$-1<b-2\leqslant 1$,

所以 $1<b\leqslant 3$. 故 b 的取值范围为$(1,3]$.

考点 5 **反函数**

例 5 (1) 设函数 $f(x)=x^2(x>0)$的反函数为 $y=f^{-1}(x)$,则 $f^{-1}(4)=$________.

(2) 已知函数 $y=f(x)$存在反函数 $y=f^{-1}(x)$,若函数 $y=f(x)+2^x$ 的图像经过点$(1,6)$,则函数 $y=f^{-1}(x)+\log_2 x$ 的图像必过点________.

解 (1) 由 $f(x)=x^2(x>0)$可得其反函数 $f^{-1}(x)=\sqrt{x}$, $x\in(0, +\infty)$, 则 $f^{-1}(4)=2$. 或者,令 $x^2=4\Rightarrow x=\pm2$, 又 $x>0$, 得 $x=2$,由反函数的性质可得 $f^{-1}(4)=2$.

(2) 由已知函数 $y=f(x)+2^x$ 的图像经过点(1, 6)可得 $f(1)+2^1=6\Rightarrow f(1)=4$,所以 $f^{-1}(4)=1$.因此,将 $x=4$ 代入函数 $y=f^{-1}(x)+\log_2 x$,可得 $f^{-1}(4)+\log_2 4=1+2=3$,即函数 $y=f^{-1}(x)+\log_2 x$ 的图像必过点(4, 3).

【基础训练】

1. 已知函数 $f(x)=\begin{cases}e^x+2, & x\leqslant 0,\\ f(x-2), & x>0,\end{cases}$ 则 $f(2\,022)=$____________.

2. 下列函数中,表示同一函数的是____________.

① $f(x)=|x|$, $g(x)=\sqrt{x^2}$;

② $f(x)=\sqrt{x^2}$, $g(x)=(\sqrt{x})^2$;

③ $f(x)=\dfrac{x^2-1}{x-1}$, $g(x)=x+1$;

④ $f(x)=\sqrt{x+1}\cdot\sqrt{x-1}$, $g(x)=\sqrt{x^2-1}$.

3. 函数 $f(x)=\dfrac{\sqrt{2^x-1}}{|x|-2}$的定义域是____________.

4. 设函数 $f(x)=\sqrt{|x+1|+|x-2|-a}$,若函数 $f(x)$的定义域为 $\mathbf{R}$,则实数 a 的取值范围是____________.

5. 根据下列条件,分别求 $y=f(x)$的解析式:

(1) 对任何实数 x,都有 $f(x+1)=x^2+4x+1$;

(2) $y=f(x)$是一次函数,且对任何实数 x,都有 $3f(x+1)-f(x)=2x+9$;

(3) $y=f(x)$的定义域为$\{x\mid x\in\mathbf{R}$,且 $x\neq0\}$,且对任何非零实数 x,都有 $2f\left(\dfrac{1}{x}\right)+f(x)=x$.

6. 设函数 $y=f(x)$，$x\in D$. 如果对任意一个三角形，它的三边长 a，b，$c\in D$，且 $f(a)$，$f(b)$，$f(c)$也是某个三角形的三边长，则称 $y=f(x)$为“保三角形函数”.

(1) 试分别判断 $g(x)=x^2(x>0)$，$h(x)=x+\sqrt{x}(x>0)$是否为“保三角形函数”？并说明理由；

(2) 若 $p(x)=\log_4 x$，$x\in[M,+\infty)$是“保三角形函数”，试求 M 的最小值.

【能力提高】

1. 已知函数 $y=f(x)$满足 $f(1)=\frac{5}{6}$，$f(4)=\frac{11}{6}$，对任意的 a，$b\in\mathbf{R}$，有 $f\left(\frac{a+2b}{3}\right)=\frac{f(a)+2f(b)}{3}$，则 $f(2\,021)=$____________.

2. 已知函数 $y=\sqrt{1-x^2}$，$-\frac{1}{2}\leqslant x\leqslant\frac{1}{2}$的图像绕着原点按逆时针方向旋转 $\theta(0\leqslant\theta\leqslant\pi)$弧度，若得到的图像仍是函数图像，则 θ 可取值的集合为________.

【归纳小结】

由所给函数表达式求出函数的定义域的关键是使得各部分都同时有意义，所以求函数的定义域往往需要考虑三个方面：偶次方根内必须不小于 0；分式的分母不为零；对数的真数必须大于零.

2.2 函数的性质

【知识梳理】

1. 奇偶性

一般地，如果对于函数 $y=f(x)$的定义域 D 内的任意实数 x，都有 $f(-x)=-f(x)$，则称函数 $y=f(x)$为奇函数；如果对于函数 $y=f(x)$的定义域 D 内的任意实数 x，都有

$f(-x)=f(x)$，则称函数 $y=f(x)$ 为偶函数.

函数的定义域关于原点对称是函数为奇函数(或偶函数)的必要条件.

奇函数的图像关于原点对称；偶函数的图像关于 y 轴对称.

2. 单调性

一般地，对于给定区间 I 上的函数 $y=f(x)$，如果对于任意 $x_1, x_2\in I$，当 $x_1<x_2$ 时，都有 $f(x_1)\leqslant f(x_2)$ 成立，则称 $y=f(x)$ 在该区间上是增函数；如果对于任意 $x_1, x_2\in I$，当 $x_1<x_2$ 时，都有 $f(x_1)<f(x_2)$ 成立，则称 $y=f(x)$ 在该区间上是严格增函数；如果对于任意 $x_1, x_2\in I$，当 $x_1<x_2$ 时，都有 $f(x_1)\geqslant f(x_2)$ 成立，则称 $y=f(x)$ 在该区间上是减函数；如果对于任意 $x_1, x_2\in I$，当 $x_1<x_2$ 时，都有 $f(x_1)>f(x_2)$ 成立，则称 $y=f(x)$ 在该区间上是严格减函数.

如果函数 $y=f(x)$ 在某个区间 I 上是增(减)函数，那么就称 $y=f(x)$ 是区间 I 上的单调函数. 区间 I 称为函数 $y=f(x)$ 的一个单调区间. 单调区间是定义域的子集.

3. 最值与值域

设函数 $y=f(x)$ 在 x_0 处的函数值是 $f(x_0)$，如果对于定义域内任意 x，不等式 $f(x)\geqslant f(x_0)$ 都成立，那么 $f(x_0)$ 叫做函数 $y=f(x)$ 的最小值，记作 $y_{\min}=f(x_0)$；如果对于定义域内任意 x，不等式 $f(x)\leqslant f(x_0)$ 都成立，那么 $f(x_0)$ 叫做函数 $y=f(x)$ 的最大值，记作 $y_{\max}=f(x_0)$.

4. 周期性

一般地，对于函数 $y=f(x)$，如果存在一个常数 $T(T\neq 0)$，使得当 x 取定义域 D 内的任意值时，都有等式 $f(x+T)=f(x)$ 成立，那么函数 $y=f(x)$ 叫做周期函数，常数 T 叫做函数 $y=f(x)$ 的周期. 对于一个周期函数 $y=f(x)$ 来说，如果在所有的周期中存在一个最小正数，那么这个最小正数叫做这个函数的最小正周期.

5. 函数的零点

(1) 对于函数 $y=f(x)(x\in D)$，如果存在实数 $c(c\in D)$，当 $x=c$ 时，$f(c)=0$，那么就把 $x=c$ 叫做函数 $y=f(x)(x\in D)$ 的零点. 实际上，函数 $y=f(x)$ 的零点就是方程 $f(x)=0$ 的解，也就是函数 $y=f(x)$ 的图像与 x 轴交点的横坐标.

(2) 函数零点的判定(零点存在性定理)：如果函数 $y=f(x)$ 在定义区间 $[a, b]$ 上的图像是一条连续不断的曲线，且有 $f(a)\cdot f(b)<0$，那么在区间 (a, b) 内至少存在一个实数 c，使得 $f(c)=0$，也就是在 (a, b) 内，函数 $y=f(x)$ 至少有一个零点.

【讲练平台】

考点 1　函数的奇偶性

例 1　判断下列函数的奇偶性：

(1) $y=(x-1)\sqrt{\dfrac{1+x}{1-x}}$；　　(2) $y=\dfrac{\lg(1-x^2)}{|x^2-2|-2}$；

(3) $y=\dfrac{(1+2^x)^2}{2^x}$；　　(4) $f(x)=\begin{cases}x^2+x, & x<0,\\ -x^2+x, & x>0.\end{cases}$

解 (1) 定义域关于原点不对称，是非奇非偶函数.

(2) 定义域为 $(-1,0)\cup(0,1)$，原式化为 $y=\dfrac{\lg(1-x^2)}{-x^2}$，易知为偶函数.

(3) 定义域为 $\mathbf{R}$，$f(-x)=\dfrac{(1+2^{-x})^2}{2^{-x}}=\dfrac{(1+2^x)^2}{2^x}=f(x)$，是偶函数.

(4) 当 $x>0$ 时，则 $-x<0$，

$$f(-x)=(-x)^2+(-x)=x^2-x=-f(x);$$

当 $x<0$ 时，则 $-x>0$，

$$f(-x)=-(-x)^2+(-x)=-x^2-x=-f(x).$$

所以 $y=f(x)$ 是奇函数.

例 2 (1) 定义在 $[-3,3]$ 上的奇函数 $y=f(x)$，已知当 $x\in[-3,0]$ 时，$f(x)=\dfrac{1}{4^x}+\dfrac{a}{3^x}(a\in\mathbf{R})$. 求 $y=f(x)$ 在 $(0,3]$ 上的解析式.

(2) 已知函数 $y=f(x)$，$y=g(x)$ 分别是定义在 $\mathbf{R}$ 上的偶函数与奇函数，且 $f(x)+2g(x)=2^x$. 求 $y=f(x)$ 与 $y=g(x)$ 的解析式.

解 (1) 根据题意，$y=f(x)$ 是定义在 $[-3,3]$ 上的奇函数，

则 $f(0)=1+a=0$，得 $a=-1$. 经检验满足题意，故 $a=-1$.

当 $x\in[-3,0]$ 时，$f(x)=\dfrac{1}{4^x}+\dfrac{a}{3^x}=\dfrac{1}{4^x}-\dfrac{1}{3^x}$；

当 $x\in(0,3]$ 时，$-x\in[-3,0)$，$f(-x)=\dfrac{1}{4^{-x}}-\dfrac{1}{3^{-x}}=4^x-3^x$.

又 $y=f(x)$ 是奇函数，则 $f(x)=-f(-x)=3^x-4^x$.

综上，当 $x\in(0,3]$ 时，$f(x)=3^x-4^x$.

【注】 上述解答中，由 $f(0)=0$ 得，$a=-1$. 必须将 $a=-1$ 代回检验.

(2) 由题意

$$f(x)+2g(x)=2^x, \qquad ①$$

所以 $f(-x)+2g(-x)=2^{-x}$.

因为函数 $y=f(x)$，$y=g(x)$ 分别是定义在 $\mathbf{R}$ 上的偶函数与奇函数，所以 $f(x)=f(-x)$，$g(-x)=-g(x)$，即

$$f(x)-2g(x)=2^{-x}. \qquad ②$$

由式①、式②解得 $f(x)=\dfrac{2^x+2^{-x}}{2}$，$g(x)=\dfrac{2^x-2^{-x}}{4}$.

例 3 设 $f(x)=\dfrac{-2^x+a}{2^{x+1}+b}$ (a，b 为实常数).

(1) 当 $a=b=1$ 时，证明：$y=f(x)$不是奇函数；

(2) 若 $y=f(x)$是奇函数，求 a 与 b 的值.

解 (1) 当 $a=b=1$ 时，

$$f(x)=\frac{-2^x+1}{2^{x+1}+1},\ f(-1)=\frac{-\frac{1}{2}+1}{2}=\frac{1}{4},\ f(1)=\frac{-2+1}{5}=-\frac{1}{5},\ f(-1)\neq -f(1),$$

所以 $y=f(x)$不是奇函数.

(2) 若 $y=f(x)$为奇函数，则 $f(-x)=-f(x)$，即

$$\frac{-2^{-x}+a}{2^{-x+1}+b}=-\frac{-2^x+a}{2^{x+1}+b},$$

变形为

$$\frac{-1+a\cdot 2^x}{2+b\cdot 2^x}=\frac{2^x-a}{2\cdot 2^x+b},$$

整理得

$$(a\cdot 2^x-1)(2\cdot 2^x+b)=(2^x-a)(2+b\cdot 2^x),$$

$$2a\cdot(2^x)^2+ab\cdot 2^x-2\cdot 2^x-b=2\cdot 2^x+b\cdot(2^x)^2-2a-ab\cdot 2^x,$$

即 $(2a-b)\cdot(2^x)^2+(2ab-4)\cdot 2^x+2a-b=0$ 恒成立，

所以 $\begin{cases}2a-b=0,\\2ab-4=0,\end{cases}$ 解得 $\begin{cases}a=1,\\b=2\end{cases}$ 或 $\begin{cases}a=-1,\\b=-2.\end{cases}$

考点 2 函数的单调性

例 4 (1) 已知奇函数 $y=f(x)$是定义在$[-1, 1]$上的严格增函数，且 $f(x-1)+f(1-2x)<0$，则 x 的取值范围为__________.

(2) 已知函数 $f(x)=\begin{cases}(5-a)x-a+1, & x<1,\\a^x, & x\geqslant 1\end{cases}$ 满足：对任意 $x_1\neq x_2$，都有$[f(x_1)-f(x_2)](x_1-x_2)>0$ 成立，那么实数 a 的取值范围是__________.

解 (1) 因为奇函数 $y=f(x)$在$[-1, 1]$上是严格增函数，有 $f(-x)=-f(x)$，所以 $f(x-1)+f(1-2x)<0$ 可化为

$$f(x-1)<-f(1-2x)=f(2x-1).$$

要使该不等式成立，有 $\begin{cases}-1\leqslant x-1\leqslant 1,\\-1\leqslant 2x-1\leqslant 1,\\x-1<2x-1,\end{cases}$ 解得 $0<x\leqslant 1$，所以 x 的取值范围为$(0, 1]$.

(2) 由已知可得函数 $y=f(x)$在 $\mathbf{R}$ 上为严格增函数,则需满足

$$\begin{cases}5-a>0,\\ a>1,\\ (5-a)\times 1-a+1\leqslant a,\end{cases}$$

解得 $2\leqslant a<5$,所以实数 a 的取值范围为$[2, 5)$.

考点 3 函数的值域

例 5 求下列各函数的值域:

(1) $y=2-\sqrt{x-x^2}$;

(2) $y=\dfrac{2x-1}{x+1}$;

(3) $y=\dfrac{e^x-1}{e^x+1}$;

(4) $y=\dfrac{x^2+2x+2}{x-2}\ (x>2)$;

(5) $y=\dfrac{x-1}{x^2+2x+2}$;

(6) $y=2|x-3|+|x+2|-7$.

解 (1) 由 $x\in[0, 1]$,则 $0\leqslant x-x^2\leqslant\dfrac{1}{4}$,从而有 $0\leqslant\sqrt{x-x^2}\leqslant\dfrac{1}{2}\Rightarrow-\dfrac{1}{2}\leqslant-\sqrt{x-x^2}\leqslant 0$. 故 $2-\sqrt{x-x^2}\in\left[\dfrac{3}{2}, 2\right]$,即值域为$\left[\dfrac{3}{2}, 2\right]$.

(2) $y=\dfrac{2x-1}{x+1}=2-\dfrac{3}{x+1}$,其定义域为$(-\infty, -1)\cup(-1, +\infty)$,且函数在区间$(-\infty, -1)$与$(-1, +\infty)$上都是严格增函数,可得函数 $y=\dfrac{2x-1}{x+1}$ 的值域为$(-\infty, 2)\cup(2, +\infty)$.

(3) **方法 1** $y=\dfrac{e^x-1}{e^x+1}\Rightarrow e^x=\dfrac{1+y}{1-y}>0$,则 $-1<y<1$,即值域为$(-1, 1)$.

方法 2 令 $e^x=t$,则 $t>0$. 从而 $y=\dfrac{t-1}{t+1}=1-\dfrac{2}{t+1}\in(-1, 1)$.

(4) 令 $t=x-2$,则 $t>0$, $x=t+2$,从而 $y=\dfrac{(t+2)^2+2(t+2)+2}{t}=\dfrac{t^2+6t+10}{t}=t+\dfrac{10}{t}+6\geqslant 2\sqrt{10}+6$. 当且仅当 $t=\sqrt{10}$,即 $x=\sqrt{10}+2$ 时,$y_{\min}=2\sqrt{10}+6$.

所以函数的值域为$[2\sqrt{10}+6, +\infty)$.

(5) **方法 1** 当 $x=1$ 时,$y=0$;

当 $x\neq 1$ 时,$y=\dfrac{x-1}{x^2+2x+2}=\dfrac{1}{\dfrac{(x-1)^2+4(x-1)+5}{x-1}}=\dfrac{1}{x-1+\dfrac{5}{x-1}+4}$,

由 $x-1+\dfrac{5}{x-1}+4\in(-\infty,\ 4-2\sqrt{5}]\cup[4+2\sqrt{5},\ +\infty)$,得

$y\in\left[\dfrac{-2-\sqrt{5}}{2},\ 0\right)\cup\left(0,\ \dfrac{\sqrt{5}-2}{2}\right]$.

综上得,函数的值域为 $\left[\dfrac{-2-\sqrt{5}}{2},\ \dfrac{\sqrt{5}-2}{2}\right]$.

方法 2 $D=\mathbf{R}$,将原函数变形为 $yx^2+(2y-1)x+2y+1=0$,问题转变为关于 x 的方程在定义域 $\mathbf{R}$ 上有解,求 y 的范围.

当 $y=0$ 时,有解 $x=1$;

当 $y\neq0$ 时,只需 $\Delta\geqslant0$,求出 $y\in\left[\dfrac{-2-\sqrt{5}}{2},\ \dfrac{-2+\sqrt{5}}{2}\right]$,且 $y\neq0$.

综上,函数的值域为 $\left[\dfrac{-2-\sqrt{5}}{2},\ \dfrac{-2+\sqrt{5}}{2}\right]$.

(6) 当 $x<-2$ 时, $y=6-2x-2-x-7=-3x-3>3$;

当 $-2\leqslant x\leqslant3$ 时,$y=6-2x+2+x-7=1-x$,则 $-2\leqslant y\leqslant3$;

当 $x>3$ 时,$y=2x-6+x+2-7=3x-11>-2$.

所以,函数的值域为$[-2,\ +\infty)$.

考点 4　函数的周期性

例 6 已知 $y=f(x)$为奇函数且对任意 $x\in\mathbf{R}$, $f(x+2)=f(-x)$,若当 $x\in[0,\ 1]$时,对实数 a 有 $f(x)=\log_2(x+a)$,则 $f(2\ 021)=$____________.

解 因为 $y=f(x)$为 $\mathbf{R}$ 上的奇函数,又 $x\in[0,\ 1]$时,$f(x)=\log_2(x+a)$,所以 $f(0)=\log_2 a=0$,解得 $a=1$,即 $x\in[0,\ 1]$时,$f(x)=\log_2(x+1)$.

因为对任意 $x\in\mathbf{R}$, $f(x+2)=f(-x)$,又 $f(-x)=-f(x)$,所以 $f(x+2)=-f(x)$, $f(x+4)=-f(x+2)=f(x)$,得 $y=f(x)$为以 4 为周期的周期函数,即 $f(2\ 021)=f(505\times4+1)=f(1)=\log_2(1+1)=1$.

故答案为 1.

考点 5　函数的零点

例 7 已知函数 $f(x)=x^2-2x+a$, $g(x)=ax+5-a$.

(1) 若函数 $y=f(x)$在区间$[-1,\ 0]$上存在零点,求实数 a 的取值范围;

(2) 若对任意的 $x_1\in[-1,\ 3]$,总存在 $x_2\in[-1,\ 3]$,使得 $f(x_1)=g(x_2)$成立,求实数 a 的取值范围.

解 (1) $y=f(x)$的图像开口向上,对称轴为 $x=1$,所以函数 $y=f(x)$在$[-1,\ 0]$上严格减. 又因为函数 $y=f(x)$在区间$[-1,\ 0]$上存在零点,所以$\begin{cases}f(-1)=3+a\geqslant0,\\ f(0)=a\leqslant0,\end{cases}$解得 $-3\leqslant a\leqslant0$,即实数 a 的取值范围为$[-3,\ 0]$.

(2) 记函数 $f(x)=x^2-2x+a$, $x\in[-1, 3]$的值域为集合 A, $g(x)=ax+5-a$, $x\in[-1, 3]$的值域为集合 B. 则对任意的 $x_1\in[-1, 3]$,总存在 $x_2\in[-1, 3]$,使得 $f(x_1)=g(x_2)$成立$\Leftrightarrow A\subseteq B$.

因为 $y=f(x)$的图像开口向上,对称轴为 $x=1$,所以对任意 $x\in[-1, 3]$,

$$f(x)_{\min}=f(1)=a-1,\ f(x)_{\max}=f(3)=a+3,$$

得 $A=\{y\,|\,a-1\leqslant y\leqslant a+3\}$.

当 $a=0$ 时,$y=g(x)$的值域为$\{5\}$,显然不满足题意;

当 $a>0$ 时,$y=g(x)$的值域为 $B=\{y\,|\,5-2a\leqslant y\leqslant 5+2a\}$,因为 $A\subseteq B$,所以 $\begin{cases}5-2a\leqslant a-1,\\5+2a\geqslant a+3,\end{cases}$解得 $a\geqslant 2$;

当 $a<0$ 时,$y=g(x)$的值域为 $B=\{y\,|\,5+2a\leqslant y\leqslant 5-2a\}$,因为 $A\subseteq B$,所以 $\begin{cases}5+2a\leqslant a-1,\\5-2a\geqslant a+3,\end{cases}$解得 $a\leqslant -6$.

综上,实数 a 的取值范围为$(-\infty, -6]\cup[2, +\infty)$.

【基础训练】

1. 若 $f(x)=2\sin(x+\varphi)-\cos x$ 为奇函数,则 $\varphi=$____________.(填写符合要求的一个值)

2. 若函数 $f(x)=a-\dfrac{x}{|x|+1}$为奇函数,则关于 x 的不等式 $f(x^2)+f(2x-3)>a$ 的解集为____________.

3. 设 $y=f(x)$是定义在$(-\infty, +\infty)$上的奇函数,且对任意 m, $n\in\mathbf{R}$,当 $m+n\neq 0$ 时,都有 $\dfrac{f(m)+f(n)}{m+n}>0$ 成立,则不等式 $f(2+x)+f(3-2x)>0$ 的解集为____________.

4. 已知定义在 $\mathbf{R}$ 上的奇函数 $y=f(x)$满足 $f(1-x)+f(1+x)=2$,当 $x\in[0, 1]$时,$f(x)=2x-x^2$,若 $f(x)\geqslant x+b$ 对一切 $x\in\mathbf{R}$ 恒成立,则实数 b 的最大值为__________.

5. 已知函数 $y=f(x)$的定义域为 $\mathbf{R}$,满足 $f(x+1)=\dfrac{1}{f(x-1)}$, $f(-x)=f(x)$,当 $x\in(0, 1)$时,$f(x)=\ln x+\dfrac{1}{x}$,则 $f\left(\dfrac{11}{3}\right)=$____________.

6. 已知函数 $y=f(x)$满足:当 $x\leqslant 1$ 时,$f(x)=f(x-4)$;当 $x\in(-3, 1]$时,$f(x)=|x+1|-2$;当 $x>1$ 时,$f(x)=\log_a(x-1)(a>0$ 且 $a\neq 1)$. 若函数 $y=f(x)$的图像上关于原点对称的点至少有 3 对,有如下四个命题:① $y=f(x)$的值域为 $\mathbf{R}$; ② $y=f(x)$为周期函数;③ 实数 a 的取值范围为$(2, +\infty)$; ④ $y=f(x)$在区间$[-5, -3]$上单调递减. 其中属于真命题的是____________(填序号).

7. 已知 $y=f(x)$是定义在$(-\infty,+\infty)$上的偶函数，当 $x\geqslant 0$ 时，$f(x)=x^2-2x-3$.

(1) 写出 $y=f(x)$的解析式；

(2) 写出 $y=f(x)$的单调区间；

(3) 求出函数 $y=f(x)$的最小值.

8. 设 $y=f(x)$，$y=g(x)$是定义域为 $\mathbf{R}$ 的函数，当 $g(x_1)\neq g(x_2)$时，记 $\delta(x_1, x_2)=\dfrac{f(x_1)-f(x_2)}{g(x_1)-g(x_2)}$.

(1) 已知 $y=g(x)$在区间 I 上严格增，且对任意 $x_1, x_2\in I$，$x_1\neq x_2$，有 $\delta(x_1, x_2)>0$，证明：函数 $y=f(x)$在区间 I 上严格增；

(2) 已知 $g(x)=\sin x$，$f\left(\dfrac{\pi}{2}\right)=1$，$f\left(-\dfrac{\pi}{2}\right)=-1$，且对任意 $x_1, x_2\in\mathbf{R}$，当 $g(x_1)\neq g(x_2)$时，有$|\delta(x_1, x_2)|\leqslant 1$，证明：$f(x)=\sin x$.

9. 已知函数 $f(x)=\ln(\sqrt{1+x^2}+x)$.

(1) 证明：$y=f(x)$为奇函数；

(2) 当 $a\geqslant 1$ 时，关于 x 的方程：$f\left[\sqrt{2}a\sin\left(x+\frac{\pi}{4}\right)-\frac{1}{2}\sin 2x-a^2+\sqrt{2}a\right]=0$ 在区间 $[0, \pi]$上有唯一实数解，求实数 a 的取值范围.

【能力提高】

1. 定义在 $\mathbf{R}$ 上的函数 $y=f(x)$满足：对任意的 x_1, $x_2\in\mathbf{R}$，当 $x_1<x_2$ 时，都有 $f(x_1)\leqslant f(x_2)$.

(1) 若 $y=f(x)=ax^3+1$，求实数 a 的取值范围；

(2) 若 $y=f(x)$为周期函数，证明：$y=f(x)$是常值函数；

(3) 设 $y=f(x)$恒大于零，$y=g(x)$是定义在 $\mathbf{R}$ 上恒大于零的周期函数，M 是 $y=g(x)$的最大值. 函数 $h(x)=f(x)g(x)$. 证明："$y=h(x)$是周期函数"的充要条件"$y=f(x)$是常值函数".

2. 已知函数 $f(x)=\sqrt{|x+a|-a}-x$.

(1) 若 $a=1$,求函数的定义域;

(2) 若 $a\neq 0$,$f(ax)=a$ 有 2 个不同实数根,求实数 a 的取值范围;

(3) 是否存在实数 a,使得函数 $y=f(x)$在定义域内具有单调性?若存在,求出 a 的取值范围.

【归纳小结】

1. 函数奇偶性的判断

定义域是否关于原点对称;对定义域内任意数,是否恒有 $f(-x)=f(x)$ 或 $f(-x)=-f(x)$;要断定函数是非奇非偶函数,可以从定义域和举反例入手.

2. 函数单调性

单调区间是定义域的子集;利用单调性定义证明函数单调性.

3. 函数求最值常见思想方法

函数的思想;不等式的思想;方程的思想;换元的思想;数形结合的思想.

2.3 一元二次函数和幂函数

【知识梳理】

1. 二次函数

(1) 定义

形如 $f(x)=ax^2+bx+c\ (a\neq 0)$ 的函数称为二次函数.

二次函数的图像是抛物线，其中系数 a，b，c 的几何意义（讨论 $a\neq 0$，b，$c\in\mathbf{R}$ 的情况）：

$|a|$决定抛物线的开口大小；a 的符号决定抛物线的开口方向（$a>0$，开口向上；$a<0$，开口向下）；$x=-\dfrac{b}{2a}$ 为抛物线的对称轴方程；c 为抛物线与 y 轴交点的纵坐标（即抛物线的纵截距）.

（2）二次函数与一元二次方程、一元二次不等式的关系（以 $a>0$ 为例）

① $\Delta<0\Leftrightarrow f(x)=ax^2+bx+c$ 的图像与 x 轴无交点 $\Leftrightarrow ax^2+bx+c=0$ 无实根 $\Leftrightarrow ax^2+bx+c>0$ 的解集为 $\mathbf{R}$；

② $\Delta=0\Leftrightarrow f(x)=ax^2+bx+c$ 的图像与 x 轴相切 $\Leftrightarrow ax^2+bx+c=0$ 有两个相等的实根 $\Leftrightarrow ax^2+bx+c>0$ 的解集是 $\left(-\infty,\ -\dfrac{b}{2a}\right)\cup\left(-\dfrac{b}{2a},\ +\infty\right)$；

③ $\Delta>0\Leftrightarrow f(x)=ax^2+bx+c$ 的图像与 x 轴有两个不同的交点 $\Leftrightarrow ax^2+bx+c=0$ 有两个不等的实根 α，$\beta\Leftrightarrow ax^2+bx+c>0$ 的解集为 $(-\infty,\ \alpha)\cup(\beta,\ +\infty)$，其中 $\alpha<\beta$.

2. 幂函数

（1）定义

函数 $y=x^a$（a 为实数常数）称为幂函数.

（2）幂函数的图像与性质

① 所有的幂函数在 $(0,\ +\infty)$ 上都有定义，并且图像都经过点 $(1,\ 1)$.

② 当 $a>0$ 时，幂函数的图像经过原点，且在区间 $[0,\ +\infty)$ 上是增函数，特别地，当 $a>1$ 时，幂函数的图像下凸；当 $0<a<1$ 时，幂函数的图像上凸.

③ 当 $a<0$ 时，幂函数的图像在区间 $(0,\ +\infty)$ 上是减函数. 在第一象限内，当 x 从右边趋向原点时，图像在 y 轴右方无限地逼近 y 轴正半轴；当 x 趋于 $+\infty$ 时，图像在 x 轴上方无限地逼近 x 轴正半轴.

④ 当 a 为奇数时，幂函数为奇函数；当 a 为偶数时，幂函数为偶函数.

3. 函数的图像

（1）描点作图法：列表、描点、连线

（2）图像变换作图法

① 平移变换

（i）$y=f(x)$ 的图像 $\xrightarrow[a<0,\text{左移}|a|\text{个单位}]{a>0,\text{右移}a\text{个单位}}$ $y=f(x-a)$ 的图像；

（ii）$y=f(x)$ 的图像 $\xrightarrow[b<0,\text{下移}|b|\text{个单位}]{b>0,\text{上移}b\text{个单位}}$ $y=f(x)+b$ 的图像.

② 对称变换

（i）$y=f(x)$ 的图像 $\xrightarrow{\text{关于}x\text{轴对称}}$ $y=-f(x)$ 的图像；

（ii）$y=f(x)$ 的图像 $\xrightarrow{\text{关于}y\text{轴对称}}$ $y=f(-x)$ 的图像；

(iii) $y=f(x)$的图像$\xrightarrow{\text{关于原点对称}}y=-f(-x)$的图像.

③ 翻转变换

(i) $y=f(x)$的图像$\xrightarrow[x\text{ 轴及上方部分不变}]{x\text{ 轴下方部分翻折到上方}}y=|f(x)|$的图像;

(ii) $y=f(x)$的图像$\xrightarrow[\text{原 }y\text{ 轴左侧部分去掉,右侧不变}]{y\text{ 轴右侧部分翻折到左侧}}y=f(|x|)$的图像.

【讲练平台】

考点1 一元二次方程与一元二次函数的关系

例1 求实数 m 的范围,使关于 x 的方程 $x^2+2(m-1)x+2m+6=0$.

(1) 有两个实数根,且一个比 2 大,一个比 2 小;

(2) 有两个实数根,且都比 1 大;

(3) 有两个实数根 α, β,且满足 $0<\alpha<1<\beta<4$;

(4) 只有一个正数根.

解 令 $f(x)=x^2+2(m-1)x+2m+6$.

(1) 由题意得 $f(2)<0$,可得 $m<-1$.

(2) 由题意得$\begin{cases}\Delta\geqslant 0,\\ -(m-1)>1,\\ f(1)>0,\end{cases}$可得$-\dfrac{5}{4}<m\leqslant -1$.

(3) 由题意得$\begin{cases}f(0)>0,\\ f(1)<0,\\ f(4)>0,\end{cases}$可得$-\dfrac{7}{5}<m<-\dfrac{5}{4}$.

(4) ① 有一正一负两根:$f(0)=2m+6<0$ 可得 $m<-3$.

② 有一正一零两根:$f(0)=2m+6=0$,解得 $m=-3$,这时,$f(x)=x^2-8x$,另一根为 8,满足题意.

③ 当 $\Delta=4(m^2-4m-5)=0$ 时,$m=-1$ 或 $m=5$. 当 $m=-1$ 时,$x=2$ 满足题意. 当 $m=5$ 时,$x=-4$ 不满足题意.

所以所求的实数 m 的范围是$(-\infty,\ -3]\cup\{-1\}$.

考点2 二次函数的对称性

例2 设函数 $f(x)=ax^2+bx+c\ (a\neq 0)$,满足 $f(x+1)=f(-x-3)$,且 $f(2)<f(-2)$,解不等式 $f(-2x^2+2x-3)>f(x^2+4x+3)$.

解 由已知,$f(x)=ax^2+bx+c$ 的图像的对称轴为直线 $x=-1$,又 $f(2)<f(-2)=f(0)$,故 $f(x)=ax^2+bx+c$ 在$[-1,\ +\infty)$上严格减,因此图像开口向下,$a<0$.

由 $f(-2x^2+2x-3)>f(x^2+4x+3)$,

可知 $|-2x^2+2x-3-(-1)|<|x^2+4x+3-(-1)|$,

即 $|2x^2-2x+2|<|x^2+4x+4|$.

因为 $2x^2-2x+2$，x^2+4x+4 均非负，

所以 $2x^2-2x+2<x^2+4x+4$，整理得 $x^2-6x-2<0$，解得 $3-\sqrt{11}<x<3+\sqrt{11}$.

考点 3 二次函数的最值

例 3 已知函数 $g(x)=-x^2-3$，$y=f(x)$ 是二次函数，且 $y=f(x)+g(x)$ 为奇函数. 当 $x\in[-1, 2]$ 时，$y=f(x)$ 的最小值为 1，求 $y=f(x)$ 的表达式.

解 设 $f(x)=ax^2+bx+c\ (a\neq 0)$，则 $f(x)+g(x)=(a-1)x^2+bx+c-3$，

又 $y=f(x)+g(x)$ 为奇函数，所以 $a=1$，$c=3$.

所以 $f(x)=x^2+bx+3=\left(x+\dfrac{b}{2}\right)^2+3-\dfrac{b^2}{4}\ (x\in[-1, 2])$.

① 当 $-\dfrac{b}{2}\geqslant 2$，即 $b\leqslant -4$ 时，$y=f(x)$ 在 $[-1, 2]$ 上递减，

所以 $f_{\min}=f(2)=2b+7=1$，故 $b=-3$. 但 $b\leqslant -4$，故此时无解.

② 当 $-\dfrac{b}{2}\in(-1, 2)$，即 $-4<b<2$ 时，$f_{\min}=f\left(-\dfrac{b}{2}\right)=3-\dfrac{b^2}{4}=1$，

所以 $b=\pm 2\sqrt{2}$.

因为 $b\in(-4, 2)$，故 $b=-2\sqrt{2}$. 此时，$f(x)=x^2-2\sqrt{2}x+3$.

③ 当 $-\dfrac{b}{2}\leqslant -1$，即 $b\geqslant 2$ 时，$y=f(x)$ 在 $[-1, 2]$ 递增，

$f_{\min}=f(-1)=4-b=1$，解得 $b=3$.

满足 $b\geqslant 2$，故 $f(x)=x^2+3x+3$.

综上可得，$f(x)=x^2-2\sqrt{2}x+3$ 或 $f(x)=x^2+3x+3$.

考点 4 幂函数的定义与二次函数的值域

例 4 已知函数 $f(x)=x^{-k^2+k+2}(k\in\mathbf{Z})$，且 $f(2)<f(3)$.

(1) 求 k 的值；

(2) 试判断是否存在正数 p，使函数 $g(x)=1-pf(x)+(2p-1)x$ 在区间 $[-1, 2]$ 上的值域为 $\left[-4, \dfrac{17}{8}\right]$. 若存在，求出这个 p 的值；若不存在，说明理由.

解 (1) 因为 $f(2)<f(3)$，

所以 $2^{-k^2+k+2}<3^{-k^2+k+2}\Rightarrow\left(\dfrac{2}{3}\right)^{-k^2+k+2}<1$，则 $-k^2+k+2>0$，解得 $-1<k<2$.

因为 $k\in\mathbf{Z}$，所以 $k=0$ 或 $k=1$.

(2) 当 $k=0$ 或 $k=1$ 时，$f(x)=x^2$.

$g(x)=1-pf(x)+(2p-1)x=-px^2+(2p-1)x+1.$

因为 $p>0$,所以 $g(x)=-p\left(x-\frac{2p-1}{2p}\right)^2+\frac{(2p-1)^2}{4p}+1.$

① 当 $\frac{2p-1}{2p}<-1$,即 $\frac{4p-1}{2p}<0$,即 $0<p<\frac{1}{4}$ 时,$g(x)$ 在 $[-1, 2]$ 单调递减,

所以 $\begin{cases} g(-1)=\frac{17}{8}, \\ g(2)=-4 \end{cases} \Rightarrow \begin{cases} -3p+2=\frac{17}{8}, \\ -1=-4, \end{cases}$ 无解;

② 当 $-1\leqslant\frac{2p-1}{2p}\leqslant 2$,即 $p\geqslant\frac{1}{4}$ 时,$g\left(\frac{2p-1}{2p}\right)=\frac{17}{8}$,即 $\frac{(2p-1)^2}{4p}+1=\frac{17}{8}$,即 $2(2p-1)^2=9p$,从而 $8p^2-17p+2=0$,即 $(8p-1)(p-2)=0$.

因为 $p\geqslant\frac{1}{4}$,所以 $p=2$.

这时,$g(x)=-2\left(x-\frac{3}{4}\right)^2+\frac{17}{8}$,最小值 $g(-1)=-4$,满足.

所以 $p=2$ 为所求的 p 的值.

考点 5　幂函数的性质

例 5　试利用函数 $y=x^{-\frac{1}{3}}$ 的性质,求使不等式 $(a+1)^{-\frac{1}{3}}<(3-2a)^{-\frac{1}{3}}$ 成立的实数 a 的范围.

解法 1　因为函数 $y=x^{-\frac{1}{3}}$ 在 $(-\infty, 0)$, $(0, +\infty)$ 上分别是减函数. 由 $(a+1)^{-\frac{1}{3}}<(3-2a)^{-\frac{1}{3}}$ 得

① 当 $a+1$, $3-2a$ 同正时,$a+1>3-2a>0$,解得 $\frac{2}{3}<a<\frac{3}{2}$;

② 当 $a+1$, $3-2a$ 同负时,$3-2a<a+1<0$, a 无解;

③ 当 $a+1$, $3-2a$ 一正一负时, $a+1<0<3-2a$,解得 $a<-1$.

所以,实数 a 的取值范围是 $(-\infty, -1)\cup\left(\frac{2}{3}, \frac{3}{2}\right)$.

解法 2　原不等式 $\Leftrightarrow\left(\frac{1}{a+1}\right)^{\frac{1}{3}}<\left(\frac{1}{3-2a}\right)^{\frac{1}{3}}\Rightarrow\frac{1}{a+1}<\frac{1}{3-2a}$

$\Rightarrow\frac{1}{a+1}+\frac{1}{2a-3}=\frac{(2a-3)+(a+1)}{(a+1)(2a-3)}=\frac{3a-2}{(a+1)(2a-3)}<0$,

所以 $a\in(-\infty, -1)\cup\left(\frac{2}{3}, \frac{3}{2}\right)$.

考点6 **函数图像的应用**

例6 函数 $y=\dfrac{ax+b}{cx+d}$（a，b，c，d 为实数）的大致图像如图 2-3 所示，若函数图像经过 $(0,\ -1)$ 和 $(-4,\ 3)$ 两点，且 $x=-1$ 和 $y=2$ 是其两条渐近线，则 $a:b:c:d=$________.

解 由图像可得：函数 $y=\dfrac{ax+b}{cx+d}$ 关于 $(-1,\ 2)$ 对称，

所以有 $\begin{cases}-c+d=0,\\ \dfrac{a}{c}=2,\end{cases}$ 即 $\begin{cases}c=d,\\ a=2c,\end{cases}$ 因此 $y=\dfrac{ax+b}{cx+d}=\dfrac{2cx+b}{cx+c}$，

又函数图像经过 $(0,\ -1)$ 和 $(-4,\ 3)$ 两点，

所以 $\begin{cases}\dfrac{b}{c}=-1,\\ \dfrac{-8c+b}{-4c+c}=3,\end{cases}$ 解得 $\begin{cases}b=-1,\\ c=1,\end{cases}$ 因此 $\begin{cases}d=1,\\ a=2,\end{cases}$

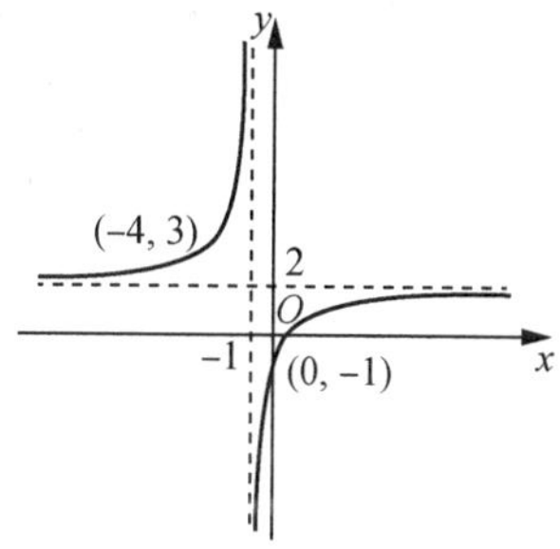

图 2-3

所以 $a:b:c:d=2:-1:1:1$.

考点7 **相关函数的应用问题**

例7 某企业为抓住环境治理带来的历史性机遇，决定开发生产一款大型净水设备. 生产这款设备的年固定成本为 200 万元，每生产 x 台（$x\in\mathbf{N}$，$x>0$）需要另投入成本 $a(x)$（万元），当年产量 x 不足 45 台时，$a(x)=\dfrac{1}{2}x^2+30x-300$（万元），当年产量 x 不少于 45 台时，$a(x)=61x+\dfrac{2\ 500}{x+1}-900$（万元）. 若每台设备的售价为 60 万元，经过市场分析，该企业生产的净水设备能全部售完.

(1) 求年利润 y（万元）关于年产量 x（台）的函数关系式；

(2) 当年产量 x 为多少台时，该企业在这款净水设备的生产中获利最大？最大利润是多少万元？

解 (1) 当 $0<x<45$，$x\in\mathbf{N}$ 时，

$$y=60x-200-a(x)=60x-200-\left(\frac{1}{2}x^2+30x-300\right)=-\frac{1}{2}x^2+30x+100;$$

当 $x\geqslant 45$，$x\in\mathbf{N}$ 时，

$$y=60x-200-a(x)=60x-200-\left(61x+\frac{2\ 500}{x+1}-900\right)=-x-\frac{2\ 500}{x+1}+700;$$

综上得 $y=\begin{cases}-\dfrac{1}{2}x^2+30x+100, & 0<x<45,\ x\in\mathbf{N},\\ -x-\dfrac{2\ 500}{x+1}+700, & x\geqslant 45,\ x\in\mathbf{N}.\end{cases}$

(2) 当 $0<x<45$，$x\in\mathbf{N}$ 时，

$$y=-\frac{1}{2}x^2+30x+100,$$

则当 $x=30$ 时，y 的最大值为 550；

当 $x\geqslant 45$，$x\in\mathbf{N}$ 时，

$$y=-x-\frac{2\ 500}{x+1}+700=-\left[(x+1)+\frac{2\ 500}{x+1}\right]+701$$
$$\leqslant -2\sqrt{(x+1)\cdot\frac{2\ 500}{x+1}}+701=601,$$

当且仅当 $x+1=\frac{2\ 500}{x+1}$，即 $x=49$ 时，等号成立.

所以当年产量为 49 台时，该企业在这款净水设备的生产中获利最大，最大利润为 601 万元.

【基础训练】

1. 若幂函数 $y=(m^2-m-1)x^m$ 为奇函数，则 $m=$________.

2. 已知函数 $f(x)=kx^2+x-5$ 在 $[1,\ 2]$ 上是单调函数，则实数 k 的取值范围是________.

3. 已知函数 $f(x)=|x+2|-|x-1|$，$g(x)=\frac{ax^2-3x+3}{x}(a>0)$，若对任意 $s\in(0,\ +\infty)$，任意 $t\in[0,\ +\infty)$，恒有 $g(s)\geqslant f(t)$ 成立，则实数 a 的取值范围是______.

4. 已知 $f(x)=\begin{cases}-2x, & x<0,\\ x^2-1, & x\geqslant 0,\end{cases}$ 方程 $f(x)+2\sqrt{1-x^2}+\left|f(x)-2\sqrt{1-x^2}\right|-2ax-4=0$ 有三个实数解且 $x_1<x_2<x_3$. 若 $x_3-x_2=2(x_2-x_1)$，则实数 $a=$________.

5. 如图 2-4 所示，矩形 $ABCD$ 的周长为 8，设 $AB=x(1\leqslant x\leqslant 3)$，线段 MN 的两端点在矩形的边上滑动，且 $MN=1$，当 N 沿 $A\to D\to C\to B\to A$ 在矩形的边上滑动一周时，线段 MN 的中点 P 所形成的轨迹为 G，记 G 围成的区域的面积为 y，则函数 $y=f(x)$ 的图像大致为(　　).

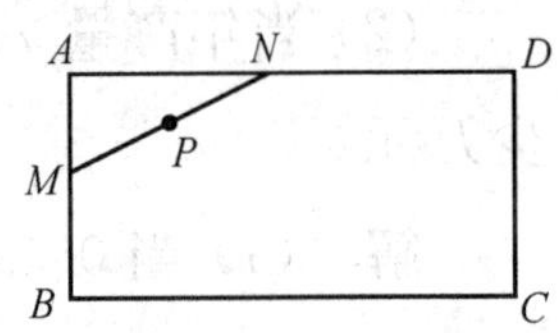

图 2-4

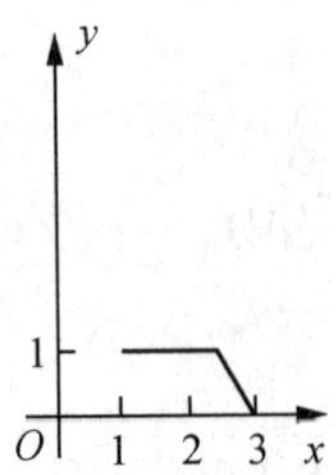

(A)

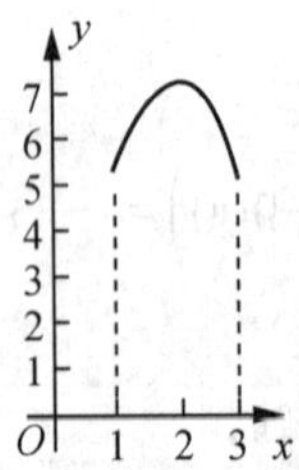

(B)

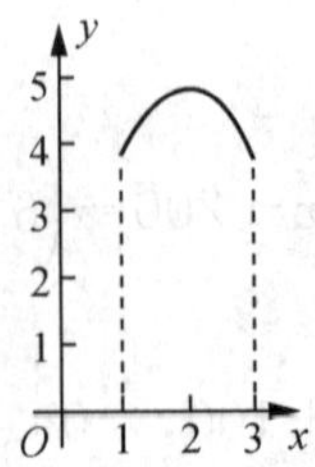

(C)

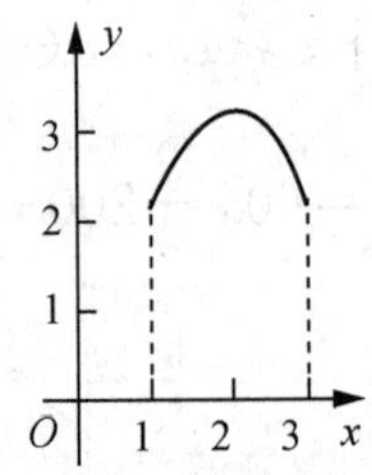

(D)

6. 已知函数 $f(x)=x$，$g(x)=x^2-x+2$，若存在 x_1，x_2，…，$x_n\in\left[0,\ \frac{9}{2}\right]$，使得 $f(x_1)+f(x_2)+\cdots+f(x_{n-1})+g(x_n)=g(x_1)+g(x_2)+\cdots+g(x_{n-1})+f(x_n)$，则正整数 n 的最大值为____________.

7. 已知 $a>0$，若函数 $f(x)=ax^2-x-1$ 在区间$[1,\ 2]$上的最小值为 $g(a)$，

(1) 求 $g(a)$的表达式；

(2) 若 $a\in\left[\frac{1}{4},\ \frac{1}{2}\right]$，求 $g(a)$的最大值.

8. 已知函数 $y=f(x)$和 $y=g(x)$的图像关于原点对称，且 $f(x)=x^2+2x$.

(1) 求函数 $y=g(x)$的解析式；

(2) 解不等式：$g(x)\geqslant f(x)-|x-1|$；

(3) 若 $h(x)=g(x)-\lambda f(x)+1$ 在$[-1,\ 1]$上是严格增函数，求实数 λ 的取值范围.

9. 某地要建造一个边长为2(单位:km)的正方形市民休闲公园$OABC$,将其中的区域ODC开挖成一个池塘.如图2-5所示,建立平面直角坐标系后,点D的坐标为(1, 2),曲线OD是函数$y=ax^2$图像的一部分,过边OA上一点M在区域$OABD$内作一次函数$y=kx+b$($k>0$)的图像,与线段DB交于点N(点N不与点D重合),且线段MN与曲线OD有且只有一个公共点P,四边形$MABN$为绿化风景区.

(1) 求证:$b=-\dfrac{k^2}{8}$.

(2) 设点P的横坐标为t.

① 用t表示M、N两点的坐标;

② 将四边形$MABN$的面积S表示成关于t的函数$S=S(t)$,并求S的最大值.

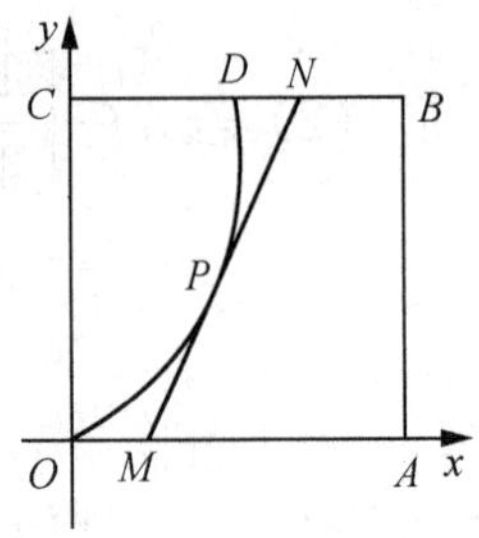

图 2-5

10. 2021年,新冠疫情在世界上很多国家肆虐,并且出现了传染性更强的"德尔塔""拉姆达""奥密克戎"等变异毒株.某科研机构在特定环境下对变异毒株进行观测,每隔单位时间T进行一次记录,用x表示经过单位时间的个数,用y表示此变异毒株的数量(单位:万个),得到如下观测数据:

x	1	2	3	4	5	6	…
y	…	10	…	50	…	250	…

若该变异毒株的数量y(单位:万个)与经过x($x\in\mathbf{N}$, $x>0$)个单位时间的关系有两个函数模型$y=px^2+q$与$y=ka^x$($k>0$, $a>1$)可供选择.

(1) 判断哪个函数模型更合适,并求出该模型的解析式;

(2) 问:至少经过多少个单位时间该变异毒株的数量不少于1亿个?

【能力提高】

若函数 $y=T(x)$ 对定义域内的每一个值 x_1,在其定义域内都存在唯一的 x_2,使 $T(x_1)T(x_2)=1$ 成立,则称该函数为"YL 函数".

(1) 判断定义在区间$[2, 3]$的函数 $f(x)=x+1$ 是否为"YL 函数",并说明理由;

(2) 若函数 $g(x)=3^{x-1}$ 在定义域$[m, n]$$(m>0)$上是"YL 函数",求 m^2+n 的取值范围;

(3) 已知函数 $h(x)=(x-a)^2\left(a<\frac{4}{3}\right)$在定义域$\left[\frac{4}{3}, 4\right]$上为"YL 函数".若对任意的实数 $x\in\left[\frac{4}{3}, 4\right]$,不等式 $h(x)\geqslant tx-2$ 都成立,求实数 t 的最大值.

【归纳小结】

1. 设二次函数的解析式

若已知二次函数图像上的三点，往往设二次函数的一般式；若已知二次函数图像的顶点，往往设二次函数的顶点式；若已知二次函数图像与 x 轴的交点，往往设二次函数的两根式.

2. 根的分布问题

一般地，对于含有字母的一元二次方程 $ax^2+bx+c=0$ 的实根分布问题，用图像求解，令 $f(x)=ax^2+bx+c\ (a>0)$，有如下结论：

(1) 若 $x_1<\alpha$，$x_2<\alpha$，则 $\begin{cases}\Delta\geqslant 0,\\ -\dfrac{b}{2a}<\alpha,\\ f(\alpha)>0;\end{cases}$

(2) 若 $x_1>\alpha$，$x_2>\alpha$，则 $\begin{cases}\Delta\geqslant 0,\\ -\dfrac{b}{2a}>\alpha,\\ f(\alpha)>0;\end{cases}$

(3) 若 $\alpha<x_1<\beta$，$\alpha<x_2<\beta$，则 $\begin{cases}\Delta\geqslant 0,\\ f(\alpha)>0,\\ f(\beta)>0,\\ \alpha<-\dfrac{b}{2a}<\beta;\end{cases}$

(4) 若 $x_1<\alpha$，$x_2>\beta\ (\alpha<\beta)$，则 $\begin{cases}f(\alpha)<0,\\ f(\beta)<0.\end{cases}$

3. 最值问题：二次函数 $f(x)=ax^2+bx+c\ (a\neq 0)$ 在区间 $[\alpha,\beta]$ 上的最值一般分为三种情况讨论，即

(1) $-\dfrac{b}{2a}\leqslant\alpha$ 时，函数在此区间上具有单调性；

(2) $\alpha<-\dfrac{b}{2a}<\beta$；

(3) $-\dfrac{b}{2a}\geqslant\alpha$ 时，函数在此区间上具有单调性.

2.4 指数函数与对数函数

【知识梳理】

1. 指数幂的运算

(1) 有理指数幂

① 正数的正分数指数幂：$a^{\frac{m}{n}}=\sqrt[n]{a^m}$ ($a>0$, m, n 是正整数，$n>1$)；

② 正数的负分数指数幂：$a^{-\frac{m}{n}}=(\sqrt[n]{a^m})^{-1}=\dfrac{1}{\sqrt[n]{a^m}}$ ($a>0$, m, n 是正整数，$n>1$)；

③ 0 的正分数指数幂是 0，0 的负分数指数幂无意义.

(2) 有理指数幂的运算性质

① $a^xa^y=a^{x+y}$ ($a>0$, x, $y\in\mathbf{R}$)；

② $(a^x)^y=a^{xy}$ ($a>0$, x, $y\in\mathbf{R}$)；

③ $(ab)^x=a^xb^x$ ($a>0$, $b>0$, $x\in\mathbf{R}$).

2. 指数函数

(1) 指数函数定义：形如 $y=a^x$ ($a>0$, $a\neq1$) 的函数叫做指数函数.

(2) 指数函数的图像，如图 2-6 所示. 根据图像，可知指数函数的性质.

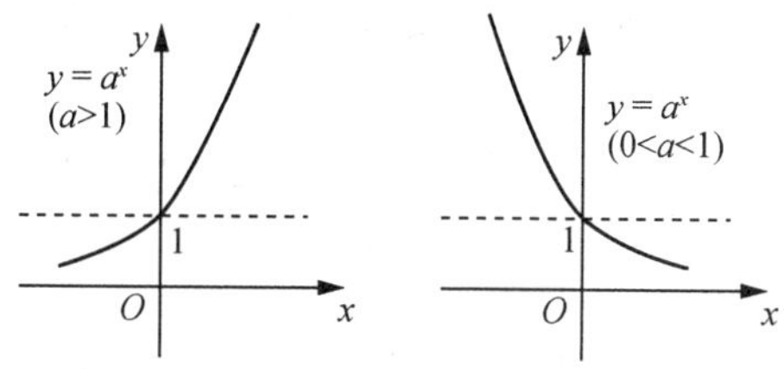

图 2-6

3. 对数的概念与运算法则

一般地，如果 a($a>0$, $a\neq1$)的 b 次幂等于 N，即 $a^b=N$，那么数 b 叫做 N 以 a 为底的对数，记作 $b=\log_aN$，其中 a 叫做对数的底数，N 叫做真数.

几种常见的对数：①常用对数：$\lg N$；②自然对数：$\ln N$.

(1) 对数的性质($a>0$, $a\neq1$, $N>0$)

① $a^{\log_aN}=N$；② $\log_aa^N=N$.

(2) 对数的重要公式

① 对数换底公式：$\log_aN=\dfrac{\log_bN}{\log_ba}$ (其中 $a>0$, $a\neq1$, $b>0$, $b\neq1$, $N>0$).

② $\log_ab=\dfrac{1}{\log_ba}$，推广：$\log_ab\cdot\log_bc\cdot\log_cd=\log_ad$ (a, b, c 均大于零且不等于 1，d 大于零).

③ 对数的运算法则.

如果 $a>0$, $a\neq1$, $M>0$, $N>0$，那么，

(i) $\log_a(MN)=\log_aM+\log_aN$；

(ii) $\log_a \dfrac{M}{N}=\log_a M-\log_a N$；

(iii) $\log_a M^n=n\log_a M$.

4. 对数函数

(1) 对数函数的概念：函数 $y=\log_a x$ $(a>0, a\neq 1)$ 称为对数函数，其中 x 是自变量，函数的定义域是$(0, +\infty)$. 对数函数是指数函数的反函数.

(2) 对数函数的图像，如图 2-7 所示. 根据图像，可知对数函数的性质.

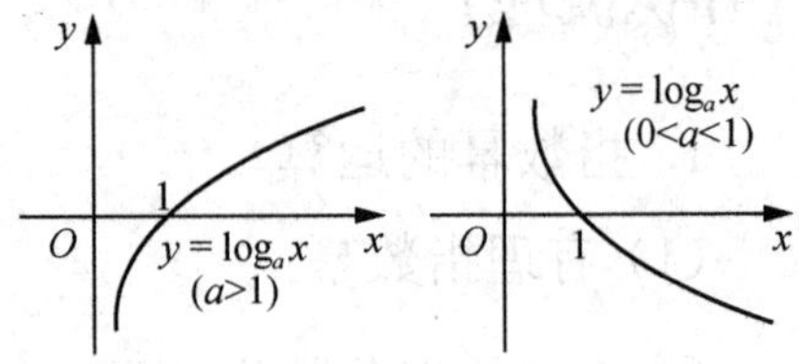

图 2-7

【讲练平台】

考点 1 指数对数的运算

例 1 (1) 已知 $a^{2x}=5$，则$\dfrac{a^{3x}-a^{-3x}}{a^x-a^{-x}}=$____________.

(2) 若 $\log_{12}3=k$，则 $\log_{12}24=$____________；(用含有 k 的表达式作答)若对正数 a，b 有 $1+\log_3 a=2+\log_4 b=\log_{12}(a+b)$，则$\dfrac{1}{a}+\dfrac{1}{b}=$____________. (用数字作答)

解 (1) $\dfrac{a^{3x}-a^{-3x}}{a^x-a^{-x}}=\dfrac{(a^x-a^{-x})(a^{2x}+1+a^{-2x})}{a^x-a^{-x}}=a^{2x}+1+a^{-2x}=5+1+\dfrac{1}{5}=\dfrac{31}{5}$.

(2) 因为 $k=\log_{12}3=1-\log_{12}4=1-2\log_{12}2$，所以 $\log_{12}2=\dfrac{1-k}{2}$，即 $\log_{12}24=1+\log_{12}2=1+\dfrac{1-k}{2}=\dfrac{3-k}{2}$；

设 $1+\log_3 a=2+\log_4 b=\log_{12}(a+b)=m$，则 $a=3^{m-1}$，$b=4^{m-2}$，$a+b=12^m$，所以$\dfrac{1}{a}+\dfrac{1}{b}=\dfrac{a+b}{ab}=\dfrac{12^m}{3^{m-1}\times 4^{m-2}}=\dfrac{3^m\times 4^m}{3^{m-1}\times 4^{m-2}}=3\times 4^2=48$.

考点 2 指数函数的概念与性质

例 2 若函数 $f(x)=\begin{cases}-x+3-3a, & x<0,\\ a^x, & x\geqslant 0\end{cases}$ 是 $\mathbf{R}$ 上的减函数，则实数 a 的取值范围是____________.

解 由题知$\begin{cases}0<a\leqslant 1,\\ 3-3a\geqslant a^0,\end{cases}$ 所以 $0<a\leqslant\dfrac{2}{3}$.

例 3 已知函数 $f(x)=ba^x$(a，b 为常数，$a>0$ 且 $a\neq 1$)的图像经过 $A(1, 8)$，$B(3, 32)$.

(1) 求函数 $y=f(x)$的解析式；

(2) 若关于 x 的不等式 $a^x-b^x-\lambda\geqslant 0$ 对任意 $x\in[-2, 2]$都成立，求实数 λ 的取值

范围.

解 (1) 由于函数 $f(x)=ba^x$ 的图像经过点 $A(1, 8)$, $B(3, 32)$,

所以$\begin{cases}f(1)=8,\\ f(3)=32,\end{cases}$ 即$\begin{cases}ba=8,\\ ba^3=32,\end{cases}$

又因为 $a>0$,所以 $a=2$, $b=4$,

所以 $f(x)=4\times 2^x$,即 $f(x)=2^{x+2}$.

(2) 由(1)知 $a=2$, $b=4$,

故 $2^x-4^x-\lambda\geqslant 0$ 对任意 $x\in[-2, 2]$都成立,即 $\lambda\leqslant 2^x-4^x$ 对任意 $x\in[-2, 2]$都成立,

所以 $\lambda\leqslant(2^x-4^x)_{\min}$, $x\in[-2, 2]$.

令 $t=2^x$, $x\in[-2, 2]$,则 $t\in\left[\dfrac{1}{4}, 4\right]$.

令 $g(t)=-t^2+t$,即 $g(t)=-\left(t-\dfrac{1}{2}\right)^2+\dfrac{1}{4}$, $t\in\left[\dfrac{1}{4}, 4\right]$,

所以 $y=g(t)$的图像是开口向下且关于直线 $t=\dfrac{1}{2}$对称的抛物线,

所以 $g(t)_{\min}=g(4)=-12$,

故 $\lambda\leqslant -12$,

所以 λ 的取值范围为$(-\infty, -12]$.

考点 3 **对数函数的概念和性质**

例 4 已知函数 $f(x)=\log_a(x-1)-3(a>0$,且 $a\neq 1)$,则函数 $y=f(x)$的图像恒过定点________.

解 由题意,函数 $f(x)=\log_a(x-1)-3(a>0$ 且 $a\neq 1)$,

令 $x-1=1$,即 $x=2$ 时,$f(2)=\log_a(2-1)-3=-3$,

所以函数 $y=f(x)$的图像恒过定点$(2, -3)$.

例 5 已知函数 $f(x)=\sqrt[3]{x}\cdot\log_2(\sqrt{x^2+1}+ax)$是偶函数,则 $a=$________.

解 因为 $y=\sqrt[3]{x}$是奇函数,$y=f(x)$是偶函数,

所以 $g(x)=\log_2(\sqrt{x^2+1}+ax)$是奇函数,即 $g(x)+g(-x)=0$,

$$\begin{aligned}\log_2(\sqrt{x^2+1}+ax)+\log_2(\sqrt{x^2+1}-ax)&=\log_2[(\sqrt{x^2+1}+ax)(\sqrt{x^2+1}-ax)]\\&=\log_2[(1-a^2)x^2+1]=0\end{aligned}$$

恒成立,所以 $1-a^2=0$,所以 $a=\pm 1$.

例 6 对于函数 $y=f(x)$,若在定义域内存在实数 x_0 满足 $f(-x_0)=-f(x_0)$,则称函数 $y=f(x)$为"K 函数".设 $f(x)=\begin{cases}\log_2(x^2-2mx+1), & x\geqslant 2,\\ -3, & x<2\end{cases}$ 为其定义域上的"K 函数",则实数 m 的取值范围是________.

解 由函数 $y=f(x)$ 为"K 函数"的定义可得：$f(x)=3$ 在 $[2, +\infty)$ 上有解，即 $\log_2(x^2-2mx+1)=3$ 在 $[2, +\infty)$ 上有解，则 $x^2-2mx+1=8$ 在 $[2, +\infty)$ 上有解，且 $x^2-2mx+1>0$ 在 $[2, +\infty)$ 上恒成立，

即 $2m=x-\dfrac{7}{x}$ 在 $[2, +\infty)$ 上有解，且 $2m<x+\dfrac{1}{x}$ 在 $[2, +\infty)$ 上恒成立.

记 $g(x)=x-\dfrac{7}{x}$，由于函数 $y=x$，$y=-\dfrac{7}{x}$ 在 $[2, +\infty)$ 上均单调递增，所以 $y=g(x)$ 在 $[2, +\infty)$ 上单调递增，且 $g(2)=2-\dfrac{7}{2}=-\dfrac{3}{2}$，即 $g(x)\in\left[-\dfrac{3}{2}, +\infty\right)$.

所以 $2m\in\left[-\dfrac{3}{2}, +\infty\right)$，即 $2m\geqslant-\dfrac{3}{2}$，解得 $m\geqslant-\dfrac{3}{4}$.

又 $2m<x+\dfrac{1}{x}$ 在 $[2, +\infty)$ 上恒成立，由于 $y=x+\dfrac{1}{x}$ 在 $[2, +\infty)$ 上单调递增，所以 $2m<\left(x+\dfrac{1}{x}\right)_{\min}=2+\dfrac{1}{2}=\dfrac{5}{2}$，解得 $m<\dfrac{5}{4}$.

综上所述：实数 m 的取值范围是 $-\dfrac{3}{4}\leqslant m<\dfrac{5}{4}$.

例 7 已知函数 $f(x)=\log_2(x+1)$，当点 (x, y) 在 $y=f(x)$ 的图像上运动时，点 $\left(\dfrac{x}{3}, \dfrac{y}{2}\right)$ 是 $y=g(x)$ 图像上的点.

(1) 求 $y=g(x)$ 的表达式；

(2) 当 $g(x)\geqslant f(x)$ 时，求实数 x 的取值范围；

(3) 当 x 在(2)给出的范围内取值时，求 $g(x)-f(x)$ 的最大值.

解 (1) 设 $\begin{cases}\dfrac{x}{3}=x',\\ \dfrac{y}{2}=y',\end{cases}$ 则 $\begin{cases}x=3x',\\ y=2y',\end{cases}$ 因为点 (x, y) 在 $y=f(x)$ 的图像上运动，所以 $y=\log_2(x+1)$，因此有 $2y'=\log_2(3x'+1)\Rightarrow y'=\dfrac{1}{2}\log_2(3x'+1)$，即 $g(x)=\dfrac{1}{2}\log_2(3x+1)$.

(2) $g(x)\geqslant f(x)\Rightarrow\dfrac{1}{2}\log_2(3x+1)\geqslant\log_2(x+1)\Rightarrow\log_2(3x+1)\geqslant2\log_2(x+1)=\log_2(x+1)^2$，于是有 $3x+1>0$ 且 $x+1>0$ 且 $3x+1\geqslant(x+1)^2$，解得 $0\leqslant x\leqslant1$，所以实数 x 的取值范围是 $[0, 1]$.

(3) 由(2)可知，$x\in[0, 1]$，

$$g(x)-f(x)=\frac{1}{2}\log_2(3x+1)-\log_2(x+1)=\frac{1}{2}\log_2\left[\frac{3x+1}{(x+1)^2}\right].$$

设 $m(x)=\dfrac{3x+1}{(x+1)^2}$，$3x+1=t$，因为 $x\in[0,1]$，所以 $t\in[1,4]$，且

$$m(x)=\frac{t}{\frac{t^2-2t+1}{9}+\frac{2t-2}{3}+1}=\frac{9}{t+\frac{4}{t}+4}.$$

因为 $t\in[1,4]$，$t+\dfrac{4}{t}+4\geqslant 2\sqrt{t\cdot\dfrac{4}{t}}+4=8$，当且仅当 $t=\dfrac{4}{t}$ 时取等号，即当 $t=2$ 时取等号，所以 $m(x)\leqslant\dfrac{9}{8}$，$\dfrac{1}{2}\log_2[m(x)]\leqslant\dfrac{1}{2}\log_2\dfrac{9}{8}=\log_2 3-\dfrac{3}{2}$，即 $g(x)-f(x)$ 的最大值为 $\log_2 3-\dfrac{3}{2}$.

考点 4　指数函数、对数函数的应用问题

例 8　牛顿曾经提出了常温环境下的温度冷却模型：$t=-\dfrac{1}{k}\ln\dfrac{\theta-\theta_0}{\theta_1-\theta_0}$（$t$ 为时间，单位：分钟；θ_0 为环境温度，θ_1 为物体初始温度，θ 为冷却后温度，单位为：℃），假设一杯开水温度 $\theta_1=90$ ℃，环境温度 $\theta_0=10$ ℃，常数 $k=\dfrac{1}{6}$，大约经过（　　）分钟水温降为 40 ℃.

(A) 8　　(B) 7　　(C) 6　　(D) 5

解　由题意知，$t=-6\ln\dfrac{40-10}{90-10}=-6\ln\dfrac{3}{8}=-6(\ln 3-\ln 8)$，即 $t=-6(\ln 3-3\ln 2)\approx 6$.

故选 C.

例 9　了解某些细菌、病毒的生存条件、繁殖习性等对于预防疾病的传播、保护环境有极其重要的意义. 某科研团队在培养基中放入一定量某种细菌进行研究. 实验进行 2 分钟后，菌落的覆盖面积为 18 mm^2；3 分钟后，菌落的覆盖面积为 27 mm^2；后期其蔓延速率越来越快. 现菌落的覆盖面积 y（单位：mm^2）与经过时间 x（单位：min）的关系有两个函数模型 $y=ka^x(k>0,a>1)$ 与 $y=px^{\frac{1}{2}}+q(p>0)$ 可供选择.

(1) 试判断哪个函数模型更合适，说明理由，并求出该模型的解析式；

(2) 在理想状态下，至少经过多久培养基中菌落面积能超过 200 mm^2？（结果保留到整数）

解　(1) 由于 $y=ka^x(k>0,a>1)$ 的增长速率越来越快，$y=px^{\frac{1}{2}}+q(p>0)$ 的增长速率越来越慢，

所以应选模型为 $y=ka^x(k>0,a>1)$，

则 $\begin{cases}ka^2=18,\\ ka^3=27,\end{cases}$ 解得 $\begin{cases}a=\dfrac{3}{2},\\ k=8,\end{cases}$ 故 $y=8\cdot\left(\dfrac{3}{2}\right)^x$，$x\in\mathbf{N}$，

所以函数模型为 $y=8\cdot\left(\frac{3}{2}\right)^x$ $(x\in\mathbf{N})$.

(2) 由题意得 $8\cdot\left(\frac{3}{2}\right)^x>200$,即$\left(\frac{3}{2}\right)^x>25$,所以 $x>\log_{\frac{3}{2}}25$,

因为 $\log_{\frac{3}{2}}25\approx8$,所以 $x>8$,

所以至少经过 8 分钟培养基中菌落面积能超过 200 mm^2.

【基础训练】

1. 函数 $f(x)=\log_a(x+2)+\log_a(2-x)$ $(a>0$ 且 $a\neq1)$的定义域为__________.

2. 若函数 $f(x)=\begin{cases}g(x), & x<0,\\ \left(\frac{1}{3}\right)^x, & x>0\end{cases}$ 是奇函数,则 $g(-3)=$__________.

3. 定义运算 $a\otimes b=\begin{cases}a, & a\leqslant b,\\ b, & a>b,\end{cases}$ 已知函数 $f(x)=(3-x)\otimes2^x$,则 $f(x)$的最大值为________.

4. 函数 $y=\log_2x+\frac{1}{\log_4(2x)}$在区间$\left(\frac{1}{2},+\infty\right)$上的最小值为_______.

5. 如图 2-8 所示,直线 OB 与对数函数 $y=\log_ax$ $(a>1)$的图像交于 E,B 两点,经过 E 的线段 AC 垂直于 y 轴,垂足为 C,若四边形 $OABC$ 是平行四边形,且平行四边形 $OABC$ 的面积为 4,则实数 a 的值为(　　).

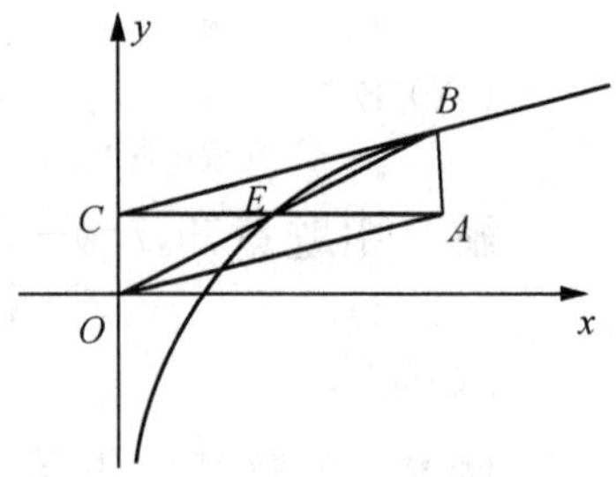

图 2-8

(A) $\sqrt{2}$　　(B) 2

(C) 3　　(D) $\sqrt{3}$

6. 设函数 $f(x)=\begin{cases}3^x-a, & x<1,\\ 2(x-a)(x-2a), & x\geqslant1.\end{cases}$ 若 $y=f(x)$恰有两个零点,则实数 a 的取值范围是__________.

7. 设函数 $y=f(x)$的定义域为 D,若存在实数 T $(T>0)$,使得对于任意 $x\in D$,都有 $f(x)<f(x+T)$,则称 $y=f(x)$为"T-单调增函数".

对于"T-单调增函数",有以下四个结论:

① "T-单调增函数"$y=f(x)$一定在 D 上单调递增;

② "T-单调增函数"$y=f(x)$一定是"nT-单调增函数"(其中 n 是个小于 2 的正整数);

③ 函数 $f(x)=[x]$是"T-单调增函数"(其中$[x]$表示不大于 x 的最大整数);

④ 函数 $f(x)=\begin{cases}x+1, & x\leqslant0,\\ \lg x, & x>0\end{cases}$ 不是"1-单调增函数".

其中,所有正确结论的序号是__________.

8. 已知函数 $f(x)=\lg(3-3^x)+\lg(3-3^{-x})$.

(1) 判断函数 $y=f(x)$的奇偶性,并证明;

(2) 设函数 $g(x)=mx-2$,若对任意的 $x_2\in[-2, 1]$,总存在 $x_1\in(-1, 1)$使得 $g(x_2)\leqslant f(x_1)$成立,求实数 m 的取值范围.

9. 已知函数 $y=f(x)$是定义在 $\mathbf{R}$ 上的奇函数,当 $x\in[0, +\infty)$时,$f(x)=x-\log_{\frac{1}{2}}(x+1)$.

(1) 求函数 $y=f(x)$在$(-\infty, 0)$上的解析式;

(2) 求不等式 $f(\log_{\frac{1}{2}}x)+f(\log_2(2x-1))<0$ 的解集.

【能力提高】

1. 已知函数 $f(x)=2^x$，$g(x)=\log_a x$，若对于 $y=f(x)$ 图像上的任意一点 P，在 $y=g(x)$ 的图像上总存在一点 Q，满足 $OP\perp OQ$，且 $|OP|=|OQ|$，则实数 $a=$____________.

2. 已知函数 $f(x)=\dfrac{ax^2+a+\ln(\sqrt{x^2+1}+x)}{x^2+1}+\dfrac{4}{a}$，若 $y=f(x)$ 的最大值为 M，最小值为 N，$a\in[1,3]$，则 $M+N$ 的取值范围是____________.

【归纳小结】

1. 注意区分幂函数 $y=x^a$ 和指数函数 $y=a^x$.
2. 注意函数的定义域对问题求解的影响.
3. 指数函数和对数函数在研究奇偶性和单调性的问题上，要注意其运算性质的特点.

2.5 函数的应用

【知识梳理】

1. 在研究某些数学问题时，所研究的变量往往依赖于另一个变量，此时就需要建立两个变量之间的函数关系. 建立函数关系时，一方面要根据问题的实际背景选择适当的函数模型，另一方面要注意合理确定函数的定义域.

2. 求解方程和不等式的问题，可以看作是根据函数值满足的条件，确定自变量的值或取值集合. 一些方程和不等式的求解，可以借助函数的性质，如奇偶性、单调性等.

3. 对于函数 $y=f(x)$，$x\in D$，方程 $f(x)=0$ 的解称为该函数的零点. 求方程的近似解的问题可以转化为求函数的近似零点的问题，往往通过二分法实现.

【讲练平台】

考点 1 函数关系的建立

例 1 某小型口罩生产厂家为保障抗疫需求，调整了口罩生产规模. 已知该厂每月生产口罩的固定成本为 1 万元，每生产 x 万件，还需投入 $0.1x$ 万元的原材料费，全部售完可获得 $p(x)$ 万元，当月产量不足 5 万件时，$p(x)=-\dfrac{1}{2}x^2+4.1x+1$；当月产量不低于 5 万件时，$p(x)=13-\ln x-\dfrac{8}{x}+0.1x$，通过市场分析，该口罩厂生产的口罩当月可以全部售完.

(1) 求月利润 y(万元)关于月产量 x(万件)的函数关系式，并求出月产量为 3 万件时，该厂该月生产口罩所获得的利润；

(2) 月产量为多少万件时，该口罩生产厂家所获得月利润最大？最大约为多少万元？(精确到 0.1)

解 (1) 当 $0<x<5$ 时，$y=-\frac{1}{2}x^2+4.1x+1-1-0.1x=-\frac{1}{2}x^2+4x$；

当 $x\geqslant 5$ 时，$y=13-\ln x-\frac{8}{x}+0.1x-1-0.1x=12-\ln x-\frac{8}{x}$，

故月利润 y(万元)关于月产量 x(万件)的函数关系式为 $y=\begin{cases}-\frac{1}{2}x^2+4x, & 0<x<5,\\ 12-\ln x-\frac{8}{x}, & x\geqslant 5.\end{cases}$

当 $x=3$ 时，$y=-\frac{1}{2}\times 9+4\times 3=7.5$.

故月产量为 3 万件时，该厂该月生产口罩所获得的利润为 7.5 万元.

(2) 当 $0<x<5$ 时，$y=-\frac{1}{2}x^2+4x=-\frac{1}{2}(x-4)^2+8$，

故当 $x=4$ 时，y 取得最大值，最大值为 8 万元；

当 $x\geqslant 5$ 时，$y=12-\ln x-\frac{8}{x}$，$y'=-\frac{1}{x}+\frac{8}{x^2}=\frac{8-x}{x^2}$；

当 $5\leqslant x<8$ 时，$y'>0$；

当 $x>8$ 时，$y'<0$.

所以 $y=12-\ln x-\frac{8}{x}$ 在 $[5,8)$ 上严格增，在 $(8,+\infty)$ 上严格减，

故当 $x=8$ 时，y 取得最大值，且 $y_{\max}=12-\ln 8-1\approx 8.9$.

因为 $8.9>8$，所以当月产量为 8 万件时，该口罩生产厂家所获得月利润最大，最大月利润约为 8.9 万元.

例 2 某学习小组在寒假社会实践活动中，通过对某商店一种商品销售情况的调查发现：该商品在过去的一个月内(以 30 天计)的日销售价格 $P(x)$(元)与时间 x(天)的函数关系近似满足 $P(x)=1+\frac{k}{x}$(k 为正常数). 该商品的日销售量 $Q(x)$(个)与时间 x(天)关系的部分数据见下表：

x(天)	10	20	25	30
$Q(x)$	110	120	125	120

已知第 10 天该商品的日销售收入为 121 元.

(1) 求 k 的值；

(2) 给出两种函数模型：①$Q(x)=ax+b$；②$Q(x)=a|x-25|+b$. 请你根据上表中的数据，从中选择你认为最合适的一种函数来描述该商品的日销售量 $Q(x)$ 与时间 x 的关系，并求

出该函数的解析式；

(3) 求该商品的日销售收入 $y=f(x)(1\leqslant x\leqslant 30,\ x\in\mathbf{N})$(元)的最小值.

解 (1) 因为第 10 天该商品的日销售收入为 121 元，

所以 $P(10)\cdot Q(10)=\left(1+\dfrac{k}{10}\right)\cdot 110=121$，解得 $k=1$.

(2) 由表中数据可得，当时间变化时，该商品的日销售量有增有减，并不单调，故只能选②$Q(x)=a|x-25|+b$，代入数据可得$\begin{cases}110=a|10-25|+b,\\120=a|20-25|+b,\end{cases}$解得 $a=-1,\ b=125$，所以 $Q(x)=125-|x-25|,(1\leqslant x\leqslant 30,\ x\in\mathbf{N})$.

(3) 由(2)可得 $Q(x)=125-|x-25|=\begin{cases}100+x, & 1\leqslant x<25,\ x\in\mathbf{N},\\150-x, & 25\leqslant x\leqslant 30,\ x\in\mathbf{N},\end{cases}$

所以 $f(x)=P(x)\cdot Q(x)=\begin{cases}101+x+\dfrac{100}{x}, & 1\leqslant x<25,\ x\in\mathbf{N},\\149+\dfrac{150}{x}-x, & 25\leqslant x\leqslant 30,\ x\in\mathbf{N}.\end{cases}$

当 $1\leqslant x<25,\ x\in\mathbf{N}$ 时，$y=f(x)=101+x+\dfrac{100}{x}$ 在区间 $[1,\ 10]$ 上严格减，在区间 $[10,\ 25)$ 上严格增，所以当 $x=10$ 时，$y=f(x)$ 有最小值，且为 121；

当 $25\leqslant x\leqslant 30,\ x\in\mathbf{N}$ 时，$f(x)=149+\dfrac{150}{x}-x$ 为单调递减函数，所以当 $x=30$ 时，$y=f(x)$ 有最小值，且为 124.

综上，当 $x=10$ 时，$f(x)$ 有最小值，且为 121，所以该商品的日销售收入最小值为 121 元.

考点 2 **利用函数的性质求解方程与不等式**

例 3 已知函数 $f(x)=\begin{cases}-x^2-4x-2, & x\leqslant 1,\\\ln x+1, & x>1,\end{cases}$若关于 x 的方程 $f(x)=m$ 恰有三个不同实数解 $x_1,\ x_2,\ x_3\ (x_1<x_2<x_3)$，则 $-\dfrac{x_2+x_1}{4}(-x_1^2-4x_1)(x_3-1)$ 可能的取值是______(请填写序号).

① 4；② 6；③ 8；④ 10.

解 作出函数 $f(x)=\begin{cases}-x^2-4x-2, & x\leqslant 1,\\\ln x+1, & x>1\end{cases}$ 的图像，如图 2-9 所示.

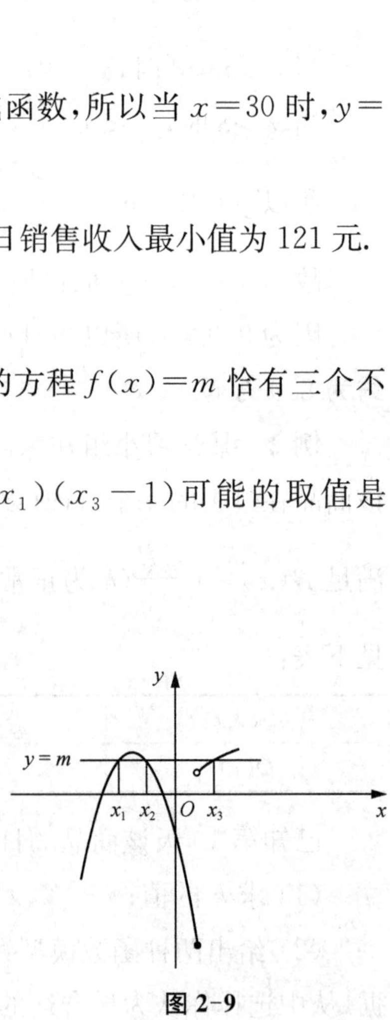

图 2-9

由于关于 x 的方程 $f(x)=m$ 恰有三个不同实数解 $x_1,\ x_2,\ x_3\ (x_1<x_2<x_3)$，则 $y=f(x)$ 的图像与直线 $y=m$ 有三个交点，且横坐标分别为 $x_1,\ x_2,\ x_3$.

当 $x\leqslant 1$ 时，$f(x)=-x^2-4x-2$ 的图像对称轴的方程为

$x=-2$，且 $f(-2)=2$，结合图像，可得 $x_1+x_2=-4$ 且 $f(x_1)=-x_1^2-4x_1-2=m$，即 $-x_1^2-4x_1=m+2$；

当 $x>1$ 时，$f(x)=\ln x+1$，且 $f(1)=\ln 1+1=1$，所以 $1<m<2$，则 $\ln x_3+1=m$，可得 $x_3=e^{m-1}$.

所以 $-\dfrac{x_1+x_2}{4}\cdot(-x_1^2-4x_1)\cdot(x_3-1)=(m+2)\cdot(e^{m-1}-1)$，$m\in(1,2)$.

令 $g(m)=(m+2)\cdot(e^{m-1}-1)$，$1<m<2$，则函数 $g(m)$ 在区间 $(1,2)$ 上为严格增函数，所以 $g(1)<g(m)<g(2)$.

又由 $g(1)=0$，$g(2)=4(e-1)$，所以 $0<g(m)<4(e-1)$，即 $-\dfrac{(x_1+x_2)}{4}\cdot(-x_1^2-4x_1)\cdot(x_3-1)$ 的取值范围为 $(0,4(e-1))$.

结合选项，取值可能是 4 和 6.

故填①②.

例 4 已知函数 $y=f(x)$ 是定义在 $\mathbf{R}$ 上的奇函数，且当 $x<0$ 时，$f(x)=x^2+2x$，现已画出函数 $y=f(x)$ 在 y 轴左侧的图像，如图 2-10 所示.

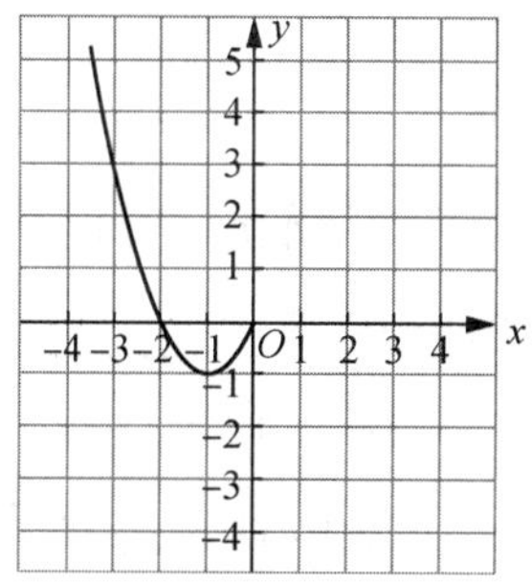

图 2-10

(1) 请补出函数 $y=f(x)$，$x\in\mathbf{R}$ 剩余部分的图像，并根据图像写出函数 $y=f(x)$，$x\in\mathbf{R}$ 的单调增区间；

(2) 求函数 $y=f(x)$，$x\in\mathbf{R}$ 的解析式；

(3) 已知关于 x 的方程 $f(x)=m$ 有三个不相等的实数根，求实数 m 的取值范围.

解 (1) 函数图像如图 2-11 所示，函数 $y=f(x)$ 的单调增区间为 $(-1,1)$.

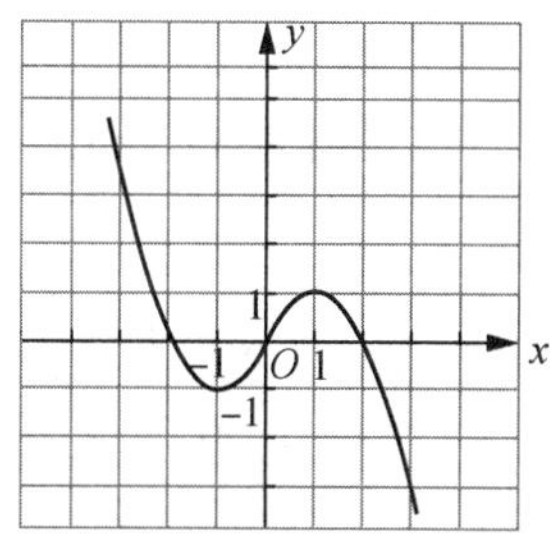

图 2-11

(2) 因为当 $x<0$ 时，$f(x)=x^2+2x$，所以当 $x>0$ 时，$-x<0$，有

$$f(-x)=(-x)^2+2(-x)=x^2-2x,$$

由 $y=f(x)$ 为奇函数，得 $f(x)=-f(-x)=-x^2+2x$，即当 $x>0$ 时，$f(x)=-x^2+2x$，

又 $f(0)=0$，所以函数 $y=f(x)$ 的解析式为 $f(x)=\begin{cases}x^2+2x, & x<0,\\ 0, & x=0,\\ -x^2+2x, & x>0.\end{cases}$

(3) 由(2)得，$f(x)=\begin{cases}x^2+2x, & x<0,\\ 0, & x=0,\\ -x^2+2x, & x>0,\end{cases}$

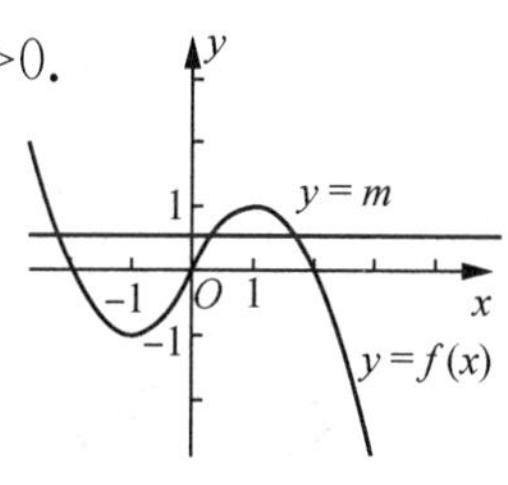

图 2-12

作出函数 $y=f(x)$ 与 $y=m$ 的图像，如图 2-12 所示，

由上图可知，当$-1<m<1$时，函数$y=f(x)$与$y=m$的图像有三个交点，即方程$f(x)=m$有三个不等的实根.

所以m的取值范围为$(-1,\ 1)$.

考点3 利用二分法求方程的近似解

例5 下列函数图像与x轴都有交点，其中不能用二分法求其零点的是____________.（写出所有符合条件的序号）

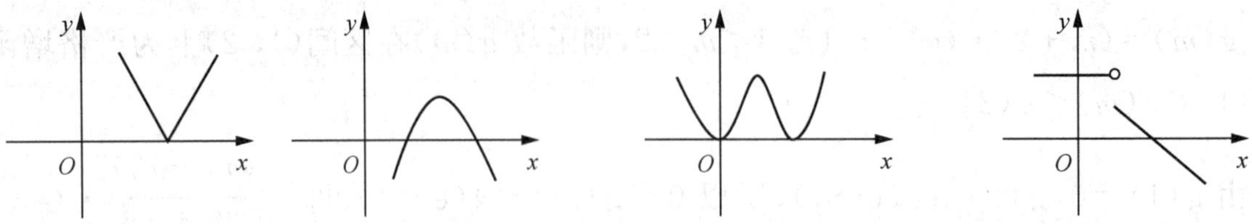

①　　　②　　　③　　　④

解 用二分法只能求“变号零点”，①③中的函数零点不是“变号零点”，故不能用二分法求，故答案为①③.

例6 令函数$f(x)=x^2+x-1$的图像为E，在点$(1,\ 1)$处作E的切线，交x轴于$(x_1,\ 0)$；在点$(x_1,\ f(x_1))$处作E的切线，交x轴于$(x_2,\ 0)$；在点$(x_2,\ f(x_2))$处作E的切线，交x轴于$(x_3,\ 0)$；……由此得到数列$\{x_n\}$. 随着n的不断增大，x_n会越来越接近函数$y=f(x)$的一个零点x_0，可以用这种方法求$f(x)$零点x_0的近似值. 根据前4步结果比较，这种方法的求解速度____________（填“快于”“等于”或“慢于”）二分法.

解 $f(x)=x^2+x-1,\ f'(x)=2x+1,\ f'(x_n)=2x_n+1$,

所以切线方程为$y-(x_n^2+x_n-1)=(2x_n+1)(x-x_n)$,

令$y=0$，得$x=\dfrac{x_n^2+1}{2x_n+1}$，所以$x_{n+1}=g(x_n)=\dfrac{x_n^2+1}{2x_n+1}$.

二分法计算：$x_1=\dfrac{0+1}{2}=\dfrac{1}{2},\ f\left(\dfrac{1}{2}\right)=-\dfrac{1}{4}<0,\ f(1)=1>0$;

$$x_2=\frac{\frac{1}{2}+1}{2}=\frac{3}{4},\ f\left(\frac{3}{4}\right)=\frac{5}{16}>0;\ x_3=\frac{\frac{1}{2}+\frac{3}{4}}{2}=\frac{5}{8}=0.625,$$

$$f\left(\frac{5}{8}\right)=\frac{1}{64}>0,\ x_4=\frac{\frac{1}{2}+\frac{5}{8}}{2}=\frac{9}{16}=0.5625.$$

用切线逼近法：$x_1'=g(1)=\dfrac{1+1}{2+1}=\dfrac{2}{3},\ x_2'=g\left(\dfrac{2}{3}\right)=\dfrac{\frac{4}{9}+1}{\frac{4}{3}+1}=\dfrac{13}{21},\ x_3'=g\left(\dfrac{13}{21}\right)=\dfrac{\left(\frac{13}{21}\right)^2+1}{\frac{26}{21}+1}\approx 0.6180,\ x_4'=\dfrac{0.618^2+1}{2\times0.618+1}\approx0.61803$,

与$x_0=\dfrac{\sqrt{5}-1}{2}$比较，牛顿切线法的求解速度快于二分法.

故答案为：快于.

【基础训练】

1. 若函数 $f(x)=x^3-x-1$ 在区间$[1, 1.5]$内的一个零点的近似值用二分法逐次计算列表如下，那么方程 $x^3-x-1=0$ 的一个近似解为 $x=$__________.（精确到 0.1）

$f(1)<0$	$f(1.5)>0$
$f(1.25)<0$	$f(1.375)>0$
$f(1.3125)<0$	$f(1.34375)>0$

2. 在流行病学中，基本传染数是指每名感染者平均可传染的人数. 当基本传染数高于 1 时，每个感染者平均会感染一个以上的人，从而导致感染这种疾病的人数量呈指数级增长. 当基本传染数持续低于 1 时，疫情才可能逐渐消散. 广泛接种疫苗可以降低疾病的基本传染数. 假设某种传染病的基本传染数为 R_0，1 个感染者在每个传染期会接触到 N 个新人，这 N 人中有 V 个人接种过疫苗$\left(\frac{V}{N}\text{称为接种率}\right)$，那么 1 个感染者新的传染人数为 $\frac{R_0}{N}(N-V)$. 已知新冠病毒在某地的基本传染数 $R_0=2.5$，为了使 1 个感染者传染人数不超过 1，该地疫苗的接种率至少为__________.

3. 如图 2-13 所示，$\angle POQ=\frac{\pi}{2}$，轻质木杆 AB（视作线段）长度为 1，其端点 A 在射线 OP 上，另一端点 B 在射线 OQ 上，$\angle OAB=\frac{\pi}{3}$，当点 A 向点 O 移动 Δx（$0<\Delta x<OA$）时，点 B 向上移动 Δy，则 Δy 关于 Δx 的函数为__________.

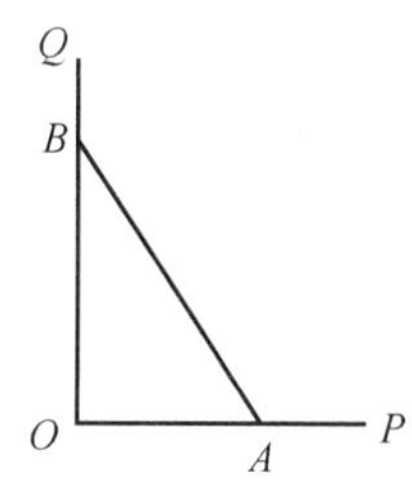

图 2-13

4. 某公司生产一种产品，固定成本为 20 000 元，每生产一件产品，成本增加 100 元，若年收入 R（元）与年产量 x（件）的关系式 $R(x)=\begin{cases}-\frac{x^3}{900}+400x, & 0\leqslant x\leqslant 390,\\ 90\,090, & x>390,\end{cases}$ 则当年利润最大时，每年生产产品的件数是__________.

5. 已知函数 $f(x)=\begin{cases}e^{|x-1|}, & x>0,\\ -x^2-2x+1, & x\leqslant 0,\end{cases}$ 若方程 $f^2(x)+bf(x)+2=0$ 有 8 个相异的实数根，则实数 b 的取值范围是__________.

6. 中国古代近似计算方法源远流长，早在八世纪，我国著名数学家、天文学家张遂（法号：一行）为编制《大衍历》发明了一种近似计算的方法——二次插值算法（又称一行算法，牛顿也创造了此算法，但是比我国张遂晚了上千年）：对于函数 $y=f(x)$ 在 x_1, x_2, x_3（$x_1<x_2<x_3$）处的函数值分别为 $y_1=f(x_1), y_2=f(x_2), y_3=f(x_3)$，则在区间$[x_1, x_3]$上 $y=f(x)$ 可以用二次函数 $f(x)=y_1+k_1(x-x_1)+k_2(x-x_1)(x-x_2)$ 来近似代替，其

中 $k_1=\dfrac{y_2-y_1}{x_2-x_1}$，$k=\dfrac{y_3-y_2}{x_3-x_2}$，$k_2=\dfrac{k-k_1}{x_3-x_1}$. 若令 $x_1=0$，$x_2=\dfrac{\pi}{2}$，$x_3=\pi$，依据上述算法，估算出 $\sin\dfrac{2\pi}{5}$ 的近似值是____________.

7. 某城市 2021 年 12 月 8 日的空气质量指数(Air Quality Inex，AQI)y 与时间 x(单位：h)的关系 $y=f(x)$为图 2-14 的连续曲线，并测得当天 AQI 的最大值为 103. 当 $x\in[0, 14]$ 时，曲线是二次函数图像的一部分；当 $x\in(14, 24]$时，曲线是函数 $g(x)=\log_a(x-13)+102(a>0$ 且 $a\neq1)$图像的一部分，根据规定，空气质量指数 AQI 的值大于或等于 100 时，空气就属于污染状态.

(1) 求函数 $y=f(x)$的解析式；

(2) 该城市 2021 年 12 月 8 日这一天哪个时间段的空气属于污染状态？并说明理由.

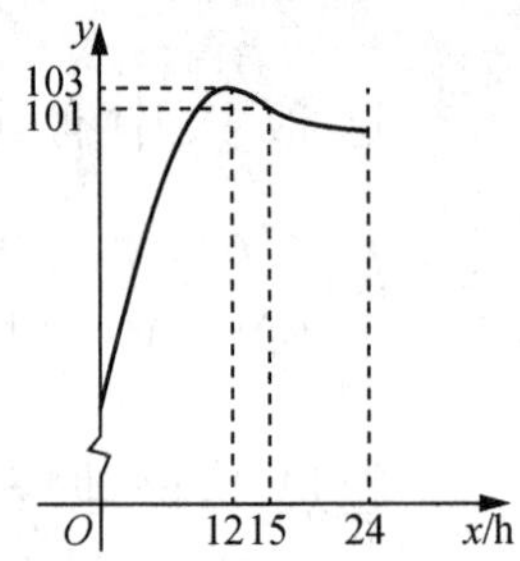

图 2-14

8. 已知定义域为 **R** 的函数 $f(x)=\dfrac{b^x+n}{-2b^x-2}$是奇函数，且指数函数 $y=b^x$ 的图像过点(2, 4).

(1) 求 $y=f(x)$的表达式；

(2) 若方程 $f(x^2+3x)+f(-a+x)=0$，$x\in(-4, +\infty)$恰有两个互异的实数解，求实数 a 的取值集合；

(3) 若对任意的 $t\in[-1, 1]$，不等式 $f(t^2-2a)+f(at-1)\geqslant0$ 恒成立，求实数 a 的取值范围.

【能力提高】

1. 已知函数 $f(x)=\begin{cases}x+\dfrac{1}{x}, & x>0,\\ x+3, & x\leqslant 0,\end{cases}$ 若方程 $f(x)=a$ 有 3 个不同的实数根 x_1, x_2, x_3,且 $x_1<x_2<x_3$,则 $\dfrac{ax_1}{x_2+x_3}$ 的取值范围是____________.

2. 若关于 x 的方程 $\left(\dfrac{1}{2}\right)^x+m=\sqrt{x+1}$ 在实数范围内有解,则实数 m 的取值范围是________.

3. 已知函数 $y=f_1(x)=|x^2-1|$, $x\in\mathbf{R}$. 定义 $f_2(x)=f_1(f_1(x))$, $f_3(x)=f_1(f_2(x))$, …, $f_n(x)=f_1(f_{n-1}(x))$,其中 $n=2, 3, \cdots$.

(1) 判断函数 $y=f_1(x)$ 的奇偶性,并给出理由;

(2) 求方程 $f_1(x)=f_3(x)$ 的实数根个数;

(3) 已知存在实数 x_0 使得 $f_i(x_0)=f_j(x_0)=m$ 对任何 i 和 j 都成立,其中 $1\leqslant i<j\leqslant n$, $0<m<1$. 求实数 m 的所有可能值构成的集合.

【归纳小结】

1. 利用函数的单调性研究方程或不等式时,可综合运用定义法、导数法等方法.
2. 利用二分法求函数的近似零点时,要正确选择符合精度要求的区间.
3. 建立函数关系时,可根据问题的实际背景确定函数的定义域.

2.6 导数的概念、意义与运算

【知识梳理】

1. 导数的概念及意义

(1) 导数的概念：函数 $y=f(x)$ 在 $x=x_0$ 处的导数 $f'(x_0)$，是函数在 $x=x_0$ 附近的平均变化率 $\dfrac{f(x_0+h)-f(x_0)}{h}$ 当 h 趋近于 0 时所趋近的稳定值，记作

$$f'(x_0)=\lim_{h\to 0}\frac{f(x_0+h)-f(x_0)}{h}.$$

把自变量值 x_0 对应到 $f'(x_0)$ 所给出的函数记作 $y=f'(x)$，称为 $y=f(x)$ 的导函数，简称导数.

(2) 导数的物理意义：在满足函数关系 $d=d(t)$ 的运动中，该函数在 $t=t_0$ 处的导数 $d'(t_0)$ 就是 t_0 时刻的瞬时速度.

(3) 导数的几何意义：对于曲线 $y=f(x)$，函数 $y=f(x)$ 在 $x=x_0$ 处的导数 $f'(x_0)$ 就是曲线在点 $(x_0, f(x_0))$ 处的切线斜率.

2. 常用的求导公式与法则

(1) $(C)'=0$，C 为常数；

(2) $(x^\alpha)'=\alpha x^{\alpha-1}$，$\alpha$ 为常数；

(3) $(\mathrm{e}^x)'=\mathrm{e}^x$；

(4) $(\ln x)'=\dfrac{1}{x}$；

(5) $(\sin x)'=\cos x$；

(6) $(\cos x)'=-\sin x$；

(7) $(f(x)\pm g(x))'=f'(x)\pm g'(x)$；

(8) $(f(x)g(x))'=f'(x)g(x)+f(x)g'(x)$，特别地，$(Cf(x))'=Cf'(x)$，$C$ 为常数；

(9) $\left(\dfrac{f(x)}{g(x)}\right)'=\dfrac{f'(x)g(x)-f(x)g'(x)}{(g(x))^2}$，$g(x)\neq 0$；

(10) $(f(ax+b))'=af'(u)$，其中 $u=ax+b$.

【讲练平台】

考点1 导数的概念与意义

例1 (1) 已知 $f'(x_0)=2$，则 $\lim\limits_{h\to 0}\dfrac{f(x_0-4h)-f(x_0)}{h}=$________.

(2) 已知某物体的运动方程为 $s=24t-3t^2$（s 的单位：m，t 的单位：s），则物体在 $t=$

________ s时的瞬时速度为 12 m/s.

解 (1) 令 $t=-4h$,

$$因为\lim_{h\to 0}\frac{f(x_0-4h)-f(x_0)}{h}=-4\lim_{h\to 0}\frac{f(x_0-4h)-f(x_0)}{-4h}$$

$$=-4\lim_{t\to 0}\frac{f(x_0+t)-f(x_0)}{t}=-4f'(x_0)=-8.$$

$$所以\lim_{h\to 0}\frac{f(x_0-4h)-f(x_0)}{h}=-8.$$

(2) 在 t 到 $t+\Delta t$ 这段时间内,物体的平均速度为 $\bar{v}=\frac{\Delta s}{\Delta t}=\frac{s(t+\Delta t)-s(t)}{\Delta t}=24-6t-3\Delta t$. 当 Δt 无限趋近于 0 时,$\bar{v}$ 无限趋近于 $24-6t$,由题意得 $24-6t=12$,解得 $t=2$ s.

例 2 已知曲线 $y=2x^2-7$ 在点 P 处的切线方程为 $8x-y-15=0$,则切点 P 的坐标为________.

解 设切点为 $P(m, n)$,切线斜率为 k,由 $y'=\lim_{\Delta x\to 0}\frac{\Delta y}{\Delta x}=\lim_{\Delta x\to 0}\frac{[2(x+\Delta x)^2-7]-(2x^2-7)}{\Delta x}=\lim_{\Delta x\to 0}(4x+2\Delta x)=4x$,得 $k=y'|_{x=m}=4m$.

由题意可知 $4m=8$,所以 $m=2$,代入 $y=2x^2-7$ 得 $n=1$,故所求切点 P 为$(2, 1)$.

例 3 已知二次函数 $f(x)=ax^2+bx+c$(其中 a, b, c 为实数),求:

(1) 函数从 $x_1=1$ 到 $x_2=3$ 的平均变化率;

(2) 函数在 $x=2$ 处的瞬时变化率;

(3) 当 x 为何值时,函数在 x 处的瞬时变化率等于从 x_1 到 x_2 的平均变化率?

解 (1) 由题意,函数的平均变化率

$$\frac{f(x+\Delta x)-f(x)}{\Delta x}=\frac{a(x+\Delta x)^2+b(x+\Delta x)+c-(ax^2+bx+c)}{\Delta x}=2ax+a(\Delta x)+b,$$

取 $x=1$, $\Delta x=2$,则函数从 $x_1=1$ 到 $x_2=3$ 的平均变化率为$\frac{f(3)-f(1)}{2}=4a+b$.

(2) 由(1),函数在 $x=2$ 处的瞬时变化率为

$$\lim_{\Delta x\to 0}\frac{f(2+\Delta x)-f(2)}{\Delta x}=\lim_{\Delta x\to 0}[4a+a(\Delta x)+b]=4a+b.$$

(3) 结合(1)(2)可知,$x=2$ 时函数在 x 处的瞬时变化率等于从 x_1 到 x_2 的平均变化率. 可以验证,不存在其他的 x 满足条件.

例 4 已知函数 $f(x)=x^6-x$,直线 l 是曲线 $y=f(x)$的一条切线.

(1) 若 l 与直线 $16x-13y=0$ 垂直,求 l 与曲线 $y=f(x)$的切点坐标;

(2) 若 l 经过点$(0, -5)$,求 l 的方程.

解 (1) 由题意,函数 $f(x)=x^6-x$ 的导数为 $f'(x)=6x^5-1$,设切点的横坐标为 m,则

l 的斜率为 $f'(m)=6m^5-1$.

因为 l 与直线 $16x-13y=0$ 垂直，所以 l 的斜率为 $-\frac{13}{16}$，即 $6m^5-1=-\frac{13}{16}$，解得 $m^5=\frac{1}{32}$，所以 $m=\frac{1}{2}$.

因为 $f\left(\frac{1}{2}\right)=-\frac{31}{64}$，所以 l 与曲线 $y=f(x)$ 的切点坐标为 $\left(\frac{1}{2},\ -\frac{31}{64}\right)$.

(2) 设 l 的斜率为 k，则 l 的方程为 $y=kx-5$.

设切点的横坐标为 t，则 $\begin{cases}6t^5-1=k,\\ t^6-t=kt-5,\end{cases}$ 整理得 $t^6-t=6t^6-t-5$，即 $5t^6=5$，解得 $t=\pm1$.

当 $t=1$ 时，$k=5$，此时直线 l 的方程为 $y=5x-5$；

当 $t=-1$ 时，$k=-7$，此时直线 l 的方程为 $y=-7x-5$.

例 5 已知函数 $f(x)=\frac{1}{3}x^3-\frac{1}{2}ax^2+(a-1)x+2(a\in\mathbf{R})$，$y=f(x)$ 满足 $f(x)+f(-x)=4$，已知点 M 是曲线 $y=f(x)$ 上任意一点，曲线在 M 处的切线为 l.

(1) 求切线 l 的倾斜角 α 的取值范围；

(2) 若过点 $P(1,\ m)\left(m\neq\frac{4}{3}\right)$ 可作曲线 $y=f(x)$ 的三条切线，求实数 m 的取值范围.

解 (1) 因为 $f(x)+f(-x)=4$，则

$$\frac{1}{3}x^3-\frac{1}{2}ax^2+(a-1)x+2-\frac{1}{3}x^3-\frac{1}{2}ax^2-(a-1)x+2=4,$$

解得 $a=0$，所以 $f(x)=\frac{1}{3}x^3-x+2$，则 $f'(x)=x^2-1$，故 $k=\tan\alpha\geqslant-1$，

从而 $\alpha\in\left[0,\ \frac{\pi}{2}\right)\cup\left[\frac{3\pi}{4},\ \pi\right)$，所以，切线 l 的倾斜角 α 的取值范围是 $\left[0,\ \frac{\pi}{2}\right)\cup\left[\frac{3\pi}{4},\ \pi\right)$.

(2) 设曲线 $y=f(x)$ 与过点 $P(1,\ m)\left(m\neq\frac{4}{3}\right)$ 的切线相切于点 $\left(x_0,\ \frac{1}{3}x_0^3-x_0+2\right)$，则切线的斜率为 $k=x_0^2-1$，所以切线方程为 $y-\left(\frac{1}{3}x_0^3-x_0+2\right)=(x_0^2-1)(x-x_0)$.

因为点 $P(1,\ m)\left(m\neq\frac{4}{3}\right)$ 在切线上，所以 $m-\left(\frac{1}{3}x_0^3-x_0+2\right)=(x_0^2-1)(1-x_0)$，即 $m=-\frac{2}{3}x_0^3+x_0^2+1$.

由题意，该方程有三解.

设 $g(x)=-\frac{2}{3}x^3+x^2+1$，则 $g'(x)=-2x^2+2x=-2x(x-1)$，令 $g'(x)=0$，解得

$x=0$ 或 $x=1$.

当 $x<0$ 或 $x>1$ 时,$g'(x)<0$;当 $0<x<1$ 时,$g'(x)>0$.

所以 $g(x)$在$(-\infty, 0)$和$(1, +\infty)$上单调递减,在$(0, 1)$上单调递增,故 $g(x)$的极小值为 $g(0)=1$,极大值为 $g(1)=\frac{4}{3}$.

所以实数 m 的取值范围是$\left(1, \frac{4}{3}\right)$.

考点 2　导数的运算

例 6　在等比数列$\{a_n\}$中,$a_2a_7=8$,函数 $f(x)=x(x+a_1)(x+a_2)\cdots(x+a_8)$,则 $f'(0)=(\quad)$.

(A) 2^6　　(B) 2^9　　(C) 2^{12}　　(D) 2^{15}

解

$$\begin{aligned}f'(x)&=x'\cdot(x+a_1)(x+a_2)\cdots(x+a_8)+x\cdot[(x+a_1)(x+a_2)\cdots(x+a_8)]'\\&=(x+a_1)(x+a_2)\cdots(x+a_8)+x\cdot[(x+a_1)(x+a_2)\cdots(x+a_8)]',\end{aligned}$$

$f'(0)=(0+a_1)(0+a_2)\cdots(0+a_8)+0=a_1a_2a_3a_4a_5a_6a_7a_8=(a_2a_7)^4=2^{12}$.

故选(C).

例 7　已知函数 $y=f(x)$的导数为 $y=f'(x)$,而且 $f(x)=x^2+3xf'(2)+\ln x$,求 $f'(2)$.

解　因为 $f'(x)=2x+3f'(2)+\frac{1}{x}$,所以 $f'(2)=4+3f'(2)+\frac{1}{2}$,解得 $f'(2)=-\frac{9}{4}$.

例 8　求下列函数的导数:

(1) $f(x)=\frac{(x-2)^2}{x+1}$;　　(2) $f(x)=(x^2+9)\left(x-\frac{3}{x}\right)$;

(3) $f(x)=\frac{\ln x}{x}$;　　(4) $f(x)=x^2\cos x$;

(5) $f(x)=\ln(2x+1)$;　　(6) $f(x)=\cos\left(\frac{\pi}{3}-2x\right)$.

解　(1) $f'(x)=\frac{[(x-2)^2]'(x+1)-(x-2)^2(x+1)'}{(x+1)^2}=\frac{2(x-2)(x+1)-(x-2)^2}{(x+1)^2}=1-\frac{9}{(x+1)^2}$.

(2) $f'(x)=(x^2+9)'\left(x-\frac{3}{x}\right)+(x^2+9)\left(x-\frac{3}{x}\right)'=2x\left(x-\frac{3}{x}\right)+(x^2+9)\left(1+\frac{3}{x^2}\right)=3x^2+\frac{27}{x^2}+6$.

(3) $f'(x)=\frac{x(\ln x)'-(x)'\ln x}{x^2}=\frac{1-\ln x}{x^2}$.

(4) $f'(x)=(x^2)'\cos x+x^2(\cos x)'=2x\cos x-x^2\sin x$.

(5) $f'(x)=\frac{1}{2x+1}\cdot(2x+1)'=\frac{2}{2x+1}$.

(6) $y'=-\sin\left(\frac{\pi}{3}-2x\right)\cdot\left(\frac{\pi}{3}-2x\right)'=-\sin\left(\frac{\pi}{3}-2x\right)\cdot(-2)=-2\sin\left(2x-\frac{\pi}{3}\right)$.

例 9 设函数 $f(x)=\sin x-\cos x$，$x\in\mathbf{R}$，

(1) 求 $y=f^2(x)$的最大值和图像的对称中心；

(2) $y=f'(x)$为 $y=f(x)$的导数，若 $f'(x_0)=2f(x_0)$，求 $\sin 2x_0+\cos^2 x_0+\tan\left(\frac{\pi}{4}+x_0\right)$的值.

解 (1) $y=f^2(x)=(\sin x-\cos x)^2=1-2\sin x\cos x=1-\sin 2x$，$y_{\max}=2$，此时

$$2x=2k\pi-\frac{\pi}{2},\ k\in\mathbf{Z},$$

即 $x=-\frac{\pi}{4}+k\pi$，$k\in\mathbf{Z}$ 时，y 有最大值 2.

令 $2x=k\pi$，$k\in\mathbf{Z}$，则 $x=\frac{k\pi}{2}$，$k\in\mathbf{Z}$，故对称中心为$\left(\frac{k\pi}{2},\ 1\right)$，$k\in\mathbf{Z}$.

(2) $f'(x)=\cos x+\sin x$，由 $f'(x_0)=2f(x_0)$得 $\cos x_0+\sin x_0=2\sin x_0-2\cos x_0$，所以 $\tan x_0=3$，所以

$$\sin 2x_0+\cos^2 x_0+\tan\left(\frac{\pi}{4}+x_0\right)=\frac{2\sin x_0\cos x_0+\cos^2 x_0}{\cos^2 x_0+\sin^2 x_0}+\frac{\tan\frac{\pi}{4}+\tan x_0}{1-\tan x_0}$$

$$=\frac{2\tan x_0+1}{1+\tan^2 x_0}+\frac{1+\tan x_0}{1-\tan x_0}=\frac{6+1}{1+9}+\frac{1+3}{1-3}=-\frac{13}{10}.$$

【基础训练】

1. 曲线 $f(x)=x\ln x-2x$ 在 $x=1$ 处的切线方程为__________.

2. 已知函数 $f_0(x)=\sin x+\cos x$，$f_1(x)=f_0'(x)$，$f_2(x)=f_1'(x)$，…，$f_{n+1}(x)=f_n'(x)$，n 为正整数，则 $f_{2\,022}(x)=$__________.

(A) $\cos x-\sin x$　　(B) $\sin x-\cos x$　　(C) $\sin x+\cos x$　　(D) $-\sin x-\cos x$

3. 拉格朗日中值定理是微分学中的基本定理之一，定理内容：如果函数 $y=f(x)$在闭区间$[a,\ b]$上的图像连续不间断，在开区间$(a,\ b)$内的导数为 $y=f'(x)$，那么在区间$(a,\ b)$内至少存在一点 c，使得 $f(b)-f(a)=f'(c)(b-a)$成立，其中 c 称为 $y=f(x)$在$[a,\ b]$的“拉格朗日中值点”. 根据这个定理，可得函数 $f(x)=x^3-3x$ 在$[-2,\ 2]$上的“拉格朗日中值点”的个数为__________.

4. 给出定义：若函数 $y=f(x)$在 D 上可导，即 $y=f'(x)$存在，且导数 $y=f'(x)$在 D 上也可导，则称 $y=f(x)$在 D 上存在二阶导数，记 $f''(x)=(f'(x))'$，若 $f''(x)<0$ 在 D 上恒

成立,则称 $y=f(x)$在 D 上为凸函数. 以下四个函数在$\left(0,\dfrac{\pi}{2}\right)$上是凸函数的是(　　).

(A) $f(x)=\sin x+\cos x$　　(B) $f(x)=-\ln x-2x$

(C) $f(x)=x^3+2x-1$　　(D) $f(x)=xe^x$

5. 已知函数 $y=f(x)(x\in\mathbf{R})$,其导函数为 $y=f'(x)$,有以下两个命题:

① 若 $y=f'(x)$为偶函数,则 $y=f(x)$为奇函数;

② 若 $y=f'(x)$为周期函数,则 $y=f(x)$也为周期函数.

那么(　　).

(A) ①是真命题,②是假命题　　(B) ①是假命题,②是真命题

(C) ①、②都是真命题　　(D) ①、②都是假命题

6. 写出一个同时满足性质①、②的函数 $f(x)=$____________.($y=f(x)$不是常值函数)

①$y=f'(x)$为偶函数;②$f'(x+\pi)=f'(x)$.

7. 求下列函数的导数.

(1) $f(x)=x^2\sin x+2\cos x$;　　(2) $f(x)=\dfrac{e^x+1}{e^x-1}$;

(3) $f(x)=\cos(3x+4)$;　　(4) $f(x)=(2x-1)^5$.

8. 已知曲线 $y=x^3+x-2$ 在点 P_0 处的切线 l_1 平行于直线 $4x-y-1=0$,且点 P_0 在第三象限.

(1) 求 P_0 的坐标;

(2) 若直线 $l\perp l_1$,且 l 也过切点 P_0,求直线 l 的方程.

9. 已知直线 $y=kx+2$ 交抛物线 $C: x^2=4y$ 于 A，B 两点，分别过点 A，B 作抛物线 C 的切线 l_1，l_2，若 l_1，l_2 分别交 x 轴于点 M，N，求四边形 $ABNM$ 面积的最小值.

【能力提高】

如果曲线 $y=f(x)$ 存在相互垂直的两条切线，称函数 $y=f(x)$ 是“正交函数”. 已知 $f(x)=x^2+ax+2\ln x$，设曲线 $y=f(x)$ 在点 $M(x_0, f(x_0))$ 处的切线为 l_1.

(1) 当 $f'(1)=0$ 时，求实数 a 的值.

(2) 当 $a=-8$，$x_0=8$ 时，是否存在直线 l_2 满足 $l_1\perp l_2$，且 l_2 与曲线 $y=f(x)$ 相切？请说明理由.

(3) 当 $a\geqslant -5$ 时，如果函数 $y=f(x)$ 是“正交函数”，求满足要求的实数 a 的集合 D；若对任意 $a\in D$，曲线 $y=f(x)$ 都不存在与 l_1 垂直的切线 l_2，求 x_0 的取值范围.

【归纳小结】

1. 注意平均变化率与瞬时变化率的区别.
2. 熟练掌握常见函数的导数公式和导数的运算法则.
3. 利用数形结合等方法理解函数导数的几何意义.

2.7 导数的应用

【知识梳理】

用导数研究函数：

(1) 函数的单调性：在区间 I 上，若 $f'(x)>0$，则函数 $y=f(x)$ 严格增；若 $f'(x)<0$，则函数 $y=f(x)$ 严格减.

(2) 函数的极值：若 x_0 是函数 $y=f(x)$ 的极值点，则 $f'(x_0)=0$，即 x_0 是函数 $y=f(x)$ 的驻点. 反之，在 x_0 是函数 $y=f(x)$ 的驻点的前提下，若在 x_0 的左侧附近有 $f'(x)>0$，在 x_0 的右侧附近有 $f'(x)<0$，则 $y=f(x)$ 在 x_0 处取得极大值；若在 x_0 的左侧附近有 $f'(x)<0$，在 x_0 的右侧附近有 $f'(x)>0$，则 $y=f(x)$ 在 x_0 处取得极小值.

(3) 连续函数在闭区间上必存在最值(最大值与最小值).

【讲练平台】

考点 1 **用导数判断函数的单调性**

例 1 设 a 为实数，函数 $f(x)=x^3+ax^2+(a-3)x$，且 $y=f'(x)$ 是偶函数，则 $y=f(x)$ 的单调递增区间为____________.

解 由 $f(x)=x^3+ax^2+(a-3)x$，得 $f'(x)=3x^2+2ax+a-3$.

因为 $y=f'(x)$ 是偶函数，所以 $f'(-x)=f'(x)$ 对 $x\in\mathbf{R}$ 恒成立，

所以 $3(-x)^2+2a(-x)+a-3=3x^2+2ax+a-3$，$4ax=0$，得 $a=0$，即 $f'(x)=3x^2-3$.

令 $f'(x)>0$，解得 $x>1$ 或 $x<-1$，所以 $f(x)$ 的单调递增区间为 $(-\infty,\ -1)$，$(1,\ +\infty)$.

例 2 若函数 $f(x)=2x^2-\ln x$ 在定义域内的一个子区间 $(k-1,\ k+1)$ 上不是单调函数，则实数 k 的取值范围是____________.

解 由题意得，函数定义域为 $(0,\ +\infty)$，$f'(x)=4x-\dfrac{1}{x}$，令 $f'(x)=0$，解得 $x=\dfrac{1}{2}$.

当 $x<\dfrac{1}{2}$ 时，$f'(x)<0$，$y=f(x)$ 单调递减；当 $x>\dfrac{1}{2}$ 时，$f'(x)>0$，$y=f(x)$ 单调递增.

因为函数在区间 $(k-1,\ k+1)$ 内不单调，所以 $k-1<\dfrac{1}{2}<k+1$，解得 $-\dfrac{1}{2}<k<\dfrac{3}{2}$，又因为 $k-1\geqslant 0$，得 $k\geqslant 1$.

综上 $k\in\left[1,\ \dfrac{3}{2}\right)$.

例 3 已知函数 $f(x)=x^3-3ax^2+9x+5(a<0)$，若曲线 $y=f(x)$ 的切线斜率最小时与

直线 $3x+y-2=0$ 平行.

(1) 求 a 的值;

(2) 求函数 $y=f(x)$ 的单调区间.

解 (1) $f(x)=x^3-3ax^2+9x+5(a<0)$, $f'(x)=3x^2-6ax+9(a<0)$,在 $x=a$ 时取得最小值.要使曲线 $y=f(x)$ 的切线的斜率最小时与直线 $3x+y-2=0$ 平行,即 $f'(a)=3a^2-6a^2+9=-3$,解得 $a^2=4$,又 $a<0$,故 $a=-2$.

(2) 由(1)解得 $a=-2$,则 $f'(x)=3x^2+12x+9$.

由 $f'(x)=3x^2+12x+9=0$,解得 $x=-3$, $x=-1$.下表为函数导数与单调性的关系.

x	$(-\infty, -3)$	-3	$(-3, -1)$	-1	$(-1, +\infty)$
$f'(x)$	$+$	0	$-$	0	$+$
$f(x)$	严格增	极大值 5	严格减	极小值 1	严格增

所以 $f(x)=x^3+6x^2+9x+5$ 的单调增区间为 $(-\infty, -3)$ 和 $(-1, +\infty)$,单调减区间为 $(-3, -1)$.

例 4 已知函数 $f(x)=ax^3+bx^2+cx+d\ (a+b<0)$ 在 $\mathbf{R}$ 上是增函数,求 $\dfrac{c}{a+b}$ 的最大值.

解 因为函数 $f(x)=ax^3+bx^2+cx+d\ (a+b<0)$ 在 $\mathbf{R}$ 上是增函数,所以 $f'(x)=3ax^2+2bx+c\geqslant0$ 恒成立,由 $a+b<0$ 得,$a=b=0$ 不成立,故 $a>0$, $\Delta=4b^2-12ac\leqslant0$.

又 $a+b<0$,所以 $b<0$,则由 $\Delta=4b^2-12ac\leqslant0$,可得 $c\geqslant\dfrac{b^2}{3a}$,两边同时乘以 $\dfrac{1}{a+b}$,可得

$$\frac{c}{a+b}\leqslant\frac{b^2}{3a}\cdot\frac{1}{a+b}=\frac{1}{3}\cdot\frac{1}{\left(\dfrac{a}{b}\right)^2+\dfrac{a}{b}}.$$

令 $t=\dfrac{a}{b}$, $-1<t<0$,则 $\dfrac{1}{3}\cdot\dfrac{1}{t^2+t}=\dfrac{1}{3}\cdot\dfrac{1}{\left(t+\dfrac{1}{2}\right)^2-\dfrac{1}{4}}$.

当 $t=-\dfrac{1}{2}$ 时,$\dfrac{1}{3}\cdot\dfrac{1}{t^2+t}$ 取得最大值 $-\dfrac{4}{3}$,即 $\dfrac{c}{a+b}\leqslant-\dfrac{4}{3}$,当且仅当 $a=-\dfrac{1}{2}b$, $c=-\dfrac{2}{3}b$ 时取等号,即 $\dfrac{c}{a+b}$ 的最大值为 $-\dfrac{4}{3}$.

考点 2 用导数求函数的极值或最值

例 5 已知函数 $f(x)=ax^3-9x+1$, $a>0$.

(1) 若 $a=3$,求函数 $y=f(x)$ 的极值;

(2) 若函数 $y=f(x)$ 恰有三个零点,求实数 a 的取值范围.

解 (1) 因为 $a=3$,所以 $f(x)=3x^3-9x+1$, $f'(x)=9x^2-9$.

当 $x<-1$ 或 $x>1$ 时，$f'(x)>0$；当 $-1<x<1$ 时，$f'(x)<0$.

所以 $y=f(x)$ 在 $(-\infty,\ -1)$ 和 $(1,\ +\infty)$ 上严格增，在 $(-1,\ 1)$ 上严格减，即 $y=f(x)$ 的极大值为 $f(-1)=7$，$y=f(x)$ 的极小值为 $f(1)=-5$.

(2) $f'(x)=3ax^2-9=3(ax^2-3)$.

当 $a>0$ 时，令 $f'(x)=0$，则 $x=\pm\sqrt{\dfrac{3}{a}}$.

当 $x<-\sqrt{\dfrac{3}{a}}$ 或 $x>\sqrt{\dfrac{3}{a}}$ 时，$f'(x)>0$；当 $-\sqrt{\dfrac{3}{a}}<x<\sqrt{\dfrac{3}{a}}$ 时，$f'(x)<0$，$y=f(x)$ 在 $\left(-\infty,\ -\sqrt{\dfrac{3}{a}}\right)$ 和 $\left(\sqrt{\dfrac{3}{a}},\ +\infty\right)$ 上严格增，在 $\left(-\sqrt{\dfrac{3}{a}},\ \sqrt{\dfrac{3}{a}}\right)$ 上严格减，即 $y=f(x)$ 的极大值为 $f\left(-\sqrt{\dfrac{3}{a}}\right)=6\sqrt{\dfrac{3}{a}}+1$，$y=f(x)$ 的极小值为 $f\left(\sqrt{\dfrac{3}{a}}\right)=-6\sqrt{\dfrac{3}{a}}+1$.

又 $y=f(x)$ 恰有三个零点，所以 $\begin{cases}6\sqrt{\dfrac{3}{a}}+1>0,\\ -6\sqrt{\dfrac{3}{a}}+1<0,\end{cases}$ 解得 $0<a<108$.

综上，实数 a 的取值范围为 $0<a<108$.

例 6 已知函数 $f(x)=x^3+ax^2-2$ 在 $x=-2$ 时取得极值.

(1) 求 $y=f(x)$ 在 $(-1,\ f(-1))$ 处的切线方程；

(2) 求 $y=f(x)$ 在区间 $[-1,\ 2]$ 上的最大值与最小值.

解 (1) 由已知得 $f(x)=x^3+ax^2-2$，$f'(x)=3x^2+2ax$，

所以 $f'(-2)=12-4a=0$，解得 $a=3$，故 $f(x)=x^3+3x^2-2$，

所以 $f'(x)=3x^2+6x=3x(x+2)$.

当 $-2<x<0$ 时，$f'(x)<0$；当 $x>0$ 或 $x<-2$ 时 $f'(x)>0$，所以 $y=f(x)$ 在 $(-\infty,\ -2)$ 和 $(0,\ +\infty)$ 上严格增，在 $(-2,\ 0)$ 上严格减，在 $x=-2$ 处取得极大值，符合题意，又 $f'(-1)=-3$，$f(-1)=0$，即切点为 $(-1,\ 0)$，切线的斜率 $k=-3$.

故 $y=f(x)$ 在 $(-1,\ f(-1))$ 处的切线方程为 $y=-3x-3$.

(2) 由已知得 $x\in[-1,\ 2]$，由(1)可知 $y=f(x)$ 在 $(0,\ 2]$ 上严格增，在 $[-1,\ 0]$ 上严格减，

所以 $f(x)_{\min}=f(0)=-2$.

又因为 $f(-1)=0$，$f(2)=18$，

故 $f(x)_{\max}=f(2)=18$.

例 7 已知函数 $f(x)=ax-\ln x$（a 为常数）.

(1) 当 $a=1$ 时，求函数 $y=f(x)$ 的最值；

(2) 求函数 $y=f(x)$ 在 $[1,\ +\infty)$ 上的最值.

解 (1)当 $a=1$ 时，$f(x)=x-\ln x$，定义域为 $(0,\ +\infty)$，$f'(x)=1-\dfrac{1}{x}=\dfrac{x-1}{x}$.

当 $x>1$ 时，$f'(x)>0$；当 $0<x<1$ 时，$f'(x)<0$，故 $f(x)=x-\ln x$ 在 $x=1$ 处取得极小值，也是最小值，$f(x)_{\min}=f(1)=1-0=1$，综上，函数 $y=f(x)$ 的最小值为 1，无最大值.

(2) $f(x)=ax-\ln x$，$x\in[1,+\infty)$，$f'(x)=a-\dfrac{1}{x}=\dfrac{ax-1}{x}$.

当 $a\leqslant 0$ 时，$f'(x)<0$ 恒成立，$y=f(x)$ 在 $[1,+\infty)$ 上严格减，故 $y=f(x)$ 在 $x=1$ 处取得最大值，$f(x)_{\max}=f(1)=a-0=a$，无最小值；

当 $a\geqslant 1$ 时，$f'(x)\geqslant 0$ 恒成立，$y=f(x)$ 在 $[1,+\infty)$ 上单调递增，故 $y=f(x)$ 在 $x=1$ 处取得最小值，$f(x)_{\min}=f(1)=a-0=a$，无最大值；

当 $0<a<1$ 时，令 $f'(x)>0$，解得 $x>\dfrac{1}{a}$；令 $f'(x)<0$，解得 $1<x<\dfrac{1}{a}$，故 $y=f(x)$ 在 $x=\dfrac{1}{a}$ 处取得极小值，也是最小值，$f(x)_{\min}=f\left(\dfrac{1}{a}\right)=1+\ln a$，无最大值.

综上，当 $a\leqslant 0$ 时，$f(x)_{\max}=a$，无最小值；当 $a\geqslant 1$ 时，$f(x)_{\min}=a$，无最大值；当 $0<a<1$ 时，$f(x)_{\min}=1+\ln a$，无最大值.

例 8 已知定义域为 D 的函数 $y=f(x)$，其导函数为 $y'=f'(x)$，满足对任意的 $x\in D$，都有 $|f'(x)|<1$.

(1) 若 $f(x)=ax+\ln x$，$x\in[1,2]$，求实数 a 的取值范围；

(2) 证明：方程 $f(x)-x=0$ 至多只有一个实根；

(3) 若 $y=f(x)$，$x\in\mathbf{R}$ 是周期为 2 的周期函数，证明：对任意的实数 x_1，x_2，都有 $|f(x_1)-f(x_2)|<1$.

解 (1) $f'(x)=a+\dfrac{1}{x}$，所以对任意的 $x\in[1,2]$，都有 $\left|a+\dfrac{1}{x}\right|<1$，即 $-1<a+\dfrac{1}{x}<1$，

所以 $\begin{cases}a+\dfrac{1}{2}>-1,\\ a+1<1,\end{cases}$ 所以 a 的取值范围是 $\left(-\dfrac{3}{2},0\right)$.

(2) 证明：令 $h(x)=f(x)-x$，则 $h'(x)=f'(x)-1<0$，故 $y=h(x)$ 是严格减函数，假设 x_1，x_2 是方程 $f(x)-x=0$ 的两个不同的解，不妨设 $x_1<x_2$，则 $h(x_1)=h(x_2)=0$，与 $y=h(x)$ 是严格减函数矛盾，所以假设错误，所以方程 $f(x)-x=0$ 至多有一解.

(3) 证明：任取 x_1，$x_2\in\mathbf{R}$，设 $x_1<x_2$，令 $h_1(x)=f(x)-x$，$h_2(x)=f(x)+x$，

则 $h'_1(x)=f'(x)-1<0$，$h'_2(x)=f'(x)+1>0$，

故 $y=h_1(x)$ 是严格减函数，$y=h_2(x)$ 是严格增函数，

所以 $h_1(x_1)>h_1(x_2)$，$h_2(x_1)<h_2(x_2)$，

即 $f(x_1)-x_1>f(x_2)-x_2$，$f(x_1)+x_1<f(x_2)+x_2$，

所以 $|f(x_1)-f(x_2)|<|x_2-x_1|$.

设函数 $y=f(x)$ 的最大值为 M，最小值为 m，则存在 a，$b\in[0,2]$ 且 $f(a)=M$，$f(b)=m$，

则 $|f(x_1)-f(x_2)|\leqslant M-m=f(a)-f(b)<|a-b|$.

若$|a-b|\leqslant 1$,则$|f(x_1)-f(x_2)|<1$.

若$|a-b|>1$,不妨设$a>b$,则$0<b+2-a<1$,

所以$|f(x_1)-f(x_2)|\leqslant M-m=f(a)-f(b+2)\leqslant|a-b-2|<1$.

综上,对任意的实数x_1,x_2,都有$|f(x_1)-f(x_2)|<1$.

【基础训练】

1. 若函数$f(x)=x^3+ax^2-(a^2-8a)x+3$在$\mathbf{R}$上严格增,则实数$a$的最大值是________.

2. 若函数$f(x)=\frac{x^3}{3}-\frac{a}{2}x^2+4x+1$在区间$(1,4)$上不单调,则实数$a$的取值范围是________.

3. 已知函数$f(x)=x^3+2x^2+3$,则函数$y=f(x)$的极小值为________.

4. 若函数$f(x)=x^3-6x^2+9x+a$在$[-2,2]$上的最大值为3,则$a=$________.

5. 已知函数$f(x)=\frac{1}{3}x^3+\frac{1}{2}x^2-2x+1$,若函数$y=f(x)$在$(2a,2a+3)$上存在最小值,则实数$a$的取值范围是________.

6. 已知$f(x)=\ln x-\frac{x}{4}+\frac{3}{4x}$,$g(x)=-x^2-2ax+4$,若对任意$x_1\in(0,2]$,存在$x_2\in[1,2]$,使得$f(x_1)\geqslant g(x_2)$成立,则$a$的取值范围是________.

7. 若函数$f(x)=3x-x^3-a$仅有一个零点,则实数a的取值范围是________.

8. 已知$y=f(x)$为$\mathbf{R}$上的奇函数,且当$x\geqslant 0$时,$f(x)=\frac{x^2}{2}+\frac{25}{4}\ln(x+1)+\frac{12}{\pi}\cos\frac{\pi}{3}x+a$,则$y=f(x)$的驻点为________.

9. 求下列函数的单调区间:

(1) $f(x)=\frac{1}{3}x^3+x^2-3x$;　　(2) $f(x)=e^x(x^2-6x+9)$.

10. 已知函数$f(x)=2x^2+a\ln x\ (a<0)$.

(1) 求$y=f(x)$的单调区间;

(2) 若$f(x)\geqslant(a+3)x^2$恒成立,求实数a的取值范围.

11. 已知函数 $f(x)=x^3-3ax+a\ (a\in\mathbf{R})$.

(1) 若 $y=f(x)$仅有一个零点,求实数 a 的取值范围;

(2) 若函数 $y=f(x)$在区间$[0, 3]$上的最大值与最小值之差为 $g(a)$,求 $g(a)$的最小值.

【能力提高】

1. 已知函数 $f(x)=\dfrac{a}{2}x^2-(2a^2-a+1)x+(2a-1)\ln x+2$,其中 $a\neq0$.

(1) 当 $a=1$ 时,求 $y=f(x)$的单调区间;

(2) 当 $a>0$ 且 $a\neq1$ 时,$y=f(x)$存在一个极小值点 x_0,若 $x_0>3$,求实数 a 的取值范围.

2. 对于一个函数 $f(x)$ 和一个点 $M(a,\ b)$，令 $s(x)=(x-a)^2+(f(x)-b)^2$，若 $P(x_0,\ f(x_0))$ 是 $s(x)$ 取到最小值的点，则称点 P 是 M 在 $f(x)$ 的"最近点".

(1) 对于 $f(x)=\dfrac{1}{x}(x>0)$，求证：对于点 $M(0,\ 0)$，存在点 P，使得点 P 是 M 在 $f(x)$ 的"最近点"；

(2) 对于 $f(x)=\mathrm{e}^x$，$M(1,\ 0)$，请判断是否存在一个点 P，它是 M 在 $f(x)$ 的"最近点"，且直线 MP 与 $y=f(x)$ 在点 P 处的切线垂直；

(3) 已知 $y=f(x)$ 在定义域 $\mathbf{R}$ 上存在导函数 $f'(x)$，且函数 $g(x)$ 在定义域 $\mathbf{R}$ 上恒正. 设点 $M_1(t-1,\ f(t)-g(t))$，$M_2(t+1,\ f(t)+g(t))$，若对任意的 $t\in\mathbf{R}$，存在点 P 同时是 M_1，M_2 在 $f(x)$ 的"最近点"，试判断 $f(x)$ 的单调性.

【归纳小结】

1. "对任何 $x\in I$，$f'(x)>0$ 恒成立"是"$y=f(x)$ 在区间 I 上严格增"的充分非必要条件.

2. 求解闭区间上函数的最值，将极值与函数在两端点处的函数值进行比较即可.

3 三角与三角函数

3.1 正弦、余弦、正切、余切

【知识梳理】

1. 角的概念

(1) 任意角

角可以看成平面内的一条射线绕着端点从初始位置(始边)旋转到终止位置(终边)所成的图形.

(2) 正角、负角和零角

一条射线绕端点按逆时针方向旋转所形成的角为正角,其度量值是正的;

一条射线绕端点按顺时针方向旋转所形成的角为负角,其度量值是负的;

一条射线没有旋转时,也认为形成一个角,称为零角,零角的始边与终边重合.

(3) 终边相同的角

与角 α 终边位置相同的角 β 构成的集合为:$\{\beta \mid \beta=k\cdot 360°+\alpha,\ k\in\mathbf{Z}\}$或$\{\beta \mid \beta=2k\pi+\alpha,\ k\in\mathbf{Z}\}$.

(4) 象限角:角的顶点在原点,始边与 x 轴非负半轴重合,终边落在第几象限就说这个角是第几象限的角;如果角的终边在坐标轴上,就认为这个角不属于任何一个象限.

2. 弧度制、角度制与弧度制的换算

$$180°=\pi(\text{弧度});\ 1°=\frac{\pi}{180}(\text{弧度});\ 1(\text{弧度})=\frac{180°}{\pi}\approx 57°18'=57.30°.$$

3. 扇形的弧长与面积公式

若扇形的圆心角的弧度数为 α $(0<\alpha<2\pi)$,半径为 r,弧长为 l,面积为 S,则

$$l=\alpha r;\ S=\frac{1}{2}lr=\frac{1}{2}\alpha r^2=\frac{l^2}{2\alpha}.$$

4. 任意角的三角比

(1) 平面直角坐标系中,在任意角 α 的终边上任取异于顶点的点 $P(x,\ y)$,则

$$|OP|=r=\sqrt{x^2+y^2}\ (r>0),$$

规定：$\sin\alpha=\frac{y}{r}$，$\cos\alpha=\frac{x}{r}$，$\tan\alpha=\frac{y}{x}$ $\left(\alpha\neq k\pi+\frac{\pi}{2},\ k\in\mathbf{Z}\right)$，$\cot\alpha=\frac{x}{y}$ $(\alpha\neq k\pi,\ k\in\mathbf{Z})$.

（2）三角比在各象限内的符号，如图 3-1 所示.

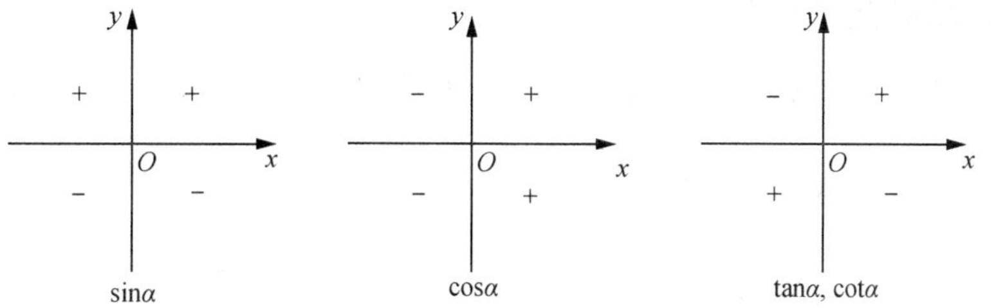

图 3-1

5. 同角三角比的关系

（1）平方关系：$\sin^2\alpha+\cos^2\alpha=1$；

（2）商数关系：$\tan\alpha=\frac{y}{x}=\frac{\sin\alpha}{\cos\alpha}$，$\left\{\alpha\left|\alpha\neq k\pi+\frac{\pi}{2},\ k\in\mathbf{Z}\right.\right\}$；

$$\cot\alpha=\frac{x}{y}=\frac{\cos\alpha}{\sin\alpha},\ \{\alpha\,|\,\alpha\neq k\pi,\ k\in\mathbf{Z}\};$$

（3）倒数关系：$\tan\alpha\cot\alpha=1$，$\left\{\alpha\left|\alpha\neq\frac{k\pi}{2},\ k\in\mathbf{Z}\right.\right\}$.

6. 诱导公式

诱导公式反映的是角$\frac{k\pi}{2}\pm\alpha(k\in\mathbf{Z})$的三角比与角 α 的三角比之间的关系，其规律概括为：奇变偶不变，符号看象限. 当 k 为奇数时，三角名称发生改变；当 k 为偶数时，三角名称不发生改变，把 α 当作锐角，使得等式两边的符号相同（同正或同负）.

7. 三角函数线

（1）单位圆：半径为一个单位的圆称为单位圆. 本章中，如无特别说明，单位圆通常指在平面直角坐标系中以原点为圆心，以 1 为半径的圆.

（2）角 α 的终边与单位圆的交点 P 的坐标：将角 α 的顶点置于坐标原点 O，始边与 x 轴的正半轴重合，则角 α 的终边与单位圆的交点 P 的坐标为 $P(\cos\alpha,\ \sin\alpha)$，如图 3-2 所示.

（3）如图 3-3 所示，三条与单位圆有关的有向线段 MP，OM，AT 分别称为角 α 的正弦线、余弦线、正切线，统称为三角函数线.

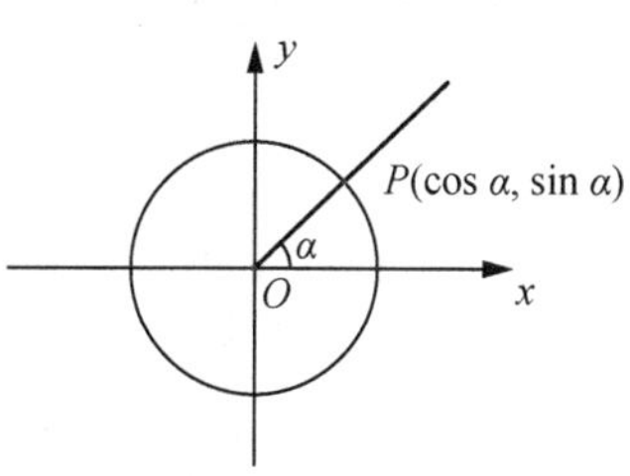

图 3-2

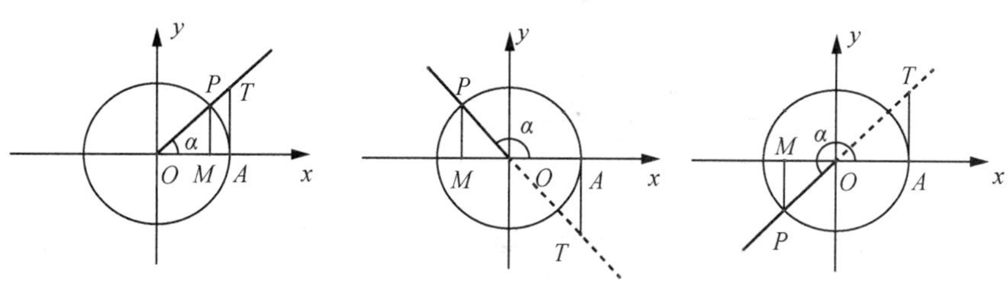

图 3-3

【讲练平台】

考点1 任意角终边的位置

例1 (1) 已知数集 $A=\{\alpha \mid \alpha=2k\pi,\ k\in\mathbf{Z}\}$，$B=\{\alpha \mid \alpha=k\pi,\ k\in\mathbf{Z}\}$，$C=\left\{\alpha \middle| \alpha=\frac{k\pi}{2},\ k\in\mathbf{Z}\right\}$，试判别 A，B，C 三个数集之间的包含关系；

(2) 若 $\sin\theta\cdot\cos\theta>0$，则 θ 是第__________象限角；

(3) 已知 θ 是第三象限的角，又 $\cos\frac{\theta}{2}<0$，则 $\frac{\theta}{2}$ 是第__________象限角.

解 (1) 集合 A 是由终边落在 x 轴正半轴上的角构成的集合，集合 B 是由终边落在 x 轴上的角构成的集合，集合 C 是由终边落在坐标轴上的角构成的集合，所以 $A\subset B\subset C$.

(2) 因为 $\sin\theta\cdot\cos\theta>0$，所以 $\sin\theta$ 与 $\cos\theta$ 同号，$\tan\theta>0$，θ 是第一、三象限的角.

(3) θ 是第三象限的角，则 $\theta\in\left(2k\pi+\pi,\ 2k\pi+\frac{3\pi}{2}\right)$，$k\in\mathbf{Z}$，所以 $\frac{\theta}{2}\in\left(k\pi+\frac{\pi}{2},\ k\pi+\frac{3\pi}{4}\right)$，$k\in\mathbf{Z}$，故 $\frac{\theta}{2}$ 的终边在第二、四象限，又因为 $\cos\frac{\theta}{2}<0$，所以 $\frac{\theta}{2}$ 的终边落在第二象限，$\frac{\theta}{2}$ 是第二象限的角.

考点2 弧度制下的扇形弧长、面积公式

弧度制的定义是数学家罗杰·柯特斯(Roger Cotes)1714 年提出的. 弧度制其精髓就在于统一了度量弧与半径的单位，从而大大简化了有关公式及运算.

例2 在半径为 5 cm 的机械轮上有一长为 6 cm 的弦，轮子以 3 rad/s 的角速度旋转. 则经过 2 s 后，该弦的中点所转过的弧长为多少？

解 设该弦的中点为 P，则 P 所旋转过的轨迹是以 4 cm 为半径的一段圆弧. 其长度为 $3\times2\times4=24(\text{cm})$.

考点3 任意角的三角比定义

例3 已知角 α 的终边经过点 $P(-\sqrt{3},\ m)$，且 $\sin\alpha=\frac{\sqrt{2}}{4}m$，求 $\cos\alpha$ 和 $\tan\alpha$ 的值.

解 $\sin\alpha=\frac{m}{\sqrt{3+m^2}}=\frac{\sqrt{2}}{4}m\Rightarrow m=0$ 或 $m=\pm\sqrt{5}$，

当 $m=0$ 时，$P(-\sqrt{3},\ 0)$，则 $r=\sqrt{3}$，所以 $\cos\alpha=-1$，$\tan\alpha=0$；

当 $m=\sqrt{5}$ 时，$P(-\sqrt{3},\ \sqrt{5})$，则 $r=2\sqrt{2}$，所以 $\cos\alpha=-\frac{\sqrt{6}}{4}$，$\tan\alpha=-\frac{\sqrt{15}}{3}$；

当 $m=-\sqrt{5}$ 时，$P(-\sqrt{3}, -\sqrt{5})$，则 $r=2\sqrt{2}$，所以 $\cos\alpha=-\frac{\sqrt{6}}{4}$，$\tan\alpha=\frac{\sqrt{15}}{3}$.

考点 4　诱导公式

例 4　(1) 化简：$\frac{\sin(\pi+\alpha)\cos(-\alpha)}{\tan(\pi-\alpha)\sin\left(\frac{3\pi}{2}-\alpha\right)\cos(-\pi+\alpha)}$；

(2) 计算：$\cos\left(n\pi-\frac{\pi}{6}\right)$，$n\in\mathbf{Z}$.

解　(1) 原式 $=\frac{-\sin\alpha\cos\alpha}{-\tan\alpha(-\cos\alpha)(-\cos\alpha)}=1$.

(2) 当 $n=2k(k\in\mathbf{Z})$ 时，原式 $=\cos\left(2k\pi-\frac{\pi}{6}\right)=\cos\left(-\frac{\pi}{6}\right)=\cos\frac{\pi}{6}=\frac{\sqrt{3}}{2}$；

当 $n=2k+1(k\in\mathbf{Z})$ 时，原式 $=\cos\left(2k\pi+\pi-\frac{\pi}{6}\right)=\cos\left(\pi-\frac{\pi}{6}\right)=-\cos\frac{\pi}{6}=-\frac{\sqrt{3}}{2}$.

考点 5　同角三角比关系

例 5　求证：(1) $\frac{1-\tan^2 x}{1+\tan^2 x}=\cos^2 x-\sin^2 x$；　(2) $\frac{1+2\sin x\cos x}{\cos^2 x-\sin^2 x}=\frac{1+\tan x}{1-\tan x}$.

证明　(1) 左边 $=\frac{1-\frac{\sin^2 x}{\cos^2 x}}{1+\frac{\sin^2 x}{\cos^2 x}}=\frac{\cos^2 x-\sin^2 x}{\cos^2 x+\sin^2 x}=\cos^2 x-\sin^2 x=$ 右边.

(2) 左边 $=\frac{\sin^2 x+\cos^2 x+2\sin x\cos x}{\cos^2 x-\sin^2 x}=\frac{(\sin x+\cos x)^2}{(\sin x+\cos x)(\cos x-\sin x)}$

$=\frac{\cos x+\sin x}{\cos x-\sin x}=\frac{1+\tan x}{1-\tan x}=$ 右边.

例 6　已知 $\sin x=3\cos x$，求：(1) $\frac{2\sin x+\cos x}{\sin x-\cos x}$；(2) $\sin^2 x-3\sin x\cos x+4\cos^2 x$.

解　因为 $\sin x=3\cos x$，$\sin^2 x+\cos^2 x=1$，所以 $\cos x\neq 0$，$\tan x=3$.

(1) 原式 $=\frac{2\tan x+1}{\tan x-1}=\frac{7}{2}$.

(2) 原式 $=\frac{\sin^2 x-3\sin x\cos x+4\cos^2 x}{\sin^2 x+\cos^2 x}=\frac{\tan^2 x-3\tan x+4}{\tan^2 x+1}=\frac{2}{5}$.

例 7　已知 $\sin\theta+\cos\theta=\frac{1}{5}$，$\theta\in(0,\pi)$，求：(1) $\sin\theta\cos\theta$；(2) $\sin\theta-\cos\theta$；(3) $\tan\theta$.

解　(1) $(\sin\theta+\cos\theta)^2=1+2\sin\theta\cos\theta=\frac{1}{25}\Rightarrow\sin\theta\cos\theta=-\frac{12}{25}$.

(2) $(\sin\theta-\cos\theta)^2=1-2\sin\theta\cos\theta=\frac{49}{25}$,因为 $\sin\theta\cos\theta=-\frac{12}{25}<0$ 且 $\theta\in(0,\ \pi)$,即 $\theta\in\left(\frac{\pi}{2},\ \pi\right)$, $\sin\theta>0$, $\cos\theta<0$, $\sin\theta-\cos\theta>0$,即 $\sin\theta-\cos\theta=\frac{7}{5}$.

(3) 由(1)(2)得 $\begin{cases}\sin\theta+\cos\theta=\frac{1}{5},\\ \sin\theta-\cos\theta=\frac{7}{5}\end{cases}\Rightarrow\begin{cases}\sin\theta=\frac{4}{5},\\ \cos\theta=-\frac{3}{5},\end{cases}$ 所以 $\tan\theta=-\frac{4}{3}$.

【基础训练】

1. 已知一扇形的周长为 20,当扇形面积最大时,扇形的圆心角大小为____________,此时面积为____________.

2. 已知 $\sin\left(\alpha+\frac{\pi}{2}\right)=\frac{1}{3}$, $\alpha\in\left(0,\ \frac{\pi}{2}\right)$,则 $\tan\alpha$ 的值为____________.

3. 已知角 α 的终边过点 $P(5,\ m)$, $\cos\alpha=\frac{5}{13}$,则实数 m 的值为____________.

4. 若 $\sin(\alpha+3\pi)=\frac{3}{5}$,则 $\dfrac{\cos\left(\frac{\pi}{2}-\alpha\right)\sin(\alpha-2\pi)\cos(-\alpha)}{\tan(\pi-\alpha)\cos\left(\frac{3\pi}{2}-\alpha\right)\sin\left(\frac{\pi}{2}+\alpha\right)}$ 的值为(　　).

(A) $\pm\frac{4}{5}$　　(B) $\pm\frac{4}{3}$　　(C) $\pm\frac{3}{5}$　　(D) $\pm\frac{3}{4}$

5. 在 $\triangle ABC$ 中,若 $\sin A=\frac{\sqrt{3}}{2}$,分别求 $\sin(B+C)$、$\cos A$ 的值.

6. 已知关于 x 的一元二次方程 $x^2-(\tan\theta+\cot\theta)x+1=0$ 的一个实根是 $2+\sqrt{3}$,求 $\sin\theta\cos\theta$.

【能力提高】

已知 $f(n)=\cos\left(\frac{3n+1}{3}\pi+\theta\right)+\cos\left(\frac{3n-1}{3}\pi-\theta\right)(n\in\mathbf{Z})$，

(1) 分别求出 $f(1)$，$f(2)$，$f(3)$，$f(4)$的值；

(2) 猜想：$f(2k-1)$，$f(2k)(k\in\mathbf{Z})$的表达式，并对猜想的结果进行验证.

【归纳总结】

1. 要确定一个角的终边所在的位置，可先将此角表示成 $2k\pi+\theta(0\leqslant\theta<2\pi,\ k\in\mathbf{Z})$或 $360°\cdot k+\theta(0°\leqslant\theta<360°,\ k\in\mathbf{Z})$的形式，再由 θ 的终边所在的位置，确定此角终边所在的位置.

2. 在弧度制下，应用扇形的弧长公式、面积公式，应先把角统一为弧度制表示.

3. 运用诱导公式的关键在于三角比名称与符号的正确判断与使用.

4. 在使用三角代换求解有关问题时，要注意角的范围的限制.

5. 运用同角三角比关系式化简、证明，常用的方法：大角化小、弦切互化、和积互化.

3.2 常用三角公式(1)——两角和与差的正弦、余弦、正切公式

【知识梳理】

1. 两角和与差的余弦公式

两角差的余弦公式：$\cos(\alpha-\beta)=\cos\alpha\cos\beta+\sin\alpha\sin\beta$；

两角和的余弦公式：$\cos(\alpha-\beta)=\cos\alpha\cos\beta+\sin\alpha\sin\beta\xrightarrow{\text{用}-\beta\text{代替}\beta}\cos(\alpha+\beta)=\cos\alpha\cos\beta-\sin\alpha\sin\beta$.

2. 两角和与差的正弦公式

两角差的正弦公式：$\cos(\alpha-\beta)=\cos\alpha\cos\beta+\sin\alpha\sin\beta \xrightarrow{\text{用}\frac{3\pi}{2}+\alpha\text{代替}\alpha} \sin(\alpha-\beta)=\sin\alpha\cos\beta-\cos\alpha\sin\beta$；

两角和的正弦公式：$\sin(\alpha-\beta)=\sin\alpha\cos\beta-\cos\alpha\sin\beta \xrightarrow{\text{用}-\beta\text{代替}\beta} \sin(\alpha+\beta)=\sin\alpha\cos\beta+\cos\alpha\sin\beta$.

3. 两角和与差的正切公式——将正弦与余弦作商

两角差的正切公式：$\tan(\alpha-\beta)=\dfrac{\tan\alpha-\tan\beta}{1+\tan\alpha\tan\beta}$；

两角和的正切公式：$\tan(\alpha+\beta)=\dfrac{\tan\alpha+\tan\beta}{1-\tan\alpha\tan\beta}$.

4. 辅助角公式：$a\sin\alpha+b\cos\alpha=\sqrt{a^2+b^2}\sin(\alpha+\varphi)(a\neq 0,\ b\neq 0)$，其中 $\cos\varphi=\dfrac{a}{\sqrt{a^2+b^2}}$，$\sin\varphi=\dfrac{b}{\sqrt{a^2+b^2}}$，$\varphi\in[0,\ 2\pi)$.

【讲练平台】

考点 1　由已知的三角比求两角和或差的正余弦值

例 1　已知 α，β 为锐角，且 $\cos(\alpha+\beta)=-\dfrac{5\sqrt{3}}{14}$，$\cos\alpha=\dfrac{1}{7}$，求 $\cos\beta$ 的值.

解　$\cos\beta=\cos(\alpha+\beta-\alpha)=\cos(\alpha+\beta)\cos\alpha+\sin(\alpha+\beta)\sin\alpha$，

因为 α，β 为锐角，$\alpha+\beta\in(0,\ \pi)$，又 $\cos(\alpha+\beta)=-\dfrac{5\sqrt{3}}{14}$，所以 $\sin(\alpha+\beta)=\dfrac{11}{14}$.

又 $\cos\alpha=\dfrac{1}{7}$，α 为锐角，所以 $\sin\alpha=\dfrac{4\sqrt{3}}{7}$，

故 $\cos\beta=-\dfrac{5\sqrt{3}}{14}\times\dfrac{1}{7}+\dfrac{11}{14}\times\dfrac{4\sqrt{3}}{7}=\dfrac{39\sqrt{3}}{98}$.

考点 2　两角和或差的正切公式的应用

例 2　已知 $\tan\alpha$，$\tan\beta$ 是关于 x 的方程 $x^2+px+q=0$（其中 p，q 为实常数）的两个实根，求 $\dfrac{\sin(\alpha+\beta)}{\cos(\alpha-\beta)}$ 的值.

解　由韦达定理可知 $\tan\alpha+\tan\beta=-p$，$\tan\alpha\tan\beta=q$，

$$\frac{\sin(\alpha+\beta)}{\cos(\alpha-\beta)}=\frac{\sin\alpha\cos\beta+\cos\alpha\sin\beta}{\cos\alpha\cos\beta+\sin\alpha\sin\beta}=\frac{\tan\alpha+\tan\beta}{1+\tan\alpha\tan\beta}=\frac{-p}{1+q}.$$

例 3　已知$\triangle ABC$ 不是直角三角形，求证：$\tan A+\tan B+\tan C=\tan A\tan B\tan C$.

证明 因为 $A+B+C=\pi$，且 $\tan(A+B)=\dfrac{\tan A+\tan B}{1-\tan A\tan B}$，所以

$$\tan A+\tan B+\tan C=\tan(A+B)(1-\tan A\tan B)+\tan C$$
$$=\tan(\pi-C)(1-\tan A\tan B)+\tan C=-\tan C(1-\tan A\tan B)+\tan C$$
$$=-\tan C+\tan A\tan B\tan C+\tan C=\tan A\tan B\tan C.$$

考点 3 **辅助角公式**

例 4 把下列各式化为 $A\sin(\alpha+\beta)(A>0)$ 的形式：

(1) $\dfrac{\sqrt{2}}{2}\sin\alpha+\dfrac{\sqrt{2}}{2}\cos\alpha$；(2) $\sin\alpha-\sqrt{3}\cos\alpha$.

解 (1) $\dfrac{\sqrt{2}}{2}\sin\alpha+\dfrac{\sqrt{2}}{2}\cos\alpha=\sin\left(\alpha+\dfrac{\pi}{4}\right)$.

(2) $\sin\alpha-\sqrt{3}\cos\alpha=2\sin\left(\alpha-\dfrac{\pi}{3}\right)$.

【基础训练】

1. 已知 $\sin\alpha-\cos\alpha=\sqrt{2}$，$\alpha\in(0,\pi)$，则 $\tan\alpha$ 的值为(　　).

(A) 1　　(B) -1　　(C) $\dfrac{\sqrt{2}}{2}$　　(D) $-\dfrac{\sqrt{2}}{2}$

2. 若 $\sin\alpha=\dfrac{5}{13}$，$\tan\beta=\dfrac{12}{5}$，$\beta\in\left(\pi,\dfrac{3\pi}{2}\right)$，则 $\sin(\alpha+\beta)$ 的值有(　　)个.

(A) 1　　(B) 2　　(C) 3　　(D) 4

3. 已知 α 为锐角，且 $\cos\left(\alpha+\dfrac{\pi}{4}\right)=\dfrac{3}{5}$，则 $\sin\alpha=$__________.

4. 已知 $\theta>0$，存在 φ，对于任意的正整数 n，使得 $\cos(n\theta+\varphi)<\dfrac{\sqrt{3}}{2}$，则 θ 的最小值为__________.

5. 已知点 A 的坐标为 $(1,2)$，将点 A 绕着原点 O 逆时针旋转 $\dfrac{\pi}{4}$ 至点 A'，则点 A' 的坐标为__________.

6. 在 $\triangle ABC$ 中，$\cos B=\dfrac{5}{13}$，$\sin A=\dfrac{4}{5}$，求 $\cos C$.

7. 已知$\frac{\pi}{2}<\beta<\alpha<\frac{3\pi}{4}$, $\cos(\alpha-\beta)=\frac{12}{13}$, $\sin(\alpha+\beta)=-\frac{3}{5}$,求 $\sin 2\alpha$ 的值.

8. 已知 $\tan\alpha$ 与 $\tan\beta$ 是方程 $3x^2+5x-2=0$ 的两个根,且 $0<\alpha<\frac{\pi}{2}$, $\frac{\pi}{2}<\beta<\pi$,求 $\alpha+\beta$ 的值.

【能力提高】

1. 已知 $\sin(\alpha+\beta)=\frac{2}{3}$, $\sin(\alpha-\beta)=\frac{2}{5}$,求$\frac{\tan\alpha}{\tan\beta}$的值.

2. 已知 $\tan\alpha\cdot\tan\beta=\tan(\alpha+\beta)$,有以下两个结论:①存在 α 在第一象限,β 在第三象限;②存在 α 在第二象限,β 在第四象限,则(　　).

(A) ①②均正确　　(B) ①②均错误　　(C) ①对②错　　(D) ①错②对

【归纳小结】

1. “角变换”的方法:在求三角比的值和化简的过程中,要观察分析题目中已知角和目标角的特征,将角作适当的变换,便于寻找条件与结论之间的联系,如 $\alpha=(\alpha+\beta)-\beta$ 等.

2. 结构联想法:对比两角和与差的公式,发现其结构上的特点,在解决问题时积极联想公式的结构形式,灵活应用.

3. 在求三角比的值的时候,注意判断角的范围.

4. 灵活应用公式的变形,例如$\frac{1+\tan\theta}{1-\tan\theta}=\tan\left(\frac{\pi}{4}+\theta\right)$.

3.3 常用三角公式(2)——二倍角公式及三角变换的应用

【知识梳理】

1. 二倍角公式

在两角和的正弦、余弦、正切公式的基础上，令 $\alpha=\beta=\theta$ 可得，

$\sin 2\theta=2\sin\theta\cos\theta$；$\cos 2\theta=\cos^2\theta-\sin^2\theta=2\cos^2\theta-1=1-2\sin^2\theta(*)$；

$\tan 2\theta=\dfrac{2\tan\theta}{1-\tan^2\theta}$.

2. 降幂公式

将式(*)的后两个式子逆用可得，$\cos^2\theta=\dfrac{1+\cos 2\theta}{2}$；$\sin^2\theta=\dfrac{1-\cos 2\theta}{2}$.

3. 半角公式

将上述公式中的 θ 用 $\dfrac{\theta}{2}$ 代替，可得 $\cos\dfrac{\theta}{2}=\pm\sqrt{\dfrac{1+\cos\theta}{2}}$；$\sin\dfrac{\theta}{2}=\pm\sqrt{\dfrac{1-\cos\theta}{2}}$；$\tan\dfrac{\theta}{2}=\pm\sqrt{\dfrac{1-\cos\theta}{1+\cos\theta}}$. 公式右侧的"±"号，根据 $\dfrac{\theta}{2}$ 所在的象限由左侧值的符号确定：

$$\tan\frac{\theta}{2}=\frac{\sin\frac{\theta}{2}}{\cos\frac{\theta}{2}}=\frac{\sin\frac{\theta}{2}\cos\frac{\theta}{2}}{\cos\frac{\theta}{2}\cos\frac{\theta}{2}}=\frac{\sin\theta}{1+\cos\theta};$$

$$\tan\frac{\theta}{2}=\frac{\sin\frac{\theta}{2}}{\cos\frac{\theta}{2}}=\frac{\sin\frac{\theta}{2}\sin\frac{\theta}{2}}{\cos\frac{\theta}{2}\sin\frac{\theta}{2}}=\frac{1-\cos\theta}{\sin\theta}\left(\sin\frac{\theta}{2}\neq 0\right).$$

*4. 万能置换公式

由二倍角公式可得：$\sin\theta=\dfrac{2\tan\frac{\theta}{2}}{1+\tan^2\frac{\theta}{2}}$；$\cos\theta=\dfrac{1-\tan^2\frac{\theta}{2}}{1+\tan^2\frac{\theta}{2}}$；$\tan\theta=\dfrac{2\tan\frac{\theta}{2}}{1-\tan^2\frac{\theta}{2}}$.

*5. 积化和差公式

将两角和与差的余弦公式相加、相减可得：

$$\cos\alpha\cos\beta=\frac{1}{2}[\cos(\alpha+\beta)+\cos(\alpha-\beta)];$$

$$\sin\alpha\sin\beta=-\frac{1}{2}[\cos(\alpha+\beta)-\cos(\alpha-\beta)].$$

将两角和与差的正弦公式相加、相减可得：

$$\sin\alpha\cos\beta=\frac{1}{2}[\sin(\alpha+\beta)+\sin(\alpha-\beta)];$$

$$\cos\alpha\sin\beta=\frac{1}{2}[\sin(\alpha+\beta)-\sin(\alpha-\beta)].$$

*6. 和差化积公式

上述四个式子中，令 $x=\alpha+\beta$，$y=\alpha-\beta$，则 $\alpha=\frac{x+y}{2}$，$\beta=\frac{x-y}{2}$，可得：

$$\cos x+\cos y=2\cos\frac{x+y}{2}\cos\frac{x-y}{2};$$

$$\cos x-\cos y=-2\sin\frac{x+y}{2}\sin\frac{x-y}{2};$$

$$\sin x+\sin y=2\sin\frac{x+y}{2}\cos\frac{x-y}{2};$$

$$\sin x-\sin y=2\cos\frac{x+y}{2}\sin\frac{x-y}{2}.$$

【讲练平台】

考点1　二倍角公式的应用

例1　(1) 若 $\sin\theta:\sin\frac{\theta}{2}=8:5$，求 $\cos\theta$.

(2) 若 $\sin\left(\frac{\pi}{4}+\theta\right)\sin\left(\frac{\pi}{4}-\theta\right)=\frac{1}{6}$，$\theta\in\left(\frac{\pi}{2},\ \pi\right)$，求 $\sin 4\theta$.

(3) 化简：$2\sqrt{3}\sin\theta\cos\theta-2\cos^2\theta+1$.

解　(1) 由题意得，$2\sin\frac{\theta}{2}\cos\frac{\theta}{2}:\sin\frac{\theta}{2}=8:5$，则 $\cos\frac{\theta}{2}=\frac{4}{5}$，所以 $\cos\theta=2\cos^2\frac{\theta}{2}-1=\frac{7}{25}$.

(2) 由于 $\frac{1}{6}=\sin\left(\frac{\pi}{4}+\theta\right)\sin\left(\frac{\pi}{4}-\theta\right)=\frac{1}{2}(\cos^2\theta-\sin^2\theta)=\frac{1}{2}\cos 2\theta$，则 $\cos 2\theta=\frac{1}{3}$.

又因为 $\theta\in\left(\frac{\pi}{2},\ \pi\right)$，所以 $2\theta\in(\pi,\ 2\pi)$，又 $\cos 2\theta=\frac{1}{3}>0$，则 $2\theta\in\left(\frac{3\pi}{2},\ 2\pi\right)$，所以 $\sin 2\theta=-\sqrt{1-\cos^2 2\theta}=-\frac{2\sqrt{2}}{3}$，从而 $\sin 4\theta=2\sin 2\theta\cos 2\theta=-\frac{4\sqrt{2}}{9}$.

(3) 原式$=\sqrt{3}\sin 2\theta-\cos 2\theta=2\sin\left(2\theta-\frac{\pi}{6}\right)$.

考点 2 **万能置换公式的应用**

例 2 已知 $\tan\dfrac{\theta}{2}=2$，求 $\sin\left(\theta+\dfrac{\pi}{3}\right)$.

解 因为 $\sin\theta=\dfrac{2\tan\dfrac{\theta}{2}}{1+\tan^2\dfrac{\theta}{2}}=\dfrac{4}{5}$，$\cos\theta=\dfrac{1-\tan^2\dfrac{\theta}{2}}{1+\tan^2\dfrac{\theta}{2}}=-\dfrac{3}{5}$，

所以 $\sin\left(\theta+\dfrac{\pi}{3}\right)=\dfrac{4}{5}\times\dfrac{1}{2}+\left(-\dfrac{3}{5}\right)\times\dfrac{\sqrt{3}}{2}=\dfrac{4-3\sqrt{3}}{10}$.

考点 3 **和差化积、积化和差公式的应用**

例 3 已知 $\sin\alpha+\sin\beta=\dfrac{1}{2}$，$\cos\alpha+\cos\beta=\dfrac{1}{3}$，求 $\cos(\alpha-\beta)$ 和 $\cos(\alpha+\beta)$.

解

$$(\sin\alpha+\sin\beta)^2=\sin^2\alpha+2\sin\alpha\sin\beta+\sin^2\beta=\frac{1}{4}, \qquad ①$$

$$(\cos\alpha+\cos\beta)^2=\cos^2\alpha+2\cos\alpha\cos\beta+\cos^2\beta=\frac{1}{9}, \qquad ②$$

①式+②式得，$2+2\cos(\alpha-\beta)=\dfrac{13}{36}$，所以 $\cos(\alpha-\beta)=-\dfrac{59}{72}$.

$$\frac{1}{2}=\sin\alpha+\sin\beta=2\sin\frac{\alpha+\beta}{2}\cos\frac{\alpha-\beta}{2}, \qquad ③$$

$$\frac{1}{3}=\cos\alpha+\cos\beta=2\cos\frac{\alpha+\beta}{2}\cos\frac{\alpha-\beta}{2}, \qquad ④$$

③式÷④式得，$\tan\dfrac{\alpha+\beta}{2}=\dfrac{3}{2}$，所以

$$\cos(\alpha+\beta)=\frac{1-\tan^2\dfrac{\alpha+\beta}{2}}{1+\tan^2\dfrac{\alpha+\beta}{2}}=\frac{1-\dfrac{9}{4}}{1+\dfrac{9}{4}}=-\frac{5}{13}.$$

综上，$\cos(\alpha-\beta)=-\dfrac{59}{72}$，$\cos(\alpha+\beta)=-\dfrac{5}{13}$.

考点 4 **公式的综合应用**

例 4 求证：$\dfrac{1+\sin\theta}{1-2\sin^2\dfrac{\theta}{2}}=\dfrac{1+\tan\dfrac{\theta}{2}}{1-\tan\dfrac{\theta}{2}}$.

证法 1：左边 $=\dfrac{\left(\sin\dfrac{\theta}{2}+\cos\dfrac{\theta}{2}\right)^2}{\cos^2\dfrac{\theta}{2}-\sin^2\dfrac{\theta}{2}}=\dfrac{\sin\dfrac{\theta}{2}+\cos\dfrac{\theta}{2}}{\cos\dfrac{\theta}{2}-\sin\dfrac{\theta}{2}}=\dfrac{1+\tan\dfrac{\theta}{2}}{1-\tan\dfrac{\theta}{2}}=$ 右边.

证法 2:右边$=\dfrac{1+\dfrac{\sin\dfrac{\theta}{2}}{\cos\dfrac{\theta}{2}}}{1-\dfrac{\sin\dfrac{\theta}{2}}{\cos\dfrac{\theta}{2}}}=\dfrac{\cos\dfrac{\theta}{2}+\sin\dfrac{\theta}{2}}{\cos\dfrac{\theta}{2}-\sin\dfrac{\theta}{2}}=\dfrac{\left(\cos\dfrac{\theta}{2}+\sin\dfrac{\theta}{2}\right)^2}{\cos^2\dfrac{\theta}{2}-\sin^2\dfrac{\theta}{2}}=$左边.

证法 3:右边$=\dfrac{\tan\dfrac{\pi}{4}+\tan\dfrac{\theta}{2}}{1-\tan\dfrac{\pi}{4}\tan\dfrac{\theta}{2}}=\tan\left(\dfrac{\pi}{4}+\dfrac{\theta}{2}\right)$,

左边$=\dfrac{1+\sin\theta}{\cos\theta}=\dfrac{1+\cos\left(\dfrac{\pi}{2}-\theta\right)}{\sin\left(\dfrac{\pi}{2}-\theta\right)}=\dfrac{1}{\tan\left(\dfrac{\pi}{4}-\dfrac{\theta}{2}\right)}=\cot\left(\dfrac{\pi}{4}-\dfrac{\theta}{2}\right)=\tan\left(\dfrac{\pi}{4}+\dfrac{\theta}{2}\right)$.

【基础训练】

1. 使 $\tan\theta=-\sqrt{\dfrac{1-\cos 2\theta}{1+\cos 2\theta}}$ 成立的角 θ 所在的象限为(　　).

(A) 第二、三象限　　(B) 第二、四象限

(C) 第一、四象限　　(D) 第一、二象限

2. 已知 $25\sin^2\theta+\sin\theta-24=0$, θ 为第二象限的角,则 $\cos\dfrac{\theta}{2}$ 等于(　　).

(A) $\dfrac{3}{5}$　　(B) $\pm\dfrac{3}{5}$

(C) $\dfrac{\sqrt{2}}{2}$　　(D) $\dfrac{4}{5}$

3. 若关于 x 的方程 $x^2-x\cos A\cos B-\cos^2\dfrac{C}{2}=0$ 有一个根是 1,则$\triangle ABC$ 一定是(　　).

(A) 锐角三角形　　(B) 直角三角形　　(C) 钝角三角形　　(D) 等腰三角形

4. 化简:$\dfrac{1+\sin\theta-\cos\theta}{1+\sin\theta+\cos\theta}=$__________.

5. 已知$\dfrac{2\sin\theta+\cos\theta}{\sin\theta-3\cos\theta}=-5$,则 $3\cos 2\theta+4\sin 2\theta=$__________.

6. 已知 $\cos\alpha-\cos\beta=\dfrac{1}{2}$, $\sin\alpha-\sin\beta=-\dfrac{1}{3}$,则 $\sin(\alpha+\beta)=$__________.

7. 在$\triangle ABC$ 中,若 $\cos B+\cos C=\sin B+\sin C$,则$\triangle ABC$ 的形状是__________.

8. 已知 $6\sin^2\theta+\sin\theta\cos\theta-2\cos^2\theta=0$，$\theta\in\left(\frac{\pi}{2}, \pi\right)$，求 $\sin\left(2\theta+\frac{\pi}{3}\right)$的值.

【能力提高】

1. 是否存在锐角 α，β，使得 $\alpha+2\beta=\frac{2\pi}{3}$，$\tan\beta=(2-\sqrt{3})\cot\frac{\alpha}{2}$同时成立？若存在，求出 α，β 的值；若不存在，请说明理由.

2. 对于集合$\{a_1, a_2, \cdots, a_n\}$和常数 a_0，定义：$p=\frac{\cos^2(a_1-a_0)+\cos^2(a_2-a_0)+\cdots+\cos^2(a_n-a_0)}{n}$为集合$\{a_1, a_2, \cdots, a_n\}$相对 a_0 的“余弦方差”. 求证：集合$\left\{\pi, \frac{\pi}{3}, \frac{2\pi}{3}\right\}$相对任何常数 a_0 的“余弦方差”是一个与 a_0 无关的常数.

【归纳小结】

1. “升幂”“降幂”的应用，即正余弦二倍角公式的各种变形要灵活运用，有利于化简.

2. 注意角所在的象限，一方面在三角比运算中符号的确定取决于角所在的象限；另一方面，利用三角比的值求角的大小也需要看角的范围.

3. 关注分析角之间的关系，选择合适的公式并灵活应用，进行三角比的化简和求值.

3.4 已知正弦、余弦或正切值求角

【知识梳理】

1. 角的符号表示

(1) $\arcsin a$ 表示满足 $\sin x=a$ $(0\leqslant a\leqslant 1)$且在$\left[0,\dfrac{\pi}{2}\right]$内的角 x；

(2) $\arccos a$ 表示满足 $\cos x=a$ $(0\leqslant a\leqslant 1)$且在$\left[0,\dfrac{\pi}{2}\right]$内的角 x；

(3) $\arctan a$ 表示满足 $\tan x=a$ $(a\geqslant 0)$且在$\left[0,\dfrac{\pi}{2}\right)$内的角 x.

2. 已知正弦、余弦、正切值求角

(1) 若 $\sin\alpha=\sin\beta$，则$\{\alpha\mid\alpha=2k\pi+\beta$ 或 $\alpha=2k\pi+\pi-\beta,\ k\in\mathbf{Z}\}=\{\alpha\mid\alpha=k\pi+(-1)^k\beta,\ k\in\mathbf{Z}\}$，

若 $\cos\alpha=\cos\beta$，则$\{\alpha\mid\alpha=2k\pi\pm\beta,\ k\in\mathbf{Z}\}$，

若 $\tan\alpha=\tan\beta$，则$\{\alpha\mid\alpha=k\pi+\beta,\ k\in\mathbf{Z}\}$；

(2) 若 $\sin x=a$ $(0\leqslant a\leqslant 1)$，则$\{x\mid x=2k\pi+\arcsin a$ 或 $x=2k\pi+\pi-\arcsin a,\ k\in\mathbf{Z}\}=\{x\mid x=k\pi+(-1)^k\arcsin a,\ k\in\mathbf{Z}\}$，

若 $\cos x=a$ $(0\leqslant a\leqslant 1)$，则$\{x\mid x=2k\pi\pm\arccos a,\ k\in\mathbf{Z}\}$，

若 $\tan x=a(a\geqslant 0)$，则$\{x\mid x=k\pi+\arctan a,\ k\in\mathbf{Z}\}$.

【注】 若 $a<0$，则先用诱导公式将三角比的值转化成大于零.

【讲练平台】

考点1 已知三角比求角

例1 分别求满足下列条件的角 x.

(1) $\sin x=\dfrac{1}{2}$；　　(2) $\cos x=-\dfrac{1}{2}$；　　(3) $\tan(x+15^\circ)=-\dfrac{\sqrt{3}}{3}$.

解 (1) 因为 $\sin x=\sin\dfrac{\pi}{6}$，所以 $x=k\pi+(-1)^k\cdot\dfrac{\pi}{6},\ k\in\mathbf{Z}$.

(2) 因为 $\cos x=\cos\dfrac{2\pi}{3}$，所以 $x=2k\pi\pm\dfrac{2\pi}{3},\ k\in\mathbf{Z}$.

(3) 因为 $\tan(x+15^\circ)=\tan(-30^\circ)$，所以 $x+15^\circ=k\cdot180^\circ-30^\circ$，所以 $x=k\cdot180^\circ-45^\circ,\ k\in\mathbf{Z}$.

考点2 角的表示

例2 分别求满足下列条件的角 x.

(1) $\sin 2x=\frac{1}{3}$；　　(2) $\cos\left(x-\frac{\pi}{6}\right)=-\frac{1}{4}$；　　(3) $\frac{1-\tan x}{1+\tan x}=2$.

解 (1) 因为 $2x=k\pi+(-1)^k\arcsin\frac{1}{3}$，所以 $x=\frac{k\pi}{2}+\frac{(-1)^k}{2}\arcsin\frac{1}{3}$，$k\in\mathbf{Z}$.

(2) 由于 $\cos\left(x-\frac{\pi}{6}\right)=-\cos\left[\pi-\left(x-\frac{\pi}{6}\right)\right]=-\cos\left(\frac{7\pi}{6}-x\right)=-\frac{1}{6}$，则 $\frac{7\pi}{6}-x=2k\pi\pm\arccos\frac{1}{6}$，所以 $x=-2k\pi+\frac{7\pi}{6}\pm\arccos\frac{1}{6}$，$k\in\mathbf{Z}$.

(3) 由题意，得 $\tan x=-\frac{1}{3}$，则 $\tan(\pi-x)=\frac{1}{3}$，所以 $\pi-x=k\pi+\arctan\frac{1}{3}$，从而 $x=-k\pi+\pi-\arctan\frac{1}{3}$，$k\in\mathbf{Z}$，可进一步简写成：$x=k\pi-\arctan\frac{1}{3}$，$k\in\mathbf{Z}$.

考点 3　需转化成最简形式后求满足条件的角

例 3　分别求满足下列条件的角 x.

(1) $\cos 2x=3\cos x+1$；　　(2) $3\sqrt{3}\sin x-3\cos x-5=0$.

解 (1) 由 $2\cos^2x-3\cos x-2=0$，得 $\cos x=-\frac{1}{2}$ 或 $\cos x=2$(舍)，所以解集为 $\left\{x\,\middle|\,x=2k\pi\pm\frac{2\pi}{3},\ k\in\mathbf{Z}\right\}$.

(2) 由 $6\sin\left(x-\frac{\pi}{6}\right)=5$，得 $x-\frac{\pi}{6}=k\pi+(-1)^k\arcsin\frac{5}{6}$，所以解集为 $\left\{x\,\middle|\,x=k\pi+\frac{\pi}{6}+(-1)^k\arcsin\frac{5}{6},\ k\in\mathbf{Z}\right\}$.

考点 4　在特定区域内求满足条件的角

例 4　设常数 $a\in\mathbf{R}$，已知满足关系式 $a\sin 2x+2\cos^2x=\sqrt{3}+1$ 的一个 x 的值为 $\frac{\pi}{4}$，求在区间 $[-\pi,\ \pi]$ 内且满足 $a\sin 2x+2\cos^2x=1-\sqrt{2}$ 的所有的角 x.

解　由 $a\sin\frac{\pi}{2}+2\cos^2\frac{\pi}{4}=\sqrt{3}+1$，得 $a=\sqrt{3}$，

由 $\sqrt{3}\sin 2x+\cos 2x+1=1-\sqrt{2}$，得 $\sin\left(2x+\frac{\pi}{6}\right)=-\frac{\sqrt{2}}{2}$，即 $\sin\left(2x+\frac{\pi}{6}\right)=\sin\left(-\frac{\pi}{4}\right)$，

则 $2x+\frac{\pi}{6}=2k\pi-\frac{\pi}{4}$ 或 $2x+\frac{\pi}{6}=2k\pi+\frac{5\pi}{4}$，$k\in\mathbf{Z}$，

所以，$x=k\pi-\frac{5\pi}{24}$ 或 $x=k\pi+\frac{13\pi}{24}$，$k\in\mathbf{Z}$.

又 $x\in[-\pi,\ \pi]$，所以解集为 $\left\{-\frac{11\pi}{24},\ -\frac{5\pi}{24},\ \frac{13\pi}{24},\ \frac{19\pi}{24}\right\}$.

【基础训练】

1. 满足 $\tan x=\tan 3x$ 的所有角 x 构成的集合是（　　）.

(A) $\left\{x \middle| x=\dfrac{k\pi}{2},\ k\in\mathbf{Z}\right\}$　　(B) $\{x \mid x=k\pi,\ k\in\mathbf{Z}\}$

(C) $\{x \mid x=2k\pi,\ k\in\mathbf{Z}\}$　　(D) $\{x \mid x=2k\pi+\pi,\ k\in\mathbf{Z}\}$

2. 满足 $\cos 2x+\sin x=1$，$x\in(0,\ \pi)$的所有 x 构成的集合是__________.

3. 已知 $\sin(x-\pi)=-\dfrac{\sqrt{2}}{2}$，且 $-2\pi<x\leqslant 0$，则 $x=$__________.

4. 已知集合 $A=\left\{x \middle| \cos\left(\dfrac{\pi}{2}-x\right)=\dfrac{1}{2}\right\}$，集合 $B=\left\{x \middle| \tan x=-\dfrac{\sqrt{3}}{3}\right\}$，则 $A\cap B=$__________.

5. 已知满足 $\cos x=\dfrac{2a-1}{a+5}$ 的 x 是不存在的，则实数 a 的取值范围是__________.

6. 求满足下列条件的 x.

(1) $\sqrt{3}\sin x-\cos x=1$；　　(2) $2\sin^2 x+\sqrt{3}\cos x+1=0$；

(3) $\sin^2 x-\sqrt{3}\sin x\cos x+\dfrac{1}{3}=0$；　　(4) $\sin^2 x-7\sin x\cos x+6\cos^2 x=0$.

【能力提高】

1. 求满足下列条件的 x.

(1) $81^{\sin^2 x}+81^{\cos^2 x}=30$；　　(2) $\sin(\pi\cos x)=\cos(\pi\sin x)$.

2. 已知集合 $A=\left\{-\frac{1}{2}, 3, \cos x\right\}$, $B=\left\{\frac{\sqrt{3}}{2}, \sin x\right\}$.

(1) 当 $B\subset A$ 时,求 x 的值;

(2) 当 $A\cap B=\{y\}$时,求 x, y 的值.

【归纳小结】

1. 最简的已知正弦、余弦、正切值求角的问题,即利用单位圆思考终边所在位置,从而找到满足条件的所有的角. 在求解过程中,比较复杂的问题往往通过三角恒等变化将条件转化成最简的形式,如 $\sin\alpha=\sin\beta$, $\cos\alpha=\cos\beta$, $\tan\alpha=\tan\beta$ 以及 $\sin x=a\ (1\geqslant a\geqslant 0)$, $\cos x=a\ (1\geqslant a\geqslant 0)$, $\tan x=a\ (a\geqslant 0)$的形式.

2. 在一个确定区域内求满足条件的角,通常可以将角的一般形式先求出来,然后取出在特定范围内的满足条件的角.

3.5 解三角形

【知识梳理】

1. 利用三角形的要素表示三角形的面积

三角形的面积等于任意两边与它们的夹角的正弦值的乘积的一半:

$$S_{\triangle ABC}=\frac{1}{2}ab\sin C=\frac{1}{2}bc\sin A=\frac{1}{2}ac\sin B.$$

2. 正弦定理

在三角形中,各边与它所对的角的正弦值之比相等,且该比值等于该三角形的外接圆直径的长:

$$\frac{a}{\sin A}=\frac{b}{\sin B}=\frac{c}{\sin C}=2R$$（$2R$ 是 $\triangle ABC$ 的外接圆直径）.

利用正弦定理可以解决的问题：

① 已知三角形的两角一边，求其他边和角（解是唯一的）；

② 已知三角形的两边和其中一条边的对角，求其他的边和角（解的个数是不确定的）.

3. 余弦定理

$$c^2=a^2+b^2-2ab\cos C；a^2=b^2+c^2-2bc\cos A；b^2=a^2+c^2-2ac\cos B$$

或写成

$$\cos A=\frac{b^2+c^2-a^2}{2bc}，\cos B=\frac{a^2+c^2-b^2}{2ac}，\cos C=\frac{a^2+b^2-c^2}{2ab}.$$

利用余弦定理可以解决的问题：

① 已知三角形的三边，求角（解是唯一的）；

② 已知三角形的两边与这两边的夹角，求其他边和角（解是唯一的）；

③ 已知三角形的两边和其中一条边的对角，求其他边和角（解的个数是不确定的）.

4. 常用结论

(1) 在三角形中：$A>B\Leftrightarrow a>b\Leftrightarrow \sin A>\sin B$；

(2) 在三角形中：$A>B\Leftrightarrow \cos A<\cos B$；

(3) 在锐角三角形中：$A>B\Leftrightarrow \tan A>\tan B$；

(4) 在三角形中：$\sin(A+B)=\sin C$，$\cos(A+B)=-\cos C$，$\tan(A+B)=-\tan C\left(A+B\neq\frac{\pi}{2}\right)$.

【讲练平台】

考点1　已知三角形的三个独立要素，解三角形

例1　在 $\triangle ABC$ 中，已知 $\angle A=30^\circ$，$b=18$，根据下列条件，确定 B 有几个解：(1) $a=6$；(2) $a=9$；(3) $a=13$；(4) $a=18$.

解　(1) 由正弦定理，$\sin B=\frac{b\sin A}{a}=\frac{3}{2}>1$，所以无解.

(2) 由正弦定理，$\sin B=\frac{b\sin A}{a}=1$，所以 $\angle B=90^\circ$，B 只有一个解.

(3) 由正弦定理，$\sin B=\frac{b\sin A}{a}=\frac{9}{13}$，所以 $\angle B\approx 43.81^\circ$ 或 $\angle B\approx 136.19^\circ$，又因为 $136.19^\circ+30^\circ<180^\circ$，所以 B 有两解.

(4) 因为 $a=b=18$，所以 $\angle A=\angle B=30^\circ$，所以 B 只有一个解.

考点2 正弦定理、余弦定理、三角形面积

例2 (1) 在$\triangle ABC$中，$\angle A=60^\circ$，$b=1$，$S_{\triangle ABC}=\sqrt{3}$，求$\dfrac{a+b+c}{\sin A+\sin B+\sin C}$的值；

(2) 在$\triangle ABC$中，若$(a+b+c)(\sin A+\sin B-\sin C)=3a\sin B$，求$\angle C$；

(3) 在$\triangle ABC$中，$2b=a+c$，求$\angle B$的最大值.

解 (1) 由$S_{\triangle ABC}=\sqrt{3}$，得$\dfrac{1}{2}bc\sin A=\sqrt{3}$，则$c=4$，由余弦定理，得$a^2=b^2+c^2-2bc\cos A=13$，则$a=\sqrt{13}$.

所以$\dfrac{a+b+c}{\sin A+\sin B+\sin C}=\dfrac{2R\sin A+2R\sin B+2R\sin C}{\sin A+\sin B+\sin C}=2R=\dfrac{a}{\sin A}=\dfrac{2\sqrt{39}}{3}$.

(2) 由正弦定理，得$(a+b+c)\left(\dfrac{a}{2R}+\dfrac{b}{2R}-\dfrac{c}{2R}\right)=3a\cdot\dfrac{b}{2R}$，则$a^2+b^2-c^2+2ab=3ab$，即$a^2+b^2-c^2=ab$，由余弦定理，得$\cos C=\dfrac{1}{2}$，因为$C\in(0,\pi)$，所以$\angle C=\dfrac{\pi}{3}$.

(3) $\cos B=\dfrac{a^2+c^2-b^2}{2ac}=\dfrac{a^2+c^2-\left(\dfrac{a+c}{2}\right)^2}{2ac}=\dfrac{\dfrac{3}{4}a^2+\dfrac{3}{4}c^2-\dfrac{1}{2}ac}{2ac}=\dfrac{3a}{8c}+\dfrac{3c}{8a}-\dfrac{1}{4}\geqslant\dfrac{1}{2}$，

当且仅当$a=c$，即$a=b=c$时，等号成立，所以$\angle B_{\max}=\dfrac{\pi}{3}$.

考点3 判断三角形的形状

例3 已知$\triangle ABC$，三个内角A，B，C所对的边分别为a，b，c，判断满足下列条件的$\triangle ABC$的形状.

(1) $\dfrac{a^2}{b^2}=\dfrac{\tan A}{\tan B}$； (2) $\tan^2\dfrac{A}{2}=\dfrac{b-c}{b+c}$.

解 (1) **解法1**：由正弦定理，得$\dfrac{\sin^2 A}{\sin^2 B}=\dfrac{\dfrac{\sin A}{\cos A}}{\dfrac{\sin B}{\cos B}}$，因为$\sin A\neq0$，$\sin B\neq0$，所以$\sin A\cos A=\sin B\cos B$，从而$\sin 2A=\sin 2B$，所以$2A=2k\pi+2B$或$2A=2k\pi+\pi-2B$，$k\in\mathbf{Z}$，即$A=k\pi+B$或$A=k\pi+\dfrac{\pi}{2}-B$，$k\in\mathbf{Z}$.

因为A，$B\in(0,\pi)$，所以$A=B$或$A+B=\dfrac{\pi}{2}$，因此$\triangle ABC$为等腰或直角三角形.

解法2：由正、余弦定理，得$\dfrac{a^2}{b^2}=\dfrac{\dfrac{a}{2R}\cdot\dfrac{2bc}{b^2+c^2-a^2}}{\dfrac{b}{2R}\cdot\dfrac{2ac}{a^2+c^2-b^2}}=\dfrac{a}{b}\cdot\dfrac{b(a^2+c^2-b^2)}{a(b^2+c^2-a^2)}$，则$a^2b^2+a^2c^2-$

$a^4=a^2b^2+b^2c^2-b^4$,

从而 $a^2c^2-b^2c^2+b^4-a^4=0$,即 $c^2(a^2-b^2)-(a^2-b^2)(a^2+b^2)=0$,

$(a^2-b^2)[c^2-(a^2+b^2)]=0$,所以 $a=b$ 或 $a^2+b^2=c^2$,

因此,$\triangle ABC$ 为等腰或直角三角形.

(2) 由于 $\tan^2\dfrac{A}{2}=\dfrac{1-\cos A}{1+\cos A}=\dfrac{b-c}{b+c}$,则 $(b+c)(1-\cos A)=(b-c)(1+\cos A)$,所以 $b\cos A=c$.

从而 $\sin B\cos A=\sin C=\sin(A+B)=\sin A\cos B+\cos A\sin B=0$,

所以 $\cos B=0$,则 $\angle B=\dfrac{\pi}{2}$,所以 $\triangle ABC$ 是直角三角形.

考点 4　三角形中的恒等变换

例 4　已知 $\triangle ABC$,三个内角 A,B,C 所对的边分别为 a,b,c,求证:$a\cos^2\dfrac{B}{2}+b\cos^2\dfrac{A}{2}=\dfrac{1}{2}(a+b+c)$.

证明　左边 $=a\cdot\dfrac{1+\cos B}{2}+b\cdot\dfrac{1+\cos A}{2}=\dfrac{1}{2}(a+b)+\dfrac{1}{2}(a\cos B+b\cos A)$

$=\dfrac{1}{2}(a+b)+\dfrac{1}{2}(2R\sin A\cos B+2R\sin B\cos A)$

$=\dfrac{1}{2}(a+b)+\dfrac{1}{2}\cdot 2R\sin(A+B)$

$=\dfrac{1}{2}(a+b)+\dfrac{1}{2}\cdot 2R\sin C=\dfrac{1}{2}(a+b+c)=$右边.

考点 5　解斜三角形的应用问题

例 5　我国的"洋垃圾禁止入境"政策已实施数年. 某沿海地区的海岸线为一段圆弧 $\overset{\frown}{AB}$,对应的圆心角 $\angle AOB=\dfrac{\pi}{3}$. 该地区为了打击洋垃圾走私,在海岸线外侧 20 海里内的海域 $ABCD$ 对不明船只进行识别查证(图 3-4,其中海域与陆地近似看作在同一平面内). 在圆弧的两端点 A,B 分别设有监测站,A,B 之间的直线距离为 100 海里.

(1) 求海域 $ABCD$ 的面积;

(2) 现海上 P 点处有一艘不明船只,在 A 点测得其距 A 点 40 海里,在 B 点测得其距 B 点 $20\sqrt{19}$ 海里. 判断这艘不明船只是否进入海域 $ABCD$?请说明理由.

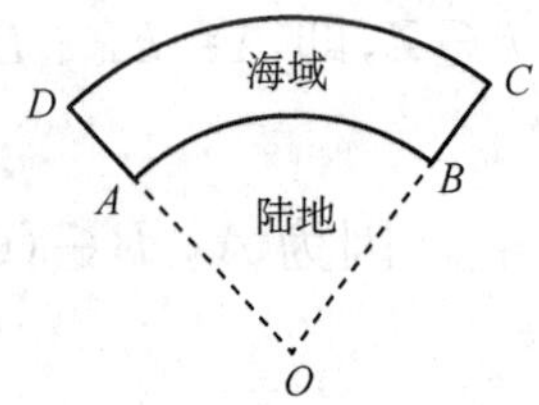

图 3-4

解　(1) 因为 $AB=100$ 海里,$\angle AOB=\dfrac{\pi}{3}$,

所以 $AO=BO=100$ 海里,$OC=OD=120$ 海里,

所以，$S_{ABCD}=\frac{1}{2}\times120^2\times\frac{\pi}{3}-\frac{1}{2}\times100^2\times\frac{\pi}{3}=\frac{2\,200}{3}\pi$(平方海里).

答：海域 $ABCD$ 的面积为$\frac{2\,200}{3}\pi$ 平方海里.

(2) 由已知得 $AB=100$ 海里，$AP=40$ 海里，$BP=20\sqrt{19}$ 海里，

故 $\cos\angle PAB=\frac{40^2+100^2-(20\sqrt{19})^2}{2\times40\times100}=\frac{1}{2}$，

即$\angle PAB=\frac{\pi}{3}$，$\angle PAO=\frac{2\pi}{3}$，

所以 $PO=\sqrt{AP^2+AO^2-2AP\cdot AO\cdot\cos\angle PAO}=20\sqrt{39}$海里$>120$ 海里，

答：这艘不明船只没有进入海域 $ABCD$.

【基础训练】

1. 在$\triangle ABC$ 中，"$\cos A+\sin A=\cos B+\sin B$"是"$\angle C=90°$"的(　　).

(A) 充分非必要条件　　(B) 必要非充分条件

(C) 充要条件　　(D) 既非充分也非必要条件

2. 在$\triangle ABC$ 中，$\angle A$，$\angle B$，$\angle C$ 所对的边分别为 a，b，c，面积为 S，且 $4S=(a+b)^2-c^2$，则 $\cos C=$__________.

3. 在$\triangle ABC$ 中，$\angle A$，$\angle B$，$\angle C$ 所对的边分别为 a，b，c，设向量 $\vec{p}=(a+c,\ b)$，$\vec{q}=(b-a,\ c-a)$，若 $\vec{p}/\!/\vec{q}$，则$\angle C$ 的大小为__________.

4. 在$\triangle ABC$ 中，$\angle A$，$\angle B$，$\angle C$ 所对的边分别为 a，b，c，$a=2$，$\cos C=-\frac{1}{4}$.

(1) 若 $\sin A=2\sin B$，求 b，c；

(2) 若 $\cos\left(A-\frac{\pi}{4}\right)=\frac{4}{5}$，求 c.

5. 在$\triangle ABC$中，$\angle A$，$\angle B$，$\angle C$所对的边分别为a，b，c，$\cos C=\frac{1}{2}$，$c=3\sqrt{2}$，且$\triangle ABC$的面积为$\frac{3\sqrt{3}}{2}$，求$\triangle ABC$的周长.

6. 世界各地以流星为主题的邮票屡见不鲜，如图 3-5(a)所示，可见人们对流星的热衷. 设地球表面有两所天文站A，B相距 500 km，如图 3-5(b)所示. 某日某时两地同时观测到流星S，且测得仰角分别为$\alpha=23.2°$，$\beta=44.3°$，试求流星S离地的高度(精确到 0.01 km).

图 3-5(a)

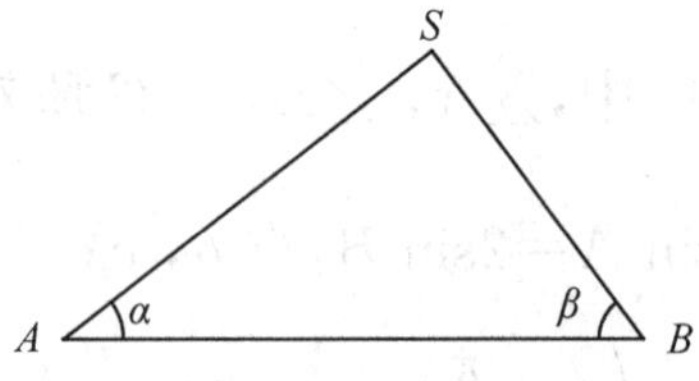

图 3-5(b)

【能力提高】

1. 已知 a_1, a_2, a_3, a_4 是各项均为正数的等差数列,其公差 $d>0$,若线段 l_1, l_2, l_3, l_4 的长分别为 a_1, a_2, a_3, a_4,则(　　).

(A) 对任意的 d,均存在以 l_1, l_2, l_3 为三边的三角形

(B) 对任意的 d,均不存在以 l_1, l_2, l_3 为三边的三角形

(C) 对任意的 d,均存在以 l_2, l_3, l_4 为三边的三角形

(D) 对任意的 d,均不存在以 l_2, l_3, l_4 为三边的三角形

2. 美索不达米亚平原出土的数学泥板上,用楔形文字刻录了许多数学问题.如图 3-6(a)所示的石板上的问题:一根芦苇靠墙直立,当顶端下移三尺(至墙顶)时,底端右移 9 尺.问芦苇有多长?墙有多高?

试解答以下相似问题:如图 3-6(b)所示,两根一样长度的芦苇交错靠在墙边,一根底端离墙角一尺,两根芦苇的顶端相差 3 尺,底端相差 9 尺,求:(1)芦苇的长度;(2)两根芦苇的交点到墙角的距离.(结果精确到 0.1 尺)

数学泥版(BM34568)
约公元前300年

图 3-6(a)

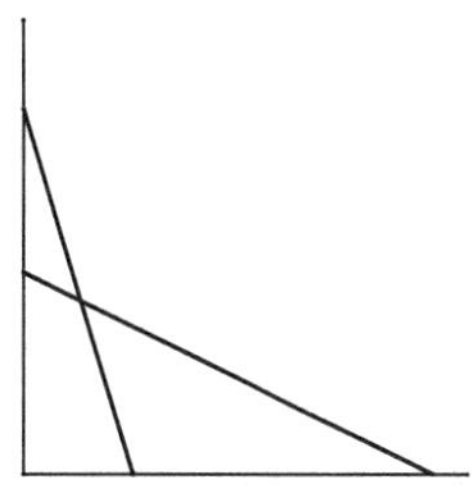

图 3-6(b)

【归纳小结】

1. 合理选择三角形的面积公式.

2. 已知三角形的两边 a, b,以及其中一条边 a 所对的角为 A,当 $\angle A$ 为锐角时,三角形的解的几种情况如下:

(1) 当 $a<b\sin A$ 时,无解;(2)当 $a=b\sin A$ 时,一解;(3)当 $b\sin A<a<b$ 时,两解;(4)当 $a\geqslant b$ 时,一解.

当角 A 是直角或钝角时，三角形的解的几种情况如下：(1)当 $a\leqslant b$ 时，无解；(2)当 $a>b$ 时，一解.

对于这类问题，也可从以下角度出发：求角，利用正弦定理，但是要检验角的合理性；求边，利用余弦定理，但是要关注边的合理性.

3. 在三角形中处理问题，要注意利用正弦定理、余弦定理进行边角互化，形成边统一或角统一.

4. 求解实际问题时，注意先将问题转化成数学问题，然后分析三角形的求解类型.

3.6 正弦、余弦函数的图像与性质

【知识梳理】

1. 正弦函数、余弦函数的图像(图 3-7)

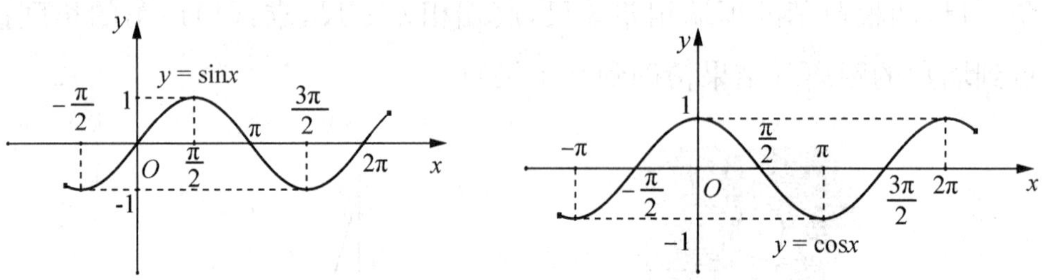

图 3-7

2. 正弦函数、余弦函数的性质(表 3-1)

表 3-1　正弦函数、余弦函数的性质

三角函数	$y=\sin x$	$y=\cos x$
定义域	$\mathbf{R}$	$\mathbf{R}$
奇偶性	奇函数	偶函数
最小正周期	2π	2π
单调性	在 $\left[2k\pi-\frac{\pi}{2}, 2k\pi+\frac{\pi}{2}\right]$ 上严格增； 在 $\left[2k\pi+\frac{\pi}{2}, 2k\pi+\frac{3\pi}{2}\right]$ 上严格减，其中 $k\in\mathbf{Z}$	在 $[2k\pi-\pi, 2k\pi]$ 上严格增； 在 $[2k\pi, 2k\pi+\pi]$ 上严格减，其中 $k\in\mathbf{Z}$
值域	$[-1, 1]$	$[-1, 1]$
最值	当 $x=2k\pi+\frac{\pi}{2}, k\in\mathbf{Z}$ 时，$y_{\max}=1$； 当 $x=2k\pi-\frac{\pi}{2}, k\in\mathbf{Z}$ 时，$y_{\min}=-1$	当 $x=2k\pi, k\in\mathbf{Z}$ 时，$y_{\max}=1$； 当 $x=2k\pi+\pi, k\in\mathbf{Z}$ 时，$y_{\min}=-1$
零点	$x=k\pi, k\in\mathbf{Z}$	$x=k\pi+\frac{\pi}{2}, x\in\mathbf{Z}$
对称轴	$x=k\pi+\frac{\pi}{2}, k\in\mathbf{Z}$	$x=k\pi, k\in\mathbf{Z}$
对称中心	$(k\pi, 0), k\in\mathbf{Z}$	$\left(k\pi+\frac{\pi}{2}, 0\right), k\in\mathbf{Z}$

【讲练平台】

考点1 函数的定义域

例1 求下列函数的定义域.

(1) $f(x)=\lg(\sin x-\sqrt{3}\cos x+1)$； (2) $f(x)=\sqrt{9-x^2}-\dfrac{1}{\sqrt{\sin x}}$.

解 (1) 由 $\sin x-\sqrt{3}\cos x+1>0$ 得 $2\sin\left(x-\dfrac{\pi}{3}\right)>-1$，则 $2k\pi-\dfrac{\pi}{6}<x-\dfrac{\pi}{3}<2k\pi+\dfrac{7\pi}{6}$，所以函数的定义域为$\left\{x\left|2k\pi+\dfrac{\pi}{6}<x<2k\pi+\dfrac{3\pi}{2},\ k\in\mathbf{Z}\right.\right\}$.

(2) 由题意，得$\begin{cases}\sin x>0,\\9-x^2\geqslant 0,\end{cases}$则$\begin{cases}2k\pi<x<2k\pi+\pi\ (k\in\mathbf{Z}),\\-3\leqslant x\leqslant 3,\end{cases}$解得 $0<x\leqslant 3$，所以函数的定义域为$(0,\ 3]$.

考点2 函数的奇偶性

例2 判断下列函数的奇偶性.

(1) $f(x)=\dfrac{\cos(x+\pi)}{x}$； (2) $f(x)=\dfrac{1-\sin x}{1+\sin x}$.

解 (1) 函数的定义域为 $D=\{x\mid x\neq 0\}$，关于原点对称，$f(x)=-\dfrac{\cos x}{x}$，对任意 $x\in D$，$f(-x)=-\dfrac{\cos(-x)}{-x}=\dfrac{\cos x}{x}=-f(x)$，所以 $y=f(x)$为奇函数.

(2) 函数的定义域为 $D=\left\{x\left|x\neq 2k\pi-\dfrac{\pi}{2},\ k\in\mathbf{Z}\right.\right\}$，$-\dfrac{\pi}{2}\notin D$，$\dfrac{\pi}{2}\in D$，所以定义域不关于原点对称，函数 $y=f(x)$为非奇非偶函数.

考点3 函数的最小正周期

例3 求下列函数的最小正周期.

(1) $y=2\sqrt{3}\sin x\cos x-2\cos^2 x+1$； (2) $f(x)=\ln(\sin x)$.

解 (1)$y=\sqrt{3}\sin 2x-\cos 2x=2\sin\left(2x-\dfrac{\pi}{6}\right)$，所以函数的最小正周期 $T=\dfrac{2\pi}{2}=\pi$.

(2) 由 $\sin x>0$，得 $D=\{x\mid 2k\pi<x<2k\pi+\pi,\ k\in\mathbf{Z}\}$，
对任意 $x\in D$，$2(k+1)\pi<x+2\pi<2(k+1)\pi+\pi$，所以 $x+2\pi\in D$，
从而 $f(x+2\pi)=\ln(\sin(x+2\pi))=\ln(\sin x)=f(x)$，所以 $T=2\pi$ 是函数的周期.

若存在 $0<T_0<2\pi$，使得对任意 $x\in D$，均有 $x+T_0\in D$，且 $f(x+T_0)=f(x)$，当 $x_0=\dfrac{\pi}{2}$时，$f(x_0)=0$，

① 若 $T_0\in\left(0,\ \frac{\pi}{2}\right)$,则 $x_0+T_0\in\left(\frac{\pi}{2},\ \pi\right)$,从而 $\sin(x_0+T_0)\in(0,\ 1)$,所以 $f(x_0+T_0)<0$,矛盾;

② 若 $T_0\in\left[\frac{\pi}{2},\ \frac{3\pi}{2}\right]$,则 $x_0+T_0\in[\pi,\ 2\pi]$,从而 $x_0+T_0\notin D$,矛盾;

③ 若 $T_0\in\left(\frac{3\pi}{2},\ 2\pi\right)$,则 $x_0+T_0\in\left(2\pi,\ \frac{5\pi}{2}\right)$,从而 $\sin(x_0+T_0)\in(0,\ 1)$,所以 $f(x_0+T_0)<0$,矛盾,所以最小正周期为 $T=2\pi$.

考点4 三角函数的单调性

例4 求下列函数的单调区间.

(1) $y=\sin^2 x$;　　(2) $f(x)=\log_2\sin\left(2x-\frac{\pi}{3}\right)$;

(3) $y=2\sqrt{3}\sin x\cos x+2\cos^2 x+3$, $x\in(-\pi,\ \pi)$.

解 (1) $y=\sin^2 x=\frac{1}{2}-\frac{1}{2}\cos 2x$,令 $t=\cos 2x$,则 $y=\frac{1}{2}-\frac{1}{2}t$.

当 $2x\in[2k\pi,\ 2k\pi+\pi]$, $k\in\mathbf{Z}$ 时,即 $x\in\left[k\pi,\ k\pi+\frac{\pi}{2}\right]$, $k\in\mathbf{Z}$ 时,$t=\cos 2x$ 严格减,所以 $y=\sin^2 x=\frac{1}{2}-\frac{1}{2}\cos 2x$ 在 $x\in\left[k\pi,\ k\pi+\frac{\pi}{2}\right]$上严格增,所以 $y=\sin^2 x$ 的严格增区间是 $\left[k\pi,\ k\pi+\frac{\pi}{2}\right]$, $k\in\mathbf{Z}$;

当 $2x\in[2k\pi-\pi,\ 2k\pi]$, $k\in\mathbf{Z}$ 时,即 $x\in\left[k\pi-\frac{\pi}{2},\ k\pi\right]$, $k\in\mathbf{Z}$ 时,$t=\cos 2x$ 严格增,所以 $y=\sin^2 x=\frac{1}{2}-\frac{1}{2}\cos 2x$ 在 $x\in\left[k\pi-\frac{\pi}{2},\ k\pi\right]$上严格减,所以 $y=\sin^2 x$ 的严格减区间是 $\left[k\pi-\frac{\pi}{2},\ k\pi\right]$, $k\in\mathbf{Z}$.

(2) 函数的定义域:$\sin\left(2x-\frac{\pi}{3}\right)>0$,则 $2k\pi<2x-\frac{\pi}{3}<2k\pi+\pi$,即 $x\in\left(k\pi+\frac{\pi}{6},\ k\pi+\frac{2\pi}{3}\right)$, $k\in\mathbf{Z}$.

当 $2k\pi<2x-\frac{\pi}{3}\leqslant 2k\pi+\frac{\pi}{2}$,即 $x\in\left(k\pi+\frac{\pi}{6},\ k\pi+\frac{5\pi}{12}\right]$,$k\in\mathbf{Z}$ 时,$t=\sin\left(2x-\frac{\pi}{3}\right)$严格增,函数 $f(x)=\log_2\sin\left(2x-\frac{\pi}{3}\right)$严格增,所以函数 $f(x)=\log_2\sin\left(2x-\frac{\pi}{3}\right)$的严格增区间为 $x\in\left(k\pi+\frac{\pi}{6},\ k\pi+\frac{5\pi}{12}\right]$, $k\in\mathbf{Z}$.

同理,得到函数 $f(x)=\log_2 \sin\left(2x-\frac{\pi}{3}\right)$ 的严格减区间为 $\left[k\pi+\frac{5\pi}{12},\ k\pi+\frac{2\pi}{3}\right)$, $k\in\mathbf{Z}$.

(3) 由题意知,$y=\sqrt{3}\sin 2x+\cos 2x+4=2\sin\left(2x+\frac{\pi}{6}\right)+4$, 由 $2k\pi+\frac{\pi}{2}\leqslant 2x+\frac{\pi}{6}\leqslant 2k\pi+\frac{3\pi}{2}$,得 $x\in\left[k\pi+\frac{\pi}{6},\ k\pi+\frac{2\pi}{3}\right]$, $k\in\mathbf{Z}$.

所以函数 $y=2\sqrt{3}\sin x\cos x+2\cos^2 x+3$ 的严格减区间是 $\left[-\frac{5}{6}\pi,\ -\frac{\pi}{3}\right]$和$\left[\frac{\pi}{6},\ \frac{2\pi}{3}\right]$.

同理可得,函数的严格增区间是 $\left[-\pi,\ -\frac{5}{6}\pi\right]$, $\left[-\frac{\pi}{3},\ \frac{\pi}{6}\right]$和$\left[\frac{2\pi}{3},\ \pi\right)$.

考点 5 三角函数的值域与最值

例 5 求下列函数的值域.

(1) $y=\sin x\cos\left(x+\frac{\pi}{3}\right)$, $x\in\left[0,\ \frac{\pi}{2}\right]$;

(2) $y=\frac{3\cos x+1}{3\cos x-1}$;

(3) $y=\frac{\cos x}{\sin x+2}$.

解 (1) $y=\sin x\cos\left(x+\frac{\pi}{3}\right)=\sin x\left(\frac{1}{2}\cos x-\frac{\sqrt{3}}{2}\sin x\right)=\frac{1}{4}\sin 2x-\frac{\sqrt{3}}{4}+\frac{\sqrt{3}}{4}\cos 2x$,

所以 $y=\frac{1}{2}\sin\left(2x+\frac{\pi}{3}\right)-\frac{\sqrt{3}}{4}$, 由 $x\in\left[0,\ \frac{\pi}{2}\right]$, 得 $2x+\frac{\pi}{3}\in\left[\frac{\pi}{3},\ \frac{4\pi}{3}\right]$, $\sin\left(2x+\frac{\pi}{3}\right)\in\left[-\frac{\sqrt{3}}{2},\ 1\right]$,

即函数 $y=\sin x\cos\left(x+\frac{\pi}{3}\right)$, $x\in\left[0,\ \frac{\pi}{2}\right]$的值域为$\left[-\frac{\sqrt{3}}{2},\ \frac{1}{2}-\frac{\sqrt{3}}{4}\right]$.

(2) **解法 1:** 由 $y=\frac{3\cos x+1}{3\cos x-1}$,得$(3y-3)\cos x=y+1$,当 $y=1$ 时,$3\cos x+1=3\cos x-1$,矛盾,所以 $y\neq 1$,即 $\cos x=\frac{y+1}{3y-3}$.

又因为$-1\leqslant\cos x\leqslant 1$ 且 $\cos x\neq\frac{1}{3}$,所以$\left|\frac{y+1}{3y-3}\right|\leqslant 1$ 且$\frac{y+1}{3y-3}\neq\frac{1}{3}$,得 $y\geqslant 2$ 或 $y\leqslant\frac{1}{2}$,即函数的值域为$\left(-\infty,\ \frac{1}{2}\right]\cup[2,\ +\infty)$.

解法 2: 由题意知,$y=\frac{3\cos x+1}{3\cos x-1}=\frac{3\cos x-1+2}{3\cos x-1}=1+\frac{2}{3\cos x-1}$.

由于 $3\cos x-1\in[-4,0)\cup(0,2]$,则 $\dfrac{2}{3\cos x-1}\in\left(-\infty,-\dfrac{1}{2}\right]\cup[1,+\infty)$,所以函数的值域为 $\left(-\infty,\dfrac{1}{2}\right]\cup[2,+\infty)$.

(3) **解法 1**:函数的定义域为 $\mathbf{R}$,

由 $y=\dfrac{\cos x}{\sin x+2}$,得 $y\sin x+2y-\cos x=0$,即 $\sqrt{1+y^2}\sin(x+\varphi)=-2y$,

则 $\sin(x+\varphi)=\dfrac{-2y}{\sqrt{1+y^2}}\in[-1,1]$,从而 $\left|\dfrac{-2y}{\sqrt{1+y^2}}\right|\leqslant 1$,解得 $-\dfrac{\sqrt{3}}{3}\leqslant y\leqslant\dfrac{\sqrt{3}}{3}$,所以函数值域为 $\left[-\dfrac{\sqrt{3}}{3},\dfrac{\sqrt{3}}{3}\right]$.

解法 2:令 $X=\sin x$,$Y=\cos x$,则 $X^2+Y^2=1$,点 $P(X,Y)$ 在单位圆上运动,y 即为点 P 与点 $A(-2,0)$ 连线的斜率,问题转化成直线 $yX-Y+2y=0$ 与圆 $X^2+Y^2=1$ 有交点,所以圆心到直线的距离小于等于半径,得 $\dfrac{|2y|}{\sqrt{1+y^2}}\leqslant 1$,所以函数值域为 $\left[-\dfrac{\sqrt{3}}{3},\dfrac{\sqrt{3}}{3}\right]$.

【基础训练】

1. 以下关于函数 $f(x)=\sin x+|\sin x|$ 的判断正确的是__________(填序号).

① $y=f(x)$ 是奇函数; ② $y=f(x)$ 是偶函数; ③ $y=f(x)$ 的值域为 $[-2,2]$; ④ $y=f(x)$ 在 $x\in[2k\pi+\pi,2k\pi+2\pi](k\in\mathbf{Z})$ 上恒为零; ⑤ $y=f(x)$ 是周期函数,且最小正周期为 2π.

2. 设 $\alpha_1,\alpha_2\in\mathbf{R}$,且 $\dfrac{1}{2+\sin\alpha_1}+\dfrac{1}{2+\sin(2\alpha_2)}=2$,则 $|10\pi-\alpha_1-\alpha_2|$ 的最小值等于________.

3. 函数 $f(x)=2^{\cos x}$ 在 $[-\pi,\pi]$ 上的单调递增区间是__________.

4. 若奇函数 $y=f(x)$,当 $x>0$ 时,$f(x)=x^2+\sin x+1$,则 $f(x)=$__________.

5. 函数 $y=2\cos^2 x-|\cos x|+1$,当 $x=$__________时,最大值为__________;当 $x=$__________时,最小值为__________.

6. 已知函数 $f(x)=\cos x$.

(1) 若 $f(\alpha)=\dfrac{1}{3}$,且 $\alpha\in[0,\pi]$,求 $f\left(\alpha-\dfrac{\pi}{3}\right)$ 的值;

(2) 求函数 $y=f(2x)-2f(x)$ 的最小值.

7. 设常数 $a\in \mathbf{R}$,函数 $f(x)=a\sin 2x+2\cos^2 x$.

(1) 若 $y=f(x)$为偶函数,求 a 的值;

(2) 若 $f\left(\frac{\pi}{4}\right)=\sqrt{3}+1$,求满足 $f(x)=1-\sqrt{2}$且在区间$[-\pi, \pi]$内的 x.

8. 当实数 a 在什么范围内变化时,函数 $f(x)=\log_2(3\cos^2 x+2a\sin x+1)$的定义域是 $\mathbf{R}$?

【能力提高】

1. 如果对一切正实数 x, y,不等式$\frac{y}{4}-\cos^2 x\geqslant a\sin x-\frac{9}{y}$恒成立,求实数 a 的取值范围.

2. 求证:函数 $f(x)=x\sin x$ 不是周期函数.

【归纳小结】

1. 在本节的学习过程中，重点体验以下三种数学思想方法：换元的方法；化归的思想；数形结合的思想.

2. 三角函数是一种特殊的函数，其性质满足函数性质的定义，研究三角函数的性质可以从性质的定义入手.

3.7　函数 $y=A\sin(\omega x+\varphi)$ 的图像

【知识梳理】

1. 函数 $y=A\sin(\omega x+\varphi)$ ($A>0$，$\omega>0$)的图像

(1) 各个量的名称以及含义

A：振幅，函数的最大值为 A，最小值为 $-A$；

ω：圆频率，最小正周期 T 与 ω 的关系是 $T=\dfrac{2\pi}{\omega}$，$f=\dfrac{1}{T}$称为频率；

$\omega x+\varphi$：相位，当 $x=0$ 时，φ 称为初始相位.

(2) 五点法作函数 $y=A\sin(\omega x+\varphi)$($A>0$，$\omega>0$)的图像

① 确定函数的最小正周期 $T=\dfrac{2\pi}{\omega}$；

② 取点(表 3-2)；

③ 描点作图，画出其一个周期内的图像，再由周期性将图像向左右扩展.

表 3-2　作函数 $y=A\sin(\omega x+\varphi)$ ($A>0$，$\omega>0$)图像的取点

$\omega x+\varphi$	0	$\dfrac{\pi}{2}$	π	$\dfrac{3\pi}{2}$	2π
x	$-\dfrac{\varphi}{\omega}$	$-\dfrac{\varphi}{\omega}+\dfrac{\pi}{2\omega}$	$-\dfrac{\varphi}{\omega}+\dfrac{\pi}{\omega}$	$-\dfrac{\varphi}{\omega}+\dfrac{3\pi}{2\omega}$	$-\dfrac{\varphi}{\omega}+\dfrac{2\pi}{\omega}$
y	0	A	0	$-A$	0

2. 函数 $y=A\sin(\omega x+\varphi)$ ($A>0$，$\omega>0$)解析式的确定

(1) 利用最值确定 A；

(2) 利用周期确定 ω；

(3) 在 A 与 ω 确定的前提下，利用最高点或最低点确定 φ.

3. 函数 $y=A\sin(\omega x+\varphi)$($A>0$，$\omega>0$)的图像与 $y=\sin x$ 的关系

(1) 函数 $y=\sin x$ 的图像经由图像上每一个点的横坐标不变，纵坐标变为原来的 A 倍，得到函数 $y=A\sin x$ ($A>0$)的图像.

(2) 函数 $y=\sin x$ 的图像经由图像上每一个点的纵坐标不变，横坐标变为原来的$\frac{1}{\omega}$，得到函数 $y=\sin(\omega x)$ $(\omega>0)$的图像.

(3) 函数 $y=\sin x$ 的图像经由图像上的每一个点向左平移$\varphi(\varphi>0)$个单位得到函数 $y=\sin(x+\varphi)$的图像，函数 $y=\sin x$ 的图像经由图像上的每一个点向右平移$\varphi(\varphi>0)$个单位得到函数 $y=\sin(x-\varphi)$的图像.

(4) 函数 $y=\sin x$ 的图像变换得到函数$y=A\sin(\omega x+\varphi)(A>0,\ \omega>0,\ \varphi>0)$的图像的路径.

方法 1 $y=\sin x\xrightarrow{①}y=\sin(x+\varphi)\xrightarrow{②}y=\sin(\omega x+\varphi)\xrightarrow{③}y=A\sin(\omega x+\varphi)$的图像.

① 将 $y=\sin x$ 图像上每一点向左平移φ个单位得到函数$y=\sin(x+\varphi)$的图像；

② 将 $y=\sin(x+\varphi)$图像上每一点纵坐标不变，横坐标变为原来的$\frac{1}{\omega}$得到函数 $y=\sin(\omega x+\varphi)$的图像；

③ 将 $y=\sin(\omega x+\varphi)$图像上每一点横坐标不变，纵坐标变为原来的 A 倍，得到 $y=A\sin(\omega x+\varphi)$的图像.

方法 2 $y=\sin x\xrightarrow{①}y=\sin(\omega x)\xrightarrow{②}y=\sin(\omega x+\varphi)\xrightarrow{③}y=A\sin(\omega x+\varphi)$.

① 将 $y=\sin x$ 图像上每一点纵坐标不变，横坐标变为原来的$\frac{1}{\omega}$，得到函数 $y=\sin(\omega x)$的图像；

② 将 $y=\sin(\omega x)$图像上每一点向左平移$\frac{\varphi}{\omega}$个单位得到函数 $y=\sin\left[\omega\left(x+\frac{\varphi}{\omega}\right)\right]=\sin(\omega x+\varphi)$的图像；

③ 将 $y=\sin(\omega x+\varphi)$图像上每一点横坐标不变，纵坐标变为原来的 A 倍，得到 $y=A\sin(\omega x+\varphi)$的图像.

【讲练平台】

考点 1 五点法作图

例 1 作出函数 $y=2\sin\left(2x+\frac{\pi}{3}\right)$在一个周期内的图像.

解 函数的最小正周期为 $T=\pi$.

$2x+\frac{\pi}{3}$	0	$\frac{\pi}{2}$	π	$\frac{3\pi}{2}$	2π
x	$-\frac{\pi}{6}$	$\frac{\pi}{12}$	$\frac{\pi}{3}$	$\frac{7\pi}{12}$	$\frac{5\pi}{6}$
y	0	2	0	-2	0

得到图像，如图 3-8 所示：

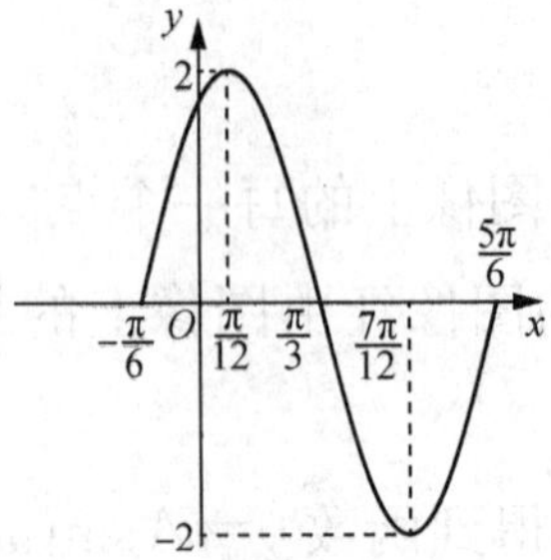

图 3-8

考点 2　函数的图像变换

例 2　(1) 指出经过怎样的图像变换，函数 $y=\sin x$ 的图像可以变换成 $y=3\sin\left(2x-\frac{\pi}{6}\right)+1$ 的图像；

(2) 指出经过怎样的图像变换，函数 $y=3\sin\left(2x-\frac{\pi}{6}\right)+1$ 的图像可以变换成 $y=\sin x$ 的图像.

解　(1) 由函数 $y=\sin x$ 图像上每一个点向右平移$\frac{\pi}{6}$个单位得到函数 $y=\sin\left(x-\frac{\pi}{6}\right)$的图像，然后将函数 $y=\sin\left(x-\frac{\pi}{6}\right)$的图像上的每一个点纵坐标不变，横坐标变为原来的$\frac{1}{2}$得到函数 $y=\sin\left(2x-\frac{\pi}{6}\right)$的图像，再将函数 $y=\sin\left(2x-\frac{\pi}{6}\right)$的图像上每一个点横坐标不变，纵坐标变为原来的 3 倍得到函数 $y=3\sin\left(2x-\frac{\pi}{6}\right)$的图像，最后将函数 $y=3\sin\left(2x-\frac{\pi}{6}\right)$图像上每一点向上平移一个单位后得到函数 $y=3\sin\left(2x-\frac{\pi}{6}\right)+1$ 的图像.

(2) 将函数 $y=3\sin\left(2x-\frac{\pi}{6}\right)+1$ 的图像上每一点向下平移一个单位得到函数 $y=3\sin\left(2x-\frac{\pi}{6}\right)$的图像，然后将函数 $y=3\sin\left(2x-\frac{\pi}{6}\right)$图像上的每一点横坐标不变，纵坐标变为原来的$\frac{1}{3}$得到函数 $y=\sin\left(2x-\frac{\pi}{6}\right)$的图像，再将函数 $y=\sin\left(2x-\frac{\pi}{6}\right)$图像上每一点纵坐标不变，横坐标变为原来的 2 倍得到函数 $y=\sin\left(x-\frac{\pi}{6}\right)$的图像，最后将函数 $y=\sin\left(x-\frac{\pi}{6}\right)$图像上每一个点向左平移$\frac{\pi}{6}$个单位得到函数 $y=\sin x$ 的图像.

考点 3　函数解析式的确定

例 3　已知函数 $f(x)=A\sin(\omega x+\varphi)$ $(A>0,\ \omega>0)$的图像上一个最高点的坐标为$(2,\sqrt{2})$，

由这个最高点到相邻的最低点间的图像与 x 轴的交点为(6, 0),求函数 $f(x)$ 的解析式.

解 由图像上一个最高点的坐标为$(2,\sqrt{2})$得 $A=\sqrt{2}$.

又由题意知:$\frac{T}{4}=6-2=4$,即 $T=16=\frac{2\pi}{\omega}$,得 $\omega=\frac{\pi}{8}$,

故函数解析式可以写成:$f(x)=\sqrt{2}\sin\left(\frac{\pi}{8}x+\varphi\right)$.

由图像上一个最高点的坐标为$(2,\sqrt{2})$得 $f(2)=\sqrt{2}\sin\left(\frac{\pi}{4}+\varphi\right)=\sqrt{2}$,所以$\frac{\pi}{4}+\varphi=2k\pi+\frac{\pi}{2}$,解得 $\varphi=2k\pi+\frac{\pi}{4}$, $k\in\mathbf{Z}$.

故函数 $f(x)$ 的解析式为 $f(x)=\sqrt{2}\sin\left(\frac{\pi}{8}x+\frac{\pi}{4}\right)$.

考点 4 **函数的图像与性质的综合应用**

例 4 已知 $f(x)=2\sqrt{3}\cos^2x-2\sin x\cos x-\sqrt{3}$,将函数 $y=f(x)$ 的图像向左平移 $\alpha\left(0<\alpha<\frac{\pi}{2}\right)$个单位得到 $y=g(x)$ 的图像.

(1) 若 $\alpha=\frac{\pi}{4}$,求 $y=g(x)$ 的严格增区间;

(2) 若 $\alpha\in\left(0,\frac{\pi}{2}\right)$,函数 $y=g(x)$ 的图像的一条对称轴为 $x=\frac{\pi}{12}$,求函数 $y=g(x)$, $x\in\left[0,\frac{\pi}{2}\right]$的值域.

解 (1) $f(x)=\sqrt{3}\cos 2x-\sin 2x=-2\sin\left(2x-\frac{\pi}{3}\right)$,

$f\left(x+\frac{\pi}{4}\right)=-2\sin\left[2\left(x+\frac{\pi}{4}\right)-\frac{\pi}{3}\right]=-2\sin\left(2x+\frac{\pi}{6}\right)$,

由 $2x+\frac{\pi}{6}\in\left[2k\pi+\frac{\pi}{2},2k\pi+\frac{3\pi}{2}\right]$,得 $x\in\left[k\pi+\frac{\pi}{6},k\pi+\frac{2\pi}{3}\right]$, $k\in\mathbf{Z}$,

所以,函数 $y=g(x)$ 的严格增区间为$\left[k\pi+\frac{\pi}{6},k\pi+\frac{2\pi}{3}\right]$, $k\in\mathbf{Z}$.

(2) $g(x)=f(x+\alpha)=-2\sin\left(2x+2\alpha-\frac{\pi}{3}\right)$,

由于 $y=g(x)$ 的图像的一条对称轴为 $x=\frac{\pi}{12}$,则 $g\left(\frac{\pi}{12}\right)=\pm2$,即$-2\sin\left(2\alpha-\frac{\pi}{6}\right)=\pm2$,

故 $2\alpha-\frac{\pi}{6}=k\pi+\frac{\pi}{2}$,即 $\alpha=\frac{k\pi}{2}+\frac{\pi}{3}$, $k\in\mathbf{Z}$,所以 $\alpha=\frac{\pi}{3}$,

从而 $g(x)=-2\sin\left(2x+\dfrac{\pi}{3}\right)$.

因为 $x\in\left[0,\ \dfrac{\pi}{2}\right]$, $2x+\dfrac{\pi}{3}\in\left[\dfrac{\pi}{3},\ \dfrac{4\pi}{3}\right]$,

所以 $\sin\left(2x+\dfrac{\pi}{3}\right)\in\left[-\dfrac{\sqrt{3}}{2},\ 1\right]$,故函数的值域为$[-2,\ \sqrt{3}]$.

【基础训练】

1. 设 $a>0$,函数 $f(x)=x+2(1-x)\sin(ax)$, $x\in(0,\ 1)$,若直线 $y=2x-1$ 与函数 $y=f(x)$的图像有且仅有两个不同的公共点,则实数 a 的取值范围是__________.

2. 函数 $y=2\cos\left(2x+\dfrac{\pi}{4}\right)$的图像(　　).

(A) 关于原点对称　　　(B) 关于点$\left(-\dfrac{3\pi}{8},\ 0\right)$中心对称

(C) 关于 y 轴对称　　　(D) 关于直线 $x=\dfrac{\pi}{4}$轴对称

3. 已知复数 $z_1=\cos x+2f(x)\mathrm{i}$, $z_2=(\sqrt{3}\sin x+\cos x)+\mathrm{i}$ ($x\in\mathbf{R}$, i 为虚数单位),在复平面上,设复数 z_1, z_2 对应的点分别为 Z_1, Z_2,且$\angle Z_1OZ_2=90^\circ$,其中 O 为坐标原点,则函数 $f(x)$的最小正周期是__________.

4. 若函数 $f(x)=\sin 2x+a\cos 2x$ 的图像一条对称轴是 $x=-\dfrac{\pi}{6}$,则实数 $a=$__________.

5. 图 3-9 是 $y=A\sin(\omega x+\varphi)+k$($A>0$, $\omega>0$, $0<\varphi<\pi$)的一部分图像,则该函数的解析式为__________.

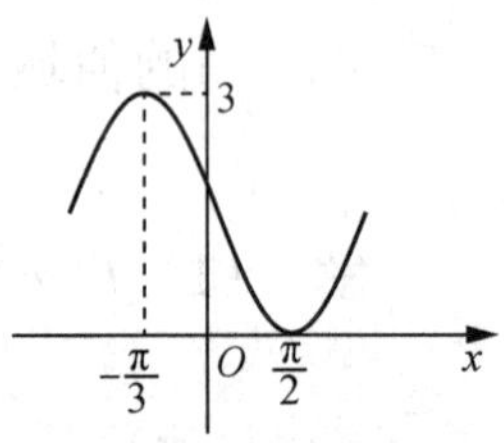

图 3-9

6. 为了得到函数 $y=2\sin\left(\dfrac{x}{3}+\dfrac{\pi}{6}\right)$的图像,只需把函数 $y=2\sin x$ 的图像上所有的点(　　).

(A) 向左平移$\dfrac{\pi}{6}$个单位,再在纵坐标不变的前提下,将所有点的横坐标变为原来的$\dfrac{1}{3}$

(B) 向右平移$\dfrac{\pi}{6}$个单位,再在纵坐标不变的前提下,将所有点的横坐标变为原来的 3 倍

(C) 在纵坐标不变的前提下,将所有点的横坐标变为原来的 3 倍,再向左平移$\dfrac{\pi}{2}$个单位

(D) 在纵坐标不变的前提下,将所有点的横坐标变为原来的 3 倍,再向左平移$\dfrac{\pi}{6}$个单位

7. 已知将函数 $f(x)=\sin 2x+\sqrt{3}\cos 2x$ 的图像向左平移θ 个单位后图像关于原点对称,则θ 的最小正值为__________.

8. (1) 说明经过怎样的图像变换，函数 $f(x)=2\cos x$ 的图像可以变换成函数 $y=2\cos\left(\frac{x}{2}-\frac{\pi}{4}\right)$ 的图像；

(2) 说明经过怎样的图像变换，函数 $f(x)=3\sin\left(2x+\frac{\pi}{3}\right)$ 的图像可以变换成函数 $y=3\cos\left(2x+\frac{\pi}{6}\right)$ 的图像.

9. 已知函数 $f(x)=2\sqrt{3}\sin x\cos x-2\sin^2 x$，

(1) 若$\angle\alpha$ 的终边与单位圆交于点 $P\left(\frac{3}{5},\ \frac{4}{5}\right)$，求 $f(\alpha)$的值；

(2) 当 $x\in\left[-\frac{\pi}{6},\ \frac{\pi}{3}\right]$时，求 $y=f(x)$的严格增区间和值域.

【能力提高】

1. 将函数 $f(x)=2\sin\left(3x+\frac{\pi}{4}\right)$ 的图像向下平移一个单位，得到 $y=g(x)$ 的图像，若 $g(x_1)\cdot g(x_2)=9$，其中 x_1，$x_2\in[0,\ 4\pi]$，则$\frac{x_1}{x_2}$的最大值为__________.

2. 已知关于 x 的方程 $\sin x-\sqrt{3}\cos x=2k-1$，$x\in[0,\ \pi]$，

(1) 若方程有解，求实数 k 的取值范围；

(2) 若方程有且只有一个解，求实数 k 的取值范围；

(3) 若方程恰有两个不同的解，求实数 k 的取值范围.

【归纳小结】

1. 化归的思想

化归的思想是解决一类三角函数问题的主要思想方法，其核心是利用常用三角公式(降次公式、辅助角公式、倍角公式等)将所求函数化成 $y=A\sin(\omega x+\varphi)+k$ 型的函数，再利用其图像与性质解决问题.

2. 数形结合思想

利用形的直观来辅助解决问题，但要注意从数到形的等价性.

3.8　正切函数的图像与性质

【知识梳理】

正切函数的图像与性质，见表 3-3.

表 3-3　正切函数的图像与性质

三角函数	$y=\tan x$
图像	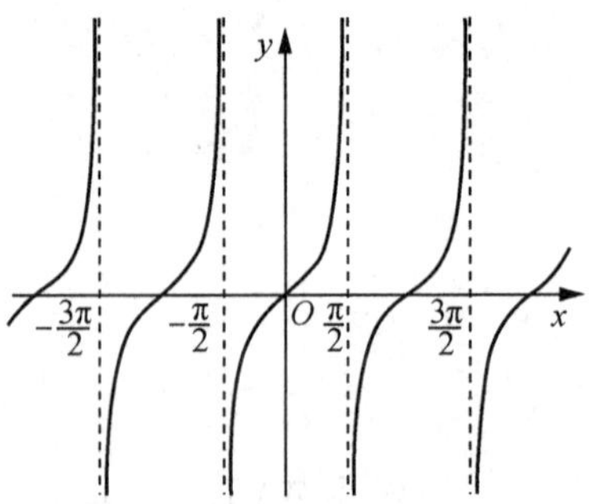
定义域	$\left\{x \middle\vert x\neq k\pi+\frac{\pi}{2},\ k\in\mathbf{Z}\right\}$
值域	$\mathbf{R}$
最值	无最大值，也无最小值
奇偶性	奇函数
最小正周期	π
单调性	单调递增区间是$\left(k\pi-\frac{\pi}{2},\ k\pi+\frac{\pi}{2}\right)$，$k\in\mathbf{Z}$
对称中心	$\left(\frac{k\pi}{2},\ 0\right)$，$k\in\mathbf{Z}$

【讲练平台】

考点 1 正切函数的定义域

例 1 求函数 $y=\sqrt{3}\tan\left(2x+\frac{\pi}{6}\right)$的定义域.

解 因为 $2x+\frac{\pi}{6}\neq k\pi+\frac{\pi}{2}$,所以函数的定义域为$\left\{x\,\middle|\,x\neq\frac{k\pi}{2}+\frac{\pi}{6},\ k\in\mathbf{Z}\right\}$.

考点 2 正切函数的单调区间

例 2 (1) 求函数 $y=\sqrt{3}\tan\left(2x+\frac{\pi}{6}\right)$的单调区间;

(2) 求函数 $y=|\tan x|$的单调区间.

解 (1) 因 $2x+\frac{\pi}{6}\in\left(k\pi-\frac{\pi}{2},\ k\pi+\frac{\pi}{2}\right)$,故函数的单调递增区间为$\left(\frac{k\pi}{2}-\frac{\pi}{3},\ \frac{k\pi}{2}+\frac{\pi}{6}\right)$,$k\in\mathbf{Z}$,无递减区间.

(2) 因 $y=\begin{cases}\tan x, & \tan x\geqslant 0,\\ -\tan x, & \tan x<0,\end{cases}$故函数 $y=|\tan x|$的单调递增区间为$\left[k\pi,\ k\pi+\frac{\pi}{2}\right)$,$k\in\mathbf{Z}$,函数 $y=|\tan x|$的单调递减区间为$\left(k\pi-\frac{\pi}{2},\ k\pi\right]$,$k\in\mathbf{Z}$.

考点 3 正切函数的值域

例 3 求函数 $y=\tan^2 x-2\tan x$,$x\in\left[-\frac{\pi}{3},\ \frac{\pi}{3}\right]$的值域.

解 令 $t=\tan x\in[-\sqrt{3},\ \sqrt{3}]$,函数 $y=t^2-2t=(t-1)^2-1$,故函数的值域为$[-1,\ 3+2\sqrt{3}]$.

考点 4 正切函数的奇偶性

例 4 判断函数 $f(x)=\lg\frac{\tan x+1}{\tan x-1}$的奇偶性.

解 由$\frac{\tan x+1}{\tan x-1}>0$,得 $\tan x>1$ 或 $\tan x<-1$,所以 $x\in\left(k\pi-\frac{\pi}{2},\ k\pi-\frac{\pi}{4}\right)\cup\left(k\pi+\frac{\pi}{4},\ k\pi+\frac{\pi}{2}\right)$,$k\in\mathbf{Z}$,即定义域 D 关于原点对称,所以对任意 $x\in D$,

$$\begin{aligned}f(-x)&=\lg\frac{\tan(-x)+1}{\tan(-x)-1}=\lg\frac{-\tan x+1}{-\tan x-1}=\lg\frac{\tan x-1}{\tan x+1}=\lg\left(\frac{\tan x+1}{\tan x-1}\right)^{-1}\\&=-\lg\frac{\tan x+1}{\tan x-1}=-f(x).\end{aligned}$$

故函数 $y=f(x)$为奇函数.

【基础训练】

1. 若 α，$\beta\in\mathbf{R}$，则“$\alpha=\beta$”是“$\tan\alpha=\tan\beta$”成立的（　　）.

(A) 充分非必要条件　　(B) 必要非充分条件

(C) 充要条件　　(D) 既非充分也非必要条件

2. 函数 $y=2\tan\left(3x-\frac{\pi}{4}\right)$ 的一个对称中心是（　　）.

(A) $\left(-\frac{3\pi}{4},0\right)$　　(B) $\left(\frac{4\pi}{3},0\right)$　　(C) $\left(\frac{\pi}{2},0\right)$　　(D) $\left(\frac{\pi}{6},0\right)$

3. 函数 $y=\cos x\cdot\tan x$ 的值域为____________.

4. 函数 $y=\sqrt{2+\log_{\frac{1}{2}}x}+\sqrt{\tan x}$ 的定义域是____________.

5. 求函数 $y=3\tan\left(\frac{\pi}{6}x+\frac{\pi}{3}\right)$ 的定义域、最小正周期及单调增区间.

6. 设函数 $f(x)=a\sin\left(kx+\frac{\pi}{3}\right)$，$g(x)=b\tan\left(kx-\frac{\pi}{3}\right)$ $(k>0)$，它们的最小正周期分别为 T_1，T_2，且 $T_1+T_2=\frac{3\pi}{2}$，已知 $f\left(\frac{\pi}{2}\right)=g\left(\frac{\pi}{2}\right)$，$f\left(\frac{\pi}{4}\right)=-\sqrt{3}\,g\left(\frac{\pi}{4}\right)+1$，求 $y=g(x)$ 的解析式.

【能力提高】

1. 下列函数中，既是偶函数，又在 $(0,\pi)$ 上单调递增的是（　　）.

(A) $y=\tan|x|$　　(B) $y=\cos(-x)$　　(C) $y=\sin\left(x-\frac{\pi}{2}\right)$　　(D) $y=\left|\frac{1}{\tan\frac{x}{2}}\right|$

2. 若 α，β 为锐角，且 $\tan\alpha<\cot\beta$，则 $\alpha+\beta$ 与 $\frac{\pi}{2}$ 的大小关系是（　　）.

(A) $\alpha+\beta<\frac{\pi}{2}$　　(B) $\alpha+\beta=\frac{\pi}{2}$　　(C) $\alpha+\beta>\frac{\pi}{2}$　　(D) 不确定

3. 证明：$y=\tan\omega x(\omega>0)$ 的最小正周期为 $\frac{\pi}{\omega}$.

【归纳小结】

1. 在此节中，重点体会三种数学思想方法：换元的方法；化归的思想；数形结合的思想.

2. 对于最小正周期的证明，先证是周期，再证明是最小的正周期，而最小正周期通常用反证法证明.

4 平面向量

4.1 向量的概念和线性运算

【知识梳理】

1. 向量的概念

既有方向又有大小的量称为向量，向量 $\overrightarrow{AB}$ 的大小称为向量的模，记作 $|\overrightarrow{AB}|$. 指定了方向的线段称为有向线段，仅仅有数值(可以是任何实数)而没有方向的量称为数量. 如果向量 $\overrightarrow{AB}$ 和 $\overrightarrow{CD}$ 的模相等且方向相同，那么这两个向量称为相等的向量. 如果向量 $\overrightarrow{AB}$ 和 $\overrightarrow{CD}$ 的大小相等，方向相反，那么把向量 $\overrightarrow{CD}$ 称为 $\overrightarrow{AB}$ 的负向量. 如果非零向量 $\overrightarrow{AB}$ 和 $\overrightarrow{CD}$ 的所在直线平行或者重合，那么称这两个向量平行. 规定模为 0 的向量叫做零向量，记作 $\vec{0}$.

2. 向量的加法和减法

一般地，对于两个互相不平行的向量 $\vec{a}$，$\vec{b}$，如果以 O 为起点，作 $\overrightarrow{OA}=\vec{a}$，$\overrightarrow{OB}=\vec{b}$，那么以 $\overrightarrow{OA}$，$\overrightarrow{OB}$ 为邻边的平行四边形 $OACB$ 的对角线 OC 所表示的向量 $\overrightarrow{OC}=\vec{c}$ 称为向量 $\vec{a}$ 与 $\vec{b}$ 的和，记作 $\vec{c}=\vec{a}+\vec{b}$. 向量的加法可按首尾相接的三角形法则进行，如图 4-1 所示.

已知 $\vec{a}$ 和 $\vec{b}$，如果 $\vec{b}+\vec{c}=\vec{a}$，那么 $\vec{c}$ 称为向量 $\vec{a}$ 与向量 $\vec{b}$ 的差，记作 $\vec{c}=\vec{a}-\vec{b}$. 向量的减法可按三角形法则进行，如果 $\vec{a}$ 和 $\vec{b}$ 的起点都放在点 O 上，则连接两向量的终点，箭头指向被减向量的方向. 向量的减法满足 $\vec{a}-\vec{b}=\vec{a}+(-\vec{b})$.

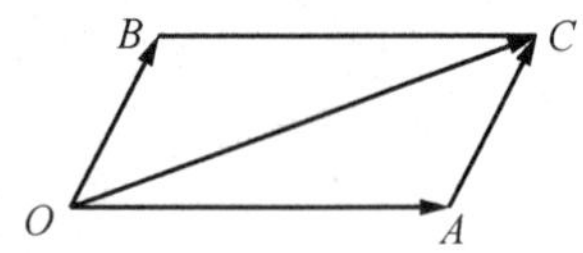

图 4-1

向量的加法具有与实数加法类似的运算律：

交换律：$\vec{a}+\vec{b}=\vec{b}+\vec{a}$；结合律：$(\vec{a}+\vec{b})+\vec{c}=\vec{a}+(\vec{b}+\vec{c})$.

3. 实数与向量的乘法

一般地，实数 λ 与非零向量 $\vec{a}$ 的乘积是一个向量，记作 $\lambda\vec{a}$，$\lambda\vec{a}$ 的模和方向规定如下：

(1) $|\lambda\vec{a}|=\lambda|\vec{a}|$.

(2) 当 $\lambda>0$ 时，$\lambda\vec{a}$ 与 $\vec{a}$ 的方向相同；当 $\lambda<0$ 时，$\lambda\vec{a}$ 与 $\vec{a}$ 的方向相反；特别地，当 $\vec{a}=\vec{0}$ 或 $\lambda=0$ 时，$\lambda\vec{a}=\vec{0}$.

两个非零向量 $\vec{a}$ 与 $\vec{b}$ 平行的充要条件：存在非零实数 λ，使 $\vec{b}=\lambda\vec{a}$，即

$$\lambda=\begin{cases}\dfrac{|\vec{b}|}{|\vec{a}|}, & (\vec{a},\ \vec{b}\text{ 方向相同}),\\ -\dfrac{|\vec{b}|}{|\vec{a}|}, & (\vec{a},\ \vec{b}\text{ 方向相反}).\end{cases}$$

可以验证实数与向量的积具有下面的运算律：$\lambda, \mu \in \mathbf{R}$，则

(1) $(\lambda+\mu)\vec{a}=\lambda\vec{a}+\mu\vec{a}$；

(2) $\lambda\cdot(\mu\vec{a})=\lambda\mu\vec{a}$；

(3) $\lambda\cdot(\vec{a}+\vec{b})=\lambda\vec{a}+\lambda\vec{b}$.

模为 1 的向量称为单位向量. 对于任意的非零向量 $\vec{a}$，与它同方向的单位向量称为向量 $\vec{a}$ 的单位向量，记作 $\overrightarrow{a_0}$，即 $\overrightarrow{a_0}=\dfrac{\vec{a}}{|\vec{a}|}$.

向量加法、减法、实数与向量的乘法称为向量的线性运算.

n 个向量的线性运算的化简式称为这 n 个向量的线性组合.

【讲练平台】

考点 1 向量的加法、减法及向量的表示

例 1 如图 4-2 所示，正六边形 $ABCDEF$ 的中心是 O，已知 $\overrightarrow{AO}=\vec{a}$，$\overrightarrow{AB}=\vec{b}$，用 $\vec{a}$，$\vec{b}$ 表示以下向量：

$\overrightarrow{EF}=$__________，$\overrightarrow{CF}=$__________，

$\overrightarrow{FA}=$__________，$\overrightarrow{CE}=$__________.

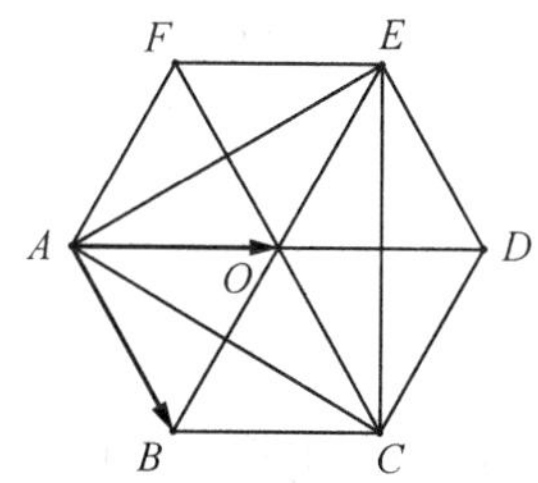

图 4-2

解 $\overrightarrow{EF}=-\overrightarrow{AO}=-\vec{a}$，$\overrightarrow{CF}=-2\overrightarrow{AB}=-2\vec{b}$，$\overrightarrow{FA}=\overrightarrow{OB}=\overrightarrow{OA}+\overrightarrow{AB}=-\vec{a}+\vec{b}$，$\overrightarrow{CE}=\overrightarrow{CB}+\overrightarrow{BE}=\overrightarrow{OA}+2\overrightarrow{BO}=-\vec{a}+2(\vec{a}-\vec{b})=\vec{a}-2\vec{b}$.

考点 2 向量模及单位向量的计算

例 2 已知△ABC 中，$\angle B=120^\circ$，设 $\overrightarrow{AB}=\vec{a}$，$\overrightarrow{BC}=\vec{b}$，$|\vec{a}|=2$，$|\vec{b}|=3$，试用 $\vec{a}$ 和 $\vec{b}$ 表示 $\overrightarrow{AC}$ 的单位向量 $\vec{c_0}$.

解 因为 $\overrightarrow{AC}=\overrightarrow{AB}+\overrightarrow{BC}=\vec{a}+\vec{b}$，所以 $|\overrightarrow{AC}|^2=|\overrightarrow{AB}|^2+|\overrightarrow{BC}|^2-2|\overrightarrow{AB}|\cdot|\overrightarrow{BC}|\cdot\cos\angle ABC=19$，

所以 $|\overrightarrow{AC}|=\sqrt{19}$，所以 $\vec{c_0}=\dfrac{\sqrt{19}}{19}(\vec{a}+\vec{b})$.

考点 3 运用向量证明平面几何问题

例 3 如图 4-3 所示，在△ABC 中，M，N 分别是 AB，AC 的中点，用向量方法证明：$MN \underline{\mathbin{/\!/}} \dfrac{1}{2}BC$.

解 假设 $\overrightarrow{AB}=\vec{a}$，$\overrightarrow{AC}=\vec{b}$，则 $\overrightarrow{BC}=\overrightarrow{BA}+\overrightarrow{AC}=\vec{b}-\vec{a}$，

因为 M，N 分别是 AB，AC 的中点，

所以 $\overrightarrow{AM}=\dfrac{1}{2}\overrightarrow{AB}$，$\overrightarrow{AN}=\dfrac{1}{2}\overrightarrow{AC}$，则 $\overrightarrow{MN}=\dfrac{1}{2}(\vec{b}-\vec{a})$，

所以 $\overrightarrow{MN}=\dfrac{1}{2}\overrightarrow{BC}$，所以 $MN \underline{\mathbin{/\!/}} \dfrac{1}{2}BC$.

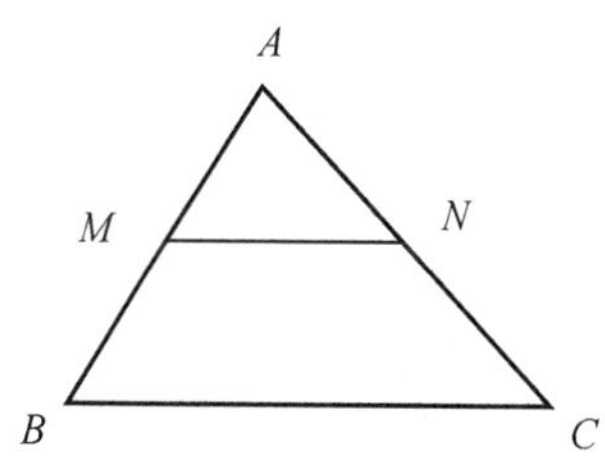

图 4-3

【基础训练】

1. 已知正方形 $ABCD$ 的边长为 1，$\overrightarrow{AB}=\vec{a}$，$\overrightarrow{BC}=\vec{b}$，则$|\vec{a}+\vec{b}|$为____________.

2. 设$\vec{e_1}$，$\vec{e_2}$是两个不平行的向量，则下列四组向量中，不能组成平面向量的一个基的是(　　).

(A) $\vec{e_1}+\vec{e_2}$ 和 $\vec{e_1}-\vec{e_2}$　　(B) $\vec{e_1}+2\vec{e_2}$ 和 $\vec{e_2}+2\vec{e_1}$

(C) $3\vec{e_1}-2\vec{e_2}$ 和 $4\vec{e_2}-6\vec{e_1}$　　(D) $\vec{e_2}$ 和 $\vec{e_2}+\vec{e_1}$

3. 已知非零向量$\vec{b}$是$\vec{a}$的负向量，则下列说法中，错误的选项是(　　).

(A) 向量$\vec{a}$与$\vec{b}$的模相等　　(B) 向量$\vec{a}$与$\vec{b}$平行

(C) 向量$\vec{a}$与$\vec{b}$的模不相等　　(D) 向量$\vec{a}$是$\vec{b}$的负向量

4. 下列命题中，正确的选项是(　　).

(A) 若$|\vec{a}|=|\vec{b}|$，则$\vec{a}=\vec{b}$或$\vec{a}=-\vec{b}$　　(B) 若$\vec{a}=-\vec{b}$，则$|\vec{a}|=|\vec{b}|$

(C) 若$|\vec{a}|=0$，则$\vec{a}=0$　　(D) 若$\overrightarrow{AB}/\!/\overrightarrow{CD}$，则 $AB/\!/CD$

5. “$\vec{a}=\vec{b}$”是“$|\vec{a}|=|\vec{b}|$”的(　　)条件.

(A) 充分非必要　　(B) 必要非充分

(C) 充要　　(D) 既非充分又非必要

6. 已知平行四边形 $ABCD$，O 为平面上任意一点. 设$\overrightarrow{OA}=\vec{a}$，$\overrightarrow{OB}=\vec{b}$，$\overrightarrow{OC}=\vec{c}$，$\overrightarrow{OD}=\vec{d}$，则(　　).

(A) $\vec{a}+\vec{b}+\vec{c}+\vec{d}=\vec{0}$　　(B) $\vec{a}-\vec{b}+\vec{c}-\vec{d}=\vec{0}$

(C) $\vec{a}+\vec{b}-\vec{c}-\vec{d}=\vec{0}$　　(D) $\vec{a}-\vec{b}-\vec{c}+\vec{d}=\vec{0}$

7. 如图 4-4 所示，线段 AB，CD，EF 的中点都是O，以图中所标出的每一条线段的两个端点分别为起点与终点所构成的向量中，相等的非零向量共有(　　).

(A) 3 对　　(B) 6 对

(C) 9 对　　(D) 12 对

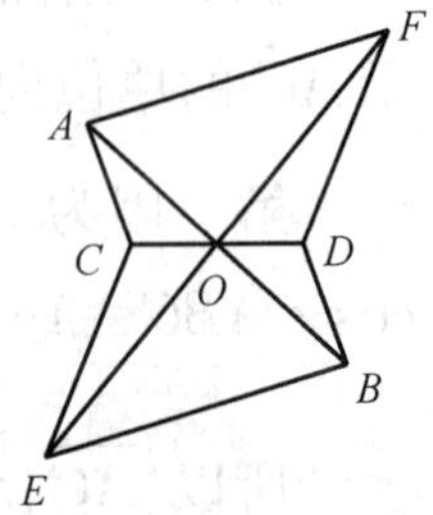

图 4-4

8. 如图 4-5 所示，已知点 G 是$\triangle ABO$ 的重心.

(1) 求$\overrightarrow{GA}+\overrightarrow{GB}+\overrightarrow{GO}$；

(2) 若 PQ 过$\triangle ABO$ 的重心 G，且$\overrightarrow{OA}=\vec{a}$，$\overrightarrow{OB}=\vec{b}$，$\overrightarrow{OP}=m\vec{a}$，$\overrightarrow{OQ}=n\vec{b}$，求证：$\dfrac{1}{m}+\dfrac{1}{n}=3$.

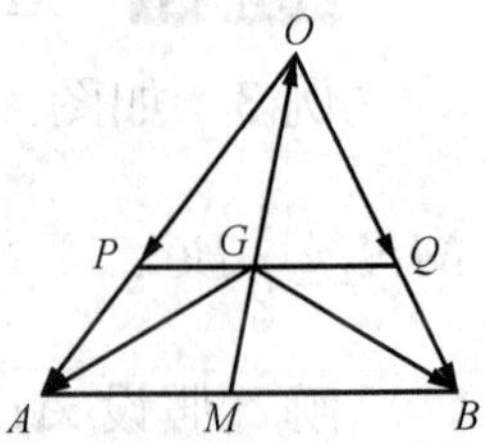

图 4-5

【能力提高】

1. 在$\triangle ABC$中,$AB=5$, $AC=6$, $\cos A=\frac{1}{5}$,点O是$\triangle ABC$的外心,若$\overrightarrow{OP}=x\overrightarrow{OB}+y\overrightarrow{OC}$,其中$x$, $y\in[0, 1]$,则动点P的轨迹所覆盖图形的周长为________.

2. 如图 4-6 所示,在直角梯形$OABC$中,$OA /\!/ CB$, $OA\perp OC$, $OA=2BC=2OC$. F为AB上靠近B的三等分点,OF交AC于点D, E为线段BC上的一个动点(包含端点).

(1) 若$\overrightarrow{OD}=t\overrightarrow{OF}$ $(t\in\mathbf{R})$,求实数t的值;

(2) 设$\overrightarrow{OB}=\lambda\overrightarrow{CA}+\mu\overrightarrow{OE}$ $(\lambda, \mu\in\mathbf{R})$,求$\lambda\cdot\mu$的取值范围.

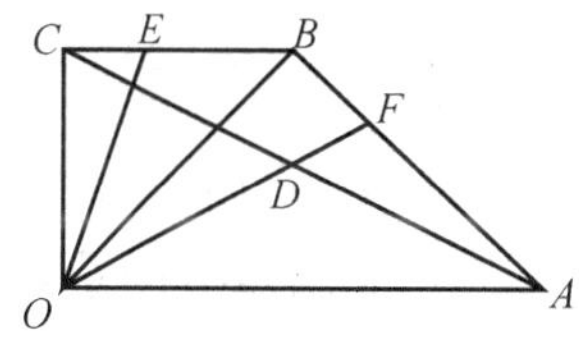

图 4-6

【归纳小结】

在本小节中,掌握向量的各个基本概念以及准确运用运算法则是学习向量知识的基础. 另外,数与向量的乘法是证明向量平行的一个有效方法,不过要注意向量语言与平面几何语言的转化.

4.2 向量的数量积

【知识梳理】

1. 向量的投影

平面上一点A在直线l上的投影就是过点A作直线l的垂线而得到的垂足A'. 如果向量$\overrightarrow{AB}$的起点A和终点B在直线l上的投影分别为点A'和B',那么向量$\overrightarrow{A'B'}$称为向量$\overrightarrow{AB}$在直线l上的投影向量,简称为投影.

向量$\vec{b}$在向量$\vec{a}$方向上的投影为$|\vec{b}|\cos\langle\vec{a}, \vec{b}\rangle\overrightarrow{a_0}=\frac{|\vec{b}|\cos\langle\vec{a}, \vec{b}\rangle}{|\vec{a}|}\vec{a}$,实数$|\vec{b}|\cos\langle\vec{a}, \vec{b}\rangle$称为向量$\vec{b}$在向量$\vec{a}$方向上的数量投影,它是一个数量,其绝对值等于向量$\vec{b}$在向量$\vec{a}$方向上的投影的模. 当$\langle\vec{a}, \vec{b}\rangle<\frac{\pi}{2}$时,其值为正,向量$\vec{b}$在向量$\vec{a}$方向上的投影和$\vec{a}$具有相同方

向；当$\langle\vec{a},\ \vec{b}\rangle>\frac{\pi}{2}$时，其值为负，向量$\vec{b}$在向量$\vec{a}$方向上的投影和$\vec{a}$具有相反方向；而当$\langle\vec{a},\ \vec{b}\rangle=\frac{\pi}{2}$，即$\vec{a}\perp\vec{b}$时，其值为0.

零向量在任何非零向量方向上的投影是零向量，数量投影是0.

2. 向量的数量积的定义与运算律

一般地，如果两个非零向量$\vec{a}$和$\vec{b}$的夹角为$\theta\in[0,\ \pi]$，那么我们把$|\vec{a}||\vec{b}|\cos\theta$称为向量$\vec{a}$和$\vec{b}$的数量积，记作$\vec{a}\cdot\vec{b}$. 即$\vec{a}\cdot\vec{b}=|\vec{a}||\vec{b}|\cos\theta$，零向量与任一向量的数量积为0.

数量积的运算性质：

(1) $\vec{a}\cdot\vec{a}=\vec{a}^2=|\vec{a}|^2\geqslant 0$，当且仅当$\vec{a}\cdot\vec{a}=0$时，$\vec{a}=\vec{0}$；

(2) $\vec{a}\cdot\vec{b}=\vec{b}\cdot\vec{a}$；

(3) $(\lambda\vec{a})\cdot\vec{b}=\vec{a}\cdot(\lambda\vec{b})=\lambda(\vec{a}\cdot\vec{b})$；

(4) $\vec{a}\cdot(\vec{b}+\vec{c})=\vec{a}\cdot\vec{b}+\vec{a}\cdot\vec{c}$.

两个非零向量$\vec{a}$和$\vec{b}$的夹角θ满足：$\cos\theta=\frac{\vec{a}\cdot\vec{b}}{|\vec{a}||\vec{b}|}$.

两个向量$\vec{a}$和$\vec{b}$垂直的充要条件是$\vec{a}\cdot\vec{b}=0$；$|\vec{a}\cdot\vec{b}|\leqslant|\vec{a}||\vec{b}|$当且仅当$\vec{a}/\!/\vec{b}$时，等号成立. 当$\vec{a}$与$\vec{b}$平行且同向时，$|\vec{a}\cdot\vec{b}|=|\vec{a}||\vec{b}|$，当$\vec{a}$与$\vec{b}$平行且反向时，$|\vec{a}\cdot\vec{b}|=-|\vec{a}||\vec{b}|$.

【讲练平台】

考点1　投影的概念

例1　已知$|\vec{a}|=3$，$|\vec{b}|=4$，$\vec{a}$与$\vec{b}$的夹角为60°. 求向量$\vec{b}$在向量$\vec{a}$的方向上的投影.

解　向量$\vec{b}$在向量$\vec{a}$的方向上的投影为

$$\vec{b}\cos\langle\vec{a},\ \vec{b}\rangle\overrightarrow{a_0}=\frac{|\vec{b}|\cos\langle\vec{a},\ \vec{b}\rangle}{|\vec{a}|}\vec{a}=\frac{4\cos 60^\circ}{3}\vec{a}=\frac{2}{3}\vec{a}.$$

考点2　数量积在平面几何中的应用

例2　在边长为2的正$\triangle ABC$中，设$\overrightarrow{BC}=\vec{a}$，$\overrightarrow{CA}=\vec{b}$，$\overrightarrow{AB}=\vec{c}$，求$\vec{a}\cdot\vec{b}+\vec{b}\cdot\vec{c}+\vec{c}\cdot\vec{a}$.

解　由已知得$\overrightarrow{BC}$，$\overrightarrow{CA}$的夹角为120°，所以$\vec{a}\cdot\vec{b}=2\times2\times\cos 120^\circ=-2$.

同理，$\vec{b}\cdot\vec{c}=\vec{c}\cdot\vec{a}=-2$，即$\vec{a}\cdot\vec{b}+\vec{b}\cdot\vec{c}+\vec{c}\cdot\vec{a}=-6$.

考点3　夹角概念的理解和数量积的定义

例3　已知$\vec{a}$，$\vec{b}$都是非零向量，且$|\vec{a}|=|\vec{b}|=|\vec{a}-\vec{b}|$，求$\vec{a}$与$\vec{a}+\vec{b}$的夹角.

解　由已知得$|\vec{a}|=|\vec{b}|=|\vec{a}-\vec{b}|$，所以$|\vec{a}|^2=|\vec{b}|^2=|\vec{a}|^2+|\vec{b}|^2-2\vec{a}\cdot\vec{b}$，得$\vec{a}\cdot\vec{b}=\frac{|\vec{a}|^2}{2}$.

所以$|\vec{a}+\vec{b}|^2=|\vec{a}|^2+|\vec{b}|^2+2\vec{a}\cdot\vec{b}=3|\vec{a}|^2$，$\cos\langle\vec{a},\ \vec{a}+\vec{b}\rangle=\frac{\vec{a}\cdot(\vec{a}+\vec{b})}{|\vec{a}|\cdot|\vec{a}+\vec{b}|}=\frac{|\vec{a}|^2+\vec{a}\cdot\vec{b}}{|\vec{a}|\cdot|\vec{a}+\vec{b}|}=\frac{\sqrt{3}}{2}$.

所以 $\vec{a}$ 与 $\vec{a}+\vec{b}$ 的夹角为 $\frac{\pi}{6}$.

【基础训练】

1. 已知 $\vec{a}\perp\vec{b}$，$|\vec{a}|=2$，$|\vec{b}|=3$ 且向量 $3\vec{a}+2\vec{b}$ 与 $k\vec{a}-\vec{b}$ 互相垂直，则 $k=$__________.

2. 给出以下命题：①若 $\vec{a}\neq\vec{0}$，则对任一非零向量 $\vec{b}$ 都有 $\vec{a}\cdot\vec{b}\neq0$；②若 $\vec{a}\cdot\vec{b}=0$，则 $\vec{a}$ 与 $\vec{b}$ 中至少有一个为 $\vec{0}$；③若 $\vec{a}$ 与 $\vec{b}$ 是两个单位向量，则 $\vec{a}^2=\vec{b}^2$. 其中，正确命题的序号是__________.

3. 已知向量 $\vec{a}$，$\vec{b}$ 的夹角为 $45°$，且 $|\vec{a}|=1$，$|2\vec{a}-\vec{b}|=\sqrt{10}$，则 $|\vec{b}|=$__________.

4. 在四边形 $ABCD$ 中，$\overrightarrow{AB}=\overrightarrow{DC}$，且 $\overrightarrow{AC}\cdot\overrightarrow{BD}=0$，则四边形 $ABCD$ 是(　　).

(A) 矩形　　(B) 菱形　　(C) 直角梯形　　(D) 等腰梯形

5. 已知 $\vec{e_1}$，$\vec{e_2}$ 是夹角为 $60°$ 的两个单位向量，若 $\vec{e_1}+k\vec{e_2}$ 和 $k\vec{e_1}+\vec{e_2}$ 垂直，则实数 $k=$________.

6. 已知向量 $\vec{a}$，$\vec{b}$，若 $|\vec{a}|=1$，$|\vec{b}|=2$，向量 $\vec{a}+2\vec{b}$ 在 $\vec{a}$ 方向上的数量投影的取值范围为________.

7. 已知向量 $\vec{a}$，$\vec{b}$ 不共线，且 $|2\vec{a}+\vec{b}|=|\vec{a}+2\vec{b}|$，求证：$(\vec{a}+\vec{b})\perp(\vec{a}-\vec{b})$.

【能力提高】

1. 已知不平行的两个向量 $\vec{a}$，$\vec{b}$ 满足 $|\vec{a}|=1$，$\vec{a}\cdot\vec{b}=\sqrt{3}$. 若对任意的 $t\in\mathbf{R}$，都有 $|\vec{b}-t\vec{a}|\geqslant2$ 成立，则 $|\vec{b}|$ 的最小值等于________.

2. 在边长为 2 的正六边形 $ABCDEF$ 中，点 P 为其内部或边界上一点，则 $\overrightarrow{AD}\cdot\overrightarrow{BP}$ 的取值范围为________.

【归纳小结】

对于向量的数量积，一方面掌握定义的使用，另一方面也要准确判断向量的夹角，注意数量投影到投影向量的转换.

4.3 向量的坐标表示

【知识梳理】

1. 向量基本定理

如果 $\vec{e_1}$ 与 $\vec{e_2}$ 是平面上两个不平行的向量，那么该平面上的任意向量 $\vec{a}$，都可唯一地表示为 $\vec{e_1}$ 与 $\vec{e_2}$ 的线性组合，即存在唯一的一对实数 λ 与 μ，使得 $\vec{a}=\lambda\vec{e_1}+\mu\vec{e_2}$.

给定平面上的一组向量，如果平面上的任意向量都可以唯一地表示成这组向量的线性组合，那么就称这组向量是平面向量的一个基. 向量基本定理可以表述成：平面上任意两个不平行的向量都组成平面向量的一个基.

2. 向量的正交分解与坐标表示

把向量 $\vec{a}$ 写成所在平面上两个不平行向量 $\vec{e_1}$ 与 $\vec{e_2}$ 的线性组合的过程称为 $\vec{a}$ 关于 $\vec{e_1}$ 与 $\vec{e_2}$ 的分解，在 $\vec{e_1}\perp\vec{e_2}$ 情况下进行向量的分解称为向量的正交分解.

在平面直角坐标系中任意一个向量 $\vec{a}$ 关于 x 轴与 y 轴正方向上的单位向量 $\vec{i}$ 与 $\vec{j}$ 的分解 $\vec{a}=x\vec{i}+y\vec{j}$ 就是一个正交分解. 这个正交分解称为向量 $\vec{a}$ 在这个平面直角坐标系中的坐标分解，而有序实数对 (x, y) 则称为向量 $\vec{a}$ 的坐标，并直接表示成 $\vec{a}=(x, y)$，向量的这种表示法称为它的坐标表示，并可以直接用向量的坐标 (x, y) 代表一个向量.

在向量 $\vec{a}$ 的坐标表示中，作出从坐标原点 O 出发的向量 $\overrightarrow{OA}=\vec{a}$，用点 A 的坐标 (x, y) 表示 $\vec{a}$ 的坐标，向量 $\overrightarrow{OA}$ 称为 $\vec{a}$ 的位置向量. 位置向量终点的坐标才是所给向量的坐标.

3. 向量线性运算的坐标表示（表 4-1）

表 4-1 向量线性运算

	文字表述	符号表示
加法	两个向量和的坐标分别等于这两个向量相应坐标的和	若 $\vec{a}=(x_1, y_1)$，$\vec{b}=(x_2, y_2)$，则 $\vec{a}+\vec{b}=(x_1+x_2, y_1+y_2)$
减法	两个向量差的坐标分别等于这两个向量相应坐标的差	若 $\vec{a}=(x_1, y_1)$，$\vec{b}=(x_2, y_2)$，则 $\vec{a}-\vec{b}=(x_1-x_2, y_1-y_2)$
数乘向量	实数与向量的积的坐标等于用这个实数乘原来向量的相应坐标	若 $\vec{a}=(x, y)$，$\lambda\in\mathbf{R}$，则 $\lambda\vec{a}=(\lambda x, \lambda y)$
任意两点的向量	一个向量的坐标等于表示此向量的有向线段的终点的坐标减去起点的坐标	已知向量 $\overrightarrow{AB}$ 的起点 $A(x_1, y_1)$，终点 $B(x_2, y_2)$，则 $\overrightarrow{AB}=(x_2-x_1, y_2-y_1)$

向量 $\vec{a}$ 的模：$|\vec{a}|=|(x, y)|=\sqrt{x^2+y^2}$.

4. 向量数量积与夹角的坐标表示

给定两个非零向量 $\vec{a}=(x_1, y_1)$ 与 $\vec{b}=(x_2, y_2)$，则

(1) $\vec{a}\cdot\vec{b}=x_1x_2+y_1y_2$；

(2) $\cos\langle\vec{a}, \vec{b}\rangle=\dfrac{\vec{a}\cdot\vec{b}}{|\vec{a}||\vec{b}|}=\dfrac{x_1x_2+y_1y_2}{\sqrt{x_1^{\ 2}+y_1^{\ 2}}\sqrt{x_2^{\ 2}+y_2^{\ 2}}}$;

(3) $\vec{a}\perp\vec{b}$ 的充要条件是 $x_1x_2+y_1y_2=0$;

(4) $\vec{a}/\!/\vec{b}$ 的充要条件是 $x_1y_2=x_2y_1$.

【讲练平台】

考点 1 向量的坐标及模的运算

例 1 已知点 $A(\sqrt{3}, 1)$, $B(\cos\theta, \sin\theta)$, $\theta\in[0, 2\pi)$,试求 $|\overrightarrow{AB}|$ 的最大值和最小值.

解 由于 $\overrightarrow{AB}=(\cos\theta-\sqrt{3}, \sin\theta-1)$,则

$|\overrightarrow{AB}|=\sqrt{(\cos\theta-\sqrt{3})^2+(\sin\theta-1)^2}=\sqrt{5-4\sin\left(\theta+\dfrac{\pi}{3}\right)}$, $\theta\in[0, 2\pi)$,

所以 $|\overrightarrow{AB}|$ 的最大值为 3,最小值为 1.

考点 2 向量坐标在几何中的应用

例 2 已知 $\overrightarrow{OA}=3\vec{i}-4\vec{j}$, $\overrightarrow{OB}=6\vec{i}-3\vec{j}$, $\overrightarrow{OC}=(5-m)\vec{i}-(3+m)\vec{j}$,其中 $\vec{i}$, $\vec{j}$ 分别是直角坐标系中 x 轴和 y 轴正方向上的单位向量.

(1) 若点 A, B, C 能构成三角形,求实数 m 的取值范围;

(2) 若$\triangle ABC$ 是以点 A 为直角顶点的直角三角形,求实数 m 的值.

解 (1) $\overrightarrow{AB}=\overrightarrow{OB}-\overrightarrow{OA}=(3, 1)$, $\overrightarrow{AC}=\overrightarrow{OC}-\overrightarrow{OA}=(2-m, 1-m)$.

若 $\overrightarrow{AB}/\!/\overrightarrow{AC}$,则 $3\times(1-m)=1\times(2-m)$,解得 $m=\dfrac{1}{2}$.

因为点 A, B, C 能构成三角形,即点 A, B, C 三点不共线.

所以 $m\in\left(-\infty, \dfrac{1}{2}\right)\cup\left(\dfrac{1}{2}, +\infty\right)$.

(2) 由于$\triangle ABC$ 是以点 A 为直角顶点的直角三角形,

则 $\overrightarrow{AC}\cdot\overrightarrow{AB}=(2-m, 1-m)\cdot(3, 1)=0$,解得 $m=\dfrac{7}{4}$.

考点 3 向量平行、垂直的充要条件

例 3 在等腰直角$\triangle ABC$ 中,$CA=CB$, D 为斜边 AB 的中点,E 是 AB 上任意一点,$EF\perp CB$ 于点 F, $EG\perp CA$ 于点 G. 求证:$DF\perp DG$.

解 建立直角坐标系,如图 4-7 所示.

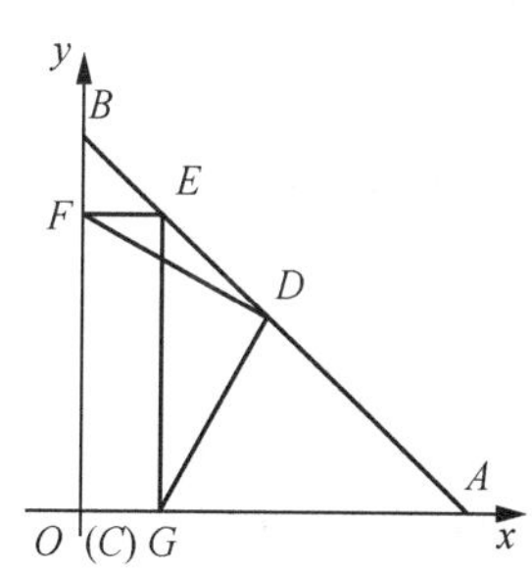

图 4-7

设 $A(a, 0)$,则 $B(0, a)$, $D\left(\dfrac{a}{2}, \dfrac{a}{2}\right)$.

设 $E(x, y)$,则 $\overrightarrow{AE}=(x-a, y)$, $\overrightarrow{BE}=(x, y-a)$.

因为 E 是 AB 上的点,所以 $\overrightarrow{AE}/\!/\overrightarrow{BE}$,

即 $(x-a)(y-a)=xy$,化简为 $x+y=a$,

又因为 $EF \perp CB$，$EG \perp CA$，

所以 $F(0, y)$，$G(x, 0)$，

则 $\overrightarrow{DF}=\left(-\frac{a}{2}, y-\frac{a}{2}\right)$，$\overrightarrow{DG}=\left(x-\frac{a}{2}, -\frac{a}{2}\right)$.

由 $\overrightarrow{DF} \cdot \overrightarrow{DG}=-\frac{a}{2}\left(x-\frac{a}{2}\right)-\frac{a}{2}\left(y-\frac{a}{2}\right)=-\frac{a}{2}(x+y)+\frac{a^2}{2}=0$，

所以，$DF \perp DG$.

【基础训练】

1. 已知 $\overrightarrow{AB}=\vec{a}$，且 $A\left(\frac{1}{2}, 4\right)$，$B\left(\frac{1}{4}, 2\right)$，又 $\lambda=\frac{1}{2}$，则 $\lambda\vec{a}=$____________.

2. 在平行四边形 $ABCD$ 中，AC 为一条对角线，$\overrightarrow{AB}=(2, 4)$，$\overrightarrow{AC}=(1, 3)$，则 $\overrightarrow{DA}=$____________.

3. 已知向量 $\vec{a}=(2, 1)$，$\vec{b}=(1, -2)$，若 $m\vec{a}+n\vec{b}=(9, -8)(m, n\in \mathbf{R})$，则 $m-n$ 的值为____________.

4. 设 $\vec{a}=(x, y)$，$\vec{b}=(m, n)$，且 $\vec{a}$，$\vec{b}$ 均为非零向量，则“$\frac{x}{m}=\frac{y}{n}$”是“$\vec{a}/\!/\vec{b}$”的(　　)条件.

   (A) 充分非必要　　(B) 必要非充分

   (C) 充要　　(D) 既非充分又非必要

5. 已知点 $A(1, -2)$，$B(4, a)$，$C(-2, a-1)$三点在一直线上，则实数 $a=$____________.

6. 已知 $\vec{a}=(-2, 3)$，点 $A(2, -1)$，$\overrightarrow{AB}/\!/\vec{a}$，$|\overrightarrow{AB}|=2\sqrt{13}$，点 B 坐标为____________.

7. 已知 $A(x_1, y_1)$，$B(x_2, y_2)$是圆 $x^2+y^2=1$ 上的两个不同的动点，且 $x_1y_2=x_2y_1$，则 $2x_1+x_2+2y_1+y_2$ 的最大值为________.

【能力提高】

1. 已知向量 $\vec{a}=(1, 2)$，$\vec{b}=(-2, 1)$，$\vec{x}=\vec{a}+(t+1)\vec{b}$，$\vec{y}=-\frac{1}{k}\vec{a}+\frac{1}{t}\vec{b}$.

   (1) 写出平面向量基本原理的内容，并由此说明 $\vec{a}$，$\vec{b}$ 能否成为一组基底；

   (2) 若对于任意非零实数 t，$\vec{x}$ 与 $\vec{y}$ 均不共线，求实数 k 的取值范围.

2. 已知边长为 2 的菱形 $ABCD$ 中，$\angle A=120^{\circ}$，P，Q 是菱形内切圆上的两个动点，且向量 $\overrightarrow{AB}$，$\overrightarrow{AD}$ 在 $\overrightarrow{PQ}$ 方向上的投影向量相等，则 $\overrightarrow{AP}\cdot\overrightarrow{CQ}$ 的最大值是________.

【归纳小结】

在向量的学习中，应当重点运用向量的坐标，大大简化和方便向量的运算；平面向量分解定理说明对于平面内的任意向量 $\vec{a}$，都能分解为同一平面内的两个不平行向量 $\vec{e_1}$，$\vec{e_2}$ 的一个线性表示. 这是表示向量的基础，而坐标表示法实际是取 $\vec{e_1}=\vec{i}$，$\vec{e_2}=\vec{j}$ 的正交的向量分解.

4.4 向量的应用

【知识梳理】

1. 定比分点坐标公式

已知 P 是直线 P_1P_2 上一点，且 $\overrightarrow{P_1P}=\lambda\overrightarrow{PP_2}$（$\lambda$ 为任意实数，且 $\lambda\neq-1$），$P_1(x_1,\ y_1)$，$P_2(x_2,\ y_2)$，则点 P 的坐标$(x,\ y)$满足：

$$\begin{cases}x=\dfrac{x_1+\lambda x_2}{1+\lambda},\\ y=\dfrac{y_1+\lambda y_2}{1+\lambda}.\end{cases}$$

$A(x_1,\ y_1)$，$B(x_2,\ y_2)$的中点$(x,\ y)$的坐标公式：

$$\begin{cases}x=\dfrac{x_1+x_2}{2},\\ y=\dfrac{y_1+y_2}{2}.\end{cases}$$

已知$\triangle ABC$，$A(x_1,\ y_1)$，$B(x_2,\ y_2)$，$C(x_3,\ y_3)$，$G(x,\ y)$是$\triangle ABC$ 的重心，则

$$\begin{cases}x=\dfrac{x_1+x_2+x_3}{3},\\ y=\dfrac{y_1+y_2+y_3}{3}.\end{cases}$$

2. 向量与三点共线的条件

若 A，B，C 三点满足 $\overrightarrow{OC}=\lambda\overrightarrow{OA}+\mu\overrightarrow{OB}$，其中 $\lambda+\mu=1$，则 A，B，C 三点共线.

3. 向量与三角形的四心

设 O 为$\triangle ABC$ 所在平面内的一点，角 A，B，C 所对的边分别为 a，b，c，

(1) $|\overrightarrow{OA}|=|\overrightarrow{OB}|=|\overrightarrow{OC}|\Leftrightarrow O$ 为$\triangle ABC$ 的外心；

(2) $(\overrightarrow{OA}+\overrightarrow{OB})\cdot\overrightarrow{AB}=(\overrightarrow{OB}+\overrightarrow{OC})\cdot\overrightarrow{BC}=0\Leftrightarrow O$ 为$\triangle ABC$ 的外心；

(3) $\overrightarrow{OA}+\overrightarrow{OB}+\overrightarrow{OC}=\vec{0}\Leftrightarrow O$ 为$\triangle ABC$ 的重心；

(4) $\overrightarrow{OA}\cdot\overrightarrow{OB}=\overrightarrow{OB}\cdot\overrightarrow{OC}=\overrightarrow{OC}\cdot\overrightarrow{OA}\Leftrightarrow O$ 为$\triangle ABC$ 的垂心；

(5) $\overrightarrow{OA}\cdot\left(\frac{\overrightarrow{AC}}{|\overrightarrow{AC}|}-\frac{\overrightarrow{AB}}{|\overrightarrow{AB}|}\right)=\overrightarrow{OB}\cdot\left(\frac{\overrightarrow{BC}}{|\overrightarrow{BC}|}-\frac{\overrightarrow{BA}}{|\overrightarrow{BA}|}\right)=0\Leftrightarrow O$ 为$\triangle ABC$ 的内心.

【讲练平台】

考点 1　定比分点公式

例 1　已知 $M(3,\ -2)$，$N(-5,\ -1)$，$\overrightarrow{MP}=\frac{1}{2}\overrightarrow{MN}$，求点 P 的坐标.

解　由于 $\overrightarrow{MP}=\frac{1}{2}\overrightarrow{MN}$，所以 $\overrightarrow{MP}=\frac{1}{2}(\overrightarrow{MP}+\overrightarrow{PN})$，

故 $\overrightarrow{MP}=\overrightarrow{PN}$，$x=\frac{3-5}{2}=-1$，$y=\frac{-2-1}{2}=-\frac{3}{2}$，所以点 P 的坐标为$\left(-1,\ -\frac{3}{2}\right)$.

考点 2　向量在物理中的应用

例 2　将质量为 20 kg 的物体用两根绳子悬挂起来，如图 4-8 所示，两根绳子与铅垂线的夹角分别为 45°与 30°，求它们分别提供的拉力的大小.(结果精确到 0.1 N)

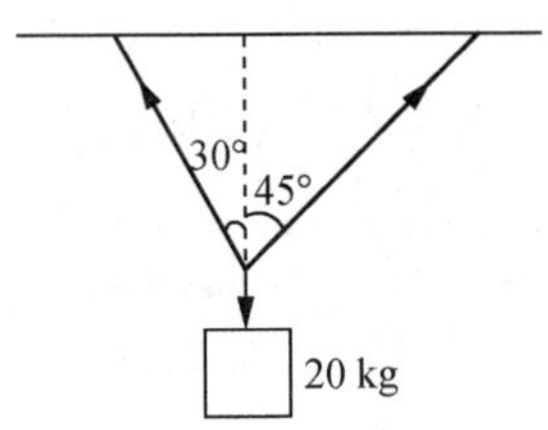

图 4-8

解　设两根绳子的拉力分别是 $\vec{f_1}$ 与 $\vec{f_2}$，则它们的合力 $\vec{f_1}+\vec{f_2}$ 与物体的重力大小相等、方向相反，即 $\vec{f_1}+\vec{f_2}$ 是竖直向上、模为 $20g$(N)的向量，这里 $g\approx 9.8(\mathrm{m/s^2})$是重力加速度.

以 $\vec{f_1}$ 与 $\vec{f_2}$ 的公共作用点为原点，以 $\vec{f_1}+\vec{f_2}$ 为 y 轴的正半轴，建立平面直角坐标系，如图 4-9 所示.

令 $a=|\vec{f_1}|$，$b=|\vec{f_2}|$，则

$$\vec{f_1}=a(\cos 45°,\ \sin 45°)=\left(\frac{\sqrt{2}}{2}a,\ \frac{\sqrt{2}}{2}a\right),$$

$$\vec{f_2}=b(\cos 120°,\ \sin 120°)=\left(-\frac{1}{2}b,\ \frac{\sqrt{3}}{2}b\right).$$

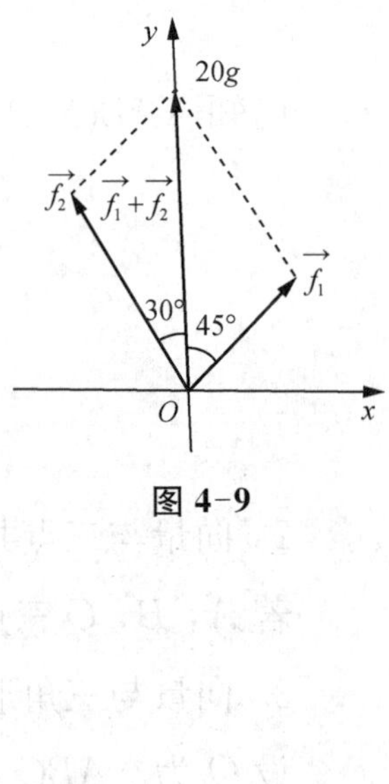

图 4-9

因为 $\vec{f_1}+\vec{f_2}=(0,\ 20g)$，所以

$$\begin{cases}\frac{\sqrt{2}}{2}a-\frac{1}{2}b=0,\\ \frac{\sqrt{2}}{2}a+\frac{\sqrt{3}}{2}b=20g,\end{cases}$$

解得 $a=10(\sqrt{6}-\sqrt{2})g\approx101.5(\mathrm{N})$, $b=20(\sqrt{3}-1)g\approx143.5(\mathrm{N})$.

综上所述,这两根绳子所提供的拉力分别约为 101.5 N 和 143.5 N.

考点 3　向量在三角中的应用

例 3　用向量方法证明三角形的余弦定理.

证明　假设$\triangle ABC$的三个角 A, B, C 所对应的边分别为 a, b, c,即 $BC=a$, $AC=b$, $AB=c$.

由 $\overrightarrow{BC}=\overrightarrow{BA}+\overrightarrow{AC}$, $(\overrightarrow{BC})^2=(\overrightarrow{BA}+\overrightarrow{AC})^2$,则 $a^2=c^2+b^2+2bc\cos(\pi-A)$,

即 $a^2=c^2+b^2-2bc\cos A$,

同理

$b^2=a^2+c^2-2ac\cos B$,

$c^2=a^2+b^2-2ab\cos C$.

【基础训练】

1. 已知向量 $\vec{a}=(1, 2)$, $\vec{b}=(2, 3)$, $\vec{c}=(3, 4)$,且 $\vec{c}=\lambda_1\vec{a}+\lambda_2\vec{b}$,则实数 λ_1,λ_2 的值分别为(　　).

(A) -2, 1　　(B) 1, -2　　(C) 2, -1　　(D) -1, 2

2. 已知 $M(-2, 7)$, $N(10, -2)$,P 是线段 MN 上的点,且 $\overrightarrow{PN}=-2\overrightarrow{PM}$,则点 P 的坐标为__________.

3. 已知平行四边形三个顶点的坐标分别为$(-1, 0)$, $(3, 0)$, $(1, -5)$,则第四个顶点的坐标是__________.

4. 在$\triangle ABC$中,“$\overrightarrow{AB}\cdot\overrightarrow{BC}+\overrightarrow{AB}^2=0$”是“$\triangle ABC$不是钝角三角形”的(　　)条件.

(A) 充分非必要　　(B) 必要非充分

(C) 充要　　(D) 既非充分又非必要

5. 若$|\overrightarrow{OA}|=1$, $|\overrightarrow{OB}|=4$, $\overrightarrow{OA}\cdot\overrightarrow{OB}=2$,则以 OA, OB 为邻边的平行四边形的面积是__________.

6. 在直角坐标系 xOy 中,已知点 $A(1, 1)$, $B(2, 3)$, $C(3, 2)$,

(1) 若 $\overrightarrow{PA}+\overrightarrow{PB}+\overrightarrow{PC}=\vec{0}$,求 $\overrightarrow{OP}$ 的坐标;

(2) 若 $\overrightarrow{OP}=m\overrightarrow{AB}+n\overrightarrow{AC}(m, n\in\mathbf{R})$,且点 P 在函数 $y=x+1$ 的图像上,求 $m-n$.

【能力提高】

1. 在四边形 $ABCD$ 中，边 AB 长为 $2\sqrt{3}$，且满足 $\overrightarrow{AB}=\overrightarrow{DC}$，$\dfrac{1}{|\overrightarrow{AB}|}\overrightarrow{AB}+\dfrac{1}{|\overrightarrow{AD}|}\overrightarrow{AD}=\dfrac{1}{|\overrightarrow{AC}|}\cdot\overrightarrow{AC}$，则 AC 的长为________.

2. 设 O 为 $\triangle ABC$ 所在平面上一点. 若实数 x，y，z 满足 $x\overrightarrow{OA}+y\overrightarrow{OB}+z\overrightarrow{OC}=\vec{0}$ $(x^2+y^2+z^2\neq 0)$，则“$xyz=0$”是“点 O 在 $\triangle ABC$ 的边所在直线上”的(　　)条件.

(A) 充分非必要　　(B) 必要非充分

(C) 充要　　(D) 既非充分又非必要

【归纳小结】

向量连接着代数和几何，连接着数学与物理. 在数学上，点的直角坐标、向量的坐标分解、直角三角形中锐角的正弦与余弦、复数的实部与虚部，这些概念形式上不同，却又彼此相通.

5 复　数

5.1 复数及其四则运算

【知识梳理】

1. 复数的概念

(1) 我们把形如 $a+b\mathrm{i}$ ($a, b\in\mathbf{R}$)的数称为复数,其中 i 称为虚数单位(本章下同,除非另外说明). 全体复数所构成的集合 $\mathbf{C}=\{a+b\mathrm{i}\mid a, b\in\mathbf{R}\}$ 称为复数集合,其中 $\mathrm{i}^2=-1$.

(2) 复数的表达式 $a+b\mathrm{i}$ ($a, b\in\mathbf{R}$),称为复数的代数形式. 复数通常用字母 z 表示,即 $z=a+b\mathrm{i}(a, b\in\mathbf{R})$. 其中的 a 与 b 分别称为复数的实部与虚部,分别记作 $\mathrm{Re}\, z$ 与 $\mathrm{Im}\, z$.

2. 复数的分类

对于复数 $a+b\mathrm{i}$ ($a, b\in\mathbf{R}$),当且仅当 $b=0$ 时,它是实数;当且仅当 $a=0$ 且 $b=0$ 时,它是实数 0;当 $b\neq 0$ 时,它是虚数;当 $a=0$ 且 $b\neq 0$ 时,它为纯虚数.

显然,实数集 $\mathbf{R}$ 是复数集 $\mathbf{C}$ 的真子集.

3. 约定

(1) 复数 $a+b\mathrm{i}=0$ ($a, b\in\mathbf{R}$)$\Leftrightarrow a=0$ 且 $b=0$.

(2) 复数 $a+b\mathrm{i}=c+d\mathrm{i}$ ($a, b, c, d\in\mathbf{R}$)$\Leftrightarrow a=c$ 且 $b=d$.

4. 复数的四则运算法则

(1) 复数的加法法则:设 $z_1=a+b\mathrm{i}$, $z_2=c+d\mathrm{i}$ ($a, b, c, d\in\mathbf{R}$)是任意两个复数,那么它们的和$(a+b\mathrm{i})+(c+d\mathrm{i})=(a+c)+(b+d)\mathrm{i}$ 仍然是一个确定的复数. 特别地,当 z_1, z_2 都是实数时,把它们看作复数时的和就是这两个实数的和.

(2) 复数的减法法则:设 $z_1=a+b\mathrm{i}$, $z_2=c+d\mathrm{i}$ ($a, b, c, d\in\mathbf{R}$)是任意两个复数,则 $z_1-z_2=(a+b\mathrm{i})-(c+d\mathrm{i})=(a-c)+(b-d)\mathrm{i}$. 这就是复数的减法法则. 由此可见,两个复数的差是一个确定的复数. 可以看出,两个复数相减,类似于两个多项式相减.

(3) 复数的乘法法则:设 $z_1=a+b\mathrm{i}$, $z_2=c+d\mathrm{i}$ ($a, b, c, d\in\mathbf{R}$)是任意两个复数,那么它们的积$(a+b\mathrm{i})(c+d\mathrm{i})=ac+bc\mathrm{i}+ad\mathrm{i}+bd\mathrm{i}^2=(ac-bd)+(bc+ad)\mathrm{i}$.

两个复数的积是一个确定的复数. 特别地,当 z_1, z_2 都是实数时,把它们看作复数时的积就是这两个实数的积. 两个复数相乘,类似于两个多项式相乘,只要在所得的结果中把 i^2 换成-1,并且把实部与虚部分别合并即可.

复数加法与乘法满足交换律、结合律与乘法对加法的分配律.

(4) 复数除法的法则：$\frac{a+bi}{c+di}=\frac{ac+bd}{c^2+d^2}+\frac{bc-ad}{c^2+d^2}i$($a$, b, c, $d\in\mathbf{R}$,且$c+di\neq0$).

(5) 约定：n 个 $a+bi$ 相乘表示为$(a+bi)^n$. 当 $a+bi\neq0$ 时，对任何正整数 n，$(a+bi)^{-n}=\frac{1}{(a+bi)^n}$，$(a+bi)^0=1$；$(a+bi)^m(a+bi)^n=(a+bi)^{m+n}$，$[(a+bi)^m]^n=(a+bi)^{mn}$(这里 m，n 都是整数).

5. 共轭复数

(1) 一般地，当两个复数的实部相等，虚部互为相反数时，这两个复数称为共轭复数，也称这两个复数共轭. 复数 z 的共轭复数用 $\bar{z}$ 表示，即如果 $z=a+bi$(a, $b\in\mathbf{R}$)，那么 $\bar{z}=a-bi$. 一对共轭复数的积为实数.

(2) 共轭复数具有的性质：对于任何复数 z，$\bar{\bar{z}}=z$；对复数 z_1 与 z_2，$\overline{z_1\pm z_2}=\overline{z_1}\pm\overline{z_2}$，$\overline{z_1z_2}=\overline{z_1}\cdot\overline{z_2}$，当 $z_2\neq0$ 时，$\overline{\left(\frac{z_1}{z_2}\right)}=\frac{\overline{z_1}}{\overline{z_2}}$.

【讲练平台】

考点 1　复数的概念

例 1　已知复数 $z=\frac{m^2-m-12}{m+4}+(m^2-10m+24)i$，$m\in\mathbf{R}$，试问当 m 是何实数时，复数 z 分别为：(1)实数；(2)虚数；(3)纯虚数；(4)0.

分析　运用复数的有关概念对复数进行分类.

解　$\mathrm{Re}\,z=\frac{m^2-m-12}{m+4}=\frac{(m-4)(m+3)}{m+4}$，$\mathrm{Im}\,z=m^2-10m+24=(m-4)(m-6)$.

(1) $\begin{cases}m+4\neq0,\\ \mathrm{Im}\,z=0\end{cases}\Rightarrow\begin{cases}m\neq-4,\\ m=4\text{ 或 }m=6,\end{cases}$

所以，当 $m=4$ 或 $m=6$ 时，复数 z 为实数.

(2) $\begin{cases}m+4\neq0,\\ \mathrm{Im}\,z\neq0\end{cases}\Rightarrow\begin{cases}m\neq-4,\\ m\neq4\text{ 且 }m\neq6,\end{cases}$

所以，当 $m\neq\pm4$ 且 $m\neq6$ 时，复数 z 为虚数.

(3) $\begin{cases}\mathrm{Re}\,z=0,\\ \mathrm{Im}\,z\neq0\end{cases}\Rightarrow\begin{cases}m=4\text{ 或 }m=-3,\\ m\neq4\text{ 且 }m\neq6,\end{cases}$

所以，当 $m=-3$ 时，复数 z 为纯虚数.

(4) $\begin{cases}\mathrm{Re}\,z=0,\\ \mathrm{Im}\,z=0\end{cases}\Rightarrow\begin{cases}m=4\text{ 或 }m=-3,\\ m=4\text{ 或 }m=6,\end{cases}$

所以，当 $m=4$ 时，复数 z 为 0.

【注】 对于复数分类的问题，通常先要认清复数的实部和虚部，注重分类的细节以及方程(或不等式)组的交、并处理.

考点 2 **复数相等的概念.**

例 2 若复数 z 同时满足 $z-\bar{z}=2\mathrm{i}$, $\bar{z}=\mathrm{i}\cdot z$，求 z.

分析 利用共轭复数的定义解题.

解法 1 设 $z=a+b\mathrm{i}\ (a,\ b\in\mathbf{R})$，

$$\begin{cases}(a+b\mathrm{i})-\overline{a+b\mathrm{i}}=2\mathrm{i},\\ \overline{a+b\mathrm{i}}=\mathrm{i}\cdot(a+b\mathrm{i}),\end{cases}$$

得

$$\begin{cases}2b=2,\\ a=-b,\end{cases}\quad\begin{cases}a=-1,\\ b=1,\end{cases}$$

即 $z=-1+\mathrm{i}$.

分析 将已知条件中的两个等式看作是关于 z 和 $\bar{z}$ 的两个方程，利用代入消元的方法求出 z.

解法 2 将 $\bar{z}=\mathrm{i}\cdot z$ 代入 $z-\bar{z}=2\mathrm{i}$，得 $z-\mathrm{i}\cdot z=2\mathrm{i}$，即 $z(1-\mathrm{i})=2\mathrm{i}$，所以 $z=\dfrac{2\mathrm{i}}{1-\mathrm{i}}=-1+\mathrm{i}$.

【注】 解法 1 设 $z=a+b\mathrm{i}\ (a,\ b\in\mathbf{R})$是解决复数问题的通法，利用复数相等转化为解方程组，但有时计算量较大. 解法 2 是利用方程的思想，把握到问题的本质，利用二元一次方程组直接求出 z，比解法一简便.

考点 3 **复数的四则运算**

例 3 计算：

(1) $\overline{(1+2\mathrm{i})+(3-4\mathrm{i})+(2+3\mathrm{i})}$;

(2) $[(a+b)+(a-b)\mathrm{i}]-[(a-b)-(a+b)\mathrm{i}]$，$(a,\ b\in\mathbf{R})$;

(3) $(2+\mathrm{i})(1-\mathrm{i})(3+4\mathrm{i})$;

(4) $\left(1+2\mathrm{i}+\dfrac{1}{1+2\mathrm{i}}\right)\cdot(1-2\mathrm{i})$.

解 (1) $\overline{(1+2\mathrm{i})+(3-4\mathrm{i})+(2+3\mathrm{i})}=\overline{(1+3+2)+[2+(-4)+3]\mathrm{i}}=\overline{6+\mathrm{i}}=6-\mathrm{i}$.

(2) $[(a+b)+(a-b)\mathrm{i}]-[(a-b)-(a+b)\mathrm{i}]=(a+b)-(a-b)+[(a-b)+(a+b)]\mathrm{i}=2b+2a\mathrm{i}$.

(3) $(2+\mathrm{i})(1-\mathrm{i})(3+4\mathrm{i})=(3-\mathrm{i})(3+4\mathrm{i})=13+9\mathrm{i}$.

(4) $\left(1+2\mathrm{i}+\dfrac{1}{1+2\mathrm{i}}\right)\cdot(1-2\mathrm{i})=(1+2\mathrm{i})(1-2\mathrm{i})+\dfrac{1-2\mathrm{i}}{1+2\mathrm{i}}=5+\dfrac{(1-2\mathrm{i})^2}{5}=5+\dfrac{-3-4\mathrm{i}}{5}=\dfrac{22}{5}-\dfrac{4}{5}\mathrm{i}$.

考点 4 **复数运算的综合运用**

例 4 设 z 是虚数，$w=z+\dfrac{1}{z}$是实数，且$-1<w<2$.

(1) 求 z 的实部的取值范围；

(2) 设 $\mu=\dfrac{1-z}{1+z}$,求证:μ 为纯虚数；

(3) 在(2)的条件下,求 $w-\mu^2$ 的最小值.

分析 利用复数的代数形式,设 $z=x+y\mathrm{i}(x,\ y\in\mathbf{R})$代入.

解 (1) **解法1** 设 $z=x+y\mathrm{i}\ (x,\ y\in\mathbf{R},\ y\neq0)$,则

$$w=z+\frac{1}{z}=x+y\mathrm{i}+\frac{1}{x+y\mathrm{i}}=\left(x+\frac{x}{x^2+y^2}\right)+\left(y-\frac{y}{x^2+y^2}\right)\mathrm{i}.$$

因为 $w\in\mathbf{R}$ 且 $y\neq0$,故 $x^2+y^2=1$,所以 $w=2x$,即 $x\in\left(-\dfrac{1}{2},\ 1\right)$.

解法2 因为 $w=z+\dfrac{1}{z}$是实数,所以

$$z+\frac{1}{z}-\overline{\left(z+\frac{1}{z}\right)}=0,\ z+\frac{1}{z}-\bar{z}-\frac{1}{\bar{z}}=0,\ (z-\bar{z})\left(1-\frac{1}{z\cdot\bar{z}}\right)=0,$$

得 $z=\bar{z}$(舍)或 $z\cdot\bar{z}=1$.

$$w=z+\frac{1}{z}=z+\frac{z\cdot\bar{z}}{z}=z+\bar{z}=2\mathrm{Re}\ z.$$

因为$-1<w<2$,所以 $\mathrm{Re}\ z\in\left(-\dfrac{1}{2},\ 1\right)$.

(2) $\mu=\dfrac{1-z}{1+z}=\dfrac{1-(x+y\mathrm{i})}{1+(x+y\mathrm{i})}=-\dfrac{y}{x+1}\mathrm{i}$. 因为 $x\neq-1$ 且 $y\neq0$,所以 μ 为纯虚数.

(3) $w-\mu^2=2x-\left(-\dfrac{y}{x+1}\mathrm{i}\right)^2=2x+\dfrac{1-x}{1+x}=2(x+1)+\dfrac{2}{x+1}-3.$

因为$\dfrac{1}{2}<x+1<2$,所以 $w-\mu^2\geqslant2\sqrt{4}-3=1$,当 $x=0$ 时等号成立,从而 $w-\mu^2$ 的最小值为 1.

【基础训练】

1. 已知 $z_1=1-a\mathrm{i}(a\in\mathbf{R})$,$z_2$ 的共轭复数为 $\overline{z_2}=3-4\mathrm{i}$,若 $z_1+z_2\in\mathbf{R}$,则 $a=$________.

2. 已知 $z_1=1+\mathrm{i},\ z_2=2+3\mathrm{i}$, 则 $z_1+z_2=$__________.

3. 若 $a,\ b\in\mathbf{R}$, i 是虚数单位,$a+2\,021\mathrm{i}=2-b\mathrm{i}$,则 $a^2+b\mathrm{i}=$________.

4. 计算:$\left(\dfrac{1+\mathrm{i}}{1-\mathrm{i}}\right)^{2\,012}+\left(-\dfrac{1}{2}+\dfrac{\sqrt{3}\mathrm{i}}{2}\right)^{2\,013}=$________.

5. 设 $2(z+\bar{z})+3(z-\bar{z})=4+6\mathrm{i}$,则 $z=$__________.

6. 已知互异的复数 $a,\ b$ 满足 $ab\neq0$,集合$\{a,\ b\}=\{a^2,\ b^2\}$,则 $a+b=$__________.

7. "两个复数的和是虚数"的一个必要非充分条件是(　　).

(A) 两个数都是虚数　　(B) 两个数中一个是虚数,一个是实数

(C) 两个数中至少有一个是虚数　　(D) 两个数都是纯虚数

8. 已知 $z_1=x+y+(x^2-xy-2y)\mathrm{i}$, $z_2=(2x-y)-(y-xy)\mathrm{i}$ (x, $y\in\mathbf{R}$),问 x, y 为何值时,z_1 与 z_2 为共轭复数.

【能力提高】

求同时满足下列两个条件的复数 z,

(1) $1<z+\dfrac{10}{z}\leqslant 6$;(2) z 的实部、虚部都是整数.

【归纳总结】

1. 复数的四则运算可以根据多项式运算法则与 $\mathrm{i}^2=-1$ 相结合展开.

2. 注意虚数单位 i 的整数次幂的周期性问题.

3. 在实数范围内成立的完全平方和(差)公式,在复数范围内仍然成立.

4. 强调复数概念的相关要素对复数分类的作用,如代数形式中,表示为实数、虚数、纯虚数等所具备的条件.

5. 复数概念中的两个约定蕴含复数相等的判断方式.

6. 共轭复数的基本形式及相关性质需要掌握,共轭运算的运算性质能帮助我们简化问题.

5.2 复数的几何意义

【知识梳理】

1. 复平面

在平面直角坐标系中，可以用点 $Z(a, b)$ 表示复数 $a+b\mathrm{i}$ $(a, b\in\mathbf{R})$，建立直角坐标系来表示复数的平面称为复平面. 在复平面上，称 x，y 轴分别为实轴和虚轴，并且复数集 $\mathbf{C}$ 和复平面内所有的点构成的集合构成一一对应关系. 互为共轭复数的两个复数在复平面内所对应的点关于 x 轴对称. 特别地，实数和它的共轭复数在复平面内所对应的点重合，且在实轴上.

2. 复数的向量表示

设复数 $z=a+b\mathrm{i}(a, b\in\mathbf{R})$ 在复平面内对应的点为 Z，O 为坐标原点，那么向量 $\overrightarrow{OZ}$ 表示复数 $a+b\mathrm{i}(a, b\in\mathbf{R})$，复数集 $\mathbf{C}$ 与复平面以原点为起点的向量所构成的集合一一对应.

相等的向量表示同一复数，即与 $\overrightarrow{OZ}$ 相等的向量 $\overrightarrow{AB}$ 可以进行平移，使得 $\overrightarrow{AB}$ 对应的复数为 z.

3. 复数加法的几何意义

设向量 $\overrightarrow{OZ_1}$，$\overrightarrow{OZ_2}$ 对应的复数分别为 $z_1=a_1+b_1\mathrm{i}$，$z_2=a_2+b_2\mathrm{i}(a_1, a_2, b_1, b_2\in\mathbf{R})$，则在复平面内，$\overrightarrow{OZ}=\overrightarrow{OZ_1}+\overrightarrow{OZ_2}$，遵循平行四边形法则，如图 5-1 所示，$\overrightarrow{OZ}$ 对应于复数 z_1+z_2.

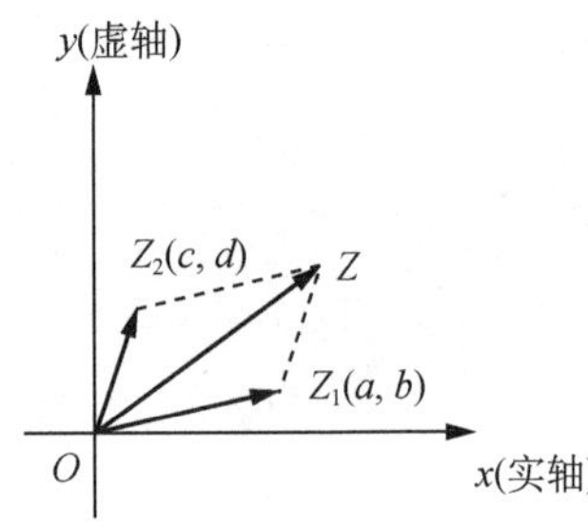

图 5-1

4. 复数的模

(1) 向量 $\overrightarrow{OZ}$ 的模称为复数 $z=a+b\mathrm{i}$ 的模或绝对值，记作 $|z|$ 或 $|a+b\mathrm{i}|$，即 $|z|=|a+b\mathrm{i}|=\sqrt{a^2+b^2}$，其中 $a, b\in\mathbf{R}$. $|z|$ 表示复平面内的点 $Z(a, b)$ 到原点的距离.

(2) 复数的模的性质：对于 $z, z_1, z_2\in\mathbf{C}$，

① $|z|=|\bar{z}|$，$|z|^2=z\cdot\bar{z}$；

② $|z_1\cdot z_2|=|z_1|\cdot|z_2|$，$\left|\dfrac{z_1}{z_2}\right|=\dfrac{|z_1|}{|z_2|}$ $(z_2\neq 0)$；

③ $||z_1|-|z_2||\leqslant|z_1\pm z_2|\leqslant|z_1|+|z_2|$(当且仅当复数 z_1，z_2 所对应的向量平行时取“=”).

(3) $|z_1-z_2|$ 的几何意义：

设复数 $z_1=a+b\mathrm{i}$，$z_2=c+d\mathrm{i}$ $(a, b, c, d\in\mathbf{R})$ 在复平面内对应的点分别是 $Z_1(a, b)$，$Z_2(c, d)$，则 $|Z_1Z_2|=\sqrt{(a-c)^2+(b-d)^2}$，又因为复数 $z_1-z_2=(a+b\mathrm{i})-(c+d\mathrm{i})=(a-c)+(b-d)\mathrm{i}$，则 $|z_1-z_2|=\sqrt{(a-c)^2+(b-d)^2}$，故 $|Z_1Z_2|=|z_1-z_2|$，即 $|z_1-z_2|$ 表示复数 z_1，z_2 在复平面内对应的点之间的距离.

【讲练平台】

考点1 复平面的点集确定的区域

例 1 已知复数 $z=a+b\mathrm{i}\ (a,\ b\in\mathbf{R})$，画出满足下列条件的点 $z(a,\ b)$ 的集合所组成的图形.

(1) $|a|<2$ 且 $|b|<2$；

(2) $|z|\leqslant2$ 且 $|b|>1$；

(3) $|z|=2$ 且 $a<b$.

分析 研究满足某种条件下复数所对应的点集在复平面确定的图形，关键是充分理解约束条件与复数的几何意义.

解 根据条件分别画出满足(1)、(2)、(3)中约束条件的平面区域，如图 5-2 所示.

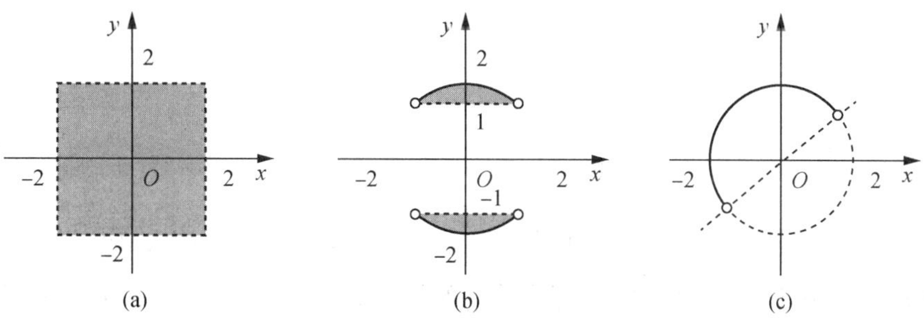

图 5-2

考点2 复数的向量表示

例 2 (1) 已知复数 $z_1=2+\mathrm{i}$，$z_2=3+2\mathrm{i}$ 在复平面内对应的点分别为 A，B，求 $\overrightarrow{OA}$，$\overrightarrow{OB}$，$\overrightarrow{AB}$，$\overrightarrow{BA}$ 对应的复数；

(2) 已知复平面内有 A，B，C 三点，点 A 对应的复数为 $3+\mathrm{i}$，$\overrightarrow{BA}$ 对应的复数为 $1+3\mathrm{i}$，$\overrightarrow{BC}$ 对应的复数为 $4-\mathrm{i}$，求点 C 对应的复数.

分析 复数的向量表示，关键是要熟练掌握复平面内的点集、复数、从原点出发的向量之间的一一对应关系.

解 (1) $\overrightarrow{OA}$ 对应的复数为 $2+\mathrm{i}$，$\overrightarrow{OB}$ 对应的复数为 $3+2\mathrm{i}$，$\overrightarrow{AB}$ 对应的复数为 $1+\mathrm{i}$，$\overrightarrow{BA}$ 对应的复数为 $-1-\mathrm{i}$.

(2) 因为 $\overrightarrow{OC}=\overrightarrow{OA}+\overrightarrow{AB}+\overrightarrow{BC}=(3,\ 1)+(-1,\ -3)+(4,\ -1)=(6,\ -3)$，所以点 C 对应的复数为 $6-3\mathrm{i}$.

考点3 复数模的几何意义

例 3 (1) 已知复数 z 满足 $|z|=1$，则 $|z-(3+4\mathrm{i})|$ 的最大值是____________；

(2) 已知复数 z 满足 $|z-\sqrt{3}\mathrm{i}|+|z+\sqrt{3}\mathrm{i}|=4$，则复数 z 在复平面上对应的点到点 $(0,\ 1)$ 距离的最小值是____________；

(3) 若复数 z 满足 $|z+2|+|z-2|=4$，则 $|z+\mathrm{i}-1|$ 的最小值是____________.

分析 复数模的几何意义,关键是用复数的点坐标将方程表示出来,然后通过方程所表示的几何意义得出复数点所对应的轨迹方程及图形,从而进一步求解.

解 (1) 设 $z=x+y\mathrm{i}(x,\ y\in\mathbf{R})$,则由 $|z|=1$ 可得 $x^2+y^2=1$,所以 $|z-(3+4\mathrm{i})|=\sqrt{(x-3)^2+(y-4)^2}$ 表示的是圆 $x^2+y^2=1$ 上的点到点 $(3,\ 4)$ 的距离,即 $|z-(3+4\mathrm{i})|$ 的最大值是 6.

(2) 设 $z=x+y\mathrm{i}(x,\ y\in\mathbf{R})$,而 $|z-\sqrt{3}\mathrm{i}|+|z+\sqrt{3}\mathrm{i}|=4$,从而 $\sqrt{x^2+(y-\sqrt{3})^2}+\sqrt{x^2+(y+\sqrt{3})^2}=4$,表示动点 $(x,\ y)$ 到定点 $(0,\ \sqrt{3})$,$(0,\ -\sqrt{3})$ 的距离之和是定值 4(且大于定点间线段长 $2\sqrt{3}$),所以复数 z 所对应的点形成的轨迹是椭圆,其方程为 $\dfrac{y^2}{4}+x^2=1$,令椭圆上的点到 $(0,\ 1)$ 的距离为 d,则 $d=\sqrt{x^2+(y-1)^2}=\sqrt{\dfrac{3}{4}y^2-2y+2}$,$-2\leqslant y\leqslant 2$,所以,$d_{\min}=\dfrac{\sqrt{6}}{3}$.

(3) 设 $z=x+y\mathrm{i}\ (x,\ y\in\mathbf{R})$,而 $|z+2|+|z-2|=4$,则 $\sqrt{(x+2)^2+y^2}+\sqrt{(x-2)^2+y^2}=4$ 表示动点 $(x,\ y)$ 到定点 $(2,\ 0)$,$(-2,\ 0)$ 的距离之和是定值 4(等于定点间的线段长),所以复数 z 所对应的点形成的轨迹是线段 $y=0(-2\leqslant x\leqslant 2)$,而 $|z+\mathrm{i}-1|=\sqrt{(x-1)^2+(y+1)^2}$ 表示该线段上的点到点 $(1,\ -1)$ 的距离,即 $|z+\mathrm{i}-1|$ 的最小值是 1.

考点 4 **复数的模与共轭复数的运算性质**

例 4 已知 z_1,z_2 为复数,且 $|z_1-\overline{z_2}|=|1-z_1z_2|$,求证:$|z_1|$,$|z_2|$ 中至少有一个是 1.

证明 因为 $|z_1-\overline{z_2}|=|1-z_1z_2|$,

所以 $|z_1-\overline{z_2}|^2=(z_1-\overline{z_2})(\overline{z_1}-z_2)=(1-z_1z_2)(1-\overline{z_1z_2})=|1-z_1z_2|^2$,

$z_1\overline{z_1}-\overline{z_1z_2}-z_1z_2+z_2\overline{z_2}=1-z_1z_2-\overline{z_1z_2}+z_1z_2\cdot\overline{z_1z_2}$,

即 $|z_1|^2+|z_2|^2=1+|z_1|^2|z_2|^2$,变形为 $(|z_1|^2-1)(|z_2|^2-1)=0$,

从而 $|z_1|^2=1$ 或 $|z_2|^2=1$,可得 $|z_1|=1$ 或 $|z_2|=1$,

所以 $|z_1|$,$|z_2|$ 中至少有一个是 1.

【基础训练】

1. 已知复数 $z_1=2+\mathrm{i}$,$z_2=1+2\mathrm{i}$ 在复平面内对应的向量分别为 $\overrightarrow{OA}$,$\overrightarrow{OB}$,则向量 $\overrightarrow{AB}$ 对应的复数所对应的点的坐标为__________.

2. $\left|\dfrac{(4-3\mathrm{i})^2(3-\mathrm{i})^4}{(1-2\mathrm{i})^4}\right|=$__________.

3. 若复数 $z=3+a\mathrm{i}$ 满足条件 $|z|<5$,则实数 a 的取值范围是________.

4. 已知 z 为虚数,且满足 $z+\dfrac{4}{z}\in\mathbf{R}$,若 $|z-2|=2$,则复数 $z=$________.

5. 已知复数 z 满足 $|z-(1+\mathrm{i})|=1$,则 $|z+1+2\mathrm{i}|$ 的最大值为________.

6. 已知复数集合 $A=\{x+y\mathrm{i}\,|\,|x|\leqslant1,\ |y|\leqslant1,\ x,\ y\in\mathbf{R}\}$, $B=\left\{z_2\,\middle|\,z_2=\left(\frac{3}{4}+\frac{3}{4}\mathrm{i}\right)z_1,\ z_1\in A\right\}$,若复数 $z\in A\cap B$,则 z 对应的点 Z 在复平面内形成图形的面积为__________.

7. 设向量 $\overrightarrow{OZ}=(\log_2(m^2-3m-3),\log_2(m-2))(m\in\mathbf{R})$对应的复数为 z.

(1) 若 Z 在虚轴上,求实数 m 的值及 $|z|$;

(2) 若 Z 在第二象限内移动,求 m 的取值范围;

(3) 若 Z 在直线 $x-2y+1=0$ 上,求 m 的值.

8. 已知复数 z 满足 $|z|=2$,

(1) 求 $|z+2\bar{z}|$ 的取值范围;

(2) 求 $|z^2+2z+4|$ 的取值范围.

【能力提高】

1. 已知 $k+2$ 个两两互不相等的复数 z_1, z_2, …, z_k, w_1, w_2,满足 $\overline{w_1}-\overline{w_2}=\frac{4}{w_1-w_2}$,且 $|w_j-z_\alpha|\in\{1,\ 3\}$(其中 $j=1,\ 2;\ \alpha=0,\ 1,\ 2,\ \cdots,\ k$),则正整数 k 的最大值为________.

2. 已知复数 $z_1=2\sin\theta-\sqrt{3}\mathrm{i}$, $z_2=1+(2\cos\theta)\mathrm{i}$, 其中 $\theta\in\left[\frac{\pi}{3},\ \frac{\pi}{2}\right]$.

(1) 若 $z_1\cdot z_2$ 为实数,求角 θ 的值;

(2) 设复数 z_1, z_2 对应的向量分别是 $\vec{a}$, $\vec{b}$,若存在 θ 使等式$(\lambda\vec{a}+\vec{b})\cdot(\vec{a}+\lambda\vec{b})=0$ 成立,求实数 λ 的取值范围.

3. 设复数 z_1, z_2 满足 $z_1z_2+2i\cdot z_1-2i\cdot z_2+1=0$,

(1) 若 z_1, z_2 满足 $\overline{z_2}-z_1=2i$, 求 z_1, z_2.

(2) 若 $|z_1|=\sqrt{3}$,是否存在常数 k,使得等式 $|z_2-4i|=k$ 恒成立,若存在,试求出 k;若不存在,请说明理由.

【归纳小结】

1. 复数的模以及复数加法的平行四边形法则可以表示向量的长度以及向量运算所具备的几何特征,使得复数以及复数的运算都可以有“形”地体现.

2. 一对共轭复数在复平面上所对应的点关于 x 轴对称.

3. 借助 $z=a+bi$, (a, $b\in\mathbf{R}$)将“复数问题实数化”是复数问题解决中常用的思想方法.

4. 关注 $|z|^2=z\bar{z}$ 性质的灵活应用.

5. 关注复数差的模的几何意义,将复数的代数形式与两点间的距离公式建立直接联系.

5.3 实系数一元二次方程

【知识梳理】

1. 实数的平方根

设 $c\in\mathbf{R}$,则当 $c\geqslant 0$ 时,有实平方根为 $\pm\sqrt{c}$;当 $c<0$ 时,有平方根为 $\pm\sqrt{-c}\,i$, 它们是两个共轭的纯虚数.

2. 实系数一元二次方程

(1) 一元二次方程 $ax^2+bx+c=0$(a, b, $c\in\mathbf{R}$, $a\neq 0$)

① $\Delta>0\Leftrightarrow$方程有两个不相等的实数根$\dfrac{-b\pm\sqrt{\Delta}}{2a}$;

② $\Delta=0\Leftrightarrow$方程有两个相等的实数根$-\dfrac{b}{2a}$;

③ $\Delta<0\Leftrightarrow$方程有两个共轭虚根$\dfrac{-b\pm\sqrt{-\Delta}\,i}{2a}$.

(2) 实系数一元二次方程根与系数的关系

方程 $ax^2+bx+c=0(a, b, c\in \mathbf{R}, a\neq 0)$的两个根 $x_1, x_2\in \mathbf{C}$,则 $x_1+x_2=-\dfrac{b}{a}$;$x_1x_2=\dfrac{c}{a}$.

【讲练平台】

考点 1　复数的平方根

例 1　求下列复数的平方根:

(1) -5;　　　　(2) $-3+4\mathrm{i}$.

分析　研究复数的平方根,关键是灵活运用复数的代数式相等的充要条件.

解　(1) 设 $a+b\mathrm{i}$ $(a, b\in \mathbf{R})$是-5 的平方根,

则由题意得$(a+b\mathrm{i})^2=(a^2-b^2)+2ab\mathrm{i}=-5$,

由两个复数相等的充要条件,得$\begin{cases}a^2-b^2=-5,\\2ab=0,\end{cases}$

解得$\begin{cases}a=0,\\b=\sqrt{5}\end{cases}$或$\begin{cases}a=0,\\b=-\sqrt{5},\end{cases}$

所以,-5 的平方根为$-\sqrt{5}\mathrm{i}$ 和$\sqrt{5}\mathrm{i}$.

(2) 设 $a+b\mathrm{i}$ $(a, b\in \mathbf{R})$是$-3+4\mathrm{i}$ 的平方根,

则由题意得$(a+b\mathrm{i})^2=(a^2-b^2)+2ab\mathrm{i}=-3+4\mathrm{i}$,

由两个复数相等的充要条件,得$\begin{cases}a^2-b^2=-3,\\2ab=4,\end{cases}$

解得$\begin{cases}a=1,\\b=2\end{cases}$或$\begin{cases}a=-1,\\b=-2,\end{cases}$

所以$-3+4\mathrm{i}$ 的平方根为 $1+2\mathrm{i}$ 和$-1-2\mathrm{i}$.

考点 2　实系数一元二次方程的解

例 2　设 z_1 是方程 $x^2-6x+25=0$ 的一个根,

(1) 求 z_1;

(2) 设 $z_2=a+\mathrm{i}(a\in \mathbf{R})$,若 z_2 的共轭复数 $\overline{z_2}$ 满足 $|z_1^3\cdot \overline{z_2}|=125\sqrt{5}$,求 z_2^2.

分析　求复数集上方程的解,关键是牢牢抓住数集扩大到复数集后方程的理论发生的变化.

解　(1) 因为 $\Delta=6^2-4\times 25=-64$,所以 $z_1=3+4\mathrm{i}$ 或 $3-4\mathrm{i}$.

(2) 由$|z_1^3\cdot \overline{z_2}|=125\sqrt{5}$,得 $125\cdot \sqrt{a^2+1}=125\sqrt{5}$,所以 $a=\pm 2$.

当 $a=2$ 时,$z_2^2=(2+\mathrm{i})^2=3+4\mathrm{i}$;

当 $a=-2$ 时，$z_2^2=(-2+\mathrm{i})^2=3-4\mathrm{i}$.

例 3 已知 α，β 是实系数一元二次方程 $ax^2+bx+c=0$ 的两个虚根，且 $\frac{\alpha^2}{\beta}\in\mathbf{R}$，求 $\frac{\alpha}{\beta}$.

解 因为 α，β 是实系数一元二次方程 $ax^2+bx+c=0$ 的两个虚根，所以 $\alpha=\bar{\beta}$，

又 $\frac{\alpha^2}{\beta}\in\mathbf{R}$，所以 $\frac{\alpha^2}{\beta}=\left(\overline{\frac{\alpha^2}{\beta}}\right)$，即 $\frac{\alpha^2}{\beta}=\frac{\overline{\alpha}^2}{\overline{\beta}}$，$\frac{\alpha^2}{\beta}=\frac{\beta^2}{\alpha}$，即 $\left(\frac{\alpha}{\beta}\right)^3=1$，

从而 $\left(\frac{\alpha}{\beta}-1\right)\left[\left(\frac{\alpha}{\beta}\right)^2+\frac{\alpha}{\beta}+1\right]=0$，

因为 $\frac{\alpha}{\beta}\notin\mathbf{R}$，所以 $\left(\frac{\alpha}{\beta}\right)^2+\frac{\alpha}{\beta}+1=0$，

即 $\frac{\alpha}{\beta}=-\frac{1}{2}\pm\frac{\sqrt{3}}{2}\mathrm{i}$.

例 4 设 α，β 分别是方程 $x^2+2x+a=0\ (a\in\mathbf{R})$ 的两个复根.

(1) 若 $|\alpha-\beta|=4$，求实数 a 的值；

(2) 求 $|\alpha|+|\beta|$ 的值.

分析 复数范围内研究方程解的问题，关键是灵活运用分类讨论思想.

解 (1) 当 $\Delta\geqslant 0$，即 $a\leqslant 1$ 时，α，$\beta\in\mathbf{R}$，

$|\alpha-\beta|=\sqrt{(\alpha+\beta)^2-4\alpha\beta}=\sqrt{4-4a}=4$，可得 $a=-3$；

当 $\Delta<0$，即 $a>1$ 时，α，β 为两个共轭虚根，设 $\alpha=m+n\mathrm{i}$，$\beta=m-n\mathrm{i}\ (m,\ n\in\mathbf{R}$，且 $n\neq 0)$，

则 $\begin{cases}\alpha+\beta=2m=-2,\\ \alpha\beta=m^2+n^2=a,\end{cases}$

所以 $|\alpha-\beta|=|2n\mathrm{i}|=2|n|=4$，即 $|n|=2$，$a=1+4=5$.

综上，$a=-3$ 或 5.

(2) 当 $\Delta\geqslant 0$，即 $a\leqslant 1$ 时，α，$\beta\in\mathbf{R}$，

$$|\alpha|+|\beta|=\begin{cases}|\alpha+\beta|, & a\in[0,\ 1]\\ |\alpha-\beta|, & a\in(-\infty,\ 0)\end{cases}=\begin{cases}2, & a\in[0,\ 1],\\ 2\sqrt{1-a}, & a\in(-\infty,\ 0).\end{cases}$$

当 $\Delta<0$，即 $a>1$ 时，α，β 为两个共轭虚根，设 $\alpha=m+n\mathrm{i}$，$\beta=m-n\mathrm{i}(m,\ n\in\mathbf{R}$，且 $n\neq 0)$，

则 $\begin{cases}\alpha+\beta=2m=-2,\\ \alpha\beta=m^2+n^2=a,\end{cases}$

所以 $|\alpha|+|\beta|=2\sqrt{m^2+n^2}=2\sqrt{a}$.

综上，$|\alpha|+|\beta|=\begin{cases}2\sqrt{1-a}, & a\in(-\infty,\ 0),\\ 2, & a\in[0,\ 1],\\ 2\sqrt{a}, & a\in(1,\ +\infty).\end{cases}$

【基础训练】

1. 已知关于 x 的方程 $x^2+bx+c=0\ (b,\ c\in\mathbf{R})$ 在复数集内有两个根 α，β，下列论述中错误

的是(　　).

(A) 若 $b^2-4c<0$,则 $\alpha\notin\mathbf{R}$　　　　(B) 恒有 $\alpha+\beta\in\mathbf{R}$

(C) 恒有 $\operatorname{Im}\alpha+\operatorname{Im}\beta=0$　　　　(D) 恒有 $|\alpha-\beta|=\sqrt{b^2-4c}$

2. 若 z 是实系数方程 $x^2+2x+p=0$ 的一个虚根,且 $|z|=2$,则 $p=$________.

3. 若方程 $3x^2-6(m-1)x+m^2+1=0$ 的两个根都是虚数,且两个根的模之和为 2,则实数 m 的值为____________.

4. 若关于 x 的方程 $x^2+(t^2-2t+2tx)\mathrm{i}=0(t\in\mathbf{R})$有纯虚数根,则实数 t 的值为________.

5. 已知方程 $x^2+x+p=0$ 有两个虚根 α, β,且 $|\alpha-\beta|=3$,则实数 p 的值是____________.

6. 已知二次方程 $2x^2+rx+s=0(r,\ s\in\mathbf{R})$的一个根是 $-3+2\mathrm{i}$, 则 $r+s=$____________.

7. 方程 $z^2-5|z|+6=0$ 在复数集内解的个数是(　　).

(A) 2　　　　(B) 4　　　　(C) 6　　　　(D) 8

8. 已知关于 x 的实系数方程 $x^2+mx+m=0$ 的两虚根为 α, β,求 $|\alpha-\beta|$ 的取值范围.

9. 已知复数 ω 满足 $\omega-4=(3-2\omega)\mathrm{i}$, $z=\dfrac{5}{\omega}+|\omega-2|$,求一个以 z 为根的实系数一元二次方程.

10. 已知关于 t 的方程 $t^2-2t+a=0$ 的一个根为 $1+\sqrt{3}\mathrm{i}(a\in\mathbf{R})$,

(1) 求方程的另一个根及实数 a 的值.

(2) 是否存在实数 m,使得 $x\in\mathbf{R}$ 时,不等式 $\log_a(x^2+a)\geqslant m^2-2km+2k$ 对 $k\in[-1,\ 2]$恒成立? 若存在,试求出实数 m 的取值范围;若不存在,请说明理由.

【能力提高】

1. 已知关于 x 的方程 $x^2-2ax+a^2-4a+4=0(a\in\mathbf{R})$ 的两根为 α，β，且 $|\alpha|+|\beta|=3$，求实数 a 的值.

2. 已知集合 $\mathbf{C}=\{z\,|\,z=a+b\mathrm{i}$(其中 i 是虚数单位)，$a$，$b\in\mathbf{R}\}$，
定义：$f(z)=|a-b|$，$g(z)=|a|+|b|$.
(1) 记 $z_0=1+\mathrm{i}$，若 z_1，$z_2\in\mathbf{C}$，且满足 $g(z_1-z_0)=g(z_2-z_0)=2$，求 $g(z_1-z_2)$ 的最大值，并写出一组符合题意的 z_1，z_2；
(2) 若 $z\in\mathbf{C}$，且满足 $\mathrm{Re}\,z=\ln 4x$，$\mathrm{Im}\,z=-\sin\pi x$，记 $\varphi(x)=f(z)$，求证：当 $x>0$ 时，函数 $y=\varphi(x)$ 必存在唯一的零点 x_0，且当 $x=x_0$ 时，$|z|\leqslant 1$.

3. 设虚数 z_1，z_2，满足 $z_1^2=z_2$.
(1) 若 z_1，z_2 是一个实系数一元二次方程的两个根，求 z_1，z_2.
(2) 若 $z_1=1+m\mathrm{i}\ (m\in\mathbf{R})$，$|z_1|\leqslant\sqrt{2}$，复数 $\omega=z_2+3$，求 $|\omega|$ 的取值范围.

【归纳小结】

1. 研究复数的平方根，关键是灵活运用复数的代数式相等的充要条件.

2. 实系数一元二次方程虚根共轭成对出现，知道了一个虚根，就知道了另一个虚根.

3. 使用韦达定理解决问题时，一般需要用判别式判定实系数一元二次方程的根是虚根还是实根.

*5.4 复数的三角形式

【知识梳理】

1. 复数的三角形式及相关概念

$a+bi=r\cos\theta+ir\sin\theta=r(\cos\theta+i\sin\theta)$，其中 $r=\sqrt{a^2+b^2}$，$\cos\theta=\dfrac{a}{r}$，$\sin\theta=\dfrac{b}{r}$.

(1) 一般地，任何一个非零复数 $z=a+bi$ 都可以表示成三角形式. 其中，r 是复数 z 的模；θ 是以 x 轴的正半轴为始边，射线 OZ 为终边的角，称为复数 $z=a+bi$ 的辐角. $r(\cos\theta+i\sin\theta)$称为复数 $z=a+bi$ 的三角形式. 为了与三角形式区分开来，$a+bi$ 称为复数的代数形式.

(2) 规定：在 $0\leqslant\theta<2\pi$ 范围内的辐角 θ 称为 z 的辐角主值，通常记作 $\arg z$.

(3) 每一个不等于零的复数有唯一的模和辐角主值，并且可由模与辐角主值唯一确定. 因此，两个非零复数相等当且仅当它们的模与辐角主值分别相等.

2. 三角形式下复数的乘除运算

(1) 复数乘法的三角表示

设 $z_1=r_1(\cos\theta_1+i\sin\theta_1)$，$z_2=r_2(\cos\theta_2+i\sin\theta_2)$，则 $r_1(\cos\theta_1+i\sin\theta_1)\cdot r_2(\cos\theta_2+i\sin\theta_2)=r_1r_2[\cos(\theta_1+\theta_2)+i\sin(\theta_1+\theta_2)]$. 这就是说，两个复数相乘，积的模等于各复数的模的积，积的辐角等于各复数的辐角的和.

两个复数 z_1，z_2 相乘时，将 z_1，z_2 对应向量 $\overrightarrow{OZ_1}$，$\overrightarrow{OZ_2}$，然后把向量 $\overrightarrow{OZ_1}$ 绕点 O 按逆时针方向旋转角 θ_2(如果 $\theta_2<0$，就要把 $\overrightarrow{OZ_1}$ 绕点 O 按顺时针方向旋转角 $|\theta_2|$)，再把它的模变为原来的 r_2 倍，得到向量 $\overrightarrow{OZ}$，$\overrightarrow{OZ}$ 表示的复数就是积 z_1z_2. 这是复数乘法的几何意义.

(2) 复数除法的三角表示

设 $z_1=r_1(\cos\theta_1+i\sin\theta_1)$，$z_2=r_2(\cos\theta_2+i\sin\theta_2)$且 $z_2\neq0$，有 $\dfrac{r_1(\cos\theta_1+i\sin\theta_1)}{r_2(\cos\theta_2+i\sin\theta_2)}=\dfrac{r_1}{r_2}[\cos(\theta_1-\theta_2)+i\sin(\theta_1-\theta_2)]$. 这就是说，两个复数相除，商的模等于被除数的模除以除数的模所得的商，商的辐角等于被除数的辐角减去除数的辐角所得的差.

两个复数 z_1，z_2 相除时，将 z_1，z_2 对应向量 $\overrightarrow{OZ_1}$，$\overrightarrow{OZ_2}$，然后把向量 $\overrightarrow{OZ_1}$ 绕点 O 按顺时

针方向旋转角 θ_2（如果 $\theta_2<0$，就要把 $\overrightarrow{OZ_1}$ 绕点 O 按逆时针方向旋转角 $|\theta_2|$），再把它的模变为原来的 $\frac{1}{r_2}$ 倍，得到向量 $\overrightarrow{OZ}$，$\overrightarrow{OZ}$ 表示的复数就是商 $\frac{z_1}{z_2}$. 这就是复数除法的几何意义.

3. 三角形式下复数的乘方与开方

设 $z=r(\cos\alpha+\mathrm{i}\sin\alpha)(r=|z|>0)$，则对任意正整数 n，有 $z^n=r^n(\cos n\alpha+\mathrm{i}\sin n\alpha)$；

$\sqrt[n]{z}=\sqrt[n]{r}\left(\cos\frac{\alpha+2k\pi}{n}+\mathrm{i}\sin\frac{\alpha+2k\pi}{n}\right)$，$k=0,1,2,\cdots,n-1$.

【讲练平台】

考点 1　复数的代数形式与三角形式的互化

例 1　将下列各复数转化为三角形式（辐角取主值）：

(1) $-5\mathrm{i}$；　(2) -10；　(3) $-1+\sqrt{3}\mathrm{i}$；　(4) $\sqrt{3}-\mathrm{i}$.

分析　复数的代数形式转化为三角形式的步骤：①求出模；②确定辐角主值；③写出其三角形式.

解　(1) 因为 $r=\sqrt{(-5)^2}=5$，所以 $\cos\theta=0$，$\sin\theta=-1$，

又 $\theta\in[0,2\pi)$，$\theta=\frac{3\pi}{2}$，所以 $-5\mathrm{i}=5\left(\cos\frac{3\pi}{2}+\mathrm{i}\sin\frac{3\pi}{2}\right)$.

(2) 因为 $r=\sqrt{(-10)^2}=10$，所以 $\cos\theta=-1$，$\sin\theta=0$，

又 $\theta\in[0,2\pi)$，$\theta=\pi$，所以 $-10=10(\cos\pi+\mathrm{i}\sin\pi)$.

(3) 因为 $r=\sqrt{(-1)^2+(\sqrt{3})^2}=2$，所以 $\cos\theta=-\frac{1}{2}$，$\sin\theta=\frac{\sqrt{3}}{2}$，

又 $\theta\in[0,2\pi)$，$\theta=\frac{2\pi}{3}$，所以 $-1+\sqrt{3}\mathrm{i}=2\left(\cos\frac{2\pi}{3}+\mathrm{i}\sin\frac{2\pi}{3}\right)$.

(4) 因为 $r=\sqrt{(\sqrt{3})^2+(-1)^2}=2$，所以 $\cos\theta=\frac{\sqrt{3}}{2}$，$\sin\theta=-\frac{1}{2}$，

又 $\theta\in[0,2\pi)$，$\theta=\frac{11\pi}{6}$，所以，$\sqrt{3}-\mathrm{i}=2\left(\cos\frac{11\pi}{6}+\mathrm{i}\sin\frac{11\pi}{6}\right)$.

例 2　将下列各复数的三角形式转化为代数形式：

(1) $10\left(\cos\frac{\pi}{3}+\mathrm{i}\sin\frac{\pi}{3}\right)$；　　(2) $4\left(\cos\frac{5\pi}{6}+\mathrm{i}\sin\frac{5\pi}{6}\right)$.

分析　将复数的三角形式转化为代数形式，只需要将其中蕴含的正弦三角值、余弦三角值求解即可.

解　(1) $10\left(\cos\frac{\pi}{3}+\mathrm{i}\sin\frac{\pi}{3}\right)=10\left(\frac{1}{2}+\frac{\sqrt{3}}{2}\mathrm{i}\right)=5+5\sqrt{3}\mathrm{i}$.

(2) $4\left(\cos\frac{5\pi}{6}+\mathrm{i}\sin\frac{5\pi}{6}\right)=4\left(-\frac{\sqrt{3}}{2}+\frac{1}{2}\mathrm{i}\right)=-2\sqrt{3}+2\mathrm{i}$.

考点 2 复数的乘除法运算的三角表示及几何意义

例 3 计算：

(1) $\sqrt{10}\left(\cos\frac{\pi}{6}+\text{i}\sin\frac{\pi}{6}\right)\cdot\sqrt{2}\left(\cos\frac{\pi}{4}+\text{i}\sin\frac{\pi}{4}\right)\cdot\sqrt{3}\left(\cos\frac{\pi}{12}+\text{i}\sin\frac{\pi}{12}\right)$；

(2) $\left(-\frac{1}{2}+\frac{\sqrt{3}}{2}\text{i}\right)\left(\cos\frac{4\pi}{3}+\text{i}\sin\frac{4\pi}{3}\right)\left(\cos\frac{\pi}{4}+\text{i}\sin\frac{\pi}{4}\right)$；

(3) $\left(\cos\frac{\pi}{3}+\text{i}\sin\frac{\pi}{3}\right)\div\left[2\left(\cos\frac{\pi}{3}-\text{i}\sin\frac{\pi}{3}\right)\right]$；

(4) $\dfrac{4}{\cos\frac{\pi}{4}+\text{i}\sin\frac{\pi}{4}}$；

(5) $\dfrac{(\sqrt{3}+\text{i})^5}{1+\sqrt{3}\text{i}}$.

分析 两个复数相乘，积的模等于模的积，积的辐角等于辐角的和；两个复数相除，商的模等于模的商，商的辐角等于辐角的差. 辐角的单位要统一成弧度或角度. 在复数运算中，若既有代数形式，又有三角形式，应先统一形式再运算.

解 (1) $\sqrt{10}\left(\cos\frac{\pi}{6}+\text{i}\sin\frac{\pi}{6}\right)\cdot\sqrt{2}\left(\cos\frac{\pi}{4}+\text{i}\sin\frac{\pi}{4}\right)\cdot\sqrt{3}\left(\cos\frac{\pi}{12}+\text{i}\sin\frac{\pi}{12}\right)$

$=2\sqrt{15}\left[\cos\left(\frac{\pi}{6}+\frac{\pi}{4}+\frac{\pi}{12}\right)+\text{i}\sin\left(\frac{\pi}{6}+\frac{\pi}{4}+\frac{\pi}{12}\right)\right]$

$=2\sqrt{15}\left(\cos\frac{\pi}{2}+\text{i}\sin\frac{\pi}{2}\right)=2\sqrt{15}\text{i}$.

(2) $\left(-\frac{1}{2}+\frac{\sqrt{3}}{2}\text{i}\right)\left(\cos\frac{4\pi}{3}+\text{i}\sin\frac{4\pi}{3}\right)\left(\cos\frac{\pi}{4}+\text{i}\sin\frac{\pi}{4}\right)$

$=\left(\cos\frac{2\pi}{3}+\text{i}\sin\frac{2\pi}{3}\right)\left(\cos\frac{4\pi}{3}+\text{i}\sin\frac{4\pi}{3}\right)\left(\cos\frac{\pi}{4}+\text{i}\sin\frac{\pi}{4}\right)$

$=\cos\left(\frac{2\pi}{3}+\frac{4\pi}{3}+\frac{\pi}{4}\right)+\text{i}\sin\left(\frac{2\pi}{3}+\frac{4\pi}{3}+\frac{\pi}{4}\right)=\cos\frac{9\pi}{4}+\text{i}\sin\frac{9\pi}{4}=\frac{\sqrt{2}}{2}+\frac{\sqrt{2}}{2}\text{i}$.

(3) $\left(\cos\frac{\pi}{3}+\text{i}\sin\frac{\pi}{3}\right)\div\left[2\left(\cos\frac{\pi}{3}-\text{i}\sin\frac{\pi}{3}\right)\right]$

$=\left(\cos\frac{\pi}{3}+\text{i}\sin\frac{\pi}{3}\right)\div\left\{2\left[\cos\left(-\frac{\pi}{3}\right)+\text{i}\sin\left(-\frac{\pi}{3}\right)\right]\right\}$

$=\frac{1}{2}\left[\cos\left(\frac{\pi}{3}+\frac{\pi}{3}\right)+\text{i}\sin\left(\frac{\pi}{3}+\frac{\pi}{3}\right)\right]=-\frac{1}{4}+\frac{\sqrt{3}}{4}\text{i}$.

(4) $\dfrac{4}{\cos\frac{\pi}{4}+\text{i}\sin\frac{\pi}{4}}=\dfrac{4(\cos 0+\text{i}\sin 0)}{\cos\frac{\pi}{4}+\text{i}\sin\frac{\pi}{4}}=4\left[\cos\left(-\frac{\pi}{4}\right)+\text{i}\sin\left(-\frac{\pi}{4}\right)\right]=4\left(\frac{\sqrt{2}}{2}-\frac{\sqrt{2}}{2}\text{i}\right)=$

$2\sqrt{2}-2\sqrt{2}\mathrm{i}$.

(5) $\dfrac{(\sqrt{3}+\mathrm{i})^5}{1+\sqrt{3}\mathrm{i}}=\dfrac{\left[2\left(\cos\dfrac{\pi}{6}+\mathrm{i}\sin\dfrac{\pi}{6}\right)\right]^5}{2\left(\cos\dfrac{\pi}{3}+\mathrm{i}\sin\dfrac{\pi}{3}\right)}=\dfrac{32\left(\cos\dfrac{5\pi}{6}+\mathrm{i}\sin\dfrac{5\pi}{6}\right)}{2\left(\cos\dfrac{\pi}{3}+\mathrm{i}\sin\dfrac{\pi}{3}\right)}=16\left(\cos\dfrac{\pi}{2}+\mathrm{i}\sin\dfrac{\pi}{2}\right)=16\mathrm{i}$.

例 4 如图 5-3 所示，若 $\overrightarrow{OZ_1}$ 与 $\overrightarrow{OZ_2}$ 分别表示复数 $z_1=1+2\sqrt{3}\,\mathrm{i}$，$z_2=7+\sqrt{3}\,\mathrm{i}$，求 $\angle Z_2OZ_1$，并判断 $\triangle OZ_1Z_2$ 的形状.

解 因为 $\dfrac{z_1}{z_2}=\dfrac{1+2\sqrt{3}\mathrm{i}}{7+\sqrt{3}\mathrm{i}}=\dfrac{1+\sqrt{3}\mathrm{i}}{4}=\dfrac{1}{2}\left(\cos\dfrac{\pi}{3}+\mathrm{i}\sin\dfrac{\pi}{3}\right)$，

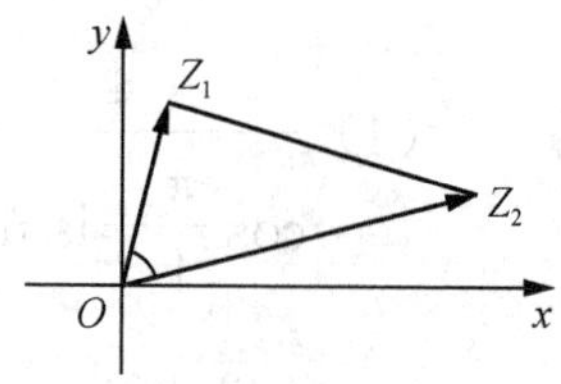

图 5-3

所以 $\angle Z_2OZ_1=\dfrac{\pi}{3}$，且 $\dfrac{|\overrightarrow{OZ_1}|}{|\overrightarrow{OZ_2}|}=\dfrac{1}{2}$，令 $k=\sqrt{13}$，

则 $|\overrightarrow{OZ_1}|=k$，$|\overrightarrow{OZ_2}|=2k\,(k>0)$.

由余弦定理，得 $|\overrightarrow{Z_1Z_2}|^2=k^2+(2k)^2-2k\cdot 2k\cdot\cos\dfrac{\pi}{3}=3k^2$，

所以 $|\overrightarrow{Z_1Z_2}|=\sqrt{3}k$，

又 $k^2+(\sqrt{3}k)^2=(2k)^2$，所以 $\triangle OZ_1Z_2$ 为有一锐角为 $\dfrac{\pi}{3}$ 的直角三角形.

【基础训练】

1. $-1-\sqrt{3}\mathrm{i}$ 的三角形式是(　　).

(A) $-2\left(\cos\dfrac{\pi}{3}+\mathrm{i}\sin\dfrac{\pi}{3}\right)$　　(B) $2\left[\cos\left(-\dfrac{2\pi}{3}\right)+\mathrm{i}\sin\left(-\dfrac{2\pi}{3}\right)\right]$

(C) $2\left(\sin\dfrac{7\pi}{6}+\mathrm{i}\cos\dfrac{7\pi}{6}\right)$　　(D) $2\left(\cos\dfrac{7\pi}{6}+\mathrm{i}\sin\dfrac{7\pi}{6}\right)$

2. 设 $\pi<\theta<\dfrac{5\pi}{4}$，则复数 $\dfrac{\cos 2\theta+\mathrm{i}\sin 2\theta}{\cos\theta-\mathrm{i}\sin\theta}$ 的辐角主值为(　　).

(A) $2\pi-3\theta$　　(B) $3\theta-2\pi$　　(C) 3θ　　(D) $3\theta-\pi$

3. 若 $\left(\cos\dfrac{\pi}{3}+\mathrm{i}\sin\dfrac{\pi}{3}\right)^n=\cos\dfrac{\pi}{3}-\mathrm{i}\sin\dfrac{\pi}{3}$，则 n 的值等于(　　).

(A) 3　　(B) 12

(C) $6k-1\ (k\in\mathbf{Z})$　　(D) $6k+1\ (k\in\mathbf{Z})$

4. 已知复数 $z_1=-\sqrt{3}+\mathrm{i}$，若复数 z 满足 $2\mathrm{i}z=z_1$，则复数 z 的辐角主值为________.

5. 设复数 $z=(1-\sqrt{3}\mathrm{i})^5$，则 z 的模和辐角主值分别为____________.

6. 已知复数 $z=1+\cos\theta-\mathrm{i}\sin\theta\ (\pi<\theta<2\pi)$，则 $\arg z=$__________，$|z|=$__________.

7. 将复数化为三角形式：$\dfrac{1}{2}-\dfrac{1}{2}\mathrm{i}=$________.

8. 已知 $A(2, -1)$，$B(-1, 3)$，四边形 $ABCD$ 是正方形，且 A，B，C，D 按顺时针方向排列，则点 C，D 对应的复数分别为____________.

9. 计算下列各式：

(1) $\sqrt{3}\left(\cos\frac{\pi}{3}+\mathrm{i}\sin\frac{\pi}{3}\right)\cdot 2\sqrt{3}\left(\cos\frac{2\pi}{3}+\mathrm{i}\sin\frac{2\pi}{3}\right)$；

(2) $2(\cos 15^\circ+\mathrm{i}\sin 15^\circ)\times\left(-\frac{1}{2}+\frac{1}{2}\mathrm{i}\right)$；

(3) $2\left(\cos\frac{5\pi}{3}+\mathrm{i}\sin\frac{5\pi}{3}\right)\div\left[\sqrt{2}(\cos 135^\circ+\mathrm{i}\sin 135^\circ)\right]$；

(4) $\left(\frac{1}{2}-\frac{\sqrt{3}}{2}\mathrm{i}\right)\div\left[\sqrt{2}\left(\cos\frac{\pi}{3}+\mathrm{i}\sin\frac{\pi}{3}\right)\right]$.

【能力提高】

1. 如果向量 $\overrightarrow{OZ}$ 对应复数 $-2\mathrm{i}$，$\overrightarrow{OZ}$ 绕原点 O 按顺时针方向旋转 45° 后再把模变为原来的 $\frac{3}{2}$ 倍得到向量 $\overrightarrow{OZ_1}$，求与 $\overrightarrow{OZ_1}$ 对应的复数(用代数形式表示).

2. 在复平面内，设复数 z 对应向量 $\overrightarrow{OZ_1}$，它的共轭复数 $\bar{z}$ 对应向量 $\overrightarrow{OZ_2}$.

(1) 若复数 z 是关于 x 的方程 $2x^2+4x+k=0$ 的一个虚根，求出实数 k 的取值范围，并用 k 表示 $|z-\bar{z}|$；

(2) 若 $z=1+2\mathrm{i}$，且点 P 满足 $\overrightarrow{Z_1P}=2\overrightarrow{PZ_2}$，求$\triangle POZ_1$ 的重心 G 所对应的复数 z_G；

(3) 若 $z=\cos\theta+\mathrm{i}\sin\theta$，$\theta\in[0, 2\pi)$，可知 θ 在变化时会对应到不同的复数 z，若取不同的 $\theta_i\in[0, 2\pi)$，$i=1, 2, 3, 4$，使得其所对应的复数 z_i 满足 $\sum\limits_{i=1}^{4}z_i=0$，求证：$z_1$，$z_2$，$z_3$，$z_4$ 所对应的点 A，B，C，D 可以构成矩形.

【归纳小结】

1. 复数的代数形式转化为三角形式的步骤：①求出模；②确定辐角主值；③写出其三角形式.

2. 将复数的三角形式转化为代数形式，只需要将其中蕴含的正弦三角值、余弦三角值求解即可.

3. 两个复数相乘，积的模等于模的积，积的辐角等于辐角的和；两个复数相除，商的模等于模的商，商的辐角等于辐角的差.

4. 在复数运算中，辐角的单位要统一成弧度或角度，若既有代数形式又有三角形式时，应先统一形式再运算.

6 立体几何

6.1 平面及其基本性质

【知识梳理】

1. 平面的概念

平面是没有厚薄的，可以无限延伸，这是平面最基本的属性.

2. 点、线、面的基本位置关系(表 6-1)

表 6-1 点、线、面的基本位置关系

	位置关系	符号表示	图形表示
点与直线	点 A 在直线 l 上，也称直线 l 经过点 A	$A\in l$	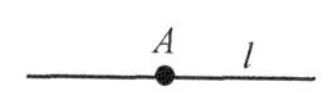
	点 B 不在直线 l 上，也称直线 l 不经过点 B	$B\notin l$	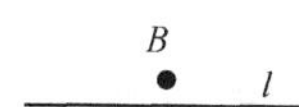
点与平面	点 A 在平面 α 上，也称平面 α 经过点 A	$A\in\alpha$	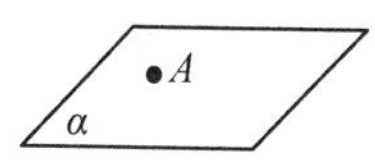
	点 B 不在平面 α 上，也称平面 α 不经过点 B	$B\notin\alpha$	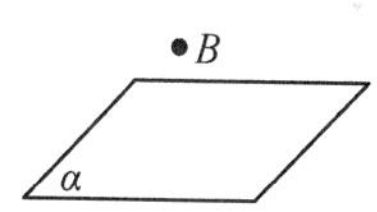
直线与平面	若直线 l 的所有点都在平面 α 上，称直线 l 在平面 α 上，也称平面 α 经过直线 l	$l\subset\alpha$	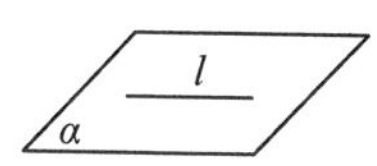
	若直线 l 与平面 α 只有一个公共点 A，称直线 l 与平面 α 交于点 A	$l\cap\alpha=A$	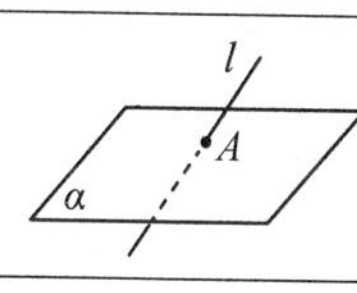
	若直线 l 与平面 α 没有公共点，称直线 l 与平面 α 平行	$l//\alpha$	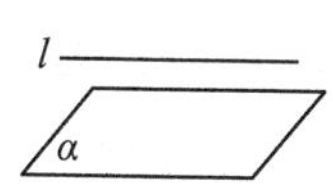
平面与平面	两个平面 α 和 β 相交于一条公共直线 l，称平面 α 和 β 相交	$\alpha\cap\beta=l$	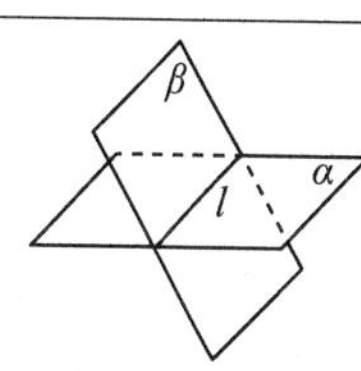
	两个平面 α 和 β 没有公共点，称平面 α 和 β 平行	$\alpha//\beta$ 或 $\alpha\cap\beta=\varnothing$	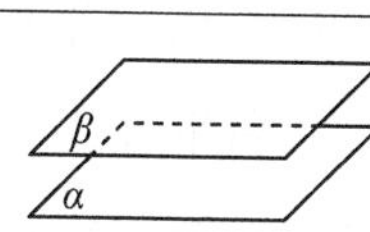

3. 平面的基本性质

公理 1 如果一条直线上有两个点在平面上,那么这条直线上所有点都在这个平面上.

公理 2 不在同一直线上的三点确定一个平面.

推论 1 一条直线和这条直线外一点确定一个平面.

推论 2 两条相交直线确定一个平面.

推论 3 两条平行直线确定一个平面.

公理 3 如果两个不同的平面有一个公共点,那么它们有且只有一条过该点的公共直线.

4. 空间图形的平面直观图

通常采用斜二测画法画空间图形的直观图. 画水平放置的平面图形的直观图,步骤如下:

(1) 画轴:在已知图形中画出 x 轴、y 轴,两轴交于点 O, $\angle xOy=90°$;在直观图中,把它们画成 x'轴、y'轴,两轴交于点 O',且使$\angle x'O'y'=45°$(或 $135°$).

(2) 画线:已知图形中平行于 x 轴、y 轴的线段,在直观图中分别画成平行于 x'轴、y'轴;平行于 x 轴的线段,在直观图中长度不变,平行于 y 轴的线段,在直观图中长度减半.

(3) 成图:连接成图,擦去坐标轴、辅助线等.

【讲练平台】

考点 1 考查平面、直线、点之间位置关系表示方式

例 1 如图 6-1,观察长方体 $ABCD\text{-}A_1B_1C_1D_1$ 中的点、线、面,用适当的符号或字母填空:

(1) 点 B________直线 BC;

(2) 点 A________直线 BC;

(3) 点 D________平面 $ABCD$;

(4) 点 A_1________平面 $ABCD$;

(5) 直线 $A_1B\cap$直线 $BC=$________;

(6) 直线 $A_1B\cap$平面 $A_1B_1C_1D_1=$________;

(7) 直线 B_1C_1________平面 BB_1C_1C.

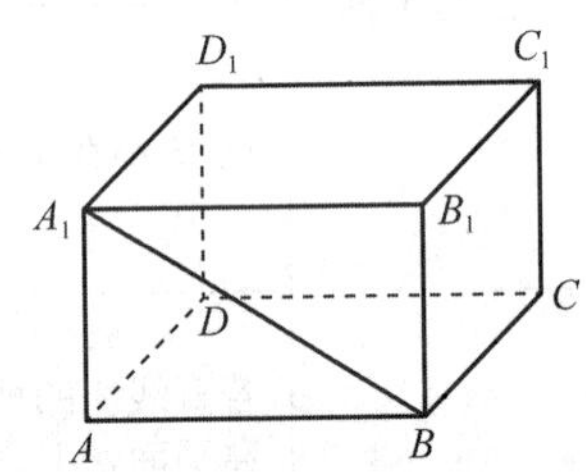

图 6-1

解 (1) $\in$ (2) $\notin$ (3) $\in$ (4) $\notin$ (5) B (6) A_1 (7) $\subset$

考点 2 公理的应用

例 2 下列说法正确的是( ).

(A) 三点确定一个平面

(B) 过一条直线的平面有无数多个

(C) 两条直线确定一个平面

(D) 两条相交平面的交线是一条线段

解 因为不在一条直线上的三点确定一个平面,所以(A)错;因为过一条直线的平面有无数个,所以(B)对;因为两条相交或平行直线确定一个平面,所以(C)错;因为两个平面的交线

是一条直线，所以(D)错.

故答案选(B).

例 3 四个平面将空间分成 k 个部分，求：(1) k 的最大值；(2) k 的最小值.

解 (1) 先使三个平面两两相交且交线共点，再使第四个平面与三条交线都相交但不经过前三个平面的公共点，此时 $k=15$.

(2) 当四个平面两两相互平行时，$k=5$.

例 4 如图 6-2 所示，在正方体 $ABCD-A_1B_1C_1D_1$ 中，E，F 分别是 B_1C_1 和 BB_1 的中点，问：直线 EF 和 BC 是否相交？如果相交，交点在哪个平面内？

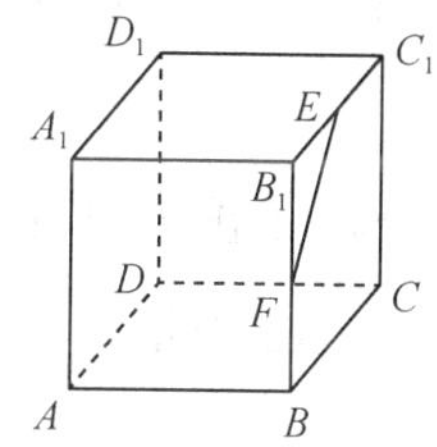

图 6-2

解 因为 $\left.\begin{array}{l}E\in B_1C_1\Rightarrow E\in 平面\ BCC_1B_1\\ F\in B_1B\Rightarrow F\in 平面\ BCC_1B_1\end{array}\right\}\Rightarrow EF\subset 平面\ BCC_1B_1$，所以直线 EF 与 BC 共面，又因为直线 EF 与 BC 不平行，所以相交.

另外，因为交点在直线 BC 上，所以该交点在平面 $ABCD$ 和平面 BCC_1B_1 上.

考点 3 **空间图形的平面直观图**

例 5 如图 6-3，正方形 $A'B'C'D'$ 是用斜二测画法画出的水平放置的一个平面四边形 $ABCD$ 的直观图，若 $O'D'=\sqrt{2}$，则四边形 $ABCD$ 周长与面积的数值之比为(　　).

(A) $2\sqrt{2}:1$　　(B) $\sqrt{2}:1$

(C) $\sqrt{2}:2$　　(D) $\sqrt{2}:4$

解 由图 6-4 可知，$S_{正方形A'B'C'D'}=A'D'^2=1$，所以四边形 $ABCD$ 的面积为 $2\sqrt{2}\times 1=2\sqrt{2}$；根据 x 轴不变，y 轴减半的原则，点 D 的坐标为 $(0,\ 2\sqrt{2})$.

从而四边形 $ABCD$ 周长为 $(1+3)\times 2=8$，

所以四边形 $ABCD$ 周长与面积的数值之比为 $2\sqrt{2}:1$，故选(A).

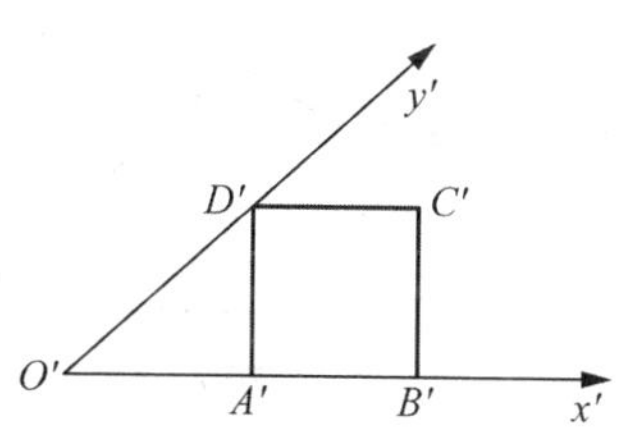

图 6-3

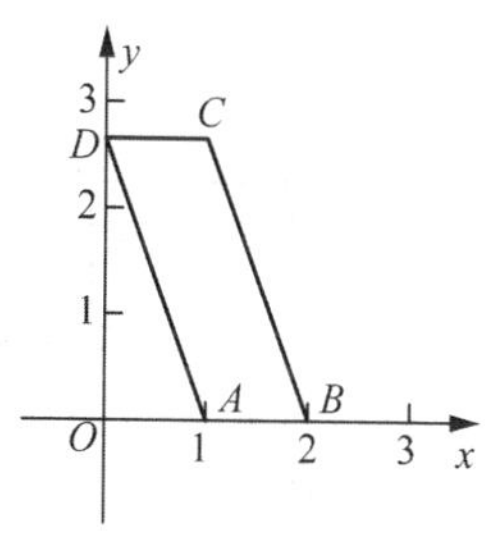

图 6-4

【基础训练】

1. 下列说法：①黑板是平面；②一个平面长 2 m，宽 3 m；③空间图形由空间的点、线、面构成；④两个平面重叠在一起比一个平面要厚；⑤用平行四边形表示平面，只是画出了平面的一部分. 其中正确的是________. (只填序号)

2. 给出下列三个命题:

① 一条直线和一个点确定一个平面;

② 若点 A, B 在圆 O 上,则 A, B, O 可以确定一个平面;

③ 如果两个平面至少有三个公共点,那么这两个平面重合.

其中假命题的序号是________.

3. 空间五点,其中有四点共面,它们没有任何三点共线,这五个点最多可以确定________个平面.

4. 已知平面 α, β 和直线 a, b, c, $a /\!/ b /\!/ c$, $a \subset \alpha$, $b \subset \beta$, $c \subset \beta$,则 α 与 β 的位置关系是________.

5. 在正方体中,E, F, G, H 分别是该点所在棱的中点,则下列图形中 E, F, G, H 四点共面的是(　　).

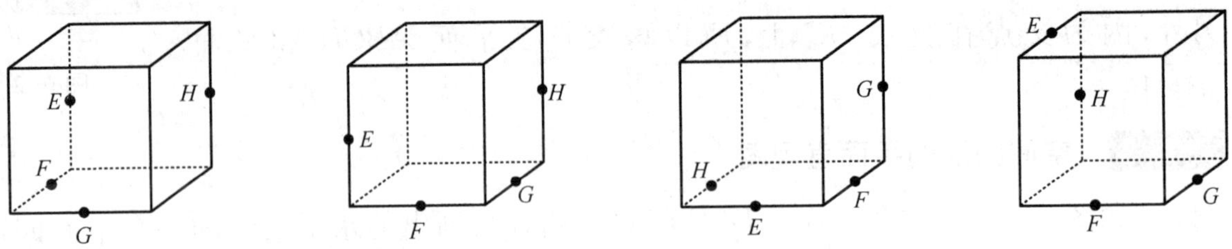

(A)　　(B)　　(C)　　(D)

6. 三个互不重合的平面能把空间分成 n 个部分,则 n 所有可能值为(　　).

(A) 4, 6, 8　　(B) 4, 6, 7, 8

(C) 4, 6, 7　　(D) 4, 5, 7, 8

7. 若水平放置的四边形 $AOBC$ 按"斜二测画法"得到如图 6-5 所示的直观图,其中 $A'C' /\!/ O'B'$, $A'C' \perp B'C'$, $A'C'=1$, $O'B'=2$,则原四边形 $AOBC$ 的面积为(　　).

(A) 12　　(B) 6　　(C) $3\sqrt{2}$　　(D) $\dfrac{3\sqrt{2}}{2}$

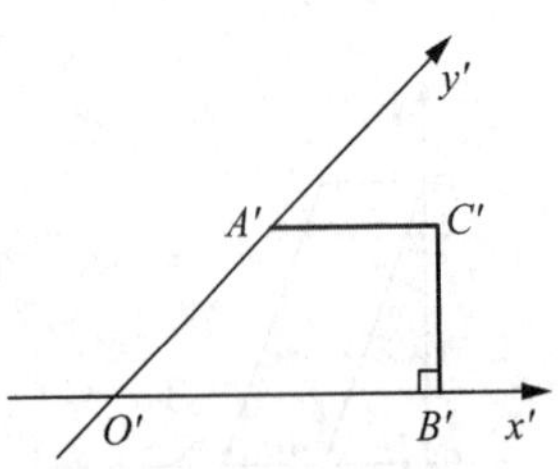

图 6-5

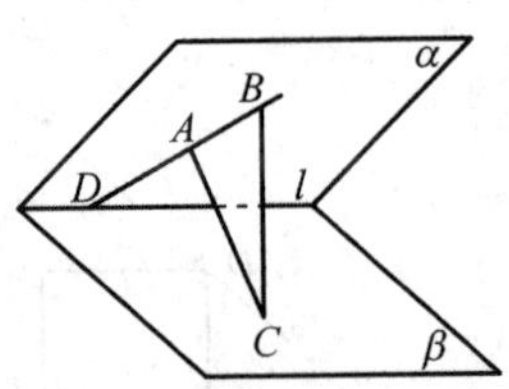

图 6-6

8. 如图 6-6,平面 $\alpha \cap \beta = l$, $A \in \alpha$, $C \in \beta$, $C \notin l$,直线 $AD \cap l = D$,过 A, B, C 三点确定的平面为 γ,则平面 γ, β 的交线必过(　　).

(A) 点 A　　(B) 点 B

(C) 点 C 但不过点 D　　(D) 点 C 和点 D

9. 在空间四边形 $ABCD$ 中,在 AB, BC, CD, DA 上分别取 E, F, G, H 四点,如果 GH, EF 交于一点 P,则点 P 一定在直线________上.

10. 如图 6-7 所示,已知棱长为 a 的正方体 $ABCD\text{-}A'B'C'D'$ 中,M, N 分别为 CD, AD 的中点.求证:四边形 $MNA'C'$ 是梯形.

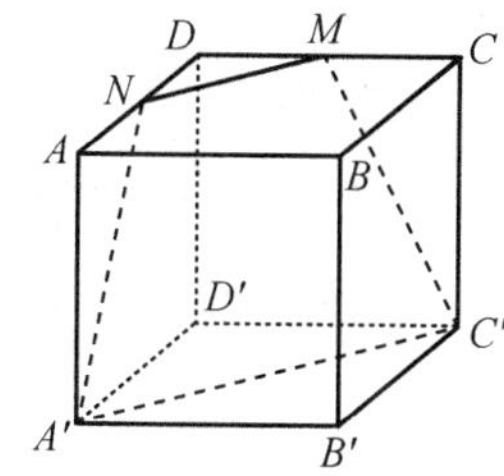

图 6-7

【能力提高】

1. 如图 6-8 所示,梯形 $A_1B_1C_1D_1$ 是一平面图形 $ABCD$ 的直观图.

若 $A_1D_1 // O'y'$, $A_1B_1 // C_1D_1$, $A_1B_1=\frac{2}{3}C_1D_1=2$, $A_1D_1=O'D_1=1$;试画出原四边形,并求原图形的面积.

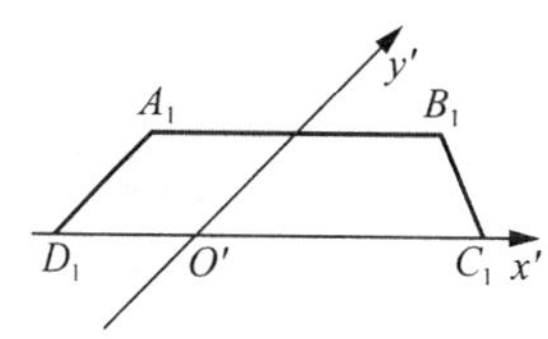

图 6-8

2. 如图 6-9 所示,在正方体 $ABCD\text{-}A_1B_1C_1D_1$ 中,E, F 分别是 AB,AA_1 的中点.求证:

(1) E, C, D_1, F 四点共面;

(2) CE, D_1F, DA 三线共点.

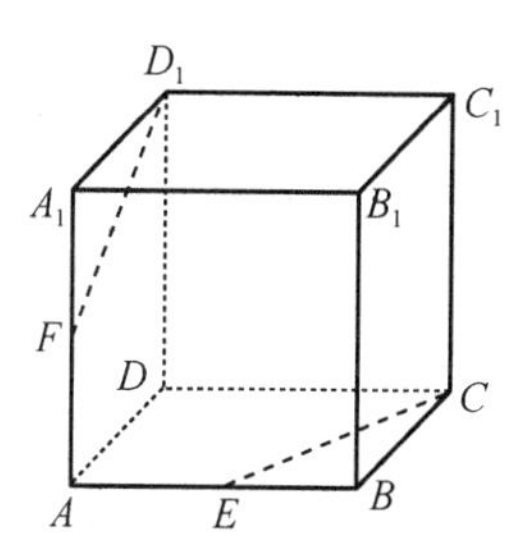

图 6-9

【归纳小结】

几何里所说的平面是从现实生活中抽象出来的."平面"是一个只描述而不定义的最基本的原始概念.数学里的平面可以无限延展.一个平面可以把它所在的空间分成两个部分.

平面的概念由三个公理来刻画:公理 1 是判断直线在平面内的依据,公理 2 及其三个推论则是确定平面的依据,公理 3 用来确定两个平面的交线,也是证明点共线或点在线上的依据.

6.2　直线与直线的位置关系

【知识梳理】

1. 空间两条直线的位置关系——相交、平行、异面

空间的两条直线有三种不同的位置关系,分类如下(表 6-2):

表 6-2　空间两条直线的位置关系

位置关系	公共点个数	是否共面
相交	只有一个	共面
平行	没有	共面
异面	没有	不共面

2. 平行直线

公理 4:平行于同一条直线的两条直线互相平行.

等角定理:如果一个角的两边和另一个角的两边分别平行且方向相同,那么这两个角相等.

推论 1:如果一个角的两边和另一个角的两边分别平行,那么这两个角相等或者互补.

推论 2:如果两条相交直线和另外两条相交直线分别平行,那么这两组直线所成的锐角(或直角)相等.

3. 异面直线

(1) 定义:不同在任何一个平面内的两条直线称为异面直线.

(2) 画法:通常用一个或两个平面来表示异面直线不同在任何一个平面的特点,如图 6-10 所示.

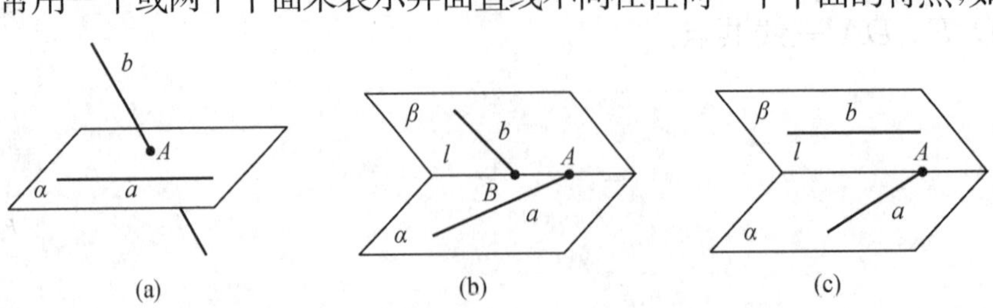

图 6-10

(3) 异面直线判定定理(表 6-3):

表 6-3 异面直线判定定理及语言表示

判定定理	符号语言	图形语言
过平面外一点与平面上一点的直线，和此平面上不经过该点的任何一条直线都是异面直线	$A\notin\alpha$, $B\in\alpha$, $B\notin l$, $l\subset\alpha$，则 AB 与 l 是异面直线	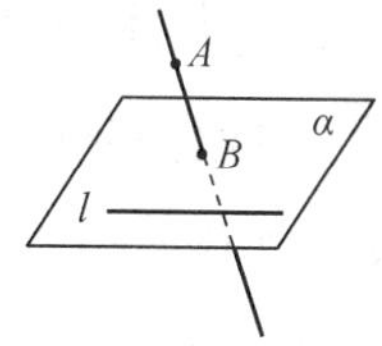

(4) 异面直线所成角：两条异面直线平移到相交位置时所得到的锐角或直角，称为这两条异面直线所成的角. 两条异面直线所成角的范围是$\left(0, \frac{\pi}{2}\right]$. 特别地，如果两条异面直线 a, b 所成的角是直角，就说这两条异面直线互相垂直，记作 $a\perp b$.

【讲练平台】

考点 1 空间直线的位置关系

例 1 如图 6-11 所示，在正方体 $ABCD-A_1B_1C_1D_1$ 中，M, M_1 分别是棱 AD 和 A_1D_1 的中点. 求证：$\angle BMC=\angle B_1M_1C_1$.

证明 在正方形 ADD_1A_1 中，M, M_1 分别为 AD, A_1D_1 的中点，

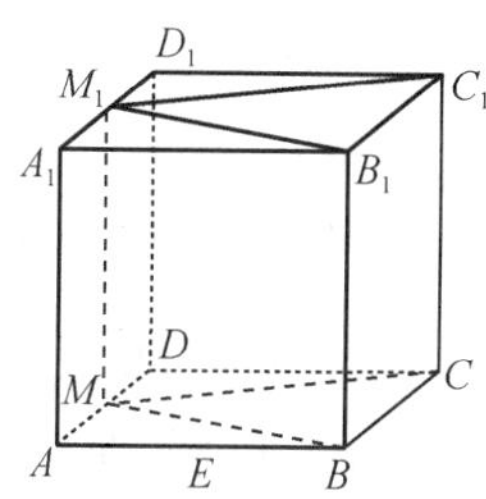

图 6-11

所以 $A_1M_1 \mathrel{\underline{\underline{/\!/}}} AM$，

所以四边形 AMM_1A_1 是平行四边形，

所以 $A_1A \mathrel{\underline{\underline{/\!/}}} M_1M$.

又因为 $A_1A \mathrel{\underline{\underline{/\!/}}} B_1B$，

所以 $M_1M \mathrel{\underline{\underline{/\!/}}} B_1B$，

所以四边形 BB_1M_1M 为平行四边形，

所以 $B_1M_1/\!/BM$.

同理可得四边形 CC_1M_1M 为平行四边形，

所以 $C_1M_1/\!/CM$.

由平面几何知识可知，$\angle BMC$ 和 $\angle B_1M_1C_1$ 都是锐角，

所以 $\angle BMC=\angle B_1M_1C_1$.

考点 2 异面直线的判定

例 2 已知 a, b, c 是空间中的三条相互不重合的直线，给出下列说法：①若 $a/\!/b$, $b/\!/c$，则 $a/\!/c$；②若 a 与 b 相交，b 与 c 相交，则 a 与 c 相交；③若 $a\subset\alpha$, $b\subset\beta$，则 a, b 一定是异面直线；④若 a, b 与 c 成等角，则 $a/\!/b$. 其中正确的说法是________(填序号).

解 由公理 4 知①正确.

当 a 与 b 相交，b 与 c 相交时，a 与 c 可能相交、平行，也可能异面，故②不正确.

当 $a\subset\alpha$, $b\subset\beta$ 时，a 与 b 可能平行、相交或异面，故③不正确.

当 a, b 与 c 成等角时，a 与 b 可能相交、平行，也可能异面，故④不正确.

故答案为①.

考点 3 **异面直线所成角**

例 3 在正方体 $ABCD-A_1B_1C_1D_1$ 中，E，F 分别是 A_1B_1，B_1C_1 的中点，求异面直线 DB_1 与 EF 所成角的大小.

解法 1 如图 6-12 所示，连接 A_1C_1，B_1D_1，并设它们相交于点 O，取 DD_1 的中点 G，连接 OG，A_1G，C_1G，则 $OG/\!/B_1D$，$EF/\!/A_1C_1$，

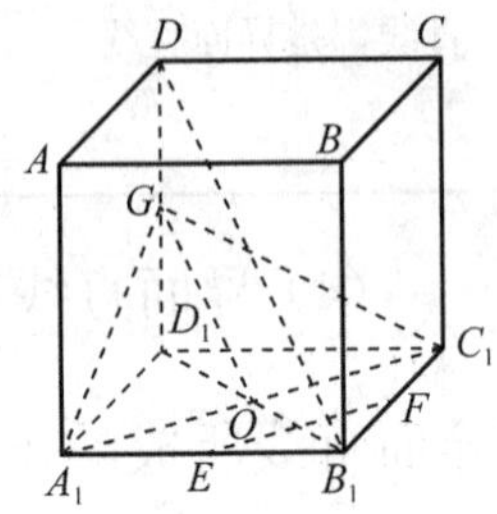

图 6-12

所以 $\angle GOA_1$ 为异面直线 DB_1 与 EF 所成的角（或其补角）.

因为 $GA_1=GC_1$，O 为 A_1C_1 的中点，所以 $GO\perp A_1C_1$.

所以异面直线 DB_1 与 EF 所成的角为 90°.

解法 2 如图 6-13 所示，连接 A_1D，取 A_1D 的中点 H，连接 HE，则 $HE=\frac{1}{2}DB_1$，于是 $\angle HEF$ 为异面直线 DB_1 与 EF 所成的角（或其补角）.

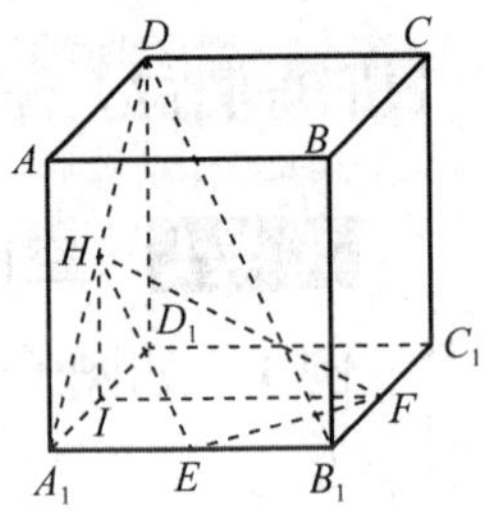

图 6-13

连接 HF，设 $AA_1=1$，则 $EF=\frac{\sqrt{2}}{2}$，$HE=\frac{\sqrt{3}}{2}$.

取 A_1D_1 的中点 I，连接 HI，IF，则 $HI\perp IF$，所以 $HF^2=HI^2+IF^2=\frac{5}{4}$，

所以 $HF^2=EF^2+HE^2$，所以 $\angle HEF=90°$.

所以异面直线 DB_1 与 EF 所成的角为 90°.

解法 3 如图 6-14，连接 A_1C_1，分别取 AA_1，CC_1 的中点 M，N，连接 MN.

因为 E，F 分别是 A_1B_1，B_1C_1 的中点，所以 $EF/\!/A_1C_1$，又 $MN/\!/A_1C_1$，所以 $MN/\!/EF$.

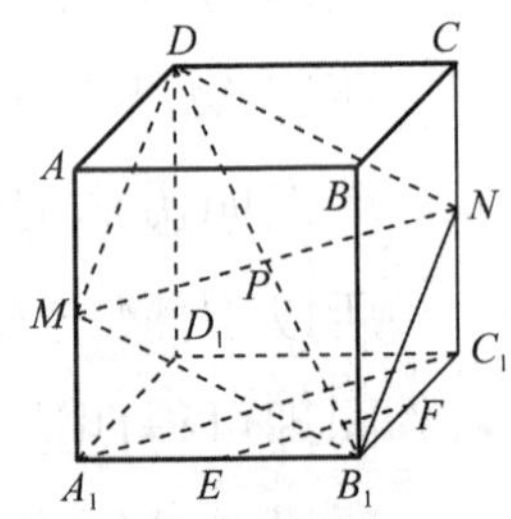

图 6-14

连接 DM，B_1N，MB_1，DN，则 $B_1N=DM$，

所以四边形 DMB_1N 为平行四边形，所以 MN 与 DB_1 必相交，设交点为 P，则 $\angle DPM$ 为异面直线 DB_1 与 EF 所成的角（或其补角）.

设 $AA_1=k(k>0)$，则 $MP=\frac{\sqrt{2}}{2}k$，$DM=\frac{\sqrt{5}}{2}k$，$DP=\frac{\sqrt{3}}{2}k$，

所以 $DM^2=DP^2+MP^2$，所以 $\angle DPM=90°$.

所以异面直线 DB_1 与 EF 所成的角为 90°.

解法 4 如图 6-15，在原正方体的右侧补上一个全等的正方体，连接 B_1Q，易得 $B_1Q/\!/EF$，所以 $\angle DB_1Q$ 就是异面直线 DB_1 与 EF 所成的角（或其补角）.

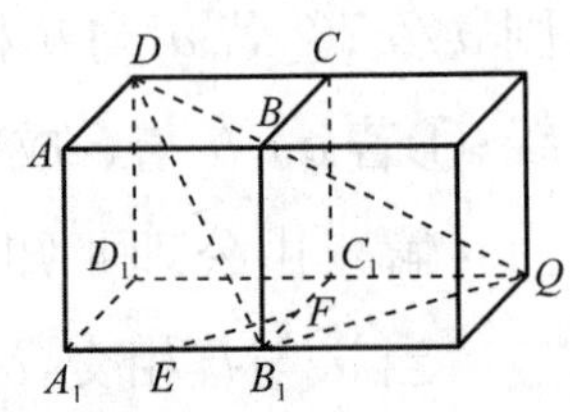

图 6-15

设 $AA_1=k(k>0)$，则 $B_1D=\sqrt{3}k$，$DQ=\sqrt{5}k$，$B_1Q=\sqrt{2}k$，

所以 $B_1D^2+B_1Q^2=DQ^2$，所以 $\angle DB_1Q=90°$，

所以异面直线 DB_1 与 EF 所成的角为 $90°$.

例 4 如图 6-16 所示,在四面体 $ABCD$ 中,$AB=CD$,且直线 AB 与 CD 成 $60°$角,M, N 分别是 BC, AD 的中点,求异面直线 AB 和 MN 所成角的大小.

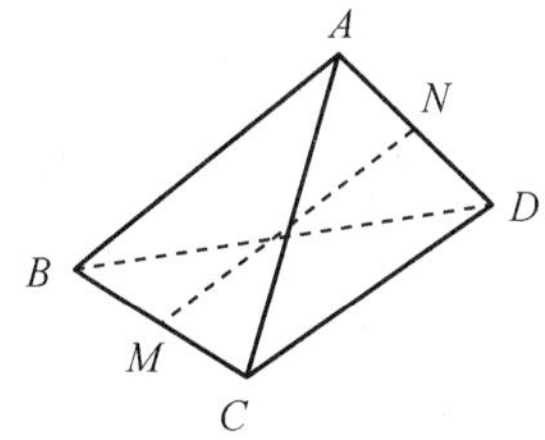

图 6-16

解 如图 6-17 所示,取 AC 的中点 P,连接 PM, PN,则 $PM /\!/ AB$,且 $PM=\frac{1}{2}AB$, $PN /\!/ CD$,且 $PN=\frac{1}{2}CD$,所以$\angle MPN$ 为异面直线 AB 与 CD 所成角(或其补角),由题设,则$\angle MPN=\frac{\pi}{3}$,或$\angle MPN=\frac{2\pi}{3}$.

若$\angle MPN=\frac{\pi}{3}$,因为 $PM /\!/ AB$,

所以$\angle PMN$ 是 AB 与 MN 所成角(或其补角),

又 $AB=CD$,所以 $PM=PN$,

则$\triangle PMN$ 是等边三角形,所以$\angle PMN=\frac{\pi}{3}$,

即 AB 与 MN 所成角为$\frac{\pi}{3}$.

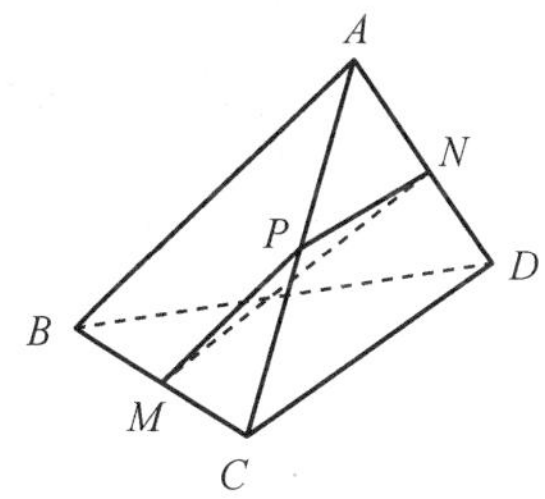

图 6-17

若$\angle MPN=\frac{2\pi}{3}$,则易知$\triangle PMN$ 是等腰三角形,所以$\angle PMN=\frac{\pi}{6}$,即 AB 与 MN 所成角为$\frac{\pi}{6}$.

综上所述,AB 与 MN 所成角为$\frac{\pi}{3}$或$\frac{\pi}{6}$.

【基础训练】

1. 已知 $AB /\!/ PQ$, $BC /\!/ QR$,若$\angle ABC=30°$,则$\angle PQR$ 等于________.

2. 在空间中,直线 AB 和 CD 是异面直线,则直线 AC 和 BD 的位置关系为____________.

3. 若 a 和 b 是异面直线,b 和 c 是异面直线,则 a 和 c 的位置关系为________.

4. 如图 6-18 所示,已知空间四边形 $ABCD$ 中,M, N 分别为 AB, CD 的中点,则 MN ________ $\frac{1}{2}(AC+BD)$.(填“>”“<”或“=”)

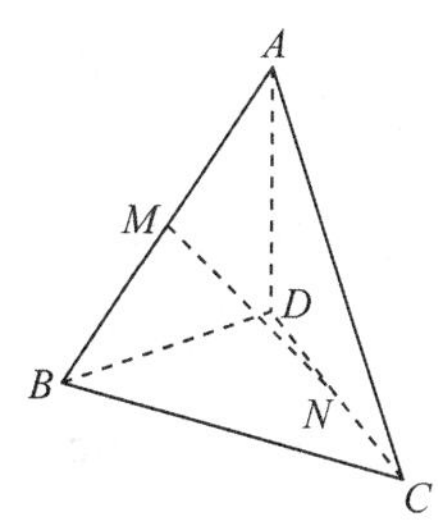

图 6-18

5. 下列四个命题:①任意两条直线都可以确定一个平面;②在空间中,若角 θ_1 与角 θ_2 的两边分别平行,则 $\theta_1=\theta_2$;③若直线 l 上有一点在平面 α 内,则 l 在平面 α 内;④同时垂直于一条直线的两条直线平行. 其中正确命题的个数是(   ).

(A) 3　　(B) 2　　(C) 1　　(D) 0

6. 在正方体 $ABCD\text{-}A_1B_1C_1D_1$ 中，点 E 和点 F 分别在 A_1D 和 AC 上，且 $A_1E=\frac{2}{3}A_1D$，$AF=\frac{1}{3}AC$，则（　　）.

(A) EF 与 BD_1 异面　　(B) EF 与 A_1D 和 AC 都垂直

(C) EF 与 BD_1 相交　　(D) EF 至多与 A_1D 和 AC 两者之一垂直

7. 在长方体 $ABCD\text{-}A_1B_1C_1D_1$ 中，$AB=BC=2$，$AA_1=3$，E 是 BC 的中点，则直线 ED_1 与直线 BD 所成角的余弦值是（　　）.

(A) $\frac{\sqrt{7}}{28}$　　(B) $-\frac{\sqrt{7}}{28}$　　(C) $\frac{3\sqrt{7}}{14}$　　(D) $-\frac{3\sqrt{7}}{14}$

8. 如图 6-19，在四面体 $ABCD$ 中，$AC=8$，$BD=6$，M，N 分别为 AB，CD 的中点，且异面直线 AC 与 BD 所成的角为 $90°$. 求 MN 的长.

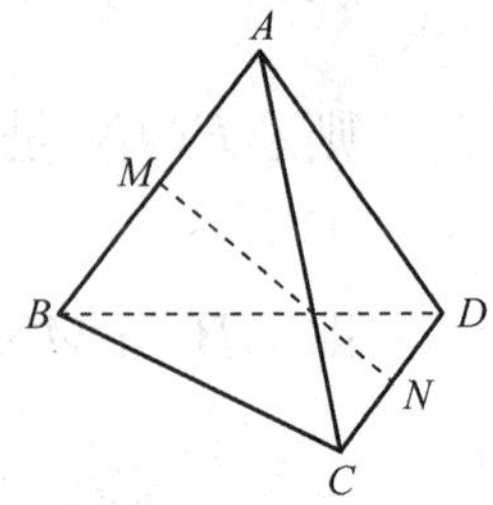

图 6-19

【能力提高】

1. 如图 6-20 所示，已知 $ABCD\text{-}A_1B_1C_1D_1$ 是棱长为 1 的正方体，黑白两只蚂蚁从点 A 出发沿棱向前爬行，每走完一条棱称为“走完一段”，白蚂蚁爬行的路线是 $AA_1\to A_1D_1\to\cdots\cdots$，黑蚂蚁爬行的路线是 $AB\to BB_1\to\cdots\cdots$，它们都遵循如下规则：所爬行的第 $i+2$ 段与第 i 段所在直线必须是异面直线（其中 i 是自然数），设黑、白蚂蚁都走完 2012 段后各停止在正方体的某个顶点处，这时黑、白两只蚂蚁的距离是________.

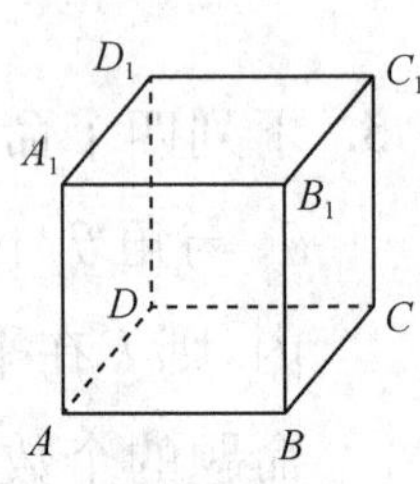

图 6-20

2. 如图 6-21，已知正方体 $ABCD\text{-}A_1B_1C_1D_1$ 的棱长为 2，点 E 是棱 A_1B_1 的中点.

(1) 求证：A_1B 与 EC_1 是异面直线；

(2) 求异面直线 A_1B 与 EC_1 所成角的大小.

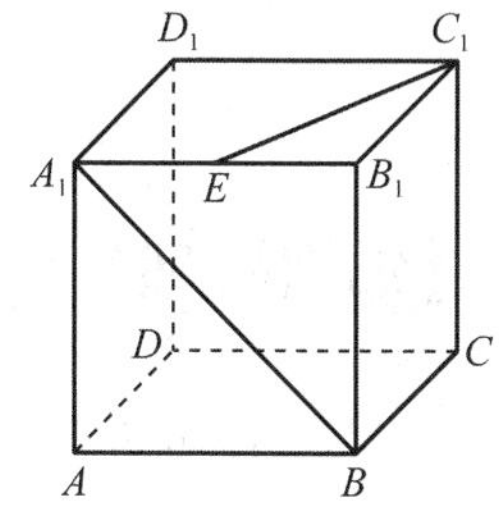

图 6-21

3. 如图 6-22，在四面体 $ABCD$ 中，$AD=BC$，E，F 分别为 AB，CD 的中点，若异面直线 AD 与 BC 所成的角为 $60°$，求异面直线 EF 与 BC 所成的角的大小.

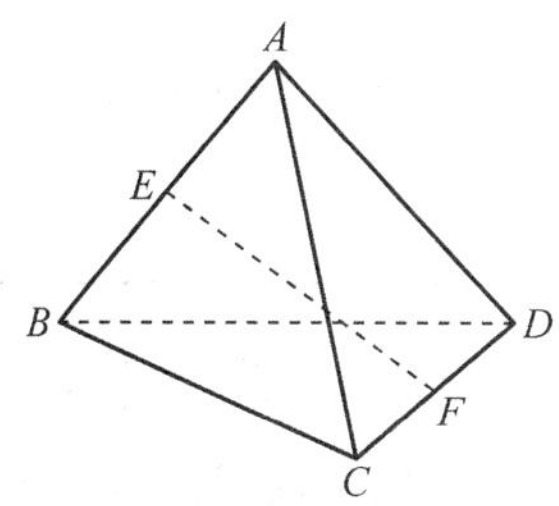

图 6-22

【归纳小结】

异面直线 a 和 b，在空间任取点 P，过点 P 分别作 a 和 b 的平行线 a' 和 b'，a' 和 b' 所成的锐角或直角即为异面直线所成的角. 值得注意的是，空间两条直线所成角的大小与点 P 的取法无关. 在解决问题时，应根据图形的特征，在适当的位置选取点 P. 判断两条直线是否为异面直线的方法主要有三种：①定义法：不同在任何一个平面内的两条直线叫做异面直线；②定理法：过平面内一点与平面外一点的直线，和这个平面内不经过该点的直线是异面直线；③反证法：判定两条直线既不平行也不相交，那么这两条直线就是异面直线.

6.3 直线与平面的位置关系

【知识梳理】

1. 空间直线与平面的位置关系(表 6-4)

表 6-4 空间直线与平面的位置关系及表示

位置关系	直线和平面的交点个数	符号语言	图形语言
直线在平面内	有无数个公共点	$a\subset\alpha$	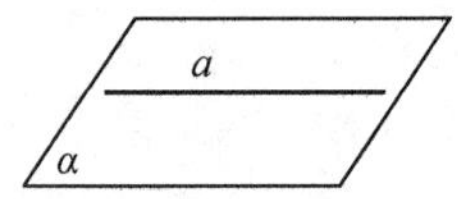
直线与平面相交	有且仅有一个公共点	$a\cap\alpha=A$	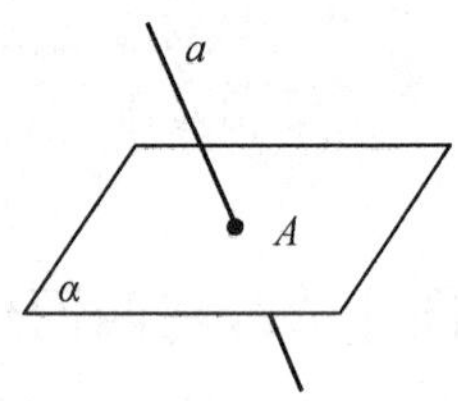
直线与平面平行	没有公共点	$a/\!/\alpha$	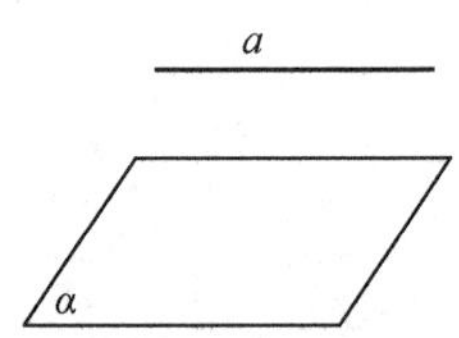

2. 直线与平面平行

(1) 线面平行判定定理:如果不在平面上的一条直线,与这个平面上的一条直线平行,那么这条直线与平面平行.

符号语言:若 $b\subset\alpha$, $a\not\subset\alpha$,且 $a/\!/b$,则 $a/\!/\alpha$.

(2) 线面平行性质定理:如果一条直线与一个平面平行,过这条直线的一个平面与此平面相交,那么其交线必与该直线平行.

符号语言:若 $a/\!/\alpha$, $a\subset\beta$, $\beta\cap\alpha=b$,则 $a/\!/b$(图 6-23).

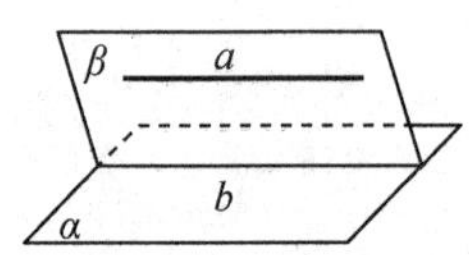

图 6-23

3. 直线与平面垂直

(1) 线面垂直的定义:如果一条直线与平面上的所有直线都垂直,就说这条直线与这个平面互相垂直.

(2) 线面垂直判定定理:如果一条直线与一个平面上的两条相交直线都垂直,那么此直线与该平面垂直.

(3) 线面垂直性质定理:垂直于同一个平面的两条直线相互平行.

推论 1:过一点有且只有一条直线与给定的平面垂直.

推论 2:过一点有且只有一个平面与给定的直线垂直.

4. 点面距和线面距

过平面 α 外任意一点 M,有且只有一条直线与平面 α 垂直,从而把点 M 与垂足之间的距离叫做点M到平面α的距离.

如果一条直线l平行于一个平面α,那么直线l上的任意两点到平面α的距离都相等,从而就可以把直线l上一点M到平面α的距离定义为直线l与平面α的距离.

5. 直线和平面所成角

定义:平面的一条斜线和它在平面上的投影所成的锐角,叫做这条直线和这个平面所成的角.我们约定,如果一条直线垂直于平面,它们所成的角等于$90°$;如果一条直线平行于平面或在该平面时,它们所成的角为$0°$.直线与平面所成角θ的范围是$[0°, 90°]$.

6. 三垂线定理

平面上的一条直线和这个平面的一条斜线垂直的充要条件是它和这条斜线在平面上的投影垂直.

【讲练平台】

考点1 线面平行的判定和性质

例1 已知P为平行四边形$ABCD$所在平面外一点,M为PB的中点.求证:$PD//$平面MAC.

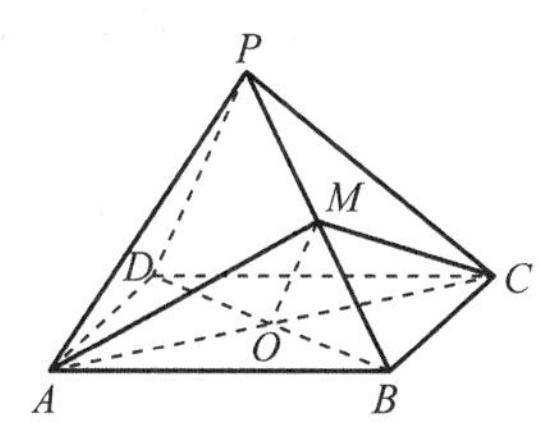

图6-24

解 如图6-24,连接BD,交AC于点O,连接MO.因为M为PB的中点,O为BD的中点,所以$MO//PD$.又MO在平面MAC上,而PD不在平面MAC上,由直线与平面平行的判定定理,得$PD//$平面MAC.

考点2 线面垂直的判定和性质

例2 如图6-25,$PA\perp$平面$ABCD$,底面$ABCD$为矩形,$AE\perp PB$于点E, $AF\perp PC$于点F.

(1) 求证:$PC\perp$平面AEF;

(2) 设平面AEF交PD于点G,求证:$AG\perp PD$.

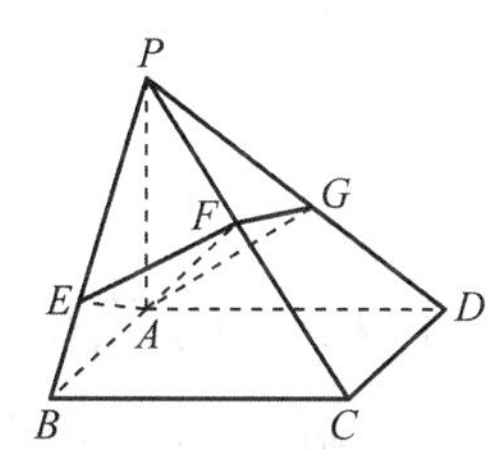

图6-25

证明 (1) 因为$PA\perp$平面$ABCD$, $BC\subset$平面$ABCD$,所以$PA\perp BC$.

又$AB\perp BC$,$PA\cap AB=A$,

所以$BC\perp$平面PAB, $AE\subset$平面PAB,

所以$AE\perp BC$.又$AE\perp PB$, $PB\cap BC=B$,

所以$AE\perp$平面PBC,

而$PC\subset$平面PBC,

所以$AE\perp PC$.

又因为$PC\perp AF$, $AE\cap AF=A$,

所以$PC\perp$平面AEF.

(2) 由(1)知$PC\perp$平面AEF,又$AG\subset$平面AEF,

所以$PC\perp AG$,

同理$CD\perp$平面PAD, $AG\subset$平面PAD,

所以 $CD\perp AG$，又 $PC\cap CD=C$，

所以 $AG\perp$ 平面 PCD，

而 $PD\subset$ 平面 PCD，

所以 $AG\perp PD$.

考点 3　线面所成角的求法

例 3　如图 6-26 所示，在 Rt$\triangle BMC$ 中，斜边 $BM=5$，它在平面 ABC 上的射影 AB 的长为 4，$\angle MBC=60^\circ$，求直线 MC 与平面 CAB 所成的角的正弦值.

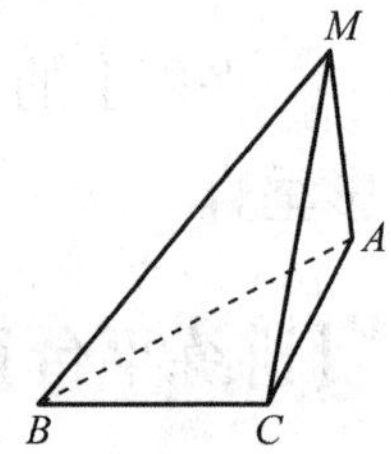

图 6-26

解　由题意知，A 是 M 在平面 ABC 内的射影，所以 $MA\perp$ 平面 ABC，

所以 MC 在平面 CAB 内的射影为 AC.

所以 $\angle MCA$ 即为直线 MC 与平面 CAB 所成的角.

又因为在 Rt$\triangle MBC$ 中，$BM=5$，$\angle MBC=60^\circ$，

所以 $MC=BM\sin\angle MBC=5\sin 60^\circ=5\times\frac{\sqrt{3}}{2}=\frac{5\sqrt{3}}{2}$.

在 Rt$\triangle MAB$ 中，$MA=\sqrt{MB^2-AB^2}=\sqrt{5^2-4^2}=3$.

在 Rt$\triangle MAC$ 中，$\sin\angle MCA=\frac{MA}{MC}=\frac{3}{\frac{5\sqrt{3}}{2}}=\frac{2\sqrt{3}}{5}$.

即直线 MC 与平面 CAB 所成的角的正弦值为 $\frac{2\sqrt{3}}{5}$.

考点 4　点到平面距离的求法

例 4　如图 6-27 所示，棱长为 1 的正方体 $ABCD\text{-}A'B'C'D'$ 中，E，F 分别是棱 AA'，BB' 的中点，求点 B' 到平面 $D'EF$ 的距离.

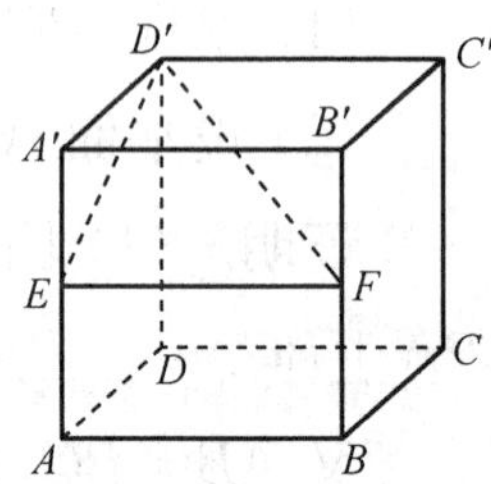

图 6-27

分析　利用 $A'B'/\!/EF$ 得到点 B' 到平面 $D'EF$ 的距离即为点 A' 到平面 $D'EF$ 的距离，利用等面积法求出距离.

解　由已知得 $A'B'/\!/EF$，所以 $A'B'/\!/$ 平面 $D'EF$，

所以点 B' 到平面 $D'EF$ 的距离即为点 A' 到平面 $D'EF$ 的距离.

作 $A'H\perp ED'$，交 ED' 于点 H.

由 $EF\perp$ 平面 $ADD'A'$，可得 $EF\perp A'H$. 而 $EH\perp A'H$，又 $D'E\cap EF=E$，所以 $A'H\perp$ 平面 $D'EF$.

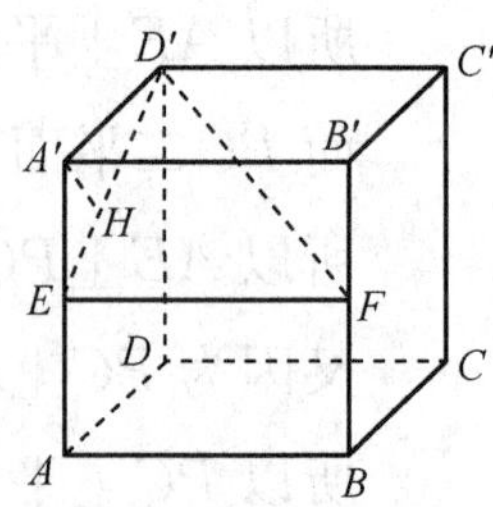

图 6-28

在 $\triangle A'ED'$ 中，$A'E=\frac{1}{2}$，$A'D'=1$，$ED'=\frac{\sqrt{5}}{2}$，利用等面积法求出 $A'H=\frac{\sqrt{5}}{5}$.

考点 5　三垂线定理的应用

例 5　如图 6-29 所示，已知 $PA\perp\odot O$ 所在平面，AB 为 $\odot O$ 的直径，C 是圆周上的任意

一点，过点 A 作 $AE\perp PC$ 于点 E. 求证：$AE\perp$ 平面 PBC.

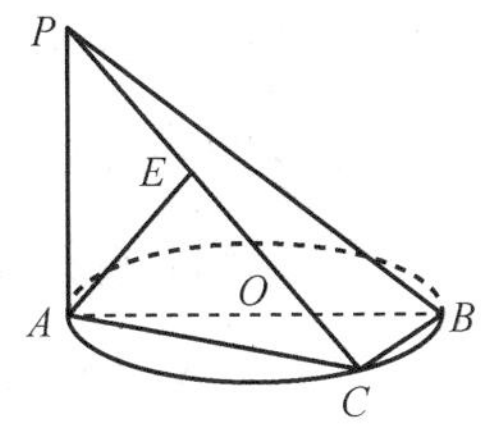

图 6-29

分析　根据 AB 是⊙O 的直径，得 $BC\perp AC$，再由 $PA\perp$⊙O 所在平面得 $BC\perp PA$，然后利用线面垂直的判定定理证得 $BC\perp$ 面 PAC，进而得到 $BC\perp AE$，再由 $AE\perp PC$ 证明即可.

证明　由已知得 $PA\perp$⊙O 所在平面，所以 $PA\perp BC$.

由 AB 是⊙O 的直径，得 $BC\perp AC$，

所以 $BC\perp$ 平面 PAC，因此 $BC\perp AE$.

又 $AE\perp PC$，$BC\cap PC=C$，所以 $AE\perp$ 平面 PBC.

【基础训练】

1. 如图 6-30 所示，在正方体 $ABCD$-$A_1B_1C_1D_1$ 中，P 为 AB_1 上的任意一点，有下面三个命题：①$PB/\!/$平面 CC_1D_1D；②$BD_1\perp AC$；③$BD_1\perp PC$. 上述命题中正确命题的序号为______（填序号）.

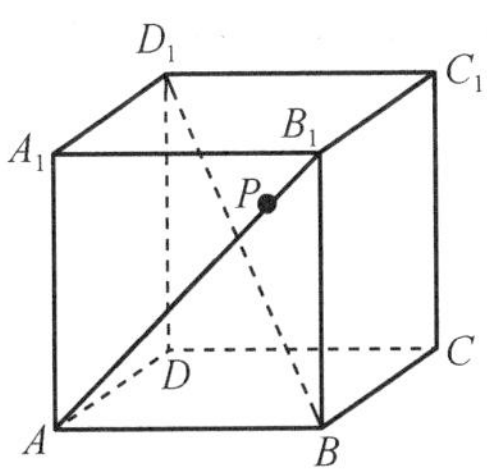

图 6-30

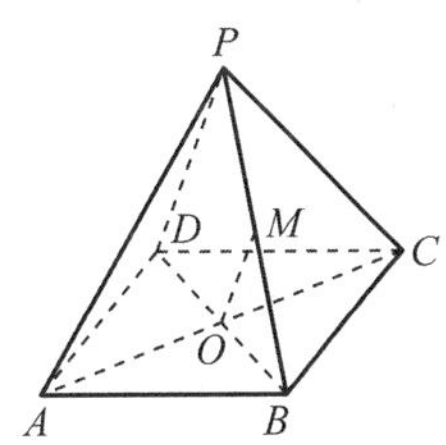

图 6-31

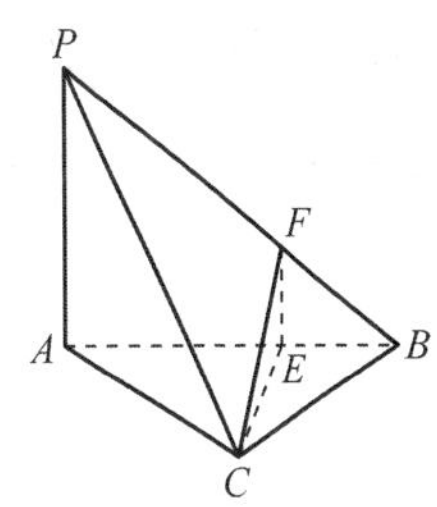

图 6-32

2. 如图 6-31 所示，P 为矩形 $ABCD$ 所在平面外一点，矩形对角线的交点为 O，M 为 PB 的中点，给出五个结论：①$OM/\!/PD$；②$OM/\!/$平面 PCD；③$OM/\!/$平面 PDA；④$OM/\!/$平面 PBA；⑤$OM/\!/$平面 PBC. 其中正确的个数是（　　）.

(A) 1　　(B) 2　　(C) 3　　(D) 4

3. 如图 6-32 所示，$PA\perp$ 平面 ABC，$\angle ACB=90^\circ$，$EF/\!/PA$，且 CE 与 AB 不垂直，则图中直角三角形的个数是________个.

4. 已知等腰 Rt△ABC 的斜边 AB 在平面 α 内，若 AC 与 α 所成的角为 30°，则斜边上的中线 CM 与 α 所成的角为________.

5. 如图 6-33 所示，在正方体 $ABCD$-$A_1B_1C_1D_1$ 中，与直线 AD_1 垂直的平面是（　　）.

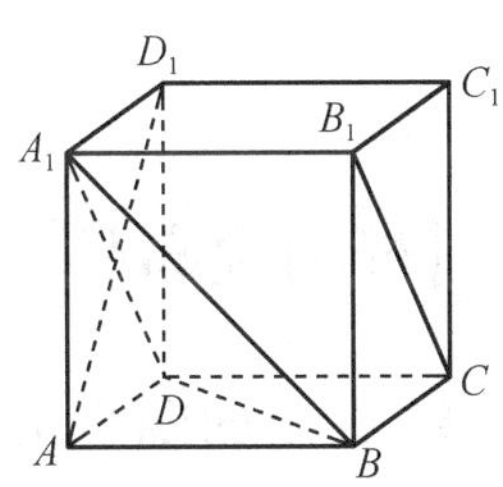

图 6-33

(A) 平面 DD_1C_1C　　(B) 平面 A_1DCB_1

(C) 平面 $A_1B_1C_1D_1$　　(D) 平面 A_1DB

6. 已知点 P 是△ABC 所在平面外一点，且 $PA=PB=PC$，则点 P 在平面 ABC 上的射影一定是△ABC 的（　　）.

(A) 内心　　(B) 外心　　(C) 垂心　　(D) 重心

7. 如图 6-34 所示，M，N 分别为菱形 $ABCD$ 的边 BC，CD 的中点，将菱形沿对角线 AC 折起，使点 D 不在平面 ABC 内，则在翻折过程中，下列选项错误的个数是（　　）.

① 异面直线 AC 与 MN 所成的角为定值；

② $MN /\!/$ 平面 ABD；

③ 若存在某个位置，使得直线 AD 与直线 BC 垂直，则 $\angle ABC$ 的取值范围是 $\left(0, \dfrac{\pi}{2}\right)$.

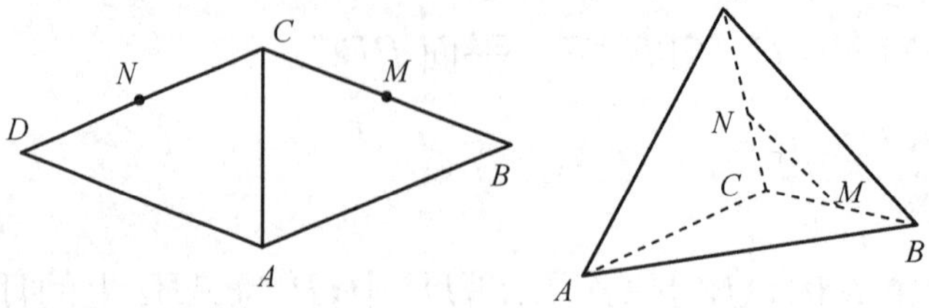

图 6-34

(A) 0　　(B) 1　　(C) 2　　(D) 3

8. 如图 6-35，在 $\text{Rt}\triangle BMC$ 中，斜边 $BM=5$，$MA\perp$ 平面 ABC，$AB=4$，$\angle MBC=60°$，求直线 MC 与平面 ABC 所成角的正弦值.

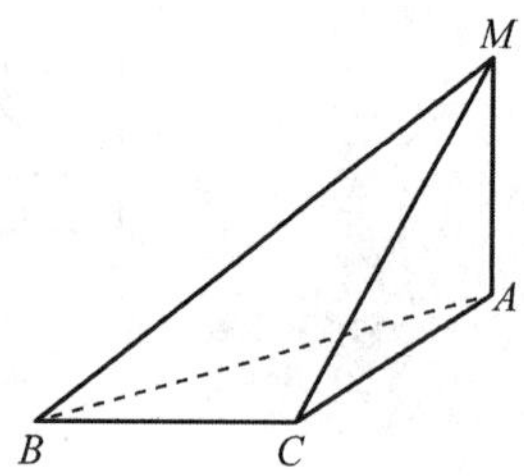

图 6-35

【能力提高】

1. 在下面四个正方体 $ABCD\text{-}A'B'C'D'$ 中，M，N，P 均为所在棱的中点，过 M，N，P 作正方体截面，则下列图形中，平面 MNP 不与直线 $A'C$ 垂直的是（　　）.

(A)

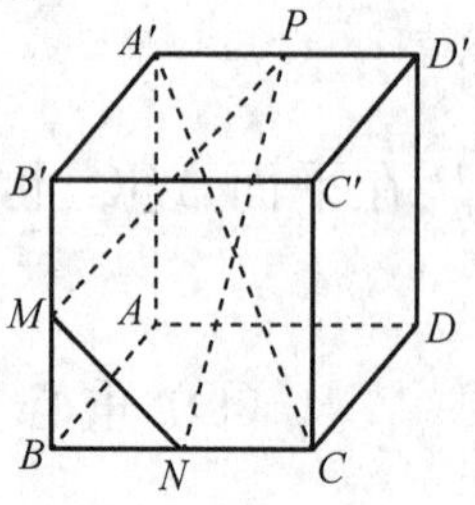

(B)

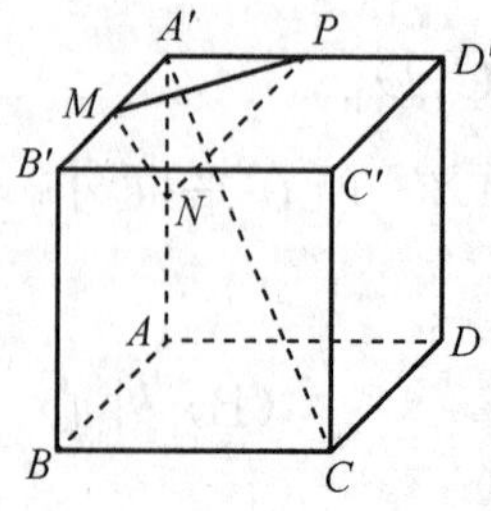

(C) 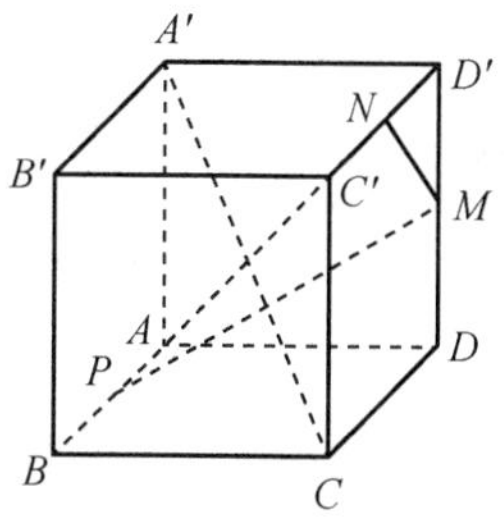

(D) 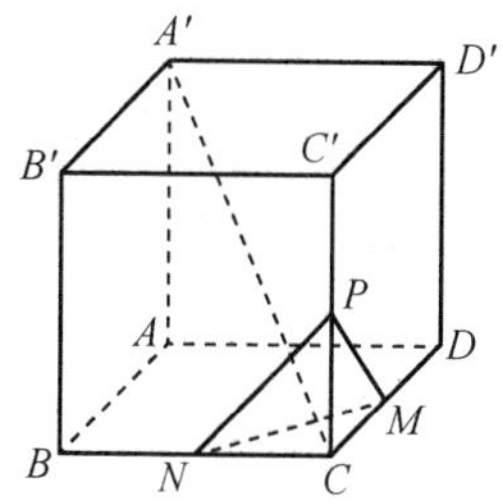

2. 如图 6-36 所示，在四棱锥 $P\text{-}ABCD$ 中，BC//平面 PAD，$BC=\frac{1}{2}AD$，E 是 PD 的中点.

(1) 求证：BC//AD；

(2) 求证：CE//平面 PAB；

(3) 若 M 是线段 CE 上一动点，则线段 AD 上是否存在点 N，使 MN//平面 PAB？说明理由.

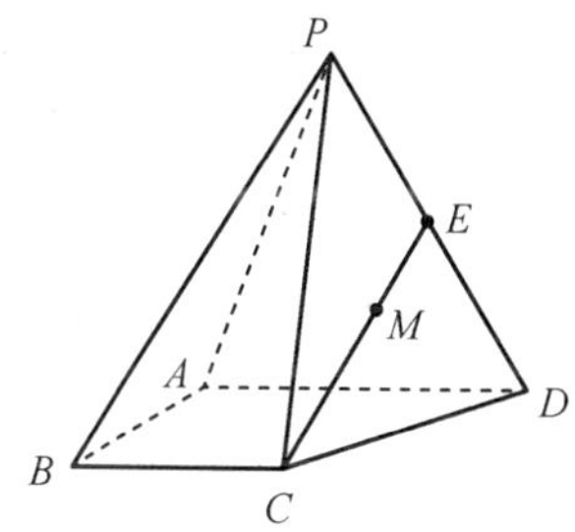

图 6-36

3. 已知$\angle MON$ 在平面 α 上，P 是平面 α 外的点，直线 OP 是平面 α 的斜线，$\angle POM=\angle PON=45°$，$OP=9$，$\angle MON=60°$，求点 P 到 α 的距离.

【归纳小结】

直线与平面的位置关系有平行、相交、直线在平面内，其中相交分为垂直相交和斜交两种情况. 线面垂直时，它们所成的角为 90°；线面平行或线在平面内时，它们所成的角为 0°. 线面斜交时，直线与其在平面内的投影所成的锐角为线面所成的角. 点到平面的距离，关键是通过线面垂直，找到点在平面内的投影. 线面垂直判定的关键在于证明面外直线垂直于面内两条相交直线，三垂线定理主要描述的是平面的斜线、平面内的直线和斜线在平面内的投影这三者之间的关系.

6.4 平面与平面的位置关系

【知识梳理】

1. 平面与平面平行

(1) 两个平面平行的定义：如果两个平面没有公共点，那么这两个平面互相平行，也称为平行平面. 如果平面 α 平行于平面 β，记作 $\alpha /\!/ \beta$.

(2) 平面与平面平行的判定定理：一个平面内的两条相交直线与另一个平面平行，则这两个平面平行. 符号表示：$a \subset \alpha$，$b \subset \alpha$，$a \cap b = P$，$a /\!/ \beta$，$b /\!/ \beta \Rightarrow \alpha /\!/ \beta$.

(3) 平面平行的性质定理：如果两个平行平面同时和第三个平面相交，那么它们的交线平行.

(4) 平行平面的距离：两个平行平面的距离为其中一个平面上的任意一点到另外一个平面的距离.

2. 二面角

(1) 二面角的定义：从一条直线出发的两个半平面所组成的图形称为二面角，这条直线称为二面角的棱，这两个半平面称为二面角的面. 记作：二面角 $\alpha-l-\beta$，二面角 $\alpha-AB-\beta$ 或者二面角 $A-BC-D$.

(2) 二面角平面角的定义：以二面角棱上任意一点为顶点，在两个半平面内分别作垂直于棱的两条射线，这两条射线所组成的角称为二面角的平面角，二面角的取值范围为 $[0, \pi]$.

3. 面面垂直

(1) 平面与平面垂直的判定定理：如果一个平面经过另一个平面的一条垂线，那么这两个平面垂直.

(2) 平面与平面垂直的性质定理：如果两个平面垂直，那么其中一个平面上垂直于两平面交线的直线与另一个平面垂直.

【讲练平台】

考点 1 平面和平面平行的判定和性质

例 1 如图 6-37 所示，两条异面直线 BA，DC 与两平行平面 α，β 分别交于点 B，A 和 D，C，点 M，N 分别是 AB，CD 的中点，求证：$MN /\!/$ 平面 α.

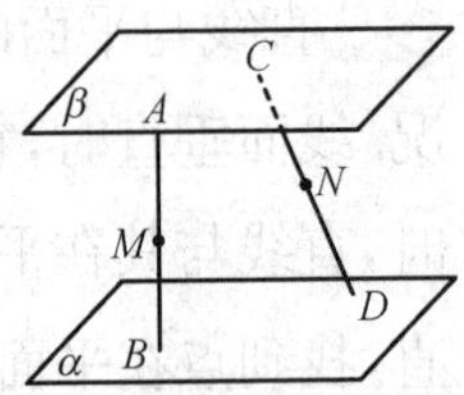

图 6-37

证明 如图 6-38，过点 A 作 $AE /\!/ CD$ 交 α 于点 E，

取 AE 的中点 P，连接 MP，PN，BE，ED，BD，AC，MN.

因为 $AE /\!/ CD$，所以 AE，CD 确定平面 $AEDC$.

则平面 $AEDC \cap \alpha = DE$，平面 $AEDC \cap \beta = AC$.

因为 $\alpha /\!/ \beta$，所以 $AC /\!/ DE$.

又 P，N 分别为 AE，CD 的中点，

所以 $PN /\!/ DE$，$PN \not\subset \alpha$，$DE \subset \alpha$，所以 $PN /\!/ \alpha$.

又 M，P 分别为 AB，AE 的中点，

所以 $MP /\!/ BE$，且 $MP \not\subset \alpha$，$BE \subset \alpha$.

所以 $MP /\!/ \alpha$. 因为 $MP \cap PN = P$，

所以平面 $MPN /\!/ \alpha$.

又 $MN \subset$ 平面 MPN，所以 $MN /\!/$ 平面 α.

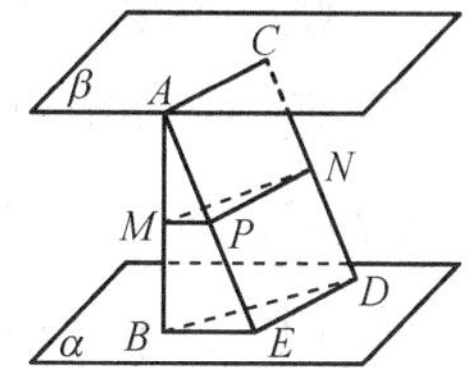

图 6-38

考点 2 **二面角的定义和求法**

例 2 如图 6-39，把等腰直角三角形 ABC 沿斜边 AB 旋转至 $\triangle ABD$ 的位置，使 $CD = AC$.

(1) 求证：平面 $ABD \perp$ 平面 ABC.

(2) 求二面角 $C\text{-}BD\text{-}A$ 的余弦值.

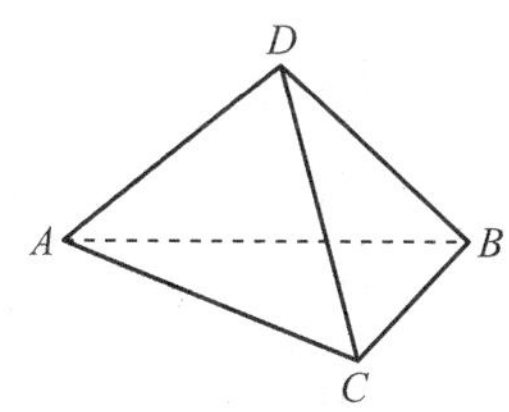

图 6-39

解 (1) 证明：如图 6-40，取 AB 的中点 O，连接 OD.

因为 $\triangle ABD$ 是等腰直角三角形，

所以，$DO \perp AB$，且 $DO = \dfrac{\sqrt{2}}{2}AD$.

连接 OC，同理得 $CO \perp AB$，且 $CO = \dfrac{\sqrt{2}}{2}AC$.

又因为 $AD = AC$，所以 $DO = CO = \dfrac{\sqrt{2}}{2}AC$.

因为 $CD = AC$，所以 $DO^2 + CO^2 = CD^2$，

所以 $\triangle CDO$ 为等腰直角三角形，$DO \perp CO$，

又 $AB \cap CO = O$，所以，$DO \perp$ 平面 ABC；

又因为 $DO \subset$ 平面 ABD，所以，平面 $ABD \perp$ 平面 ABC.

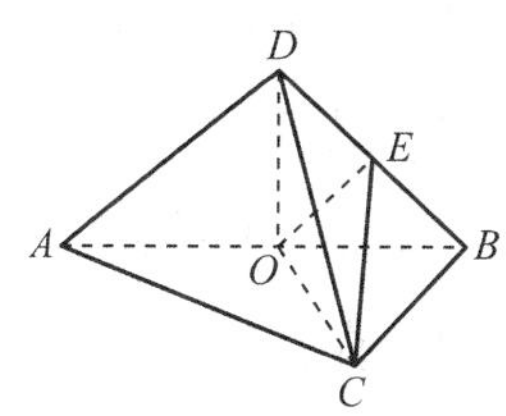

图 6-40

(2) 取 BD 的中点 E，连接 CE，OE.

因为 $\triangle BCD$ 为等边三角形，所以 $CE \perp BD$.

又因为 $\triangle BOD$ 为等腰直角三角形，所以 $OE \perp BD$.

所以，$\angle OEC$ 为二面角 $C\text{-}BD\text{-}A$ 的平面角.

由(1)可证得 $OC \perp$ 平面 ABD，所以，$OC \perp OE$.

所以，$\triangle COE$ 为直角三角形.

设 $BC = 1$，则 $CE = \dfrac{\sqrt{3}}{2}$，$OE = \dfrac{1}{2}$，所以，$\cos\angle OEC = \dfrac{OE}{CE} = \dfrac{\sqrt{3}}{3}$，即二面角 $C\text{-}BD\text{-}A$ 的余弦值为 $\dfrac{\sqrt{3}}{3}$.

考点 3 平面和平面垂直的判定和性质

例 3 如图 6-41 所示，在四棱锥 $A-BCDE$ 中，底面 $BCDE$ 为正方形，平面 $ABE\perp$ 底面 $BCDE$，$AB=AE$.

(1) 求证：平面 $ADE\perp$ 平面 ABE；

(2) 在棱 DE 上求作一点 P，使得 $CP\perp AD$，并说明理由.

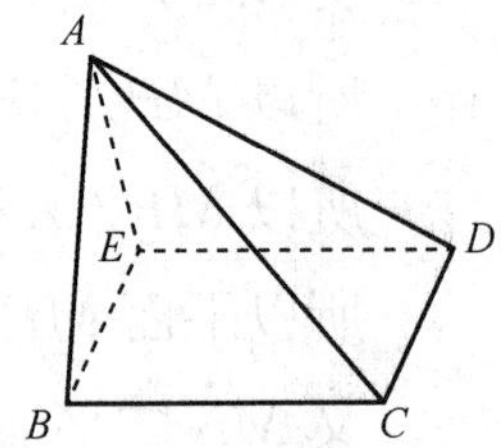

图 6-41

解 (1) 因为底面 $BCDE$ 为正方形，所以 $DE\perp BE$，

又平面 $ABE\perp$ 底面 $BCDE$，且平面 $ABE\cap$ 底面 $BCDE=BE$，

所以 $DE\perp$ 平面 ABE，

因为 $DE\subset$ 平面 ADE，所以平面 $ADE\perp$ 平面 ABE.

(2) 如图 6-42 所示，取 BE 的中点 F，连接 AF，DF，过点 C 作 $CP\perp DF$，交 DE 于点 P，则点 P 即为所求点.

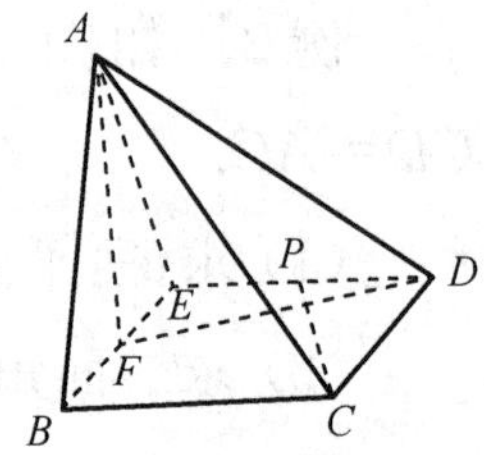

图 6-42

因为 $AB=AE$，所以 $AF\perp BE$，

因为平面 $ABE\perp$ 底面 $BCDE$，所以 $AF\perp$ 平面 $BCDE$，

因为 $CP\subset$ 平面 $BCDE$，所以 $AF\perp CP$，

因为 $CP\perp DF$，$AF\cap DF=F$，所以 $CP\perp$ 平面 ADF，

又 $AD\subset$ 平面 ADF，所以 $CP\perp AD$.

【基础训练】

1. 若平面 α 内有不共线的三点到平面 β 的距离相等且不为零，则 α 与 β 的位置关系为________.

2. 已知点 A 在平面 α 外，三个不同的点 B，C，D 在 α 内，且 AB 是平面 α 的垂线，AC 是平面 α 的斜线，$CD\subset\alpha$，$CD\perp AC$，则面面垂直的有__________.

3. 在正方体 $ABCD-A_1B_1C_1D_1$ 中，截面 A_1BD 与底面 $ABCD$ 所成的二面角 A_1-BD-A 的正切值为__________.

4. 如图 6-43 所示，在正方体 $ABCD-A_1B_1C_1D_1$ 中，E，F，G 分别是棱 A_1B_1，BB_1，B_1C_1 的中点，则下列结论中：

① $FG\perp BD$； ② $B_1D\perp$ 平面 EFG；

③ 平面 EFG//平面 ACC_1A_1； ④ EF//平面 CDD_1C_1.

正确结论的序号是__________.

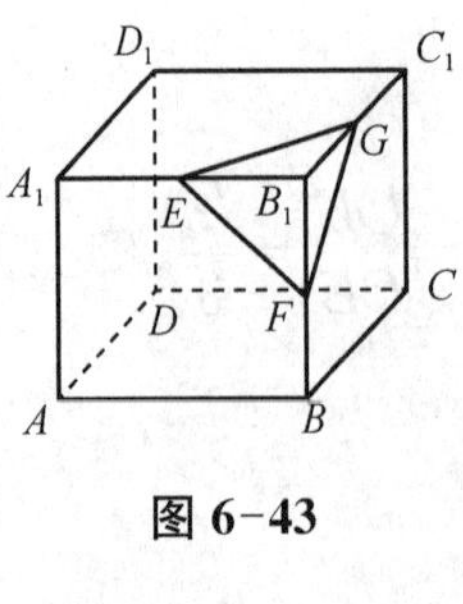

图 6-43

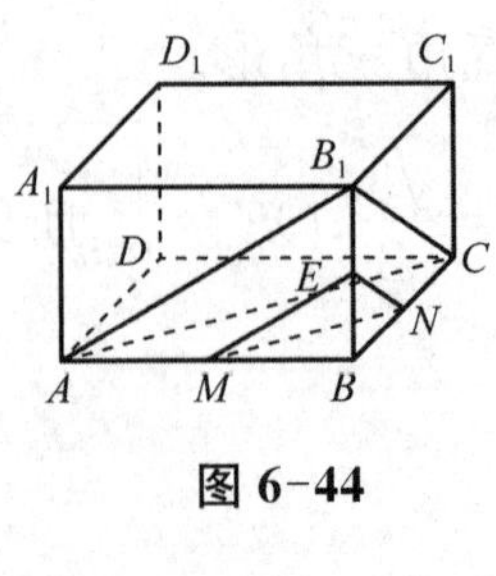

图 6-44

5. 如图 6-44，在长方体 $ABCD-A_1B_1C_1D_1$ 中，过 BB_1 的中点 E 作一个与平面 ACB_1 平行

的平面交 AB 于点 M，交 BC 于点 N，则 $\dfrac{MN}{AC}=$________.

6. 下列四个正方体中，A，B，C 为正方体所在棱的中点，则能得出平面 ABC//平面 DEF 的是(　　).

(A) 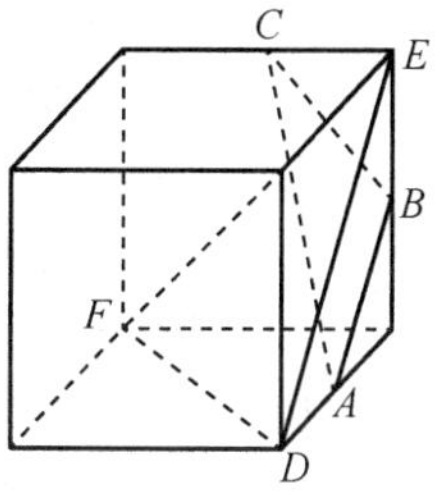

(B) 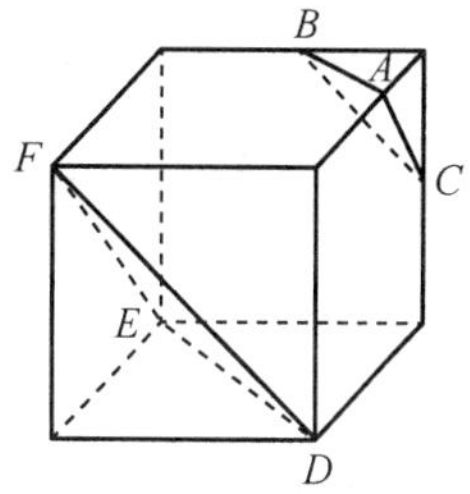

(C) 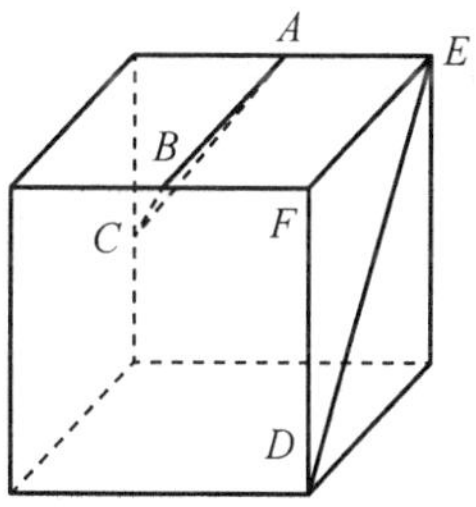

(D) 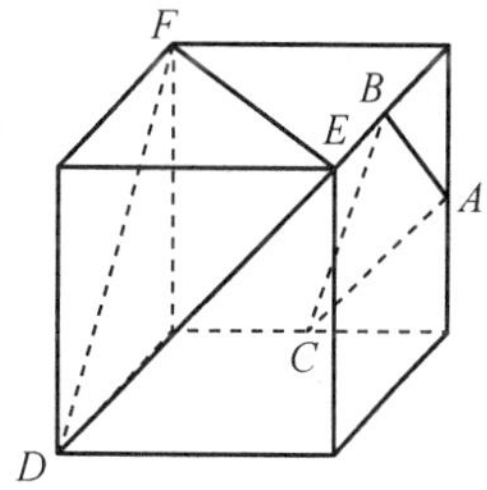

7. 自二面角内一点分别向两个面作垂线，求证：它们所成的角与二面角的平面角相等或互补.

8. 把边长为 4 的正方形 $ABCD$，沿对角线 BD 折成空间四边形 $ABCD$，使得平面 $ABD\perp$平面 BCD，求空间四边形 $ABCD$ 的对角线 AC 的长.

【能力提高】

1. 如图 6-45，二面角 $\alpha-l-\beta$ 的大小是 60°，线段 $AB\subset\alpha$，点 $B\in l$，AB 与 l 所成的角为 30°，则 AB 与平面 β 所成角的正弦值是________.

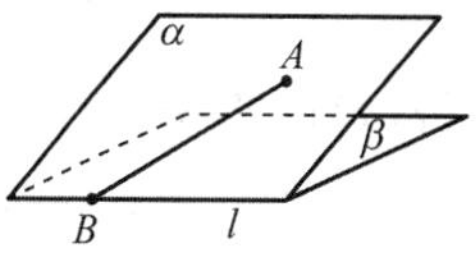

图 6-45

2. 如图 6-46，已知 Rt$\triangle ABC$，斜边 $BC\subset\alpha$，点 $A\notin\alpha$，$AO\perp\alpha$，O 为垂足，$\angle ABO=30°$，$\angle ACO=45°$，求二面角 A-BC-O 的大小.

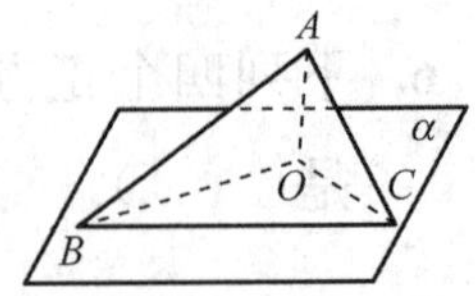

图 6-46

3. 已知二面角 α-a-β 的大小为 $135°$，$A\in\alpha$，$AE\perp a$，E 为垂足，$B\in\beta$，$BF\perp a$，F 为垂足，$AE=2$，$BF=3$，$EF=1$，P 是棱上动点，则 $AP+PB$ 的最小值为__________.

【归纳小结】

面面平行和面面垂直的判定都是通过线面关系的推理论证进而形成面面关系，性质定理则是通过面面关系探求线面关系. 在求平面与平面所成的二面角时，关键是作出二面角的平面角，而作平面角的关键是找出棱上的某个点，使过这个点能分别在两个面内作出棱的垂线. 这样就把求二面角的大小转化为求平面角的大小.

6.5 多面体和旋转体

【知识梳理】

1. 棱柱与圆柱

(1) 棱柱：有一对互相平行的面，且这两个面是两个全等的三角形或平面多边形，不在这两个面上的棱都相互平行的多面体，称为棱柱. 那一对互相平行的面称为棱柱的底面，其余的面称为棱柱的侧面，不在底面上的棱称为棱柱的侧棱，而棱柱的两个底面之间的距离称为棱柱的高.

(2) 棱柱的分类：侧棱垂直于底面的棱柱称为直棱柱，否则称为斜棱柱；底面是正多边形的直棱柱称为正棱柱. 按照棱柱底面的多边形的边数把棱柱分为三棱柱、四棱柱、五棱柱等.

(3) 棱柱的常用表示：常用表示两底面多边形的记号(顶点相应排列)再用短横连接来表示.

(4) 圆柱：将矩形 $ABCD$ 绕其一条边 AB 所在直线旋转一周，所形成的几何体叫做圆柱. AB 所在直线叫做该圆柱的轴，线段 AD 和 BC 分别旋转而成的圆面叫做该圆柱的底面，线段 CD 旋转而成的曲面叫做该圆柱的侧面，CD 叫做该圆柱的母线，圆柱的两个底面间的距离(即 AB 的长度)叫做该圆柱的高.

根据圆柱的形成过程，易知圆柱有两个相互平行的底面，有无穷多条母线，且所有母线都与其轴平行.

棱柱和圆柱统称为柱体.

2. 棱锥与圆锥

(1) 棱锥：有一个面是三角形或平面多边形，且不在这个面上的棱都有一个公共点，这样的多面体叫做棱锥. 这个三角形或平面多边形称为棱锥的底面，其余的面称为棱锥的侧面，不在底面上的棱称为棱锥的侧棱，所有侧棱的公共点称为棱锥的顶点. 顶点到底面的距离叫做棱锥的高. 如果棱锥的底面是正多边形，且底面中心与顶点的连线垂直于底面，那么这个棱锥叫做正棱锥.

(2) 棱锥的分类：按照底面多边形的边数：三棱锥、四棱锥、五棱锥等.

(3) 棱锥的常用表示：棱锥常用表示其顶点的字母与表示其底面多边形的记号之间加短横来记，例如三棱锥可记为 P-ABC，四棱锥可记为 P-$ABCD$，六棱锥可记为 P-$ABCDEF$.

(4) 圆锥：将直角三角形 AOB(O 为直角顶点)绕其一条直角边 AO 所在直线旋转一周，所形成的几何体叫做圆锥. 其中，AO 所在直线叫做圆锥的轴，点 A 叫做圆锥的顶点，直角边 OB 旋转而成的圆面叫做圆锥的底面，斜边 AB 旋转而成的曲面叫做圆锥的侧面，斜边 AB 叫做圆锥的母线，圆锥的顶点到底面间的距离(即 AO 的长度)叫做圆锥的高.

圆锥可用表示顶点的字母与表示底面圆心的字母之间加短横来记，如圆锥 A-O.

3. 棱台与圆台

(1) 棱台：如果棱锥被一个平行于底面的平面所截，那么截去一个小棱锥后剩下的多面体称为棱台. 其中，由正棱锥截得的棱台称为正棱台.

(2) 圆台：大圆锥截去小圆锥后剩下的几何体称为圆台. 圆台是由直角梯形绕其一条直角边旋转一周所形成的的几何体.

4. 球

将圆心为 O 的半圆面绕其直径所在的直线旋转一周，所形成的几何体叫做球，记作球 O. 半圆的圆弧绕直径旋转所形成的旋转面叫做球面，点 O 到球面上任意一点的距离都相等，点 O 就叫做球心，把原半圆的半径和直径分别叫做球的半径和直径. 所有经过球心的直线都可以作为球的旋转轴，每条旋转轴与球面交点之间的线段都是球的直径.

在球的半径确定的情况下，截面的大小只和截面与球心的距离有关. 离球心越远，截面越小；离球心越近，截面越大. 特别地，当平面经过球心时，此时的截面最大，截面的边界称为球的大圆. 为了区分，也把球的非大圆截面称为小圆.

把地球看作一个球体，设直径 AB 的端点分别是地球的北极点和南极点，过 AB 的大圆的圆周成为经线；用平行于赤道的平面截地球得到的小圆的圆周为纬线.

5. 多面体与旋转体

(1) 多面体：由三角形和平面多边形围成的封闭几何体称为多面体. 棱柱、棱锥、棱台等几何体都是多面体.

多面体可以用它的面的数量进行命名，有几个面的多面体就称为几面体.

(2) 正多面体：如果一个多面体的所有面都是全等的正三角形或正多边形，每个顶点聚集的棱的条数都相等，这个多面体就称为正多面体. 只有五种正多面体：正四面体、正六面体、正八面体、正十二面体、正二十面体.

(3) 旋转体：由一个平面封闭图形绕其所在平面上的一条定直线旋转一周所形成的空间封闭几何体称为旋转体，这条直线称为该旋转体的轴.

(4) 旋转面：一条平面曲线(包括直线、折线等)绕其所在平面上的一条直线旋转一周所形成的空间图形称为旋转面.

【讲练平台】

考点1 棱柱的定义和性质

例 1 下面的几何体中是棱柱的有(　　).

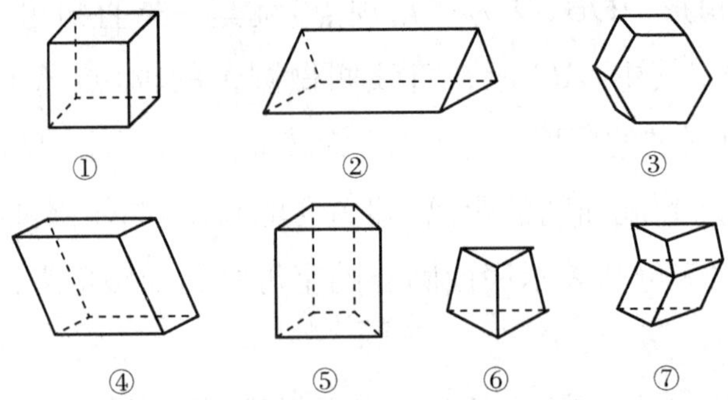

(A) 3 个　　(B) 4 个　　(C) 5 个　　(D) 6 个

解 棱柱有三个特征：(1)有两个面相互平行；(2)其余各面是四边形；(3)侧棱相互平行. 本题所给几何体中⑥⑦不符合棱柱的三个特征，而①②③④⑤符合，故选 C.

考点2 圆柱的定义和性质

例 2 用一张长为 8，宽为 4 的矩形硬纸卷成圆柱的侧面，则相应圆柱的底面半径是________.

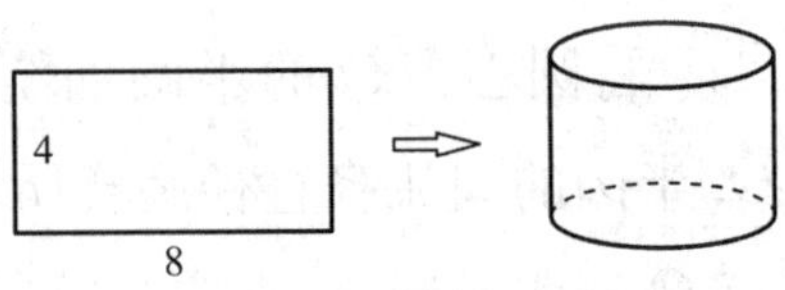

图 6-47

解 如图 6-47 所示，设底面半径为 r，若矩形的长 8 恰好为卷成圆柱底面的周长，则 $2\pi r=8$，所以 $r=\frac{4}{\pi}$；同理，若矩形的宽 4 恰好为卷成圆柱的底面周长，则 $2\pi r=4$，所以 $r=\frac{2}{\pi}$.

考点3 棱锥(台)定义和性质

例 3 如图 6-48 所示，用一个平行于圆锥 SO 底面的平面截这个圆锥，截得圆台上、下底面的半径分别为 2 cm 和 5 cm，圆台的母线长是 12 cm，求圆锥 SO 的母线长.

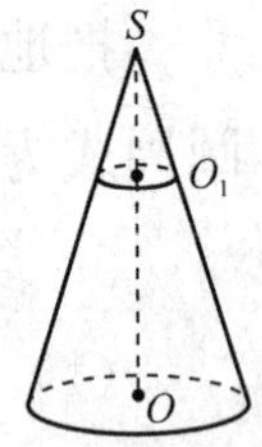

图 6-48

解 如图 6-49，过圆台的轴作截面，截面为等腰梯形 $ABCD$.

由已知可得上底半径 $O_1A=2$ cm，下底半径 $OB=5$ cm，

且腰长 $AB=12$ cm. 设截得此圆台的圆锥的母线长为 l，

则由 $\triangle SAO_1\backsim\triangle SBO$，可得 $\frac{l-12}{l}=\frac{2}{5}$，所以 $l=20$ cm，

即截得此圆台的圆锥的母线长为 20 cm.

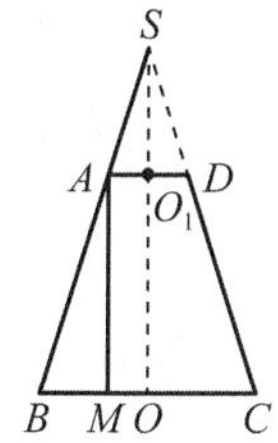

图 6-49

考点 4　圆锥(台)的定义和性质

例 4　已知某圆锥轴截面的顶角为 120°，过圆锥顶点的平面截此圆锥所得截面面积的最大值为 2，求该圆锥的底面半径.

解　如图 6-50 所示，由题可知，$\angle APB=120°$，$\angle ABP=30°$，

又过圆锥顶点的平面截此圆锥所得截面面积的最大值为 2，

所以 $\frac{1}{2}l^2=2$，即 $l=2$，

在直角 $\triangle POB$ 中，$r=l\cos 30°=2\times\frac{\sqrt{3}}{2}=\sqrt{3}$.

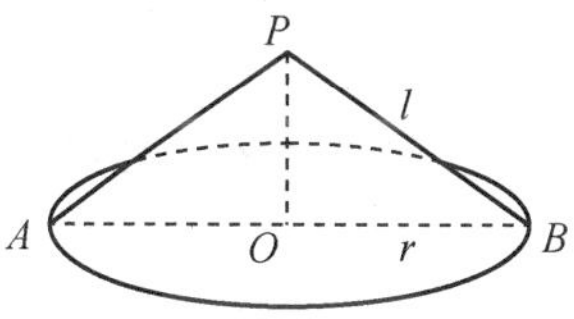

图 6-50

考点 5　球的定义和性质

例 5　已知球的两个平行截面的面积分别为 5π 和 8π，它们位于球心的同侧，且距离等于 1，求这个球的半径.

解　如图 6-51，设这两个截面圆的半径分别为 r_1，r_2，

球心到截面的距离分别为 d_1，d_2，球的半径为 R，

则 $\pi r_1^2=5\pi$，$\pi r_2^2=8\pi$，所以，$r_1^2=5$，$r_2^2=8$，

又因为 $R^2=r_1^2+d_1^2=r_2^2+d_2^2$，

所以 $d_1^2-d_2^2=8-5=3$，

即 $(d_1-d_2)(d_1+d_2)=3$，

又 $d_1-d_2=1$，

所以，$\begin{cases}d_1+d_2=3,\\d_1-d_2=1,\end{cases}$ 解得 $\begin{cases}d_1=2,\\d_2=1.\end{cases}$

则 $R=\sqrt{r_1^2+d_1^2}=\sqrt{5+4}=3$，

即球的半径等于 3.

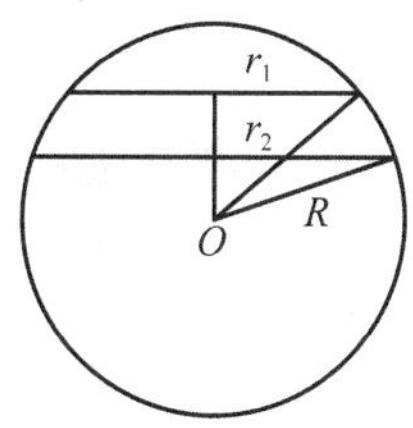

图 6-51

考点 6　多面体和旋转体的应用

例 6　如图 6-52 所示，圆柱侧面上有两点 B，D，在 D 处有一只蜘蛛，在 B 处有一只苍蝇，蜘蛛沿怎样的路线行走才能以最短的路程抓住苍蝇？最短路程是多少？

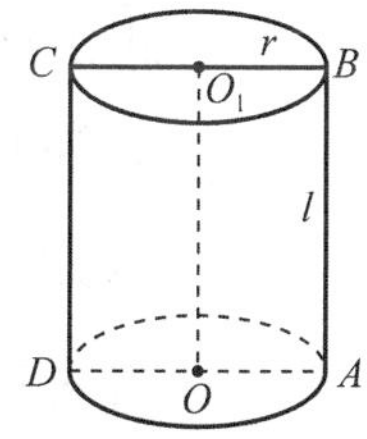

图 6-52

解　如图 6-53，设圆柱的母线长为 l，底面圆半径为 r，将圆柱的侧面沿母线 AB 展开即得矩形 $AA'B'B$，其中 D，C 分别为 AA'，BB'的中点.

在矩形 $ADCB$ 中，$AB=CD=l$，$AD=BC=\frac{1}{2}\times 2\pi r=\pi r$，

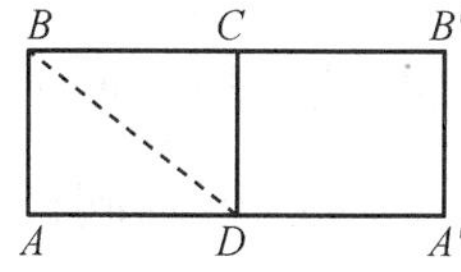

图 6-53

连接 BD，则 $BD=\sqrt{AB^2+AD^2}=\sqrt{l^2+\pi^2r^2}$；

可知蜘蛛沿着 DB 爬行时路程最短，最短路程为$\sqrt{l^2+\pi^2r^2}$.

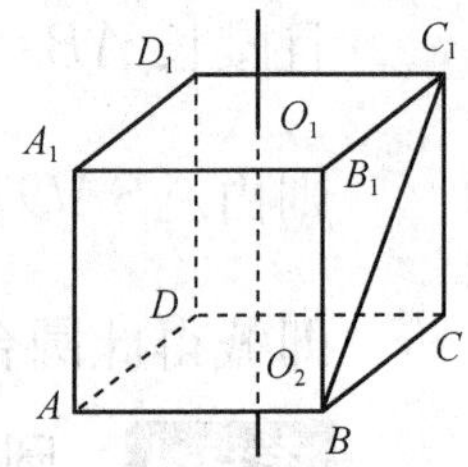

图 6-54

例 7　如图 6-54 所示，已知正方体 $ABCD$-$A_1B_1C_1D_1$ 上、下底面的中心分别为 O_1，O_2，将正方体绕直线 O_1O_2 旋转一周，其中由线段 BC_1 旋转所得图形是(　　).

(A) 　(B) 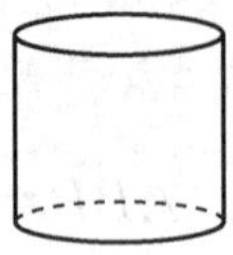　(C) 　(D) 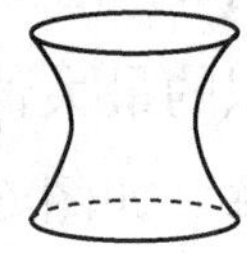

解　设正方体的棱长等于 a，

因为 BC_1 的中点到旋转轴的距离等于$\frac{1}{2}a$，

而 B、C_1 两点到旋转轴的距离等于$\frac{\sqrt{2}}{2}a$，

BC_1 的四等分点到旋转轴的距离为$\sqrt{\left(\frac{1}{2}a\right)^2+\left(\frac{1}{4}a\right)^2}=\frac{\sqrt{5}}{4}a<\frac{\frac{1}{2}a+\frac{\sqrt{2}}{2}a}{2}$，

故选(D).

【基础训练】

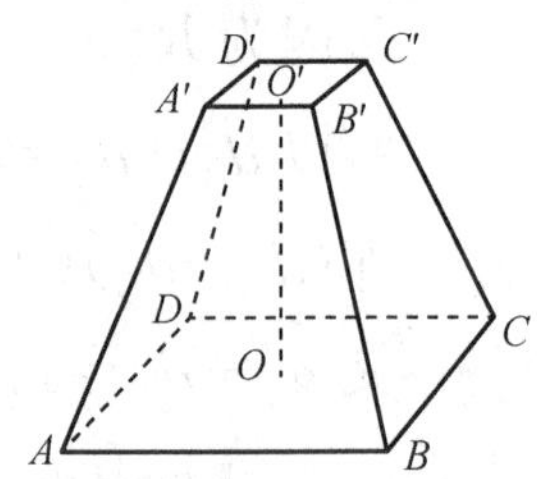

图 6-55

1. 如图 6-55 所示的正四棱台的上底面边长为 2，下底面边长为 8，高为 $3\sqrt{2}$，则它的侧棱长为__________.

2. 下列说法正确的序号是________.

① 棱锥的各个侧面都是三角形；

② 三棱柱的侧面为三角形；

③ 四面体的任何一个面都可以作为棱锥的底面；

④ 棱锥的各侧棱长都相等.

3. ① 直四棱柱一定是长方体；

② 正方体一定是正四棱柱；

③ 底面是正多边形的棱柱是正棱柱；

④ 有相邻两个侧面是矩形的棱柱是直棱柱；

⑤ 直棱柱的侧棱长与高相等；

以上说法中正确的命题有__________(填序号).

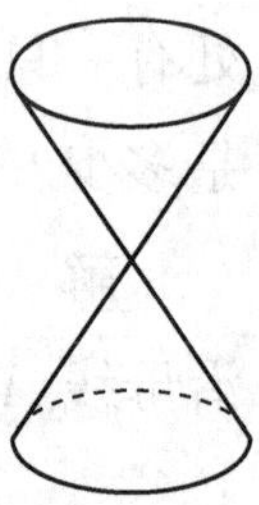
图 6-56

4. 如图 6-56 所示的沙漏，由两个母线长为$\sqrt{2}$，侧面积为$\sqrt{2}\pi$ 的同样大小的圆锥组成，若两同样大小的圆柱分别内接于两个圆锥(圆柱底面与圆锥底面位于同一个平面)，则当圆柱的侧面积最大时，上、下两个圆柱相邻的底面之间的距离

为__________.

5. 给出下列命题：

① 在圆柱的上、下底面的圆周上各取一点，则这两点的连线是圆柱的母线；

② 圆锥的顶点与底面圆周上任意一点的连线是圆锥的母线；

③ 在圆台的上、下两底面圆周上各取一点，则这两点的连线是圆台的母线；

④ 圆柱的任意两条母线所在的直线是互相平行的.

其中正确的是(　　).

(A) ①②　　(B) ②③　　(C) ①③　　(D) ②④

6. 如图 6-57 所示的空间图形可由平面图形________绕轴旋转而成.

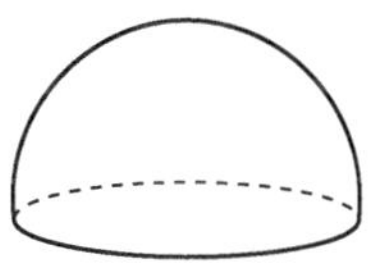

图 6-57

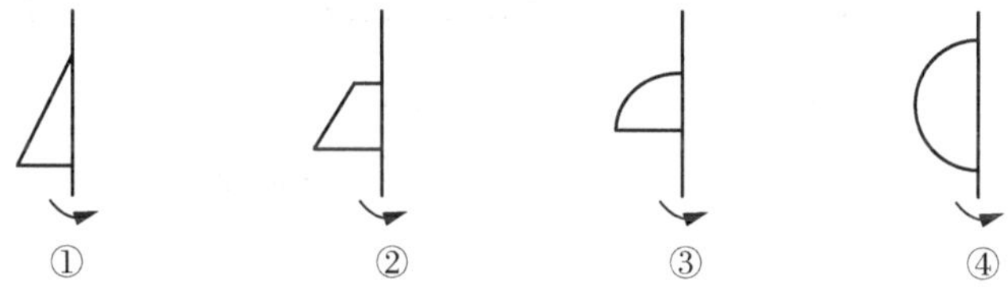

7. 如图 6-58 所示，用一个平行于圆锥 SO 底面的平面截这个圆锥，截得圆台上、下底面的面积之比为 $1:16$，截去的圆锥的母线长是 3 cm，则圆台 $O'O$ 的母线长为(　　).

(A) 9　　(B) 10

(C) 11　　(D) 12

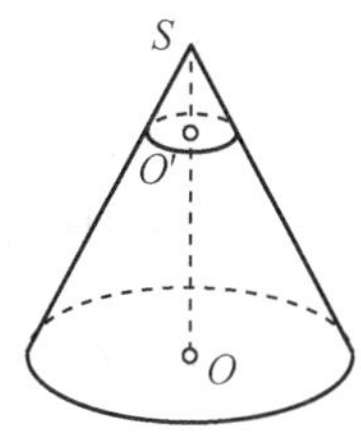

图 6-58

8. 如图 6-59 所示，在三棱柱 $ABC-A_1B_1C_1$ 中，底面$\triangle ABC$ 为正三角形，且侧棱垂直于底面. $AB=2$，$AA_1=2$，从顶点 B 沿棱柱侧面(经过棱 AA_1)到达顶点 C_1，与 AA_1 的交点记为 M. 求：

(1) 三棱柱 $ABC-A_1B_1C_1$ 侧面展开图的对角线长；

(2) 从 B 经过 M 到 C_1 的最短路线长及此时$\dfrac{A_1M}{AM}$的值.

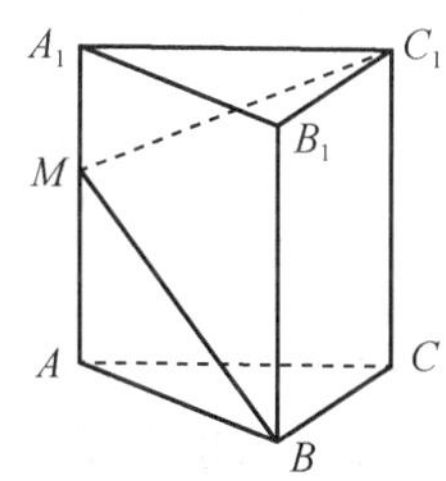

图 6-59

【能力提高】

1. 如图 6-60 所示，透明塑料制成的长方体容器 $ABCD-A_1B_1C_1D_1$ 内灌进一些水，固定容器底面的一边 BC 于地面上，再将容器倾斜，随着倾斜度的不同，以下命题正确的是__________.（填序号）

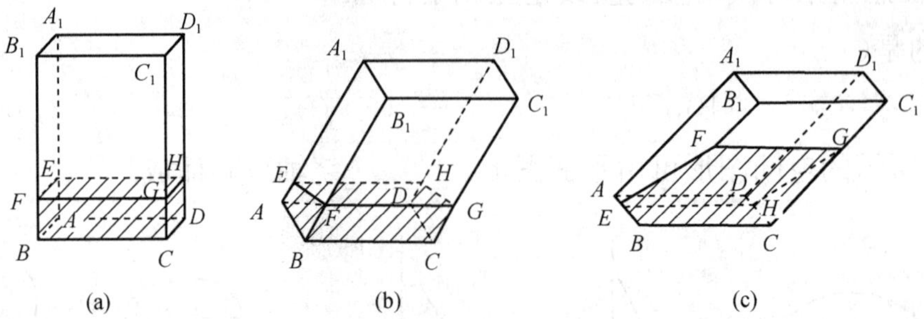

图 6-60

① 有水的部分始终呈棱柱形；② 水面 $EFGH$ 所在四边形的面积为定值；③ 棱 A_1D_1 始终与水面所在平面平行；④ 当容器倾斜如图 6-60(c)所示时，$BE\cdot BF$ 是定值.

2. 如图 6-61，一个倒立的圆锥形水杯，底面半径为 10 cm，高为 15 cm. 将一定量的水注入其中，水形成的圆锥高为 h cm.

(1) 用 h 表示水的体积；

(2) 若水的体积恰为圆锥形水杯容积的一半，求 h 的值.（结果精确到 0.01 cm）

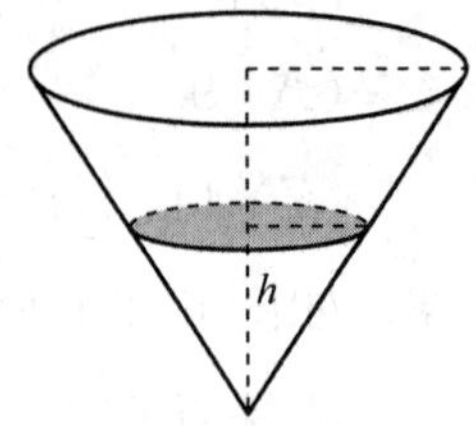

图 6-61

3. 已知三棱锥 $P-ABC$ 的四个顶点都在球 O 的球面上，$AB=2$，$AC=\sqrt{7}$，$\tan\angle BAC=\frac{\sqrt{3}}{2}$，$PA=\sqrt{2}$，当此三棱锥的体积最大时，求球 O 的体积.

【归纳小结】

1. 要会合理利用多面体、旋转体的几何性质解题.

2. 要善于将空间问题转化为平面问题进行求解.

6.6 多面体、旋转体的表面积和体积

【知识梳理】

1. 柱体的表面积

柱体的体积公式：$V_{棱柱}=S_{底}h$，其中 $S_{底}$ 为棱柱的底面积，h 为棱柱的高.

$V_{圆柱}=S_{底}h=\pi r^2h$，其中 $S_{底}$ 为圆柱的底面积，h 为圆柱的高，r 为圆柱的底面半径.

2. 柱体的体积

祖暅原理：夹在两个平行平面间的几何体，如果被平行于这两个平面的任意平面截得的两个截面都有相等的面积，那么这两个几何体的体积必相等.

柱体的表面积等于两个底面的面积再加上所有侧面的面积. 其中，所有侧面的面积之和称为柱体的侧面积.

直棱柱的表面积公式：$S_{直棱柱表}=S_{侧}+2S_{底}=ch+2S_{底}$，其中，$S_{侧}$ 为直棱柱的侧面积，$S_{底}$ 为直棱柱的底面积.

圆柱的表面积公式为：$S_{圆柱表}=S_{侧}+2S_{底}=ch+2S_{底}=2\pi rh+2\pi r^2$，其中，$S_{侧}$ 为圆柱的侧面积，$S_{底}$ 为圆柱的底面积.

柱体（直棱柱、圆柱）的表面积公式为：$S_{柱体表}=S_{侧}+2S_{底}=ch+2S_{底}$，其中，$S_{侧}$ 为柱体的侧面积，$S_{底}$ 为柱体的底面积.

3. 锥（台）体的体积

(1) 锥体的体积公式：$V_{棱锥}=\frac{1}{3}S_{底}h$，$V_{圆锥}=\frac{1}{3}S_{底}h=\frac{1}{3}\pi r^2h$.

(2) 台体的体积公式：$V_{台}=\frac{1}{3}(S'+\sqrt{S'S}+S)h$，其中台体上、下底面积分别为 S' 和 S，上、下底面的距离为 h.

特别地，圆台的体积公式：$V_{圆台}=\frac{1}{3}\pi(r_1^2+r_1r_2+r_2^2)h$，其中圆台上、下底面的半径分别为 r_1、r_2，高为 h.

4. 球的表面积和体积

半径为 R 的球的体积公式：$V=\frac{4}{3}\pi R^3$，表面积公式：$S=4\pi R^2$.

【讲练平台】

考点1 柱体的体积和表面积

例1 已知某圆柱底面半径和母线长都是3.

(1) 求出该圆柱的表面积和体积；

(2) 若圆锥与该圆柱底面半径、高都相等，求圆锥的侧面积.

解 (1) 由已知得圆柱底面半径和母线长都是3，

所以 $S_{圆柱表}=2\pi\times3^2+2\pi\times3\times3=36\pi$；$V_{圆柱}=\pi\times3^2\times3=27\pi$.

(2) 由题意可知圆锥底面半径 $r=3$，高 $h=3$，

所以圆锥母线长为 $l=\sqrt{r^2+h^2}=3\sqrt{2}$，

故 $S_{圆锥侧}=\pi\times3\times3\sqrt{2}=9\sqrt{2}\pi$.

例2 如图6-62，直三棱柱 $ABC\text{-}A_1B_1C_1$ 的高为6 cm，底面三角形的边长分别为3 cm，4 cm，5 cm，以上、下底的内切圆为底面，挖去一个圆柱，求剩余部分形成的几何体的表面积和体积.

解 因为 $3^2+4^2=5^2$，

所以底面是直角三角形.

所以上、下底面内切圆半径 $r=\dfrac{3+4-5}{2}=1(\text{cm})$.

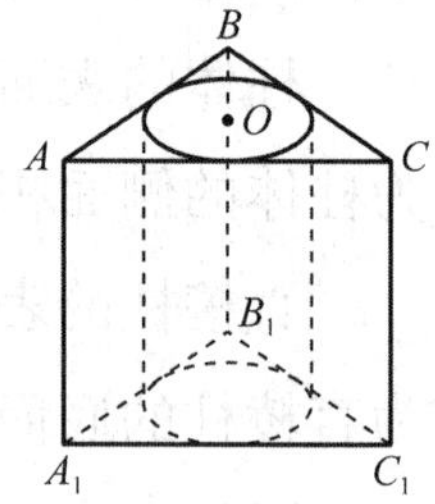

图6-62

所以 $S_{表}=(3+4+5)\times6+2\times\left(\dfrac{1}{2}\times3\times4\right)-2\pi\times1^2+2\pi\times1\times6$

$=72+12-2\pi+12\pi=84+10\pi(\text{cm}^2)$，

$V=\dfrac{1}{2}\times3\times4\times6-\pi\times1^2\times6=36-6\pi(\text{cm}^3)$.

故剩余部分形成几何体的表面积是 $(84+10\pi)\text{cm}^2$，

体积是 $(36-6\pi)\text{cm}^3$.

考点2 锥(台)体的体积和表面积

例3 如图6-63所示，在正方体 $ABCD\text{-}A_1B_1C_1D_1$ 中，求三棱锥 $D_1\text{-}AB_1C$ 的表面积与正方体的表面积的比.

解 设正方体的棱长为 a，则表面积 $S_1=6a^2$.

因为三棱锥 $D_1\text{-}AB_1C$ 的各面均是正三角形，其边长为正方体侧面对角线长，所以面对角线长为 $\sqrt{2}a$，三棱锥 $D_1\text{-}AB_1C$ 的表面积为 $S_2=4\times\dfrac{1}{2}\times(\sqrt{2}a)^2\times\dfrac{\sqrt{3}}{2}=2\sqrt{3}a^2$，即 $S_2:S_1=2\sqrt{3}a^2:6a^2=1:\sqrt{3}$.

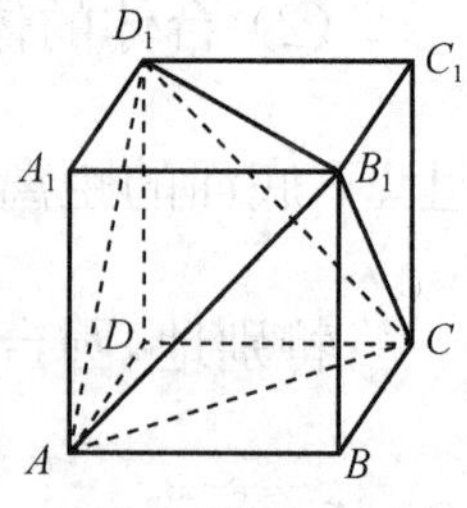

图6-63

例4 已知一个圆台的上、下底面半径之比为1∶2，母线长为 $2\sqrt{2}$，其母线与底面所成的角为45°，求这个圆台的体积.

解 根据题意,圆台的轴截面是等腰梯形,如图 6-64 所示,腰 $BC=2\sqrt{2}$, $2O_1C=O_2B$, $\angle CBA=45°$,所以过点 C 作 $CE\perp AB$,垂足为 E,在直角$\triangle BCE$ 中,$CE=BE=2$,

因为圆台的上、下底面半径之比为 $1:2$,所以 $O_2B=2O_1C=2BE=4$,即圆台的上底面半径为 2,下底面半径为 4,高为 2,则圆台的体积为 $V=\frac{1}{3}(S_{上}+S_{下}+\sqrt{S_{上}S_{下}})h=\frac{1}{3}\times(4\pi+16\pi+\sqrt{64\pi^2})\times2=\frac{56}{3}\pi$.

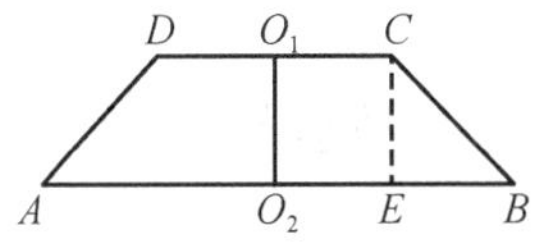

图 6-64

考点 3 球的体积和表面积

例 5 (1) 已知球的直径为 2,求它的表面积和体积;

(2) 已知球的体积为 $\frac{108\pi}{3}$,求它的表面积;

(3) 若三个球的表面积之比为 $1:4:9$,求这三个球的体积之比.

解 (1) 因为直径为 2,所以半径 $R=1$,所以表面积 $S_{球}=4\pi R^2=4\pi\times1^2=4\pi$,体积 $V_{球}=\frac{4}{3}\pi R^3=\frac{4}{3}\pi\times1^3=\frac{4}{3}\pi$.

(2) 因为 $V_{球}=\frac{4}{3}\pi R^3=\frac{108}{3}\pi$,所以 $R^3=27$, $R=3$,

所以 $S_{球}=4\pi\times3^2=36\pi$.

(3) 设三个球的半径分别为 R_1, R_2, R_3,

因为三个球的表面积之比为 $1:4:9$,

所以 $4\pi R_1^2:4\pi R_2^2:4\pi R_3^2=1:4:9$,

即 $R_1^2:R_2^2:R_3^2=1:4:9$,

所以 $R_1:R_2:R_3=1:2:3$,得 $R_1^3:R_2^3:R_3^3=1:8:27$,

所以 $V_1:V_2:V_3=\frac{4}{3}\pi R_1^3:\frac{4}{3}\pi R_2^3:\frac{4}{3}\pi R_3^3=R_1^3:R_2^3:R_3^3=1:8:27$.

考点 4 多面体、旋转体体积与表面积的综合应用

例 6 如图 6-65 所示,半径为 R 的半圆内的阴影部分以直径 AB 所在直线为轴,旋转一周得到一几何体,求该几何体的表面积.(其中$\angle BAC=30°$)

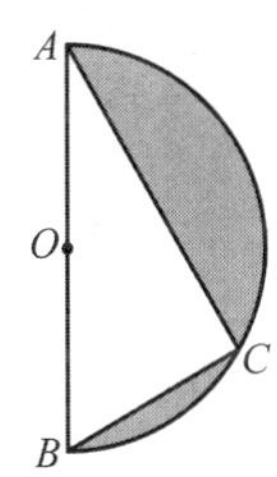

图 6-65

解 如图 6-66 所示,过点 C 作 $CO_1\perp AB$ 于点 O_1.

在半圆中可得$\angle BCA=90°$, $\angle BAC=30°$, $AB=2R$,

所以 $AC=\sqrt{3}R$, $BC=R$, $CO_1=\frac{\sqrt{3}}{2}R$,

所以 $S_{球}=4\pi R^2$,

$S_{圆锥AO_1侧}=\pi\times\frac{\sqrt{3}}{2}R\times\sqrt{3}R=\frac{3}{2}\pi R^2$,

$S_{圆锥BO_1侧}=\pi\times\frac{\sqrt{3}}{2}R\times R=\frac{\sqrt{3}}{2}\pi R^2$,

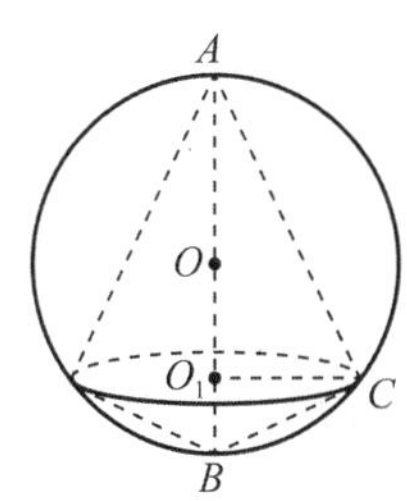

图 6-66

所以 $S_{几何体表}=S_{球}+S_{圆锥AO_1侧}+S_{圆锥BO_1侧}$

$=4\pi R^2+\frac{3}{2}\pi R^2+\frac{\sqrt{3}}{2}\pi R^2=\frac{11+\sqrt{3}}{2}\pi R^2.$

故旋转所得几何体的表面积为$\frac{11+\sqrt{3}}{2}\pi R^2$.

例 7 如图 6-67 所示，圆锥底面半径为 1，高为 2.

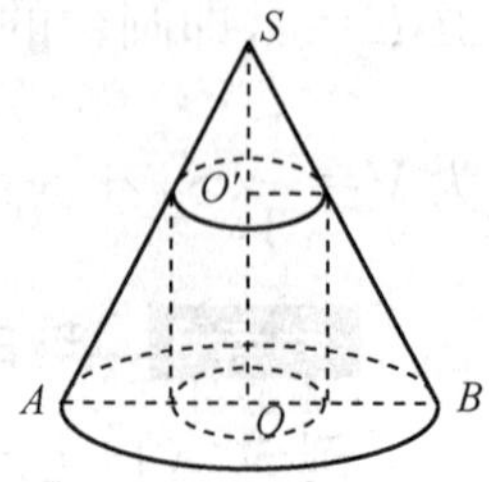

图 6-67

(1) 求圆锥内接圆柱（一底面在圆锥底面上，另一底面切于圆锥侧面）侧面积的最大值；

(2) 圆锥内接圆柱的表面积是否存在最大值？说明理由；

(3) 若圆锥的底面半径为 a，高为 b，试讨论圆锥内接圆柱的表面积是否存在最大值.

解 (1) 作出轴截面如图 6-68 所示，设内接圆柱底面半径为 $r(0<r<1)$，高为 h，则 $S_{圆柱侧面}=2\pi rh$.

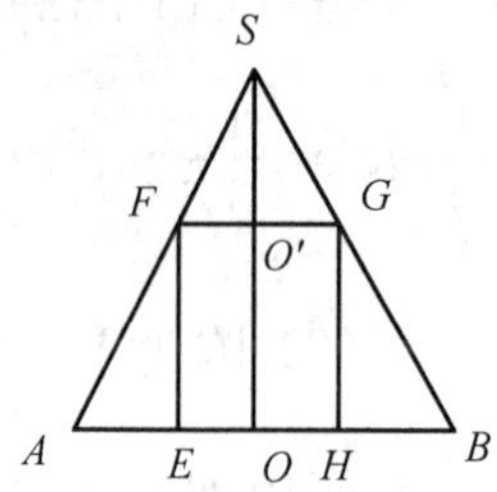

图 6-68

由$\triangle AEF\backsim\triangle AOS$，知$\frac{AE}{AO}=\frac{EF}{SO}$，所以$\frac{1-r}{h}=\frac{1}{2}$，得 $h=2(1-r)$，则

$S_{圆柱侧面}=4\pi r(1-r)\leqslant 4\pi\cdot\left[\frac{r+(1-r)}{2}\right]^2=\pi$，当且仅当 $r=1-r$，即 $r=0.5$ 时，等号成立，此时侧面积最大.

(2) 由(1)可得 $S_{圆柱表面积}=2\pi r^2+2\pi rh=2\pi r^2+4\pi r(1-r)=2\pi[-(r-1)^2+1]$，而 $0<r<1$，故不存在最大值.

(3) 设圆柱底面半径为 $r(0<r<a)$，高为 h，由$\triangle AEF\backsim\triangle AOS$，知$\frac{AE}{AO}=\frac{EF}{SO}$，所以

$\frac{a-r}{h}=\frac{a}{b}$，$h=\frac{b}{a}(a-r)$.

则 $S_{表}=2\pi r^2+2\pi rh=2\pi\left[\left(1-\frac{b}{a}\right)r^2+br\right]$.

当 $1-\frac{b}{a}>0$，即 $b<a$ 时，二次函数 $f(r)=2\pi\left[\left(1-\frac{b}{a}\right)r^2+br\right]$开口向上，在$(0, a)$内无最大值；

当 $1-\frac{b}{a}=0$，即 $b=a$ 时，一次函数 $f(r)=2\pi br$ 在$(0,a)$内也无最大值；

当 $1-\frac{b}{a}<0$，即 $b>a$ 时，二次函数开口向下，若区间内存在最大值，则对称轴 $r=\frac{ab}{2(b-a)}\in(0, a)$，所以 $b>2a$.

综上当且仅当 $b>2a$ 时，圆锥的内接圆柱的全面积存在最大值.

【基础训练】

1. 已知一个正四棱柱的对角线的长是 9 cm，表面积等于 144 cm^2，则这个棱柱的侧面积为________ cm^2.

2. 已知圆柱的底面直径和高都等于球的直径，则球与圆柱的体积之比为________.

3. 已知一个正四面体的顶点是一个正方体的顶点，那么正方体的表面积是正四面体的表面积的________倍.

4. 已知正三棱台 $ABC\text{-}A_1B_1C_1$ 上、下底面边长分别为 1 和 2，高为 1，则这个正三棱台的体积为________.

5. 如图 6-69 所示的几何体，上面是圆柱，其底面直径为 6 cm，高为 3 cm，下面是正六棱柱，其底面边长为 4 cm，高为 2 cm，现从中间挖去一个直径为 2 cm 的圆柱，则此几何体的体积为________.

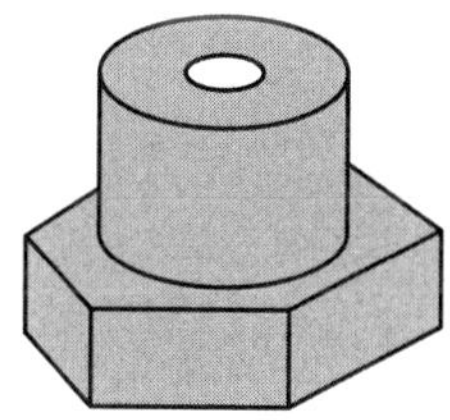

图 6-69

6. 已知 A，B，C 为球 O 的球面上的三个点，$\odot O_1$ 为 $\triangle ABC$ 的外接圆. 若 $\odot O_1$ 的面积为 4π，$AB=BC=AC=OO_1$，则球 O 的体积为________.

7. 在《九章算术・商功》中将正四面形棱台体（棱台的上、下底面均为正方形）称为方亭. 在方亭 $ABCD\text{-}A_1B_1C_1D_1$ 中，$AB=2A_1B_1=4$，四个侧面均为全等的等腰梯形且面积之和为 $12\sqrt{2}$，则该方亭的体积为（　　）.

(A) $\dfrac{28\sqrt{2}}{3}$　　(B) $\dfrac{28}{3}$

(C) $\dfrac{14\sqrt{2}}{3}$　　(D) $\dfrac{14}{3}$

8. 蒙古包是蒙古族牧民居住的一种房子，建造和搬迁都很方便，适于游牧生活. 其结构如图 6-70 所示，上部分是侧棱长为 3 的正六棱锥，下部分是高为 1 的正六棱柱，P，Q 分别为正六棱柱上底面与下底面的中心.

(1) 若 OP 长为 x，把蒙古包的体积 V 表示为 x 的函数；

(2) 求蒙古包体积的最大值.

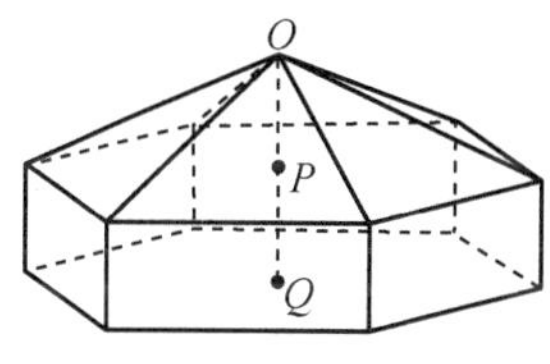

图 6-70

【能力提高】

1. 如图 6-71,已知正方体 $ABCD-A_1B_1C_1D_1$ 的棱长为 2,长为 2 的线段 MN 的一个端点 M 在棱 DD_1 上运动,点 N 在正方体的底面 $ABCD$ 内运动,则 MN 的中点 P 的轨迹与正方体从顶点 D 出发的三个面所围成的几何体的表面积是多少?

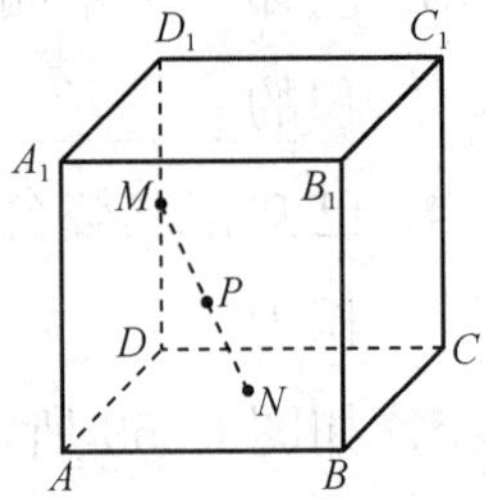

图 6-71

2. 如图 6-72 所示,四边形 $ABEF$ 为正方形,若平面 $ABCD\perp ABEF$, $AD/\!/BC$, $AD\perp DC$, $AD=3DC=3BC=3$.

(1) 在线段 AD 上是否存在点 P,使平面 $EBP\perp$ 平面 EBC,请说明理由;

(2) 求多面体 $ABCDEF$ 的体积.

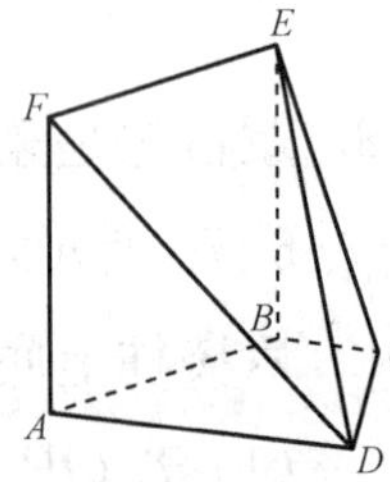

图 6-72

3. 如图 6-73 所示，要求在底面半径为 R、高为 H(H, R 为定值，且 $H\leqslant R$)的圆锥内部内接一个底面半径为 r、高为 h 的圆柱，甲、乙两位同学采用两种不同的方法来解决. 甲采用圆柱底面与圆锥底面重合的“竖放”方式[图 6-73(a)]，乙采用圆柱母线与圆锥底面直径重合的“横放”方式[图 6-73(b)].

(1) 设 V_1, V_2 分别“竖放”“横放”时内接圆柱的体积，用内接圆柱的底半径 r 为自变量分别表示 V_1, V_2；

(2) 试分别求 V_1, V_2 的最大值 $(V_1)_{\max}$, $(V_2)_{\max}$，并比较 $(V_1)_{\max}$, $(V_2)_{\max}$ 的大小.

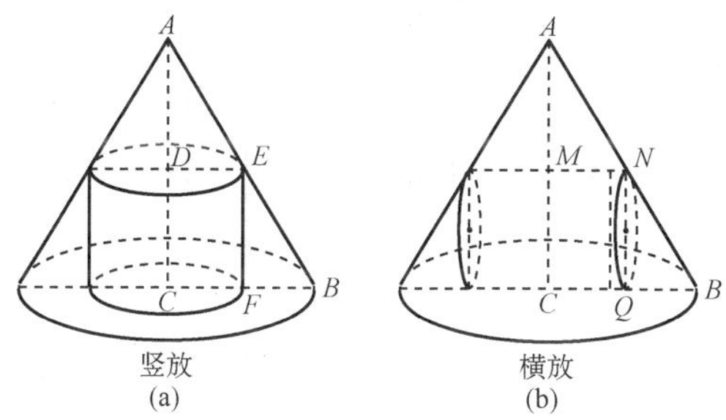

图 6-73

【归纳小结】

要善于进行面积转化、体积转化、距离转化等方法. 求体积的方法一般有下列三种：公式法、割补法、等积转化法.

6.7 空间向量及其应用

【知识梳理】

1. 空间向量及其运算

共面向量：如果一组向量可以平移到同一个平面上，那么称这组向量是共面的. 显然，任意两个向量都是共面的.

空间向量 $\vec{b}$ 与非零向量 $\vec{a}$ 平行的充要条件是：存在实数 λ，使得 $\vec{b}=\lambda\vec{a}$.

2. 空间向量基本定理

如果 $\vec{e_1}$, $\vec{e_2}$ 与 $\vec{e_3}$ 是不共面的向量，那么对空间中任意一个向量 $\vec{a}$，存在唯一的一组实数 λ, μ, ν，使得 $\vec{a}=\lambda\vec{e_1}+\mu\vec{e_2}+\nu\vec{e_3}$.

3. 空间向量的坐标表示(表 6-3)

表 6-3　空间向量的坐标表示

	空间直角坐标系
坐标轴	三条具有相同单位长度的数轴:Ox 轴、Oy 轴、Oz 轴,满足右手系
原点	三条坐标轴的交点
坐标轴的夹角	三条坐标轴两两互相垂直
坐标平面	通过每两个坐标轴的平面,共 3 个:xOy 平面、xOz 平面、yOz 平面
空间分割	8 个卦限,xOy 平面的第一、二、三、四象限的上方对应第Ⅰ、Ⅱ、Ⅲ、Ⅳ卦限,下方对应第Ⅴ、Ⅵ、Ⅶ、Ⅷ卦限
点的坐标	三维数组(x, y, z)
确定坐标的方法	过点 P 分别作三条坐标轴的垂面,垂足在各坐标轴上的坐标依次为 x, y, z
画法	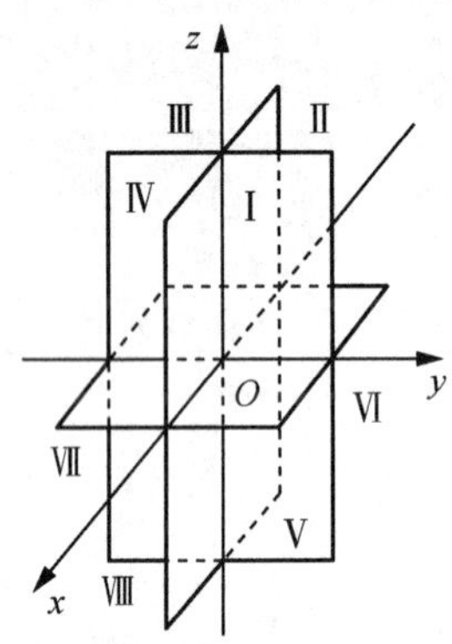
基向量	取三个方向与坐标轴正方向相同的三个单位向量 $\vec{i}, \vec{j}, \vec{k}$,组成一组单位正交基向量.
位置向量 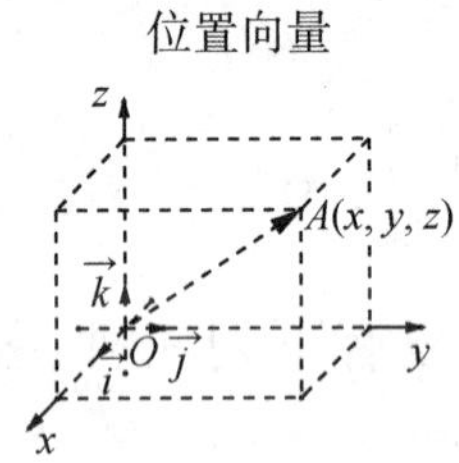	起点位于坐标原点 O 的向量称为位置向量,空间中任意向量都存在唯一位置向量与之相等. 任意位置向量 $\overrightarrow{OA}$ 都可以通过平行四边形法则分解为: $\overrightarrow{OA}=x\vec{i}+y\vec{j}+z\vec{k}$
向量的正交分解 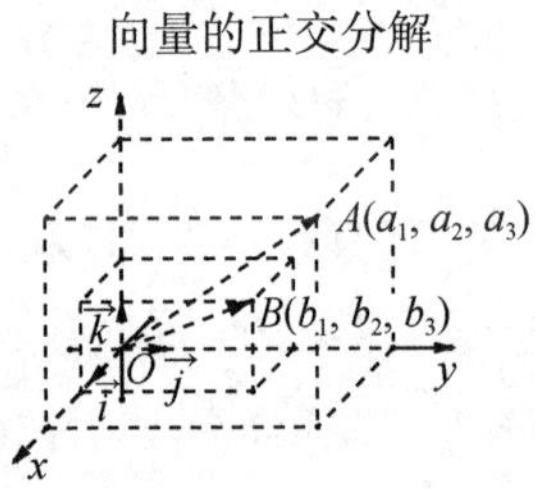	任意向量 $\vec{a}$ 都可以表示成三个基本单位向量 $\vec{i}, \vec{j}, \vec{k}$ 的线性组合($\vec{a}=a_1\vec{i}+a_2\vec{j}+a_3\vec{k}$),这种向量的表示方法称为空间向量的正交分解
位置向量$\overrightarrow{OA}$ 的坐标	有序实数组(x, y, z)称为向量 $\overrightarrow{OA}$ 的坐标,记作 $\overrightarrow{OA}=(x, y, z)$.
	若 $A(x_1, y_1, z_1)$, $B(x_2, y_2, z_2)$,则 $\overrightarrow{AB}=(x_2-x_1, y_2-y_1, z_2-z_1)$, $\lvert\overrightarrow{AB}\rvert=\sqrt{(x_2-x_1)^2+(y_2-y_1)^2+(z_2-z_1)^2}$
空间向量运算的坐标表示	已知 $\vec{a}=(a_1, a_2, a_3)$, $\vec{b}=(b_1, b_2, b_3)$, (1) 空间向量的加减法:$\vec{a}\pm\vec{b}=(a_1\pm b_1, a_2\pm b_2, a_3\pm b_3)$; (2) 空间向量的数乘:$\lambda\vec{a}=(\lambda a_1, \lambda a_2, \lambda a_3)(\lambda\in\mathbf{R})$; 空间向量的数量积:$\vec{a}\cdot\vec{b}=a_1b_1+a_2b_2+a_3b_3$

续表

	空间直角坐标系
两个向量夹角的余弦值	$\cos\langle\vec{a},\ \vec{b}\rangle=\dfrac{a_1b_1+a_2b_2+a_3b_3}{\sqrt{a_1^2+b_1^2+c_1^2}\sqrt{a_2^2+b_2^2+c_2^2}}$
两向量平行的充要条件	$\vec{a}//\vec{b}\Leftrightarrow a_1=\lambda b_1,\ a_2=\lambda b_2,\ a_3=\lambda b_3(\lambda\in\mathbf{R})$
两向量垂直的充要条件	$\vec{a}\perp\vec{b}\Leftrightarrow a_1b_1+a_2b_2+a_3b_3=0$

4. 空间向量在立体几何中的应用

直线的方向向量：与直线平行的任何非零向量.

平面的法向量：垂直于平面的任何非零向量.

空间中，直线和直线平行与垂直关系：两条直线平行的充要条件是它们的方向向量平行；两条直线垂直的充要条件是它们的方向向量垂直.

空间中，平面和平面平行与垂直关系：两个平面平行的充要条件是它们的法向量平行；两个平面垂直的充要条件是它们的法向量垂直.

(1) 利用空间向量求距离

已知 A, B 是空间中的两个点，其中点 B 在平面 α 上，$\vec{n}$ 是平面 α 的一个法向量，则 A 到平面 α 的距离 $d=|\overrightarrow{n_0}\cdot\overrightarrow{AB}|=\dfrac{|\vec{n}\cdot\overrightarrow{AB}|}{|\vec{n}|}$，其中 $\overrightarrow{n_0}$ 是 $\vec{n}$ 的单位向量，称为平面 α 的单位法向量.

(2) 利用空间向量求角的大小

① 空间向量的夹角公式：$\cos\theta=\dfrac{\vec{a}\cdot\vec{b}}{|\vec{a}|\cdot|\vec{b}|}=\dfrac{x_1x_2+y_1y_2+z_1z_2}{\sqrt{x_1^2+y_1^2+z_1^2}\cdot\sqrt{x_2^2+y_2^2+z_2^2}}$，其中 $\vec{a}=(x_1,\ y_1,\ z_1)$，$\vec{b}=(x_2,\ y_2,\ z_2)$，$\vec{a}$ 与 $\vec{b}$ 夹角为 $\theta\in[0,\ \pi]$.

② 异面直线所成角：$\cos\theta=\dfrac{|\overrightarrow{r_1}\cdot\overrightarrow{r_2}|}{|\overrightarrow{r_1}|\cdot|\overrightarrow{r_2}|}$，其中直线 l_1 和 l_2 的方向向量分别是 $\overrightarrow{r_1}$ 和 $\overrightarrow{r_2}$，两条直线所成的角 $\theta\in\left(0,\ \dfrac{\pi}{2}\right]$.

③ 直线和平面所成角：$\sin\theta=\dfrac{|\vec{r}\cdot\vec{n}|}{|\vec{r}|\cdot|\vec{n}|}$，其中直线的一个方向向量为 $\vec{r}$，平面的一个法向量为 $\vec{n}$，直线与平面所成的角 $\theta\in\left[0,\ \dfrac{\pi}{2}\right]$.

④ 二面角：$\cos\theta=\pm\dfrac{\overrightarrow{n_1}\cdot\overrightarrow{n_2}}{|\overrightarrow{n_1}|\cdot|\overrightarrow{n_2}|}$，其中 $\overrightarrow{n_1}$，$\overrightarrow{n_2}$ 分别是两个平面的法向量，两个平面所成的二面角 θ 的取值范围是 $[0,\ \pi]$.

【讲练平台】

考点1　空间共线向量和共面向量

例1　已知 $\vec{a}=(2,-1,3)$，$\vec{b}=(-1,4,-2)$，$\vec{c}=(7,5,\lambda)$. 若 $\vec{a}$，$\vec{b}$，$\vec{c}$ 三向量共面，则实数 $\lambda=$________.

解　因为 $\vec{a}$，$\vec{b}$ 不平行，且 $\vec{a}$，$\vec{b}$，$\vec{c}$ 三向量共面，

所以存在实数 x，y，使 $\vec{c}=x\vec{a}+y\vec{b}$，

所以 $\begin{cases}7=2x-y,\\5=-x+4y,\\\lambda=3x-2y,\end{cases}$ 解得 $\begin{cases}x=\dfrac{33}{7},\\y=\dfrac{17}{7},\\\lambda=\dfrac{65}{7}.\end{cases}$

例2　已知空间中三点 $A(m,-1,2)$，$B(3,1,-4)$，$C(1,n,-1)$.

(1) 若 A，B，C 三点共线，求 $m+n$ 的值；

(2) 若 $\overrightarrow{AB}$，$\overrightarrow{BC}$ 的夹角是钝角，求 $m+n$ 的取值范围.

解　(1) 由题设 $\overrightarrow{AB}=(3-m,2,-6)$，$\overrightarrow{CB}=(2,1-n,-3)$，又 A，B，C 三点共线，

所以存在 $\lambda\in\mathbf{R}$ 使 $\overrightarrow{AB}=\lambda\overrightarrow{CB}$，即 $\begin{cases}3-m=2\lambda,\\2=\lambda(1-n),\\-6=-3\lambda,\end{cases}$

可得 $\begin{cases}\lambda=2,\\m=-1,\\n=0,\end{cases}$ 所以 $m+n=-1$.

(2) 由 $\overrightarrow{BC}=(-2,n-1,3)$，及(1)知：当 $\langle\overrightarrow{AB},\overrightarrow{BC}\rangle=\pi$ 时，有 $m+n=-1$. 而 $\cos\langle\overrightarrow{AB},\overrightarrow{BC}\rangle=\dfrac{\overrightarrow{AB}\cdot\overrightarrow{BC}}{|\overrightarrow{AB}||\overrightarrow{BC}|}=\dfrac{2(m-3)+2(n-1)-18}{\sqrt{40+(m-3)^2}\cdot\sqrt{13+(n-1)^2}}$，又 $\overrightarrow{AB}$，$\overrightarrow{BC}$ 的夹角是钝角，所以 $2(m-3)+2(n-1)-18=2(m+n)-26<0$，可得 $m+n<13$.

综上，$m+n<13$ 且 $\begin{cases}m=-1,\\n=0\end{cases}$ 不同时成立.

例3　已知 O 为空间任意一点，A，B，C，P 满足任意三点不共线，但四点共面，且 $\overrightarrow{BP}=m\overrightarrow{OA}+\overrightarrow{OB}+\overrightarrow{OC}$，则 m 的值为(　　).

(A) -1　　(B) 2　　(C) -2　　(D) -3

解　$\overrightarrow{OP}=\overrightarrow{OB}+\overrightarrow{BP}=m\overrightarrow{OA}+2\overrightarrow{OB}+\overrightarrow{OC}$，

因为 O 为空间任意一点，A，B，C，P 满足任意三点不共线，但四点共面，所以 $m+2+1=1$，所以 $m=-2$.

故选(C).

考点 2 空间向量分解

例 4 如图 6-74 所示，在平行六面体 $ABCD-A'B'C'D'$ 中，AC 与 BD 的交点为 O，点 M 在 BC' 上，且 $BM=2MC'$，则下列向量中与 $\overrightarrow{OM}$ 相等的向量是(　　).

(A) $-\frac{1}{2}\overrightarrow{AB}+\frac{7}{6}\overrightarrow{AD}+\frac{2}{3}\overrightarrow{AA'}$

(B) $\frac{1}{2}\overrightarrow{AB}+\frac{1}{6}\overrightarrow{AD}+\frac{1}{3}\overrightarrow{AA'}$

(C) $-\frac{1}{2}\overrightarrow{AB}+\frac{5}{6}\overrightarrow{AD}+\frac{1}{3}\overrightarrow{AA'}$

(D) $\frac{1}{2}\overrightarrow{AB}+\frac{1}{6}\overrightarrow{AD}+\frac{2}{3}\overrightarrow{AA'}$

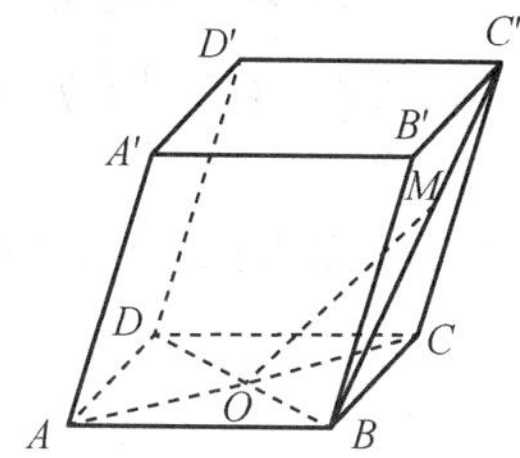

图 6-74

解 因为在平行六面体 $ABCD-A'B'C'D'$ 中，点 M 在 BC' 上，且 $BM=2MC'$，

故可得 $\overrightarrow{OM}=\overrightarrow{OB}+\overrightarrow{BM}=\frac{1}{2}\overrightarrow{DB}+\frac{2}{3}\overrightarrow{BC'}=\frac{1}{2}(\overrightarrow{AB}-\overrightarrow{AD})+\frac{2}{3}\overrightarrow{AD'}$

$=\frac{1}{2}(\overrightarrow{AB}-\overrightarrow{AD})+\frac{2}{3}(\overrightarrow{AD}+\overrightarrow{AA'})=\frac{1}{2}\overrightarrow{AB}+\frac{1}{6}\overrightarrow{AD}+\frac{2}{3}\overrightarrow{AA'}$，故选(D).

考点 3 空间向量的坐标运算

例 5 如图 6-75，建立空间直角坐标系 $Oxyz$. 正方体 $ABCD-A'B'C'D'$ 的棱长为 1，顶点 A 位于坐标原点.

(1) 若 E 是棱 $B'C'$ 的中点，F 是棱 $B'B$ 的中点，G 是侧面 $CDD'C'$ 的中心，分别求出向量 $\overrightarrow{OE}$，$\overrightarrow{OG}$，$\overrightarrow{FG}$ 的坐标；

(2) 在(1)的条件下，分别求出 $(\overrightarrow{OE}+\overrightarrow{OG})\cdot\overrightarrow{FG}$，$|\overrightarrow{EG}|$ 的值.

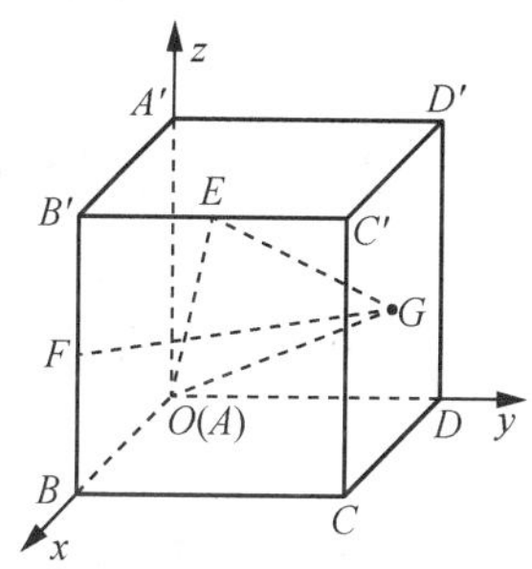

图 6-75

解 (1) 因为 E 是棱 $B'C'$ 的中点，F 是棱 $B'B$ 的中点，G 是侧面 $CDD'C'$ 的中心，

所以 $O(0,0,0)$，$E\left(1,\frac{1}{2},1\right)$，$F\left(1,0,\frac{1}{2}\right)$，$G\left(\frac{1}{2},1,\frac{1}{2}\right)$.

所以 $\overrightarrow{OE}=\left(1,\frac{1}{2},1\right)$，$\overrightarrow{OF}=\left(1,0,\frac{1}{2}\right)$，$\overrightarrow{OG}=\left(\frac{1}{2},1,\frac{1}{2}\right)$，$\overrightarrow{FG}=\overrightarrow{OG}-\overrightarrow{OF}=\left(-\frac{1}{2},1,0\right)$.

(2) 由(1)可得 $(\overrightarrow{OE}+\overrightarrow{OG})\cdot\overrightarrow{FG}=\left(\frac{3}{2},\frac{3}{2},\frac{3}{2}\right)\cdot\left(-\frac{1}{2},1,0\right)=\frac{3}{2}\times\left(-\frac{1}{2}\right)+\frac{3}{2}\times1+\frac{3}{2}\times0=\frac{3}{4}$.

又 $\overrightarrow{EG}=\left(-\frac{1}{2},\frac{1}{2},-\frac{1}{2}\right)$，

所以 $|\overrightarrow{EG}|=\sqrt{\left(-\frac{1}{2}\right)^2+\left(\frac{1}{2}\right)^2+\left(-\frac{1}{2}\right)^2}=\frac{\sqrt{3}}{2}$.

例 6 如图 6-76 所示，在空间直角坐标系 $O\text{-}xyz$ 中，正方体 $ABCD\text{-}A_1B_1C_1D_1$ 的棱长为 1，顶点 A 位于坐标原点，若 E 是棱 B_1C_1 的中点，F 是侧面 CDD_1C_1 的中心.

(1) 求点 E, F 的坐标及 $|\overrightarrow{EF}|$；

(2) 求向量 $\overrightarrow{EF}$ 在 $\overrightarrow{DC_1}$ 方向上的数量投影.

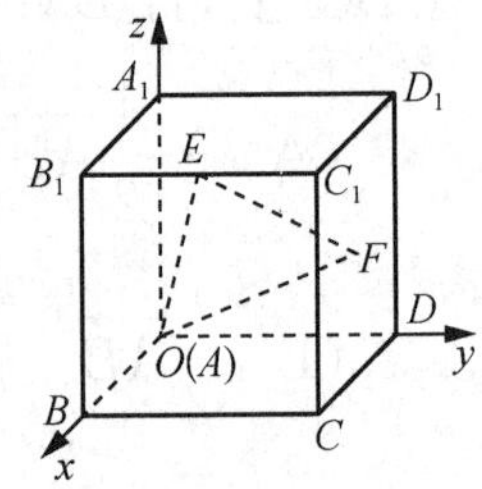

图 6-76

解 (1) 因为正方体 $ABCD\text{-}A_1B_1C_1D_1$ 的棱长为 1，A 位于坐标原点，E 是棱 B_1C_1 的中点，F 是侧面 CDD_1C_1 的中心，所以 $E\left(1, \frac{1}{2}, 1\right)$，$F\left(\frac{1}{2}, 1, \frac{1}{2}\right)$，则 $\overrightarrow{EF}=\left(-\frac{1}{2}, \frac{1}{2}, -\frac{1}{2}\right)$，故 $|\overrightarrow{EF}|=\sqrt{\frac{1}{4}+\frac{1}{4}+\frac{1}{4}}=\frac{\sqrt{3}}{2}$.

(2) 由题设，$D(0, 1, 0)$, $C_1(1, 1, 1)$，则

$\overrightarrow{DC_1}=(1, 0, 1)$，$\cos\langle\overrightarrow{EF}, \overrightarrow{DC_1}\rangle=\frac{\overrightarrow{EF}\cdot\overrightarrow{DC_1}}{|\overrightarrow{EF}||\overrightarrow{DC_1}|}=-\frac{\sqrt{6}}{3}$，

所以向量 $\overrightarrow{EF}$ 在 $\overrightarrow{DC_1}$ 方向上的数量投影 $|\overrightarrow{EF}|\cos\langle\overrightarrow{EF}, \overrightarrow{DC_1}\rangle=-\frac{\sqrt{2}}{2}$.

考点 4　空间向量在线面位置关系中的应用

例 7 已知 E, F, G, H 分别是空间四边形 $ABCD$ 的边 AB, BC, CD, DA 的中点.

(1) 用向量法证明 E, F, G, H 四点共面；

(2) 设 M 是 EG 和 FH 的交点，求证：对空间任一点 O，有 $\overrightarrow{OM}=\frac{1}{4}(\overrightarrow{OA}+\overrightarrow{OB}+\overrightarrow{OC}+\overrightarrow{OD})$.

证明 (1) 如图 6-77. $\overrightarrow{EG}=\overrightarrow{AG}-\overrightarrow{AE}=\frac{1}{2}(\overrightarrow{AD}+\overrightarrow{AC})-\frac{1}{2}\overrightarrow{AB}=-\frac{1}{2}\overrightarrow{AB}+\frac{1}{2}\overrightarrow{AD}+\frac{1}{2}\overrightarrow{AC}$.

$\overrightarrow{EH}+\overrightarrow{EF}=\frac{1}{2}\overrightarrow{BD}+\frac{1}{2}\overrightarrow{AC}=\frac{1}{2}(\overrightarrow{AD}-\overrightarrow{AB})+\frac{1}{2}\overrightarrow{AC}=-\frac{1}{2}\overrightarrow{AB}+\frac{1}{2}\overrightarrow{AD}+\frac{1}{2}\overrightarrow{AC}$，

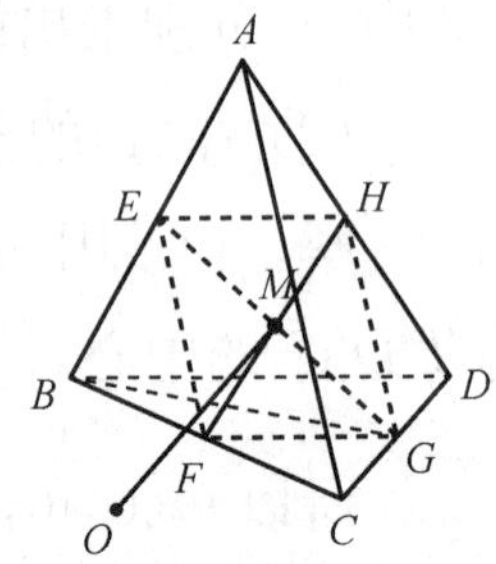

图 6-77

所以 $\overrightarrow{EG}=\overrightarrow{EH}+\overrightarrow{EF}$，从而 E, F, G, H 四点共面.

(2) $\frac{1}{4}(\overrightarrow{OA}+\overrightarrow{OB}+\overrightarrow{OC}+\overrightarrow{OD})=\frac{1}{4}(2\overrightarrow{OE}+2\overrightarrow{OG})=\frac{1}{2}(\overrightarrow{OE}+\overrightarrow{OG})=\frac{1}{2}\times 2\times\overrightarrow{OM}=\overrightarrow{OM}$.

例 8 如图 6-78 所示，在正方体 $ABCD\text{-}A_1B_1C_1D_1$ 中，E, F, G, H, K, L 分别是 AB, BB_1, B_1C_1, C_1D_1, D_1D, DA 各棱的中点.

(1) 求证：E, F, G, H, K, L 共面；

(2) 求证：$A_1C\perp$ 平面 $EFGHKL$.

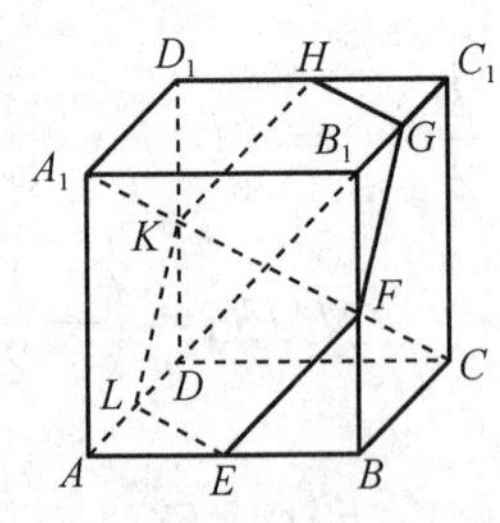

图 6-78

证明 (1) 如图 6-79，以 D 为原点，分别以 DA, DC, DD_1 所在直线为 x, y, z 轴建立空间直角坐标系，不妨设正方体的棱长为 2，则 $D(0, 0,$

0)，$A(2, 0, 0)$，$C(0, 2, 0)$，$D_1(0, 0, 2)$，$B(2, 2, 0)$，$B_1(2, 2, 2)$，$C_1(0, 2, 2)$，$A_1(2, 0, 2)$，可得 $E(2, 1, 0)$，$F(2, 2, 1)$，$G(1, 2, 2)$，$H(0, 1, 2)$，$K(0, 0, 1)$，$L(1, 0, 0)$，则

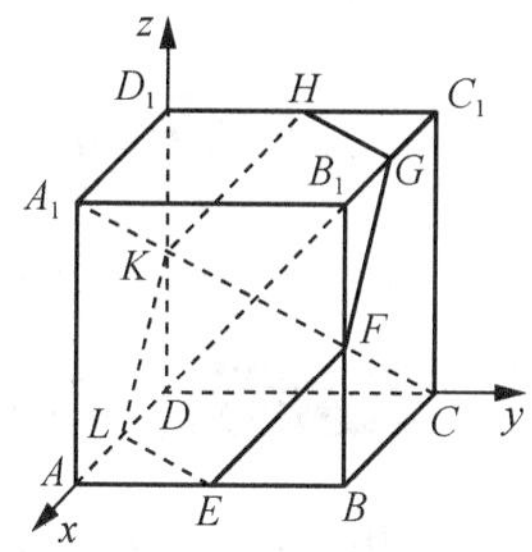

图 6-79

$\overrightarrow{EL}=(-1, -1, 0)$，$\overrightarrow{EF}=(0, 1, 1)$，$\overrightarrow{EG}=(-1, 1, 2)=\overrightarrow{EL}+2\overrightarrow{EF}$，$\overrightarrow{EH}=(-2, 0, 2)=2\overrightarrow{EL}+2\overrightarrow{EF}$，$\overrightarrow{EK}=(-2, -1, 1)=2\overrightarrow{EL}+\overrightarrow{EF}$，

所以 $\overrightarrow{EF}$，$\overrightarrow{EG}$，$\overrightarrow{EH}$，$\overrightarrow{EK}$，$\overrightarrow{EL}$ 共面，又它们过同一点 E，

所以 E，F，G，H，K，L 共面.

(2) 由(1)得 $\overrightarrow{EL}=(-1, -1, 0)$，$\overrightarrow{EF}=(0, 1, 1)$，又 $\overrightarrow{A_1C}=(-2, 2, -2)$，

$\overrightarrow{EL}\cdot\overrightarrow{A_1C}=(-1, -1, 0)\cdot(-2, 2, -2)=0$，

$\overrightarrow{EF}\cdot\overrightarrow{A_1C}=(0, 1, 1)\cdot(-2, 2, -2)=0$

故 $EL\perp A_1C$，$EF\perp AC_1$，又 $EL\cap EF=E$，

所以 $A_1C\perp$ 平面 LEF，即 $A_1C\perp$ 平面 $EFGHKL$.

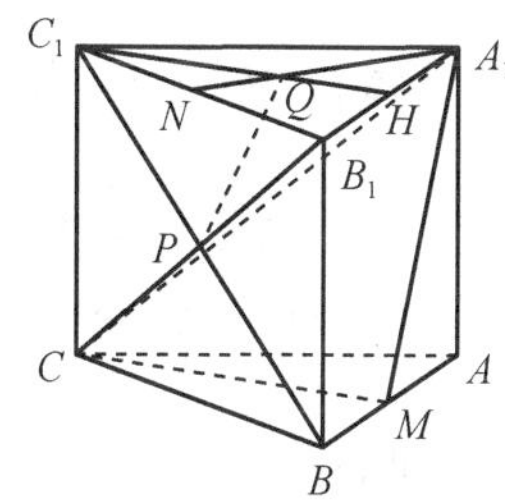

图 6-80

例 9 如图 6-80 所示，在直三棱柱 $ABC-A_1B_1C_1$ 中，$\angle BAC=90°$，$AB=AC=AA_1=2$，M 为 AB 的中点，N 为 B_1C_1 的中点，H 是 A_1B_1 的中点，P 是 BC_1 与 B_1C 的交点，Q 是 A_1N 与 C_1H 的交点.

(1) 求证：$A_1C\perp BC_1$；

(2) 求证：PQ//平面 A_1CM.

证明 (1) 在直三棱柱 $ABC-A_1B_1C_1$ 中，因为 $\angle BAC=90°$，以点 A 为坐标原点，以 $\overrightarrow{AB}$，$\overrightarrow{CA}$，$\overrightarrow{AA_1}$ 方向分别为 x，y，z 轴正方向建立如图 6-81 所示空间直角坐标系.

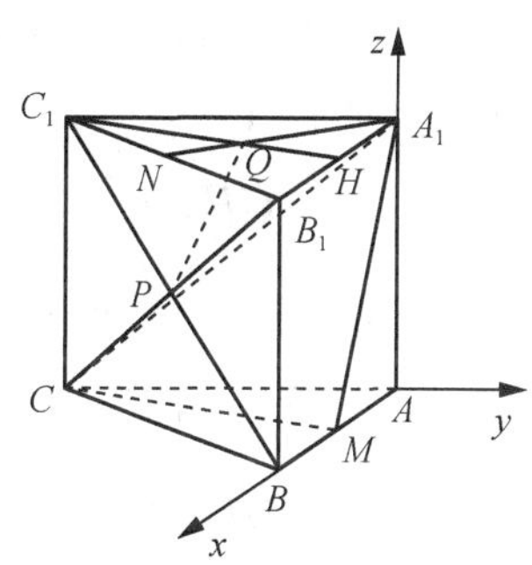

图 6-81

因为 $AB=AC=AA_1=2$，所以 $A_1(0, 0, 2)$，$C(0, -2, 0)$，$B(2, 0, 0)$，$C_1(0, -2, 2)$，所以 $\overrightarrow{BC_1}=(-2, -2, 2)$，$\overrightarrow{A_1C}=(0, -2, -2)$，所以 $\overrightarrow{A_1C}\cdot\overrightarrow{BC_1}=(0, -2, -2)\cdot(-2, -2, 2)=0$，所以 $A_1C\perp BC_1$.

(2) 因为 $AB=AC=AA_1=2$，M 为 AB 的中点，N 为 B_1C_1 的中点，H 为 A_1B_1 的中点，P 是 BC_1 与 B_1C 的交点，所以 $P(1, -1, 1)$，$M(1, 0, 0)$，$N(1, -1, 2)$，$H(1, 0, 2)$. 依题意可知 Q 为 $\triangle A_1B_1C_1$ 的重心，则 $\overrightarrow{A_1Q}=\frac{2}{3}\overrightarrow{A_1N}$，可得 $Q\left(\frac{2}{3}, -\frac{2}{3}, 2\right)$，所以 $\overrightarrow{PQ}=\left(-\frac{1}{3}, \frac{1}{3}, 1\right)$，$\overrightarrow{A_1C}=(0, -2, -2)$，$\overrightarrow{A_1M}=(1, 0, -2)$.

设 $\vec{n}=(x, y, z)$ 为平面 A_1CM 的法向量，则 $\begin{cases}\vec{n}\cdot\overrightarrow{A_1C}=0,\\ \vec{n}\cdot\overrightarrow{A_1M}=0,\end{cases}$ 即 $\begin{cases}-2y-2z=0,\\ x-2z=0,\end{cases}$ 取 $z=1$，得 $x=2$，$y=-1$.

则平面 A_1CM 的一个法向量为 $\vec{n}=(2,\ -1,\ 1)$,

所以 $\overrightarrow{PQ}\cdot\vec{n}=\left(-\frac{1}{3},\ \frac{1}{3},\ 1\right)\cdot(2,\ -1,\ 1)=0$,则 $\overrightarrow{PQ}\perp\vec{n}$,

因为 $PQ\not\subset$ 平面 A_1CM,所以 $PQ//$平面 A_1CM.

考点 5　空间向量在度量中的应用

例 10　如图 6-82,在直三棱柱 $ABC\text{-}A_1B_1C_1$ 中,$AC=\frac{1}{2}AA_1$, D 是棱 AA_1 的中点, $DC_1\perp BD$.

(1) 证明:$DC_1\perp BC$.

(2) 若 $AC=BC$,

(i) 求直线 BC_1 与平面 ABB_1A_1 所成角的正弦值;

(ii) 求二面角 $A\text{-}BD\text{-}C_1$ 的大小.

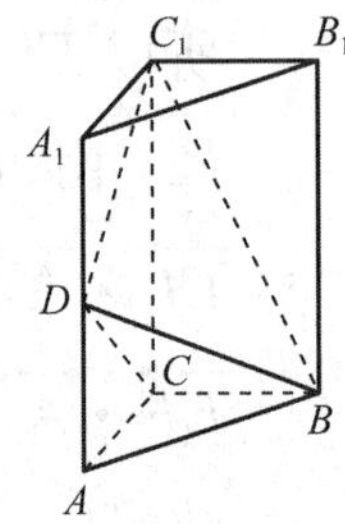

图 6-82

解　(1) 证明:设 $AC=1$,因为 $AC=\frac{1}{2}AA_1$,所以 $AA_1=2$,又 D 是棱 AA_1 的中点,所以 $AD=DA_1=1$.

在直三棱柱 $ABC\text{-}A_1B_1C_1$ 中,$AA_1\perp$面 ABC,所以 $AA_1\perp AC$,在 $\mathrm{Rt}\triangle ADC$ 中,由勾股定理有 $DC=\sqrt{AD^2+AC^2}=\sqrt{2}$. 同理可得 $DC_1=\sqrt{A_1D^2+A_1C_1^2}=\sqrt{2}$,又 $CC_1=AA_1=2$,所以 $CC_1^2=DC_1^2+DC^2$,即 $DC_1\perp DC$,又 $DC_1\perp BD$, $DC\cap BD=D$,所以 $DC_1\perp$面 CBD,又 $BC\subset$面 CBD,所以 $DC_1\perp BC$.

(2) (i)由(1)有 $DC_1\perp BC$,又在直三棱柱 $ABC\text{-}A_1B_1C_1$ 中,$CC_1\perp$面 ABC,又 $BC\subset$面 ACB,所以 $CC_1\perp BC$,又 $DC_1\cap CC_1=C_1$,所以 $BC\perp$面 ACC_1A_1,所以 $BC\perp AC$, $BC\perp CC_1$,所以 CA, CB, CC_1 两两垂直. 则建立空间直角坐标系,如图 6-83.

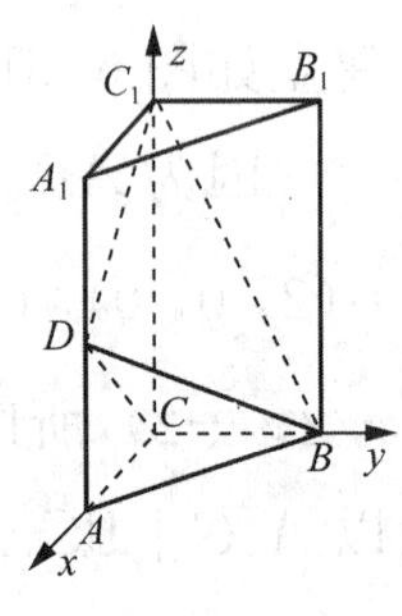

图 6-83

设 $AA_1=2$,则 $C_1(0,\ 0,\ 2)$, $B(0,\ 1,\ 0)$, $B_1(0,\ 1,\ 2)$, $A_1(1,\ 0,\ 2)$, $D(1,\ 0,\ 1)$,所以 $\overrightarrow{B_1A_1}=(1,\ -1,\ 0)$, $\overrightarrow{BB_1}=(0,\ 0,\ 2)$, $\overrightarrow{BC_1}=(0,\ -1,\ 2)$, $\overrightarrow{BD}=(1,\ -1,\ 1)$.

设平面 ABB_1A_1 的法向量为 $\vec{n}=(x,\ y,\ z)$ 则 $\begin{cases}\vec{n}\cdot\overrightarrow{B_1A_1}=0,\\ \vec{n}\cdot\overrightarrow{BB_1}=0,\end{cases}$ 即 $\begin{cases}x-y=0,\\ 2z=0.\end{cases}$

令 $x=1$,得 $y=1$, $z=0$,所以 $\vec{n}=(1,\ 1,\ 0)$.

设直线 BC_1 与平面 ABB_1A_1 所成角为 θ,则 $\sin\theta=\left|\frac{\vec{n}\cdot\overrightarrow{BC_1}}{|\vec{n}|\cdot|\overrightarrow{BC_1}|}\right|=$

$$\left|\frac{1\times0+1\times(-1)+0\times2}{\sqrt{2}\cdot\sqrt{5}}\right|=\frac{\sqrt{10}}{10}.$$

所以直线 BC_1 与平面 ABB_1A_1 所成角的正弦值为 $\frac{\sqrt{10}}{10}$.

(ii) 同上,设平面 BDC_1 的法向量为 $\vec{m}=(x_1,\ y_1,\ z_1)$,则 $\begin{cases}\vec{m}\cdot\overrightarrow{BD}=0,\\ \vec{m}\cdot\overrightarrow{BC_1}=0,\end{cases}$ 即

$\begin{cases}x_1-y_1+z_1=0,\\-y_1+2z_1=0,\end{cases}$ 令 $z_1=1$，得 $y_1=2$，$x_1=1$，所以 $\vec{m}=(1,\ 2,\ 1)$.

设二面角 A-BD-C_1 的大小 α，则由图可知 α 为钝角，

所以 $\cos\alpha=-\left|\dfrac{\vec{m}\cdot\vec{n}}{|\vec{m}|\cdot|\vec{n}|}\right|=-\left|\dfrac{1\times1+1\times2+0\times1}{\sqrt{2}\cdot\sqrt{6}}\right|=-\dfrac{\sqrt{3}}{2}$.

所以二面角 A-BD-C_1 的大小为 $\dfrac{5\pi}{6}$.

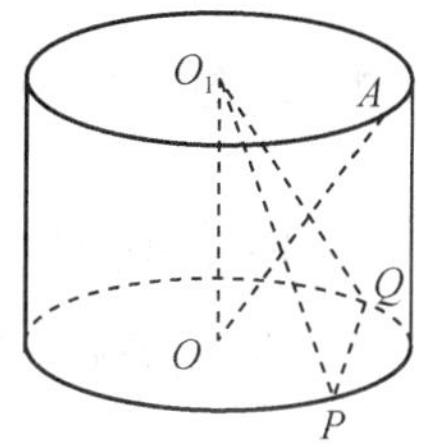

图 6-84

例 11 如图 6-84，已知圆柱 OO_1，A 是圆 O_1 上的动点，$AO_1=1$，$OO_1=2$，P，Q 为圆 O 上的两个定点，且满足 $PQ=\sqrt{2}$.

(1) 当 $\overrightarrow{AO_1}=\overrightarrow{OP}$ 或 $\overrightarrow{AO_1}=\overrightarrow{OQ}$ 时，求证：AO//平面 O_1PQ；

(2) 当直线 AO 与平面 O_1PQ 所成角的正弦值取最大值时，求三棱锥 A-O_1PQ 的体积.

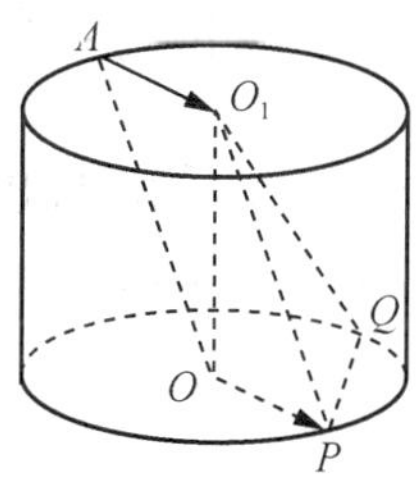

图 6-85

证明 (1) 如图 6-85 所示，当 $\overrightarrow{AO_1}=\overrightarrow{OP}$ 时，易知四边形 $AOPO_1$ 为平行四边形，则 $AO/\!/O_1P$，又 $AO\not\subset$平面 O_1PQ，$O_1P\subset$平面 O_1PQ，所以 AO//平面 O_1PQ，同理可证，当 $\overrightarrow{AO_1}=\overrightarrow{OQ}$ 时，有 AO//平面 O_1PQ，故证得当 $\overrightarrow{AO_1}=\overrightarrow{OP}$ 或 $\overrightarrow{AO_1}=\overrightarrow{OQ}$ 时，AO//平面 O_1PQ.

(2) 取 PQ 的中点 M，则 $OM\perp PQ$，以点 O 为坐标原点，OM 为 y 轴，OO_1 为 z 轴建立如图 6-86 所示的空间直角坐标系，则 $O(0,\ 0,\ 0)$，$P\left(\dfrac{\sqrt{2}}{2},\ \dfrac{\sqrt{2}}{2},\ 0\right)$，$Q\left(-\dfrac{\sqrt{2}}{2},\ \dfrac{\sqrt{2}}{2},\ 0\right)$，$O_1(0,\ 0,\ 2)$，$\overrightarrow{O_1P}=\left(\dfrac{\sqrt{2}}{2},\ \dfrac{\sqrt{2}}{2},\ -2\right)$，$\overrightarrow{O_1Q}=\left(-\dfrac{\sqrt{2}}{2},\ \dfrac{\sqrt{2}}{2},\ -2\right)$，$\overrightarrow{QP}=(\sqrt{2},\ 0,\ 0)$，设平面 O_1PQ 的法向量为 $\vec{n}=(x,\ y,\ z)$，则 $\begin{cases}\dfrac{\sqrt{2}}{2}x+\dfrac{\sqrt{2}}{2}y-2z=0,\\\sqrt{2}x=0,\end{cases}$ 令 $y=2\sqrt{2}$，

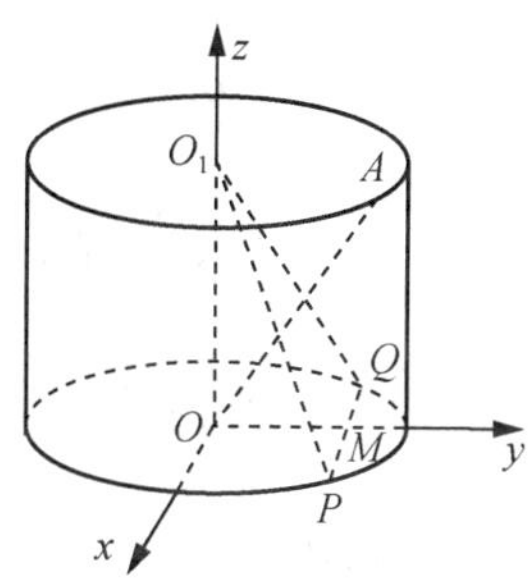

图 6-86

则 $\vec{n}=(0,\ 2\sqrt{2},\ 1)$.

设 $A(\cos\theta,\ \sin\theta,\ 2)$，则得直线 AO 的方向向量 $\overrightarrow{OA}=(\cos\theta,\ \sin\theta,\ 2)$，设直线 AO 与平面 O_1PQ 所成的角为 β，则 $\sin\beta=|\cos\langle\overrightarrow{OA},\ \vec{n}\rangle|=\dfrac{|2\sqrt{2}\sin\theta+2|}{3\sqrt{5}}$，则当 $\sin\theta=1$ 时，$\sin\beta$ 取最大值，此时点 A 的坐标为 $(0,\ 1,\ 2)$，$\overrightarrow{O_1A}=(0,\ 1,\ 0)$，则点 A 到平面 O_1PQ 的距离为 $d=\dfrac{|\overrightarrow{O_1A}\cdot\vec{n}|}{|\vec{n}|}=\dfrac{2\sqrt{2}}{3}$，又由题知 $O_1P=O_1Q=\sqrt{5}$，$PQ=\sqrt{2}$，则三角形 O_1PQ 的面积为 $S_{\triangle O_1PQ}=\dfrac{1}{2}\times\sqrt{2}\times\sqrt{5-\dfrac{1}{2}}=\dfrac{3}{2}$，故当直线 AO 与平面 O_1PQ 所成角的正弦值取最大值时，三棱锥

$A\text{-}O_1PQ$ 的体积为$\frac{1}{3}\times\frac{3}{2}\times\frac{2\sqrt{2}}{3}=\frac{\sqrt{2}}{3}$.

【基础训练】

1. 在空间直角坐标系中,点 $A(-1, 1, -2)$关于原点的对称点为点 B,则$|AB|=$__________.

2. 已知 O, A, B, C 为空间中不共面的四点,且 $\overrightarrow{OP}=\frac{3}{4}\overrightarrow{OA}+\frac{1}{8}\overrightarrow{OB}+t\overrightarrow{OC}$,若 P, A, B, C 四点共面,则实数 $t=$__________.

3. 在长方体 $ABCD\text{-}A_1B_1C_1D_1$ 中,$AB=AD=2$, $DD_1=4$,则点 B 到平面 A_1C_1D 的距离为________.

4. 如图 6-87 所示,在平行六面体 $ABCD\text{-}A'B'C'D'$中,底面 $ABCD$ 是边长为 1 的正方形,AA'的长度为 2,且$\angle A'AB=\angle A'AD=\frac{\pi}{3}$,则 $A'C$ 的长度为__________.

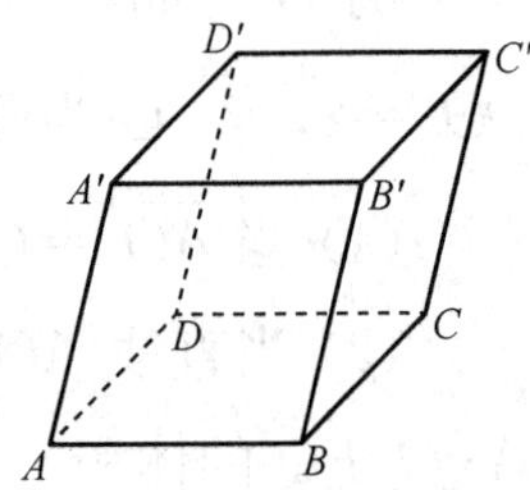

图 6-87

5. 关于空间向量,以下说法不正确的是(　　).

(A) 若两个不同平面 α, β 的法向量分别是 $\vec{u}, \vec{v}$,且 $\vec{u}=(1, 2, -2)$, $\vec{v}=(2, 1, 2)$,则 $\alpha\perp\beta$

(B) 若直线 l 的方向向量为 $\vec{e}=(1, 0, 3)$,平面 α 的法向量为 $\vec{n}=\left(-2, 0, \frac{2}{3}\right)$,则直线 $l /\!/ \alpha$

(C) 若对空间中任意一点 O,有 $\overrightarrow{OP}=\frac{1}{4}\overrightarrow{OA}+\frac{1}{4}\overrightarrow{OB}+\frac{1}{2}\overrightarrow{OC}$,则 P, A, B, C 四点共面

(D) 若两个非零向量与任何一个向量都不能构成空间的一个基底,则这两个向量共线

6. 如图 6-88 所示,在正三棱台 $ABC\text{-}A_1B_1C_1$ 中,$AB=3AA_1=\frac{3}{2}A_1B_1=3$,记侧面 ABB_1A_1 与底面 ABC,侧面 ABB_1A_1 与侧面 BCC_1B_1,以及侧面 ABB_1A_1 与截面 A_1BC 所成的锐二面角的平面角分别为 α, β, γ,则(　　).

(A) $\gamma<\beta=\alpha$

(B) $\beta=\alpha<\gamma$

(C) $\beta<\alpha<\gamma$

(D) $\alpha<\beta<\gamma$

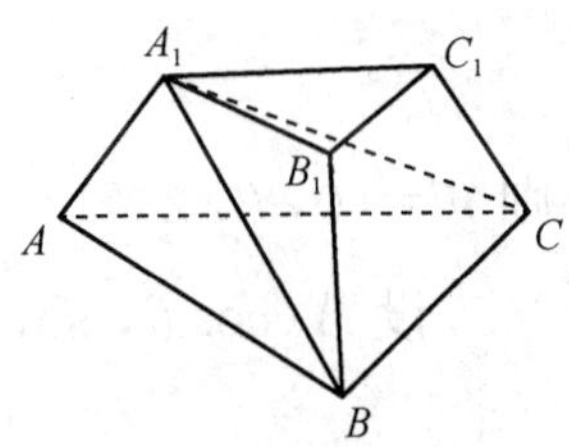

图 6-88

7. 如图 6-89,在以 P, A, B, C, D 为顶点的五面体中,四边形 $ABCD$ 为等腰梯形,$AB /\!/ CD$, $AD=CD=\frac{1}{2}AB$,平面 $PAD\perp$平面 PAB, $PA\perp PB$.

(1) 求证:平面 $PAD\perp$平面 PBC;

(2) 若二面角 P-AB-D 的余弦值为$\frac{\sqrt{3}}{3}$,求直线 PD 与平面PBC 所成角的正弦值.

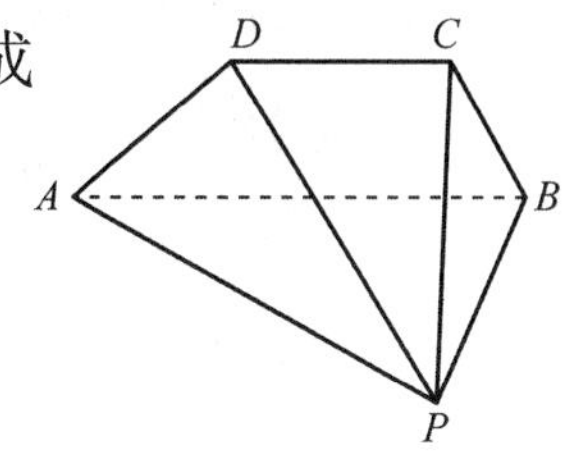

图 6-89

【能力提高】

1. 《九章算术·商功》主要讲述了以立体几何为主的各种形体体积的计算,其中堑堵是指底面为直角三角形的直棱柱.如图 6-90 所示,在堑堵 ABC-$A_1B_1C_1$ 中,M 是 A_1C_1 的中点,$AB=2AA_1=2AC$,$\overrightarrow{BN}=\frac{1}{3}\overrightarrow{BB_1}$, $\overrightarrow{MG}=3\overrightarrow{GN}$,若 $\overrightarrow{AG}=x\overrightarrow{AA_1}+y\overrightarrow{AB}+z\overrightarrow{AC}$,则 $x+y+z=$__________.

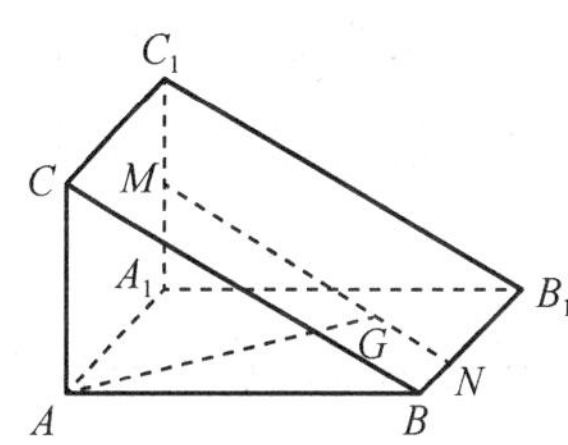

图 6-90

2. 已知正四棱柱 $ABCD$-$A_1B_1C_1D_1$ 中,$AB=1$, $AA_1=2$,点 P, Q 分别是棱 BB_1、AB 上的动点,则下列判断错误的是(　　).

(A) 任意给定的点 P,存在点 Q,使得 PQ//平面 A_1C_1D

(B) 任意给定的点 Q,存在点 P,使得 PQ//平面 A_1C_1D

(C) 任意给定的点 P,存在点 Q,使得 $CP\perp D_1Q$

(D) 任意给定的点 Q,存在点 P,使得 $CP\perp D_1Q$

3. 如图 6-91 所示,在四棱锥 P-$ABCD$ 中,底面 $ABCD$ 是边长为 2 的菱形,$\angle ADC=60°$,$\triangle PAD$ 为正三角形,O 为 AD 的中点,且平面 $PAD\perp$平面 $ABCD$,M 是线段 PC 上的点.

(1) 求证:$BC\perp PC$.

(2) 当 M 为线段 PC 的中点时,求点 M 到平面 PAB 的距离.

(3) 是否存在点 M,使得直线 AM 与平面 PAB 的夹角的正弦值为 $\frac{\sqrt{10}}{10}$. 若存在,求出此时 $\frac{PM}{PC}$ 的值;若不存在,请说明理由.

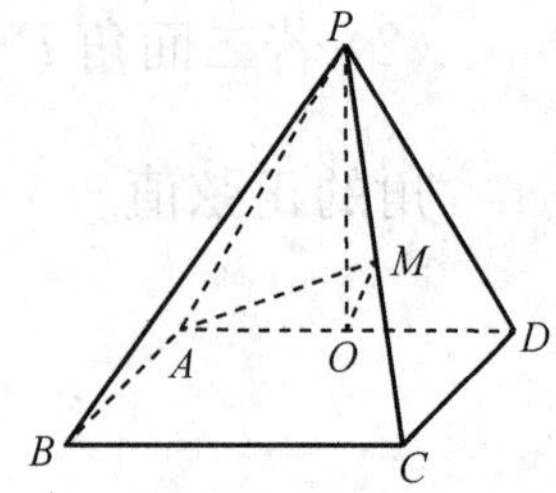

图 6-91

【归纳小结】

空间向量以及空间直角坐标系的引入,使得空间中的点、线、面的研究非常方便. 平面向量的相关概念(向量的模、零向量、单位向量、相等的向量、负向量、平行向量、向量的夹角)、运算(和、差、数乘、数量积)、性质,都可以推广到空间向量中.

我们用直线的方向向量、平面的法向量来分别刻画空间直线与平面的方向. 借助于这些向量工具,几何体中有关夹角、距离、垂直、平行的问题,均可将其转化为向量间的夹角、模、垂直、平行问题,可利用向量来解决.

7 概率统计

7.1 随机现象与样本空间、古典概率

【知识梳理】

1. 随机现象

具有不确定性的现象称为随机现象，或者说具有随机性.现实中有很多不同类型的随机现象.简单分为可随意重复的与不可随意重复的，可随意重复的也称为随机试验.

2. 样本空间

一个随机现象中依某个角度观察其所有可能出现(发生)的结果所组成的集合称为一个样本空间，用 Ω 表示，其中的元素称为基本事件或者样本点.在样本空间确定之后，事件可以看作样本空间的一个子集.

3. 古典概率模型

如果一个随机试验满足下面两个条件：(1)包含有限个可能出现的结果(基本事件)；(2)这些结果的出现是等可能的，那么这样的随机试验就称为古典概率模型.

事件 A 发生的概率用符号 $P(A)$ 表示，$P(A)=\dfrac{|A|}{|\Omega|}$.

4. 概率性质

(1) 概率性质 1：必然事件的概率是 1，不可能事件的概率为 0.

(2) 概率性质 2：设 A 是一个事件，那么 $0\leqslant P(A)\leqslant 1$.

(3) 概率性质 3(可加性)：如果 $A\cap B=\varnothing$，那么 $P(A\cup B)=P(A)+P(B)$.

(4) 概率性质 4：对任一给定事件 A，有 $P(A)+P(\bar{A})=1$.

5. 事件的关系与运算

如果 A 与 B 没有共同的基本事件，记作 $A\cap B=\varnothing$，称事件 A 与 B 互斥.

“事件 A 发生”的否定就是“事件 A 不发生”，它也是一个事件，称为事件 A 的对立事件，记作 $\bar{A}$，A 与 $\bar{A}$ 之间有 $A\cap\bar{A}=\varnothing$，$A\cup\bar{A}=\Omega$.

两个事件之间的运算：$\overline{A\cap B}=\bar{A}\cup\bar{B}$；$\overline{A\cup B}=\bar{A}\cap\bar{B}$.这两个公式是对两个事件来陈述的，实际上对任意多个事件同样成立.

【讲练平台】

考点 1 采用适当的方法确定样本空间

例 1 2019 年，我国施行个人所得税专项附加扣除办法，涉及子女教育、继续教育、大病医

疗、住房贷款利息、住房租金、赡养老人等六项专项附加扣除.某单位老、中、青员工分别有 72，108，120 人，现采用分层抽样的方法，从该单位上述员工中抽取 25 人调查专项附加扣除的享受情况.

(1) 应从老、中、青员工中分别抽取多少人？

(2) 抽取的 25 人中，享受至少两项专项附加扣除的员工有 6 人，分别记为 A，B，C，D，E，F.享受情况见下表，其中“○”表示享受，“×”表示不享受.现从这 6 人中随机抽取 2 人接受采访.

项目	员工					
	A	B	C	D	E	F
子女教育	○	○	×	○	×	○
继续教育	×	×	○	×	○	○
大病医疗	×	×	×	○	×	×
住房贷款利息	○	○	×	×	○	○
住房租金	×	×	○	×	×	×
赡养老人	○	○	×	×	×	○

(i) 试用所给字母列举出所有可能的抽取结果；

(ii) 设 M 为事件“抽取的 2 人享受的专项附加扣除至少有一项相同”，求事件 M 发生的概率.

解 (1) 由已知，老、中、青员工人数之比为 $6:9:10$，由于采取分层抽样的方法从中抽取 25 位员工，因此应从老、中、青员工中分别抽取 6 人，9 人，10 人.

(2) (i)从已知的 6 人中随机抽取 2 人的所有可能结果为$\{A, B\}$，$\{A, C\}$，$\{A, D\}$，$\{A, E\}$，$\{A, F\}$，$\{B, C\}$，$\{B, D\}$，$\{B, E\}$，$\{B, F\}$，$\{C, D\}$，$\{C, E\}$，$\{C, F\}$，$\{D, E\}$，$\{D, F\}$，$\{E, F\}$，共 15 种.

(ii) 由以上表格知，符合题意的所有可能结果为$\{A, B\}$，$\{A, D\}$，$\{A, E\}$，$\{A, F\}$，$\{B, D\}$，$\{B, E\}$，$\{B, F\}$，$\{C, E\}$，$\{C, F\}$，$\{D, F\}$，$\{E, F\}$，共 11 种，所以，事件 M 发生的概率 $P(M)=\frac{11}{15}$.

考点 2　计算古典概型中简单随机现象的概率

例 2　有红、黄、蓝三种颜色的旗帜各 3 面，在每种颜色的 3 面旗帜上分别标上号码 1，2 和 3.现任取 3 面，它们的颜色与号码均不相同的概率是________.

解　从 9 面旗帜中任取 3 面，共有 C_9^3 种取法，故基本事件总数为 C_9^3.

现取 3 面，颜色与号码均不相同共有 $P_3^3=6$ 种，所以符合条件的事件数为 6.

因此，所求概率为$\frac{P_3^3}{C_9^3}=\frac{6}{84}=\frac{1}{14}$.

考点 3 **结合实例进行随机事件概率的运算，解决概率问题**

例 3 若某群体中的成员只用现金支付的概率为 0.45，既用现金支付也用非现金支付的概率为 0.15，则不用现金支付的概率为__________.

解 设“只用现金支付”为事件 A，“既用现金支付也用非现金支付”为事件 B，“不用现金支付”为事件 C. 有 $A\cup B\cup C=\Omega$，$A\cap B=A\cap C=B\cap C=\varnothing$，所以 $P(C)=1-P(A)-P(B)=1-0.45-0.15=0.4$.

【基础训练】

1. 连续掷两次骰子，出现点数之和等于 4 的概率是__________.（结果用数值表示）

2. 甲、乙、丙三人同在某公司上班，若该公司规定，每位职工可以在每周七天中任选两天休息（如选定周一、周三），以后不再改动，则他们选定的两个休息日相同的概率是__________.

3. 围棋盒子中有多粒黑子和白子，已知从中任意取出 2 粒，都是黑子的概率为 $\frac{1}{7}$，都是白子的概率为 $\frac{12}{35}$，则从中任意取出 2 粒，恰好是同一色的概率是__________.

4. 已知 $a,b\in\{-2,-1,1,2\}$，若向量 $\vec{m}=(a,b)$，$\vec{n}=(1,1)$，则向量 $\vec{m}$ 与 $\vec{n}$ 所成的角为锐角的概率是________.

5. 将一颗骰子先后投掷两次分别得到点数 a，b，则直线 $ax+by=0$ 与圆 $(x-2)^2+y^2=2$ 有公共点的概率为________.

6. 已知 5 件产品中有 2 件次品，其余为合格品. 现从这 5 件产品中任取 2 件，恰有一件次品的概率为（　　）.

(A) 0.2　　(B) 0.4　　(C) 0.6　　(D) 0.8

7. 投掷两颗骰子，得到其向上的点数分别为 m 和 n，则复数 $(m+n\mathrm{i})(n-m\mathrm{i})$ 为实数的概率为（　　）.

(A) $\frac{1}{3}$　　(B) $\frac{1}{4}$　　(C) $\frac{1}{6}$　　(D) $\frac{1}{12}$

8. 某人有 5 把要是钥匙，但忘记了开房门的是哪一把，于是，他逐把不重复地试开，问：

(1) 恰好第三次打开房门的概率是多少？

(2) 三次内打开房门的概率是多少？

(3) 如果 5 把内有 2 把房门钥匙，那么三次内打开房门的概率是多少？

9. 6 个房间安排 4 个旅游者，每人可入住任一房间，且入住房间是等可能的(每个房间可入住多人). 求：

(1) 指定的某 4 个房间各住 1 人的概率；

(2) 恰有 4 个房间各住 1 人的概率；

(3) 指定的某房间有 2 人的概率；

(4) 指定的 2 个房间各有 2 人的概率.

【能力提高】

1. 设 O 为正方形 $ABCD$ 的中心，在 O, A, B, C, D 中任取 3 点，则取到的 3 点共线的概率为__________.

2. 从男生和女生共 36 人的班级中任意选出 2 人去完成某项任务，这里任何人当选的机会都是相同的，如果选出的 2 人性别相同的概率是 $\frac{1}{2}$，那么这个班级中的男生，女生各有多少人？

【归纳小结】

1. 理解随机事件的概率的意义与实际应用.
2. 用适当的工具确定样本空间，求等可能事件的概率.
3. 通过事件运算将复杂事件分解为若干简单事件，进而解决问题.

7.2　频率与概率、随机事件的独立性

【知识梳理】

1. 频率与概率

如果一个随机试验只有两种可能的结果，一个是“成功”，概率是 $p(0<p<1)$，一个是“失

败”，概率是 $1-p$，那么这个随机试验称为伯努利试验.

独立地重复一个伯努利试验 n 次，其中成功的次数记作 S_n，那么 $\frac{S_n}{n}$ 就被称为（n 次试验中）成功的频率.

2. 伯努利大数定律：独立地重复一个伯努利试验 n 次，当 n 很大时，频率 $\frac{S_n}{n}$ 接近概率.

频率也称为经验概率，为了区别于概率，用 $\hat{P}$ 来表示经验概率.

3. 随机事件的独立性

两个事件 A 与 B（相互）独立是指它们同时发生的概率等于它们各自发生概率的乘积，即 $P(A\cap B)=P(A)\cdot P(B)$.

【讲练平台】

考点 1　结合实例，用频率估计概率

例 1　随机抽取一个年份，对上海市该年 11 月的天气情况进行统计，结果如下：

日期	1	2	3	4	5	6	7	8	9	10	11	12	13	14	15
天气	雨	雨	云	云	云	晴	晴	晴	云	晴	晴	云	晴	晴	云
日期	16	17	18	19	20	21	22	23	24	25	26	27	28	29	30
天气	雨	云	云	阴	云	雨	雨	阴	雨	雨	雨	雨	阴	云	阴

注：雨表示下雨，云表示多云.

(1) 在 11 月份任取一天，估计上海市在该天不下雨的概率；

(2) 上海市某学校拟从 11 月份的一个晴天或多云的日子开始举行连续 2 天的运动会，估计运动会期间不下雨的概率.

解　(1) 在容量为 30 的样本中，不下雨的天数是 21，以频率估计概率，11 月份任选一天，上海市不下雨的概率为 $P=\frac{21}{30}=\frac{7}{10}$.

(2) 在该年 11 月，晴天或多云的日子有 17 个，其中后一天不下雨的有 15 个，所以晴天的次日不下雨的频率为 $\frac{15}{17}$，以频率估计概率，运动会期间不下雨的概率为 $\frac{15}{17}$.

考点 2　用独立性计算随机事件的概率

例 2　如图 7-1 所示，用 K，A_1，A_2 三类不同的元件连接成一个系统. 当 K 正常工作且 A_1，A_2 至少有一个正常工作时，系统正常工作. 已知 K，A_1，A_2 正常工作的概率分别是 0.9，0.8，0.8，且是否正常工作互相独立，则系统正常工作的概率为__________.

解　A_1，A_2 同时不能工作的概率为 $0.2\times0.2=0.04$，所以 A_1，A_2 至少有一个正常工作的概率为 $1-0.04=0.96$，所以系统正常工作的概率为 $0.9\times0.96=0.864$.

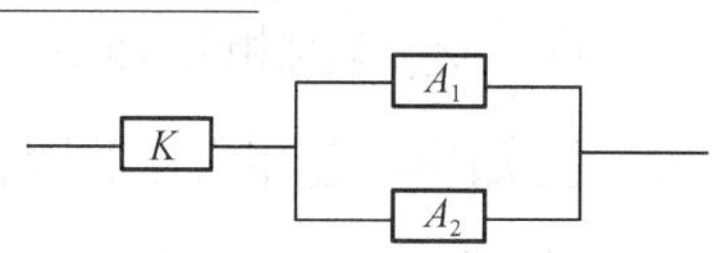

图 7-1

【基础训练】

1. 某中学举办电脑知识竞赛，满分为100分，80分以上（含80分）为优秀. 现将参赛学生的成绩进行整理后分成五组：第一组[50, 60)，第二组[60, 70)，第三组[70, 80)，第四组[80, 90)，第五组[90, 100]. 其中第一、三、四、五小组的频率分别为0.30，0.15，0.10，0.05. 而第二小组的频数是40，则参赛的人数为__________.

2. 每次试验的成功率为$p(0<p<1)$，重复进行10次试验，其中前7次都未成功，后3次都成功的概率为________.

3. 两个实习生每人加工一个零件. 加工为一等品的概率分别为$\frac{5}{6}$和$\frac{3}{4}$，两个零件是否加工为一等品相互独立，则这两个零件中恰有一个一等品的概率为__________.

4. 出租车司机从饭店到火车站途中经过六个交通岗，假设他在各交通岗遇到红灯这一事件是相互独立的，并且概率都是$\frac{1}{3}$，则这位司机遇到红灯前恰好通过了三个交通岗的概率为__________.

5. 某杀毒软件的病毒查杀比赛规则为每个软件进行四轮考核，每轮考核中能够准确对病毒进行查杀的进入下一轮考核，否则被淘汰. 已知某个软件在四轮考核中能够准确杀毒的概率依次是$\frac{5}{6}$，$\frac{3}{5}$，$\frac{3}{4}$，$\frac{1}{3}$，且各轮考核能否通过互不影响，则下列结论中，正确的是________（写出所有正确结论的序号）.

① 该软件通过考核的概率为$\frac{1}{8}$；

② 该软件在第三轮考核被淘汰的概率为$\frac{1}{8}$；

③ 该软件至少能够通过两轮考核的概率为$\frac{2}{3}$；

④ 在此次比赛中该软件平均考核了$\frac{65}{24}$轮.

6. 有6个相同的球，分别标有数字1，2，3，4，5，6，从中有放回地随机取两次，每次取1个球，甲表示事件"第一次取出的球的数字是1"，乙表示事件"第二次取出的球的数字是2"，丙表示事件"两次取出的球的数字之和是8"，丁表示事件"两次取出的球的数字之和是7"，则（　　）.

(A) 甲与丙相互独立　　(B) 甲与丁相互独立

(C) 乙与丙相互独立　　(D) 丙与丁相互独立

7. 已知甲、乙、丙、丁四人各自独立解决某一问题的概率分别是0.5，0.4，0.3，a，如果甲、乙、丙至少有一人解决该问题的概率不小于丁独立解决这一问题的概率，则a的最大值是

________.

8. 甲、乙、丙三人进行羽毛球练习赛,其中两人比赛,另一人当裁判,每局比赛结束时,负的一方在下一局当裁判.设各局中双方获胜的概率均为$\frac{1}{2}$,各局比赛的结果都相互独立,第 1 局甲当裁判.

(1) 求第 4 局甲当裁判的概率;

(2) 求前 4 局中丙恰好当 1 次裁判的概率.

9. 某厂接受了一项加工业务,加工出来的产品(单位:件)按标准分为 A, B, C, D 四个等级.加工业务约定:对于 A 级品、B 级品、C 级品,厂家每件分别收取加工费 90 元,50 元,20 元;对于 D 级品,厂家每件要赔偿原料损失费 50 元.该厂有甲、乙两个分厂可承接加工业务.甲分厂加工成本费为 25 元/件,乙分厂加工成本费为 20 元/件.厂家为决定由哪个分厂承接加工业务,在两个分厂各试加工了 100 件这种产品,并统计了这些产品的等级,整理如下:

甲分厂产品等级的频数分布表

等级	A	B	C	D
频数	40	20	20	20

乙分厂产品等级的频数分布表

等级	A	B	C	D
频数	28	17	34	21

(1) 分别估计甲、乙两分厂加工出来的一件产品为 A 级品的概率;

(2) 分别求甲、乙两分厂加工出来的 100 件产品的平均利润,以平均利润为依据,厂家应选哪个分厂承接加工业务?

【能力提高】

1. 某同学进行重复伯努利试验研究，把一枚质地均匀的硬币连续抛掷 1 000 次，记录得 483 次正面朝上，517 次反面朝上，则掷一次硬币正面朝上的概率为____________.

2. 甲、乙、丙三人在同一办公室工作. 办公室只有一部电话机，设经过该机打进的电话是打给甲、乙、丙的概率依次为$\frac{1}{6}$，$\frac{1}{3}$，$\frac{1}{2}$. 若在一段时间内打进三个电话，且各个电话相互独立. 求：

(1) 这三个电话是打给同一个人的概率；

(2) 这三个电话中恰有两个是打给甲的概率.

【归纳小结】

1. 在伯努利实验中，当 n 很大时，频率$\frac{S_n}{n}$趋近于概率，但未必等于概率. 频率也称为经验概率，频率本身也是随机的，是概率的一种“可能性”.

2. 高中阶段，用直观和经验判断事件的独立性，但这种判断未必为真. 两个事件独立的充分必要条件是它们同时发生的概率等于它们各自发生的概率的乘积.

3. 独立重复试验是在条件相同的情形下进行的各次之间相互独立的一项试验.

7.3　总体与样本、数据的获取、抽样方法

【知识梳理】

1. 总体与样本

在统计问题中，我们把研究对象的全体叫做总体，总体中的每一个对象叫做个体，总体中所含个体的数量，称为总体的容量. 从总体中抽取的一部分个体称为这个总体的一个样本，其中所含个体的数量称为样本量，也称样本容量.

2. 数据

按照收集数据的不同方法，可以将数据分为观测数据和实验数据.

3. 抽样方法

对总体的每个个体分别进行调查，称之为普查；从总体中抽取样本的过程称为抽样，通过抽样进行调查研究的方法称为抽样调查.

在抽样的过程中通过逐个抽取的方法抽取样本，且总体的每一个个体都有同样的可能性被选入样本，这种抽样方法称为简单随机抽样；当总体由差异明显的几个部分组成时，先把总体分成若干个部分，然后从不同的部分中独立、随机地抽取样本，这种抽样的方法称为分层随机抽样.

【讲练平台】

考点 1 **通过实例，了解总体、样本等的含义，了解总体与样本的关系.**

例 1 为了解新教材使用后某高中 400 名学生应用数学意识和创新意识能力的提高情况，学校进行一次测验，从中抽取了 50 名学生的成绩. 这个问题中的总体、个体、样本、样本容量分别是什么？

解 总体是“400 名学生的成绩”；个体是“每名学生的成绩”；样本是“50 名学生的成绩”；样本容量是 50.

考点 2 **了解并运用各种抽样方法**

例 2 下列抽样问题中用何种抽样方法比较合理？为什么？

(1) 某歌星在万体馆开演唱会，结束后主办方抽取部分观众进行效果调研；

(2) 地铁运营商对高峰时期乘坐地铁的乘坐体验抽取乘客进行调研.

解 (1) 按不同的区域分层随机抽样，因为不同区域的观看效果是截然不同的.

(2) 简单随机抽样，因为高峰时期无论车头和车尾，乘坐体验基本相同.

【基础训练】

1. 一模考试后，班主任欲了解全班同学的成绩情况. 已知班级中共 38 名同学，期中考试考了语文、数学、英语、物理、化学、历史、政治、生物、地理共 9 门学科. 在这个调查中，总体的容量是__________.

2. 教育部调查某地区学生的午餐情况，在该地区的 30 个学校中每校抽取了 20 名同学做问卷调查. 此次调查的样本容量为__________.

3. 某校出现了一例传染性疾病病例，需通过医学检测调查该校园传染性疾病传播的情况，采用的数据获取手段应当是__________.（填写“普查”或“抽样调查”）

4. 总体由编号为 01，02，…，60 的 60 个个体组成，利用下面的随机数表选取 5 个个体，选取方法是从随机数表第 1 行的第 8 列和第 9 列数字开始由左至右选取两个数字，则选出的第 5 个个体的编号为________.

50 44 66 44 29 67 06 58 03 69 80 34 27 18 83 61 46 42 23

91 67 43 25 74 58 83 11 03 30 20 83 53 12 28 47 76 63 05

5. 某学校用分层抽样的方法从三个年级抽取若干学生，调查学生参加社会实践活动情况，有关数据见右表(单位：人)，则 x 和 y 的值分别为____________.

年级	年级人数	抽取人数
高一	1 080	x
高二	1 350	y
高三	900	20

6. 某校高一有学生 n 名，其中男生数与女生数之比为 6∶5，为了解学生的视力情况，现要求按分层抽样的方法抽取一个样本容量为$\frac{n}{10}$的样本，若样本中男生比女生多 12 人，则 $n=$(　　).

(A) 990　　(B) 1 320　　(C) 1 430　　(D) 1 560

7. 某校新生有 600 名女生和 400 名男生. 为了解这 1 000 名新生的身体素质，采用分层抽样方法抽取 100 名学生进行体质测验，则男生甲被抽到的概率是(　　).

(A) 0.4　　(B) 0.25　　(C) 0.1　　(D) 0.001

8. 某老师上课前先通过计算机产生一个随机正整数 a，再分别按学号 a，$2a$，$3a$，…来抽取学生回答问题，直到没有对应学号为止. 这样的抽取学生回答问题方式是否是随机抽样，为什么？

9. 为了解某工厂开展群众体育活动的情况，拟采用分层抽样的方法从 A，B，C 三个区中抽取 7 个工厂进行调查，已知 A，B，C 区中分别有 18，27，18 个工厂.

(1) 求从 A，B，C 区中分别抽取的工厂个数；

(2) 若从抽取的 7 个工厂中随机抽取 2 个进行调查结果的对比，计算这 2 个工厂中至少有 1 个来自 A 区的概率.

【能力提高】

1. 把总体的每一个个体编上号，按某种相等的间隔抽取样本的方法，称为系统抽样. 某学校采用系统抽样的方法从 1 500 名同学(编号 1 到 1 500)中抽取 100 名同学进行行为规范调查. 如果抽取的学生中有一名编号为 29，则抽取的学生编号中最接近 1 000 的是__________.

2. 在体育课体测 1 000 米中，大多学生跑得气喘吁吁且成绩不理想. 体育老师说："看来，我们班的同学体能方面问题比较大，需要加强训练."请你从统计的角度来讨论下面的问题：

(1) 在这个情境中，总体和样本分别是什么？

(2) 你同意体育老师的说法吗？请说明理由.

【归纳小结】

1. 养成用数据研究问题的习惯，知道获得数据的诸多的途径，如统计报表与年鉴、社会调查、试验等.

2. 了解数据的随机性，了解选取有代表性的样本对总体估计的作用.

3. 科学的抽样方法可以使样本更具有代表性.

7.4 统计图表、统计估计、统计活动

【知识梳理】

1. 统计图表

除了初中学习的扇形图、折线图、频数分布直方图外，还有以下几种统计图表：

(1) 频率分布表和频率分布直方图：可用于表示数据在不同区间上的分布情况；

可以由频率分布直方图得到频率分布折线图，简称频率折线图. 如果样本容量足够大，且分组的组距取得足够小，那么频率分布折线图将趋于一条光滑的曲线，称为总体分布密度曲线.

(2) 茎叶图:通常在数据量不大的情况下使用,其特点是保留了数据的原始信息;

(3) 散点图:在考虑两组数据时,为了对两组数据之间的关系形成大致的了解,将这两组数据所对应的点描在平面直角坐标系内组成的统计图.

2. 统计估计

统计估计是指利用样本数据来对总体的信息进行估计,包括估计总体的分布和数字特征(平均数、标准差、百分位数等).

【讲练平台】

考点1 频率分布表和频率分布直方图

例1 根据图 7-2 所示的频率分布直方图.如果样本容量为 100,则在区间[6, 10)上的数据的频数为________.

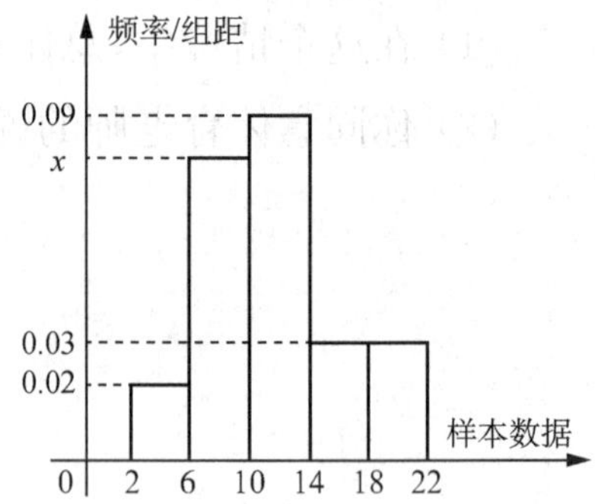

图 7-2

解 由 $4\cdot(0.02+x+0.09+0.03+0.03)=1$,解得 $x=0.08$.

又组距为 4,总数为 100,因此频数为 $0.08\times4\times100=32$.

考点2 茎叶图

例2 一个班的语文成绩的茎叶图如图 7-3 所示,则优秀率(80 及以上)为________,最高分是________,最低分是________,中位数是________.

茎	叶
6	0 3 4 4 6 7 8 8 9
7	2 3 5 5 5 6 7 9
8	0 2 3 3 5 7 9
9	1

图 7-3

解 根据茎叶图,可知班级中共有 25 名同学参加了语文考试,得分 80 及以上的同学有 8 名,所以优秀率为 $\frac{8}{25}=32\%$,最高分是 91,最低分是 60,中位数是 75.

考点3 用样本估计总体

例3 某厂研制了一种生产高精产品的设备,为检验新设备生产产品的某项指标有无提高,用一台旧设备和一台新设备各生产了 10 件产品,得到各件产品该项指标数据如下:

旧设备	9.8	10.3	10.0	10.2	9.9	9.8	10.0	10.1	10.2	9.7
新设备	10.1	10.4	10.1	10.0	10.1	10.3	10.6	10.5	10.4	10.5

旧设备和新设备生产产品的该项指标的样本平均数分别记为 $\bar{x}$ 和 $\bar{y}$,样本方差分别记为 S_1^2 和 S_2^2.

(1) 求 $\bar{x}$, $\bar{y}$, S_1^2, S_2^2;

(2) 判断新设备生产产品的该项指标的均值较旧设备是否有显著提高(如果 $\bar{y}-\bar{x}\geqslant 2\sqrt{\frac{S_1^2+S_2^2}{2}}$,则认为新设备生产产品的该项指标的均值较旧设备有显著提高,否则不认为有显著提高).

解 (1) $\bar{x}=\frac{9.8+10.3+10+10.2+9.9+9.8+10+10.1+10.2+9.7}{10}=10$,

$$\bar{y}=\frac{10.1+10.4+10.1+10+10.1+10.3+10.6+10.5+10.4+10.5}{10}=10.3,$$

$$S_1^2=\frac{(-0.2)^2+0.3^2+0+0.2^2+(-0.1)^2+(-0.2)^2+0+0.1^2+0.2^2+(-0.3)^2}{10}=0.036,$$

$$S_2^2=\frac{(-0.2)^2+0.1^2+(-0.2)^2+(-0.3)^2+(-0.2)^2+0+0.3^2+0.2^2+0.1^2+0.2^2}{10}=0.04.$$

(2) 依题意,可得 $\bar{y}-\bar{x}=0.3=2\times0.15=2\sqrt{0.15^2}=2\sqrt{0.0225}$, $2\sqrt{\frac{S_1^2+S_2^2}{2}}=2\sqrt{\frac{0.036+0.04}{2}}=2\sqrt{0.038}$. 所以, $\bar{y}-\bar{x}<2\sqrt{\frac{S_1^2+S_2^2}{2}}$,新设备生产产品的该项指标的均值较旧设备没有显著提高.

【基础训练】

1. 一个社会调查机构就某地居民的月收入调查了 10 000 人,并根据所得数据画了样本的频率分布直方图(图 7-4). 则月收入不足 3 500 的人占全部居民的百分比为__________.

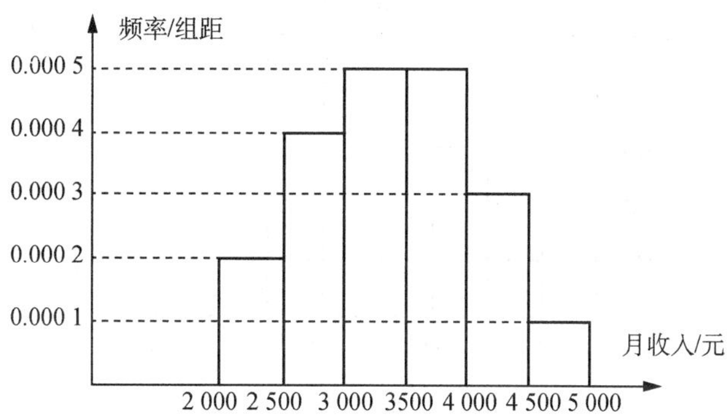

图 7-4

2. 如图 7-5 所示的茎叶图记录着甲、乙两支篮球队各 6 名球员某份比赛的得分数据(单位:分). 若这两组数据的中位数相等,且平均值也相等,则 $x+y=$________.

甲队		乙队
7	0	8　9
2　2	1	9　y
0　x	2	5　8
1	3	

图 7-5

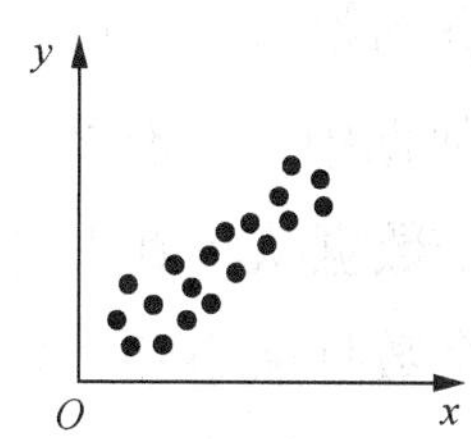

图 7-6

3. 图 7-6 是根据某校某次期中考试统计语文和英语学科的得分绘制的散点图,根据散点图可知学生的语文成绩与英语成绩__________明显关系.(填写"存在"或"不存在")

4. 从一批零件中抽取 80 个,测量其直径(单位:mm),将所得数据分为 9 组:[5.31, 5.33), [5.33, 5.35), …, [5.45, 5.47), [5.47, 5.49],并整理得到图 7-7 频率分布直方图,则在被抽取的零件中,直径落在区间[5.43, 5.47)内的个数为__________.

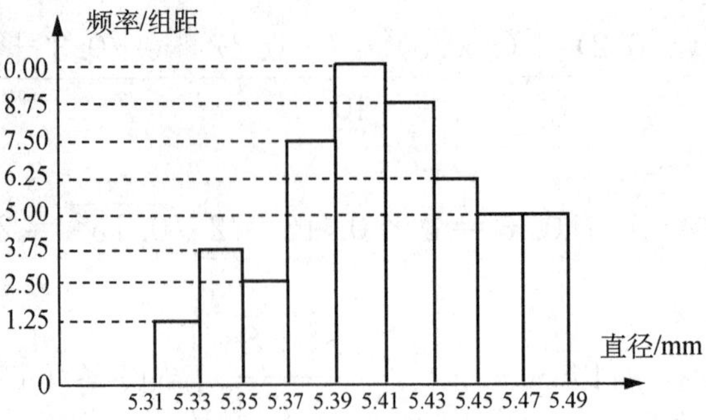

图 7-7

5. 如图 7-8 所示的是根据某班 60 名同学参加 2024 年高中数学毕业会考所得成绩(成绩均为整数)整理后画出的频率分布直方图,

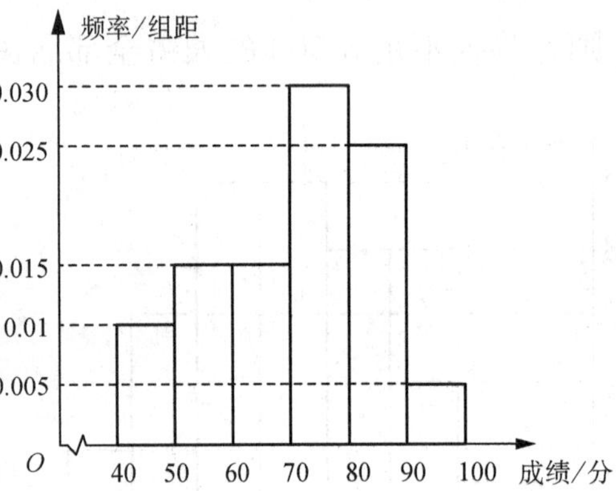

图 7-8

根据图中信息可得出该班不及格(60 分以下)的同学的人数为________.

6. 演讲比赛共有 9 位评委分别给出某选手的原始评分. 评定该选手的成绩时,从 9 个原始评分中去掉 1 个最高分、1 个最低分,得到 7 个有效评分. 7 个有效评分与 9 个原始评分相比,不变的数字特征是(　　).

(A) 中位数　　(B) 平均数　　(C) 方差　　(D) 极差

7. 已知 100 个数据的第 25 百分位数是 9.3,则下列说法正确的是(　　).

(A) 这 100 个数据中一定有 25 个数小于或等于 9.3

(B) 把这 100 个数据从小到大排列后,9.3 是第 25 个数据

(C) 把这 100 个数据从小到大排列后,9.3 是第 25 个数据和第 26 个数据的平均数

(D) 把这 100 个数据从小到大排列后,9.3 是第 25 个数据和第 24 个数据的平均数

8. 某校为举办甲、乙两项不同活动,分别设计了相应的活动方案:方案一、方案二. 为了解该校学生对活动方案是否支持,对学生进行简单随机抽样,获得数据见下表:

	男生		女生	
	支持	不支持	支持	不支持
方案一	200 人	400 人	300 人	100 人
方案二	350 人	250 人	150 人	250 人

假设所有学生对活动方案是否支持相互独立.

(1) 分别估计该校男生支持方案一的概率和该校女生支持方案一的概率;

(2) 从该校全体男生中随机抽取 2 人,全体女生中随机抽取 1 人,估计这 3 人中恰有 2 人支持方案一的概率;

(3) 将该校学生支持方案二的概率估计值记为 p_0,假设该校一年级有 500 名男生和 300 名女生,除一年级外其他年级学生支持方案二的概率估计值记为 p_1,试比较 p_0 与 p_1 的大小.(结论不要求证明)

9. 人类越来越关注环境保护问题,某监测站点于 2016 年 8 月某日起连续 n 天监测空气质量指数(AQI),数据统计如下:

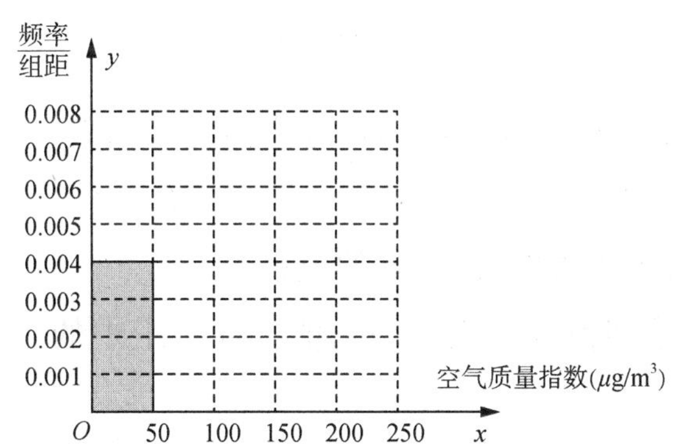

图 7-9

空气质量指数 (μg/m³)	[0, 50)	[50, 100)	[100, 150)	[150, 200)	[200, 250)
空气质量等级	空气优	空气良	轻度污染	中度污染	重度污染
天数	20	40	m	10	5

(1) 根据所给统计表和频率分布直方图(图 7-9)中的信息求出 m, n 的值,并完成频率分布直方图;

(2) 在空气质量指数分别属于[50, 100)和[150, 200)监测数据中,用分层抽样的方法抽取 5 天,再从中任意选取 2 天,求事件 A"两天空气都为良"发生的概率.

10. 为了解甲、乙两种离子在小鼠体内的残留程度,进行如下试验:将 200 只小鼠随机分成 A、B 两组,每组 100 只,其中 A 组小鼠给服甲离子溶液,B 组小鼠给服乙离子溶液. 每只小鼠给服的溶液体积相同、摩尔浓度相同. 经过一段时间后用某种科学方法测算出残留在小鼠体内离子的百分比. 根据试验数据分别得到如图 7-10 所示直方图:

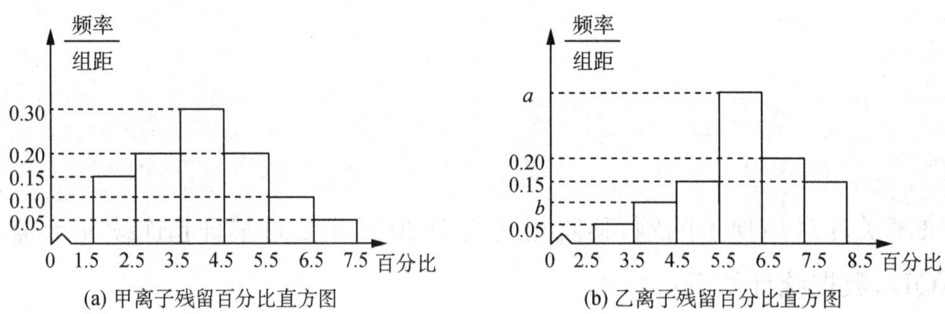

图 7-10

记 C 为事件:"乙离子残留在体内的百分比不低于 5.5",根据直方图得到 $P(C)$的估计值为 0.70.

(1) 求乙离子残留百分比直方图中 a, b 的值;

(2) 分别估计甲、乙离子残留百分比的平均值.(同一组中的数据用该组区间的中点值为代表)

【能力提高】

1. 为了解学生的周末学习时间(单位:h),高一年级某班班主任对本班 40 名学生某周末的学习时间进行了调查,将所得数据整理绘制出如图 7-11 所示的频率分布直方图,根据直方图所提供的信息:

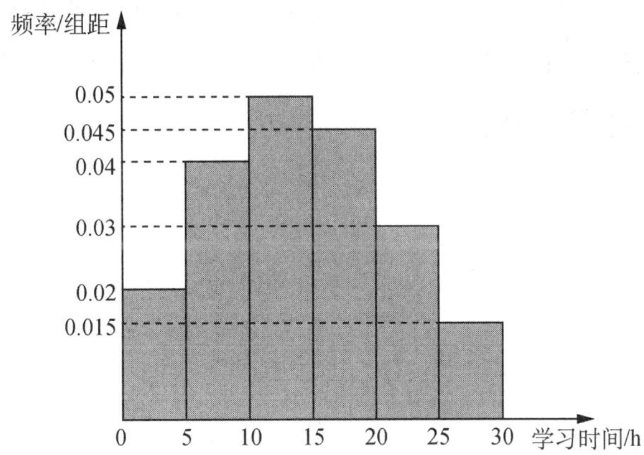

图 7-11

(1) 求该班学生周末的学习时间不少于 20 h 的人数;

(2) 估计这 40 名同学周末学习时间的第 25 百分位数;

(3) 如果用该班学生周末的学习时间作为样本去推断该校高一年级全体学生周末的学习时间,这样推断是否合理?说明理由.

2. 某中学高三学年统计甲、乙两个班级一模数学分数(满分 150 分),每个班级 20 名同学,现有甲、乙两班本次考试数学分数如图 7-12 茎叶图所示.

甲		乙
2 1	14	1 3 5
5 4 2	13	0 1 5 5 7 9
8 7 4 3 2	12	5 6 8 8 8
4 4 2 1	11	2 3 6 7
6 4 3	10	1 3
9 6 1	9	

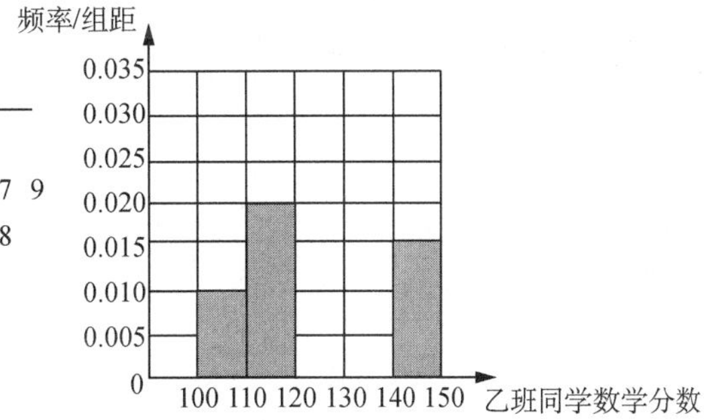

图 7-12

(1) 根据茎叶图求甲、乙两班同学数学分数的中位数,并将乙班同学的分数的频率分布直方图填充完整;

(2) 根据茎叶图比较在一模考试中,甲、乙两班同学数学分数的平均水平和分数的分散程度(不要求计算出具体值,给出结论即可);

(3) 若规定分数在[100, 120)的成绩为良好,分数在[120, 150)的成绩为优秀,现从甲、乙两班成绩为优秀的同学中,按照各班成绩为优秀的同学人数占两班总的优秀人数的比例分层抽样,共选出 12 名同学参加数学提优培训,求这 12 名同学中恰含甲、乙两班所有 140 分以上的同学的概率.

3. 随机抽取 100 名学生,测得他们的身高(单位:cm),按照区间[160, 165)、[165, 170)、[170, 175)、[175, 180)、[180, 185]分组,得到样本身高的频率分布直方图如图 7-13 所示.

(1) 求频率分布直方图中 x 的值及身高在 170 cm 及以上的学生人数;

(2) 估计该校 100 名学生身高的 75%分位数;

(3) 若一个总体划分为两层,通过按样本量比例分配分层随机抽样,各层抽取的样本量、样本平均数和样本方差分别为:m, $\bar{x}$, S_1^2; n, $\bar{y}$, S_2^2. 记总的样本平均数为 $\bar{w}$,样本方差为 S^2,证明:

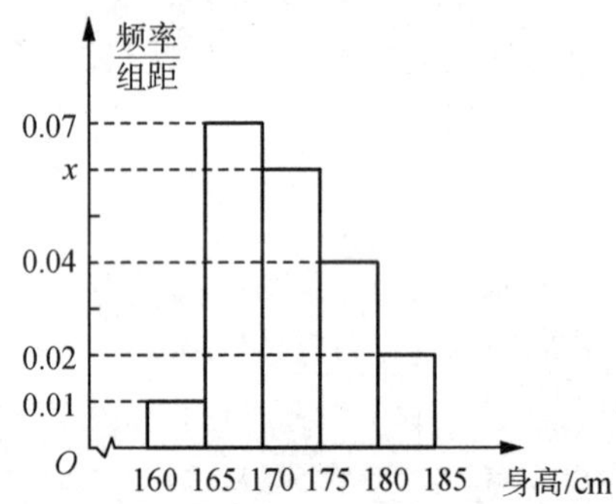

图 7-13

① $\bar{w}=\dfrac{m}{m+n}\bar{x}+\dfrac{n}{m+n}\bar{y}$;

② $S^2=\dfrac{1}{m+n}\{m[S_1^2+(\bar{x}-\bar{w})^2]+n[S_2^2+(\bar{y}-\bar{w})^2]\}$.

【归纳小结】

1. 统计图表的目的是将获取的数据可视化，以便从中发现统计规律.

2. 常用的统计图表有频率分布表、频率分布直方图、茎叶图和散点图，不同的统计图表有不同的作用.

3. 统计估计是统计的核心. 高中阶段，我们只进行“描述性估计”，直接用样本的分布和统计量去“描述”总体的分布和统计量.

7.5 乘法原理与加法原理、排列、组合

【知识梳理】

1. 乘法原理(分步计数原理)：做一件事，需要依次完成 n 个步骤，其中完成第一步有 a_1 种不同的方法，完成第二步有 a_2 种不同的方法，……，完成第 n 步有 a_n 种不同的方法，那么完成这件事共有 $a_1 \cdot a_2 \cdot \cdots \cdot a_n$ 种不同的方法.

2. 加法原理(分类计数原理)：做一件事，完成它有 n 类办法，其中第一类办法有 a_1 种不同的方法，第二类办法有 a_2 种不同的方法，……，第 n 类办法有 a_n 种不同的方法，那么完成这件事共有 $a_1+a_2+\cdots+a_n$ 种不同的方法.

3. 从 n 个互不相同的元素中，取出 $m(m\leqslant n)$ 个不同元素按照一定的顺序排成一列，称为从 n 个元素中取出 m 个元素的一个排列. 所有这样的排列的个数(排列数)用符号 P_n^m 表示，$\mathrm{P}_n^m=n\cdot(n-1)\cdot(n-2)\cdot\cdots\cdot(n-m+1)=\dfrac{n!}{(n-m)!}$，其中 $n!=n\cdot(n-1)\cdot\cdots 2\cdot 1$.

4. 从 n 个互不相同的元素中，取出 $m(m\leqslant n)$ 个不同元素作为一组，称为从 n 个元素中取出 m 个元素的一个组合. 所有这样的组合的个数(组合数)用符号 C_n^m 表示，$\mathrm{C}_n^m=\dfrac{\mathrm{P}_n^m}{\mathrm{P}_m^m}=\dfrac{n!}{m!\,(n-m)!}$.

5. 已知 m 是自然数，n 是正整数，且 $m\leqslant n$，则 $\mathrm{C}_n^{n-m}=\mathrm{C}_n^m$，$\mathrm{C}_n^m+\mathrm{C}_n^{m-1}=\mathrm{C}_{n+1}^m$.

【讲练平台】

考点 1 加法原理

例 1 某班有 40 名学生，其中班长一人，团支书一人. 现选派 5 名学生参加课外活动，如果班长和团支书中至少有一人在内，有多少种不同的选派方法？

解法 1 班长与团支书均被选中的方法数为 C_{38}^3，班长被选中且团支书未被选中的方法数为 C_{38}^4，团支书被选中且班长未被选中的方法数为 C_{38}^4.

所以共有 $\mathrm{C}_{38}^3+\mathrm{C}_{38}^4+\mathrm{C}_{38}^4=156\ 066$(种)不同的选派方法.

解法 2 排除法：未加任何限制的总方法数为 C_{40}^{5}，班长与团支书均未被选中的方法数为 C_{38}^{5}.

所以共有 $C_{40}^{5}-C_{38}^{5}=156\ 066$(种)不同的选派方法.

解法 3 容斥原理：选中班长的方法数为 C_{39}^{4}，选中团支书的方法数为 C_{39}^{4}，班长和团支书同时被选中的方法数为 C_{38}^{3}.

所以共有 $C_{39}^{4}+C_{39}^{4}-C_{38}^{3}=156\ 066$(种)不同的选派方法.

考点 2 乘法原理

例 2 设有 3 名学生和 4 个课外小组.

(1) 每名学生只参加一个课外小组，有多少种不同的安排方法？

(2) 每名学生只参加一个课外小组，且每个小组最多有一名学生参加，有多少种不同的安排方法？

解 (1) 由于每名学生只参加 4 个课外小组中的任意一个，而不限制每个小组的人数，因此共有 $4\times4\times4=64$(种)不同的安排方法.

(2) 由于每名学生只参加一个课外小组，且每个小组最多有一名学生参加，因此共有 $4\times3\times2=24$(种)安排方法.

考点 3 排列的概念与排列数公式

例 3 求证：$P_n^m+mP_n^{m-1}=P_{n+1}^m$.

证明 $P_n^m+mP_n^{m-1}=\dfrac{n!}{(n-m)!}+\dfrac{m\cdot n!}{(n-m+1)!}=\dfrac{(n-m+1)\cdot n!\ +m\cdot n!}{(n-m+1)!}=P_{n+1}^m$.

考点 4 排列数组合数的实际应用

例 4 四个不同的小球放入编号为 1，2，3，4 的四个盒中，求：

(1) 一共有多少种不同的放法？

(2) 恰有一个空盒的放法共有多少种？

(3) 恰有两个空盒的放法共有多少种？

解 (1) 根据乘法原理：一共有 $4^4=256$(种)不同的放法.

(2) (捆绑法)第一步从四个不同的小球中任取两个“捆绑”在一起看成一个元素有 C_4^2 种方法，第二步从四个不同的盒取其中的三个将球放入有 P_4^3 种方法. 所以一共有 $C_4^2\cdot P_4^3=144$(种)方法.

(3) $C_4^3\cdot P_4^2+C_4^2\cdot P_4^2=4\times12+6\times12=120$(种).

【基础训练】

1. 设 $S=1\cdot1!\ +2\cdot2!\ +3\cdot3!\ +\cdots+n\cdot n!$，则 $S=$____________.

2. 方程 $C_{x+3}^5=\dfrac{1}{10}P_{x+3}^3$ 的解是________.

3. 从 2 名女生，4 名男生中选 3 人参加科技比赛，且至少有 1 名女生入选，则不同的选法共有

__________种.(用数字作答)

4. 现有 7 本不同的书,2 本文学类,2 本理科类,3 本语言类,把它们排成一排,同一类的书相邻的排法有________种.

5. 将 A, B, C, D, E, F 六个字母排成一排,若 A, B, C 均互不相邻且 A, B 在 C 的同一侧,则不同的排法有__________种.(用数字作答)

6. 从 1, 3, 5, 7, 9 中任取 2 个数字,从 0, 2, 4, 6 中任取 2 个数字,一共可以组成________个没有重复数字的四位数.(用数字作答)

7. 一生产过程有 4 道工序,每道工序需要安排一人照看.现从甲、乙、丙等 6 名工人中安排 4 人分别照看一道工序,第一道工序只能从甲、乙两工人中安排 1 人,第四道工序只能从甲、丙两工人中安排 1 人,则不同的安排方案共有(　　).

(A) 24 种　　(B) 36 种　　(C) 48 种　　(D) 72 种

8. 图 7-14 为我国数学家赵爽(约 3 世纪初)在为《周髀算经》作注时验证勾股定理的示意图,现在用 5 种颜色给其中 5 个小区域涂色,规定每个区域只涂一种颜色,相邻颜色不同,则不同的涂色方法种数为(　　).

(A) 120　　(B) 420

(C) 300　　(D) 以上都不对

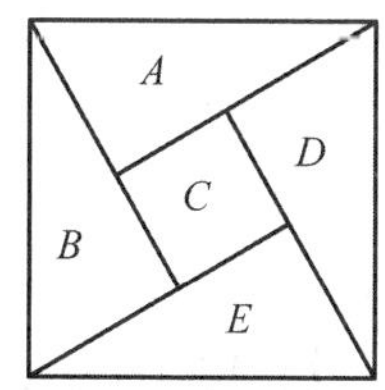

图 7-14

9. 包含甲、乙、丙的 7 人排成一行,分别求符合下列不同排法要求的种数.

(1) 甲排中间;(2) 甲不排两端;(3) 甲、乙相邻;(4) 甲在乙的左边(不一定相邻);(5) 甲、乙、丙连排;(6) 甲、乙、丙两两不相邻;(7) 前排 3 人,后排 4 人.

10. 用 0, 1, 2, 3, 4, 5, 6 七个数字中的 5 个数字,可以组成多少个符合下列条件的数?

(1) 没有重复数字的五位数;(2) 没有重复数字的五位偶数;(3) 没有重复数字的五位数且能被 5 整除;(4) 没有重复数字的五位数且能被 3 整除;(5) 没有重复数字且万位上的数字是偶数的五位数.

11. 2023 年 9 月 23 日，第 19 届亚运会在杭州开幕，在之后举行的射击比赛中，6 名志愿者被安排到安检、引导运动员入场、赛场记录这三项工作，若每项工作至少安排 1 人，每人必须参加且只能参加一项工作，则共有________种安排方案.（用数字作答）

【能力提高】

1. 汽车维修师傅在安装好汽车轮胎后，需要紧固轮胎的五个螺栓，记为 A，B，C，D，E（在正五边形的顶点上），紧固时需要按一定的顺序固定每一个螺栓，但不能连续固定相邻的两个，则不同的固定螺栓的顺序有__________种.

2. 用 0，1，2，3，4，5 组成无重复数字的四位数，其中

（1）能被 25 整除的数有多少个?

（2）十位数字比个位数字大的有多少个?

【归纳小结】

1. 乘法原理和加法原理是计数理论的基础，分类计数用加法原理，分步计数用乘法原理.

2. 排列与组合的区别在于是否与顺序有关，与顺序有关的为排列问题，与顺序无关的只选不排的为组合问题.

3. 理解性记忆排列数与组合数的公式. 对于复杂的计算，可用计算器辅助解决.

7.6 计数原理在古典概率中的应用、二项式定理

【知识梳理】

1. 二项式定理 $(a+b)^n=\mathrm{C}_n^0a^n+\mathrm{C}_n^1a^{n-1}b+\mathrm{C}_n^2a^{n-2}b^2+\cdots+\mathrm{C}_n^ra^{n-r}b^r+\cdots+\mathrm{C}_n^nb^n$.

等式右边的第 $r+1$ 项 $T_{r+1}=\mathrm{C}_n^ra^{n-r}b^r(r=0, 1, 2, \cdots, n-1, n)$.

2. 对任意正整数 n，$\mathrm{C}_n^0+\mathrm{C}_n^1+\mathrm{C}_n^2+\cdots+\mathrm{C}_n^n=2^n$.

【讲练平台】

考点 1 计数原理在实际问题中的应用

例 1 安排 4 名志愿者完成 5 项工作，每人至少完成 1 项，每项工作由 1 人完成，则不同的安排方式共有多少种?

解 分两步：第一步，将 5 项工作分成 4 组，有 $\mathrm{C}_5^2=10$ 种不同的方法；第二步，安排 4 名志愿者完成 4 组工作，有 $\mathrm{P}_4^4=24$ 种不同的方法.

根据乘法原理,不同的安排方式共有 $10\times24=240$(种).

考点 2 **计数原理在古典概率中的应用**

例 2 我国古代典籍《周易》用“卦”描述万物的变化. 每一“重卦”由从下到上排列的 6 个爻组成,爻分为阳爻“——”和阴爻“— —”,如图 7-15 所示就是一重卦. 在所有重卦中随机取一重卦,则该重卦恰有 3 个阳爻的概率是__________.

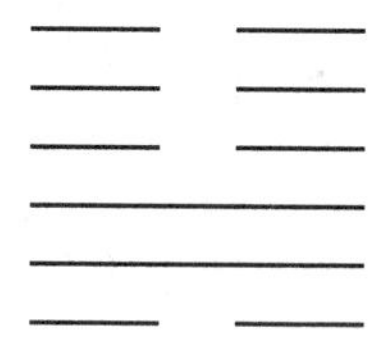

图 7-15

解 由题知,每一爻有 2 种情况,一重卦的 6 爻有 2^6 种情况;其中 6 爻中恰有 3 个阳爻情况有 C_6^3 种. 所以该重卦恰有 3 个阳爻的概率 $P=\frac{C_6^3}{2^6}=\frac{5}{16}$.

考点 3 **求展开式的特定项或指定项**

例 3 在二项式 $(\sqrt{2}+x)^9$ 的展开式中,常数项是__________;系数为有理数的项的个数是__________.

解 $(\sqrt{2}+x)^9$ 的通项 $T_{r+1}=C_9^r(\sqrt{2})^{9-r}x^r$ $(r=0, 1, 2, \cdots, 9)$ 可得常数项为 $T_1=C_9^0(\sqrt{2})^9=16\sqrt{2}$,系数为有理数,所以 $9-r$ 为偶数,所以 $r=1$、3、5、7、9,共有 5 项.

考点 4 **展开式的系数方面的问题**

例 4 已知多项式 $(x-1)^3+(x+1)^4=x^4+a_1x^3+a_2x^2+a_3x+a_4$. 求:

(1) a_1;

(2) $a_2+a_3+a_4$;

(3) $a_1-a_2+a_3-a_4$.

解法 1 按二项式定理或杨辉三角展开:

$(x-1)^3=x^3-3x^2+3x-1$, $(x+1)^4=x^4+4x^3+6x^2+4x+1$,

所以 $(x-1)^3+(x+1)^4=x^4+5x^3+3x^2+7x$.

所以 $a_1=5, a_2=3, a_3=7, a_4=0$,即 $a_2+a_3+a_4=3+7+0=10$, $a_1-a_2+a_3-a_4=5-3+7-0=9$.

解法 2 用通项公式计算对应的项,用数值代入求系数的和:

(1) $a_1=1+C_4^1=5$.

(2) 令 $x=1$,有 $(1-1)^3+(1+1)^4=1^4+a_1\cdot1^3+a_2\cdot1^2+a_3\cdot1+a_4$,

所以 $a_1+a_2+a_3+a_4=15$,所以 $a_2+a_3+a_4=15-a_1=10$.

(3) 令 $x=-1$,有

$(-1-1)^3+(-1+1)^4=(-1)^4+a_1\cdot(-1)^3+a_2\cdot(-1)^2+a_3\cdot(-1)+a_4$,

所以 $-8+0=1-a_1+a_2-a_3+a_4$,即 $a_1-a_2+a_3-a_4=9$.

【基础训练】

1. 将 4 个 1 和 2 个 0 随机排成一行,则 2 个 0 不相邻的概率为__________.

2. 4 名学生到 3 个小区参加垃圾分类宣传活动,每名学生只去 1 个小区,每个小区至少安排

1 名学生，则不同的安排方法共有________种.

3. 在$(1-x)^5(1+x^3)$的展开式中，x^3 与 x^2 项的系数和为______.（结果用数值表示）

4. 在$\left(x+\frac{1}{\sqrt{x}}\right)^6$ 的二项展开式中，常数项的值为________.

5. $\left(2x-\frac{1}{\sqrt[3]{4x}}\right)^6$ 的展开式的中间项为________.

6. 已知$(2-\sqrt{3}x)^8=a_0+a_1x+a_2x^2+\cdots+a_8x^8$，其中 a_0，a_1，a_2，…，a_8 是常数，则$(a_0+a_2+\cdots+a_8)^2-(a_1+a_3+\cdots+a_7)^2$ 的值为______.

7. 有 5 支彩笔（除颜色外无差别），颜色分别为红、黄、蓝、绿、紫. 从这 5 支彩笔中任取 2 支不同颜色的彩笔，则取出的 2 支彩笔中含有红色彩笔的概率为（　　）.

(A) 0.2　　(B) 0.4　　(C) 0.6　　(D) 0.8

8. 已知在二项式$\left(\sqrt[3]{x}-\frac{1}{2\sqrt[3]{x}}\right)^n$ 的展开式中，前三项系数的绝对值成等差数列.

(1) 求正整数 n 的值；

(2) 求展开式中各项系数之和.

【能力提高】

1. 已知$(1+3x)^{15}=a_0+a_1x+a_2x^2+\cdots+a_{15}x^{15}$.

(1) 求 a_0 的值；

(2) 当 r 为何值时，该二项展开式中项的系数 $a_r$$(r=0, 1, 2, \cdots, 15)$最大?

2. 已知函数 $f(x)=\dfrac{x^2+1}{x+c}$ 的图像关于原点对称.

(1) 求 $f(x)$ 的表达式;

(2) 对 $n\geqslant 2$, $n\in\mathbf{N}$, $x>0$. 求证:$[f(x)]^n-f(x^n)\geqslant 2^n-2$.

【归纳小结】

1. 用计数原理计算基本事件数,进而求得相关的概率. 注意用同样的方式计算样本空间和事件中的基本事件个数.

2. 用计数方法理解二项式定理,掌握组合数的性质,并用于解决一些简单的问题.

7.7 条件概率与相关公式

【知识梳理】

1. 条件概率公式:$P(B|A)=\dfrac{P(B\cap A)}{P(A)}$;概率的乘法公式:$P(A\cap B)=P(A)\cdot P(B|A)$.

2. 设某个随机试验的结果可以分成 n 种情况,即设样本空间 Ω 可分成 n 个两两不同时发生(两两互斥)的事件 Ω_1, Ω_2, $\cdots$, Ω_n.

全概率公式: $P(A)=\sum\limits_{k=1}^{n}(P(A\mid\Omega_k)\cdot P(\Omega_k))$.

贝叶斯公式: $P(\Omega_i\mid A)=\dfrac{P(A\mid\Omega_i)\cdot P(\Omega_i)}{\sum\limits_{k=1}^{n}(P(A\mid\Omega_k)\cdot P(\Omega_k))}$ $(i=1, 2, \cdots, n)$.

【讲练平台】

考点 1 条件概率公式和全概率公式

例 1 甲罐中有 4 个红球,6 个白球;乙罐中有 5 个红球,5 个白球. 每个球被取到的可能

性相同.先从甲罐中随机取出一球放入乙罐,以 A_1 表示由甲罐取出的球是红球的事件;再从乙罐中随机取出一球,以 M 表示由乙罐取出的球是红球的事件,则 $P(M|A_1)=$________;$P(A_1|M)=$________.

解 $P(M|A_1)=\dfrac{P(M\cap A_1)}{P(A_1)}=\dfrac{\frac{4}{10}\times\frac{6}{11}}{\frac{4}{10}}=\dfrac{6}{11}$.

$P(M)=\dfrac{4}{10}\times\dfrac{6}{11}+\dfrac{6}{10}\times\dfrac{5}{11}=\dfrac{27}{55}$, $P(A_1|M)=\dfrac{P(M\cap A_1)}{P(M)}=\dfrac{\frac{4}{10}\times\frac{6}{11}}{\frac{27}{55}}=\dfrac{4}{9}$.

考点 2 贝叶斯公式

例 2 某电子设备制造厂所用的元件是由三家元件制造厂提供的,根据以往的记录有以下的数据:

元件制造厂	次品率	提供元件的份额
1	0.02	0.15
2	0.01	0.80
3	0.03	0.05

设这三家工厂的产品在仓库中是均匀混合的且无标志区别.

(1) 在仓库中随机地取一只元件,求它是次品的概率;

(2) 在仓库中随机地取一只元件,若已知取到的是次品,为分析此次品出自何厂,求此次品出自三家工厂生产的概率分别是多少?

解 设 A 表示“取到的是一只次品”,$B_i(i=1, 2, 3)$表示“所取到的产品是由第 i 家工厂提供的”,则 B_1, B_2, B_3 是样本空间的一个划分,且 $P(B_1)=0.15$, $P(B_2)=0.80$, $P(B_3)=0.05$, $P(A|B_1)=0.02$, $P(A|B_2)=0.01$, $P(A|B_3)=0.03$.

(1) 由全概率公式,得

$$P(A)=P(A\mid B_1)P(B_1)+P(A\mid B_2)P(B_2)+P(A\mid B_3)P(B_3)=0.0125.$$

(2) 由贝叶斯公式可知该元件来自制造厂 1 的概率为:

$$P(B_1\mid A)=\frac{P(A\mid B_1)P(B_1)}{P(A)}=\frac{0.02\times 0.15}{0.0125}=0.24;$$

由贝叶斯公式可知该元件来自制造厂 2 的概率为:

$$P(B_2\mid A)=\frac{P(A\mid B_2)P(B_2)}{P(A)}=\frac{0.01\times 0.8}{0.0125}=0.64;$$

由贝叶斯公式可知该元件来自制造厂 3 的概率为:

$$P(B_3 \mid A)=\frac{P(A \mid B_3)P(B_3)}{P(A)}=\frac{0.03\times 0.05}{0.0125}=0.12.$$

【基础训练】

1. 某盒中装有 10 只乒乓球，其中 6 只新球，4 只旧球，不放回地依次取出 2 个球使用，在第一次取出新球的条件下，第二次也取到新球的概率为__________.

2. 投掷红、蓝两颗均匀的骰子，设事件 A：蓝色骰子的点数为 5 或 6；事件 B：两骰子的点数之和大于 9，则在事件 B 发生的条件下事件 A 发生的概率 $P(A|B)=$________.

3. 为庆祝建党 100 周年，讴歌中华民族实现伟大复兴的奋斗历程，增进全体党员干部职工对党史知识的了解，某单位组织开展党史知识竞赛活动，以支部为单位参加比赛，某支部在 5 道党史题中(有 3 道选择题和 2 道填空题)，不放回地依次随机抽取 2 道题作答，设事件 A 为"第 1 次抽到选择题"，事件 B 为"第 2 次抽到选择题"，则 $P(A\cap B)=$__________.

4. 一猎人带着一把猎枪到山里去打猎，猎枪每次可以装 3 发子弹，当他遇见一只野兔时，开第一枪命中野兔的概率为 0.8，若第一枪没有命中，猎人开第二枪，命中野兔的概率为 0.4，若第二枪也没有命中，猎人开第三枪，命中野兔的概率为 0.2，若 3 发子弹都没打中，野兔就逃跑了，则已知野兔被击中的条件下，是猎人开第二枪命中的概率为________.

5. 2020 年 12 月 4 日是第七个"国家宪法日". 某中学开展主题为"学习宪法知识，弘扬宪法精神"的知识竞赛活动，甲同学答对第一道题的概率为 $\frac{2}{3}$，连续答对两道题的概率为 $\frac{1}{2}$. 用事件 A 表示"甲同学答对第一道题"，事件 B 表示"甲同学答对第二道题"，则 $P(B|A)=$__________.

6. 已知 $P(B|A)=\frac{1}{3}$，$P(A)=\frac{2}{5}$，则 $P(A\cap B)=($　　$)$.

(A) $\frac{5}{6}$　　(B) $\frac{9}{10}$　　(C) $\frac{2}{15}$　　(D) $\frac{1}{15}$

7. 已知 $P(A)=0.5$，$P(B|A)=0.2$，$P(B|\overline{A})=0.4$，那么 $P(B)=$________.

8. 已知消费者购买家用小电器有两种方式：网上购买和实体店购买. 经市场监督管理局抽样调查发现，网上家用小电器合格率约为 $\frac{4}{5}$，而实体店里家用小电器的合格率约为 $\frac{9}{10}$. 经对市场监督管理局 12315 电话接到的关于家用小电器不合格的投诉进行统计得知，被投诉的家用小电器是在网上购买的概率约为 75%，那么估计在网上购买家用小电器的人约占(　　).

(A) $\frac{3}{5}$　　(B) $\frac{2}{5}$　　(C) $\frac{3}{7}$　　(D) $\frac{4}{7}$

9. 某保险公司将其公司的被保险人分为三类："谨慎的""一般的""冒失的".统计资料表明，这三类人在一年内发生事故的概率依次为0.05，0.15，0.30.若该保险公司的被保险人中"谨慎的"被保险人占20%，"一般的"被保险人占50%，"冒失的"被保险人占30%，则该保险公司的一个被保险人在一年内发生事故的概率是（　　）.

(A) 0.155　　(B) 0.175　　(C) 0.016　　(D) 0.096

10. 某气象台统计，某地区下雨的概率为$\frac{4}{15}$，刮四级以上风的概率为$\frac{2}{15}$，既刮四级以上的风又下雨的概率为$\frac{1}{10}$.设A为下雨，B为刮四级以上的风，求$P(B|A)$.

11. 学生在做一道有4个选项的单项选择题时，如果他不知道问题的正确答案，就做随机猜测.现从卷面上看题是答对了，试在以下情况下求学生确实知道正确答案的概率.

(1) 学生知道正确答案和胡乱猜想的概率都是$\frac{1}{2}$；

(2) 学生知道正确答案的概率是0.2.

【能力提高】

1. 若 B, C 是互斥事件且 $P(B|A)=\frac{1}{3}$, $P(C|A)=\frac{1}{4}$,则 $P(B\cup C|A)=$__________.

2. 2020 年的新冠疫情给我们生活学习等各方面带来种种困难. 为阻止病毒传播,相关部门组织人员进行核酸检测的筛查. 已知感染者检验呈阳性的概率为 99%,未感染者检验呈阴性的概率为 99.99%. 且每个人检验是否呈阳性相互独立. 假设 2020 年患病率为 0.1%. 若某人检验呈阳性,则他确实患病的概率为__________. 到 2022 年,新冠疫情持续肆虐,在社会面动态清零的政策下,患病率降为 0.01%,核酸检测的准确率不变,若某人检验呈阳性,则他确实患病的概率为__________.

【归纳小结】

1. 事件 A 发生的条件下,事件 B 发生的概率,称为事件 B 基于条件 A 的概率,这等于是在一个样本空间为 A 的随机试验中,求事件 $A\cap B$ 发生的概率,即 $P(B|A)=\frac{|A\cap B|}{|A|}$.

2. 用事件运算全概率公式. 全概率公式也可理解为加权的概率加法公式.

3. *贝叶斯公式 $P(\Omega_i|A)=\frac{P(A|\Omega_i)\cdot P(\Omega_i)}{\sum\limits_{k=1}^{n}(P(A|\Omega_k)\cdot P(\Omega_k))}$提供了一种通过不断学习经验来认识随机现象的思想,其中 $P(\Omega_i)$称为事件 Ω_i 的先验概率. 在 A 发生的条件下,Ω_i 的概率 $P(\Omega_i|A)$可以看作对原概率 $P(\Omega_i)$的一个矫正,称为后验概率.

7.8 随机变量的分布与特征、常用分布

【知识梳理】

1. 如下形式被称为一个分布:$\begin{pmatrix} x_1 & x_2 & \cdots & x_n \\ p_1 & p_2 & \cdots & p_n \end{pmatrix}$. 其中 x_1, x_2, $\cdots$, x_n 是互异的实数;p_1, p_2, $\cdots$, p_n 是非负数,且满足 $p_1+p_2+\cdots+p_n=1$.

2. 设随机变量 X 的分布如上,那么其期望定义为 $E[X]=x_1p_1+x_2p_2+\cdots+x_np_n$;其方差定义为 $D[X]=E[(X-E[X])^2]=E[X^2]-(E[X])^2$.

3. 期望的线性性质

(1) 如果 X 是一个随机变量,a 是一个实数,那么 $E[aX]=aE[X]$.

(2) 如果 X, Y 是两个随机变量,那么 $E[X+Y]=E[X]+E[Y]$.

4. 二项分布:独立地重复一个成功概率为 p 的伯努利试验 n 次,X 表示成功次数,那么 X 的分布为 $P(X=k)=C_n^k p^k(1-p)^{n-k}(k=0, 1, 2, \cdots, n)$.

5. 超几何分布：从一个装有大小与质地相同的 a 个白球、b 个黑球的袋子中依次随机且不放回地取 n 个球. 用 X 表示其中白球的个数，则 X 的分布为 $P(X=k)=\dfrac{C_a^k\cdot C_b^{n-k}}{C_{a+b}^n}$.

6. * 正态分布：由钟形曲线 $\varphi_{\mu,\sigma^2}(x)=\dfrac{1}{\sqrt{2\pi\sigma^2}}e^{-\frac{(x-\mu)^2}{2\sigma^2}}$ $(-\infty<x<+\infty)$所刻画的分布称为正态分布.

【讲练平台】

考点 1　用计算器计算随机变量的特征

例 1　已知随机变量 X 的分布为$\begin{pmatrix}1 & 2 & 3 & 4\\ p_1 & p_2 & p_3 & p_4\end{pmatrix}$，则下面四种情形中，随机变量 X 的方差最大的一组是(　　).

(A) $p_1=p_4=0.1$，$p_2=p_3=0.4$

(B) $p_1=p_4=0.4$，$p_2=p_3=0.1$

(C) $p_1=p_4=0.2$，$p_2=p_3=0.3$

(D) $p_1=p_4=0.3$，$p_2=p_3=0.2$

解　**方法一**　用计算器统计功能，逐一计算.

输入(A)选项数据，计算得该组数据的方差 $D[X]=0.65$；

输入(B)选项数据，计算得该组数据的方差 $D[X]=1.85$；

输入(C)选项数据，计算得该组数据的方差 $D[X]=1.05$；

输入(D)选项数据，计算得该组数据的方差 $D[X]=1.45$.

因此，(B)选项这一组的方差最大. 故答案选(B).

方法二　方差是衡量随机变量的分散程度的量. 在四个选项中，显然(B)选项的数据更分散，所以选(B).

考点 2　根据公式计算随机变量的特征

例 2　设 $0<p<1$，随机变量 X 的分布为$\begin{pmatrix}0 & 1 & 2\\ \dfrac{1-p}{2} & \dfrac{1}{2} & \dfrac{p}{2}\end{pmatrix}$，则当 p 在$(0,1)$内增大时. 方差 $D[X]$(　　).

(A) 减小　　　　(B) 增大

(C) 先减小后增大　　　　(D) 先增大后减小

解　$E[X]=0\cdot\dfrac{1-p}{2}+1\cdot\dfrac{1}{2}+2\cdot\dfrac{p}{2}=p+\dfrac{1}{2}$,

$D[X]=E[X^2]-(E[X])^2=0^2\cdot\dfrac{1-p}{2}+1^2\cdot\dfrac{1}{2}+2^2\cdot\dfrac{p}{2}-\left(p+\dfrac{1}{2}\right)^2=-p^2+p+\dfrac{1}{4}$,

所以 $D[X]$ 先增后减，故答案选(D).

考点 3　二项分布

例 3　某篮球运动员每次投篮投中的概率是 $\frac{4}{5}$，每次投篮的结果相互独立，那么在他 10 次投篮中，最有可能投中的次数为__________次.

解　记投篮命中的次数为随机变量 X，由题意，$X\sim B\left(10,\ \frac{4}{5}\right)$，则投篮命中 m 次的概率

$$P(X=m)=C_{10}^{m}\cdot\left(\frac{4}{5}\right)^{m}\cdot\left(1-\frac{4}{5}\right)^{10-m}=\frac{C_{10}^{m}\cdot 4^{m}}{5^{10}},$$

由 $\begin{cases}\dfrac{C_{10}^{m}\cdot 4^{m}}{5^{10}}\geqslant\dfrac{C_{10}^{m+1}\cdot 4^{m+1}}{5^{10}},\\ \dfrac{C_{10}^{m}\cdot 4^{m}}{5^{10}}\geqslant\dfrac{C_{10}^{m-1}\cdot 4^{m-1}}{5^{10}},\end{cases}$ 得 $\begin{cases}C_{10}^{m}\geqslant 4C_{10}^{m+1},\\ 4C_{10}^{m}\geqslant C_{10}^{m-1},\end{cases}$ 解得 $\frac{39}{5}\leqslant m\leqslant\frac{44}{5}$.

又 $m\in\mathbf{N}$，因此，$m=8$ 时，$P(X=m)$ 取最大值. 即该运动员 10 次投篮中，最有可能投中的次数为 8 次.

考点 4　超几何分布

例 4　PM2.5 是指悬浮在空气中的空气动力学当量直径小于或等于 2.5 μm 的可入肺颗粒物. 根据现行国家标准《环境空气质量标准》(GB 3095—2012)，PM2.5 日均值在 35 μg/m³ 以下空气质量为一级；在 35～75 μg/m³ 空气质量为二级；在 75 μg/m³ 以上空气质量为超标. 从某地 2021 年全年每天的 PM2.5 监测数据中随机地抽取 10 天的数据作为样本，监测值频数见下表：

PM2.5 日均值(μg/m³)	[25, 35)	[35, 45)	[45, 55)	[55, 65)	[65, 75)	[75, 85]
频数	3	1	1	1	1	3

(1) 从这 10 天的 PM2.5 日均值监测数据中，随机抽出 3 天，求恰有一天空气质量达到一级的概率；

(2) 从这 10 天的数据中任取 3 天数据，记 X 表示抽到 PM2.5 监测数据超标的天数，求 X 的分布.

解　(1) 记"从这 10 天的 PM2.5 日均值监测数据中，随机抽出 3 天，恰有一天空气质量达到一级"为事件 A，则 $P(A)=\frac{C_3^1\cdot C_7^2}{C_{10}^3}=\frac{21}{40}$.

(2) 由条件知，X 服从超几何分布，$P(X=k)=\frac{C_3^k\cdot C_7^{3-k}}{C_{10}^3}$ $(k=0,\ 1,\ 2,\ 3)$.

计算得，$P(X=0)=\frac{7}{24}$，$P(X=1)=\frac{21}{40}$，$P(X=2)=\frac{7}{40}$，$P(X=3)=\frac{1}{120}$.

故 X 的分布为 $\begin{pmatrix} 0 & 1 & 2 & 3 \\ \frac{7}{24} & \frac{21}{40} & \frac{7}{40} & \frac{1}{120} \end{pmatrix}$.

【基础训练】

1. 若随机变量 $X \sim B\left(5, \frac{1}{3}\right)$，则 $P(X=3)=$________.

2. 从一副不含大小王的 52 张扑克牌(即 A, 2, 3, …, 10, J, Q, K 不同花色的各 4 张)中任意抽出 5 张，恰有 3 张为 A 的概率是________.

3. 已知盒中装有形状完全相同的 4 个黑球与 2 个白球，现从中有放回地摸取 4 次，每次都是从盒子中随机摸出 1 个球，设摸得白球个数为 X，则 $E[X]=$________.

4. 袋中有同样大小的球 7 个，其中 4 个红球，3 个黄球，现从中随机地摸出 4 球，则红球与黄球的个数恰好相等的概率为________.(结果用最简分数表示)

5. 某群体中的每名成员使用移动支付的概率都为 p，各成员的支付方式相互独立，设 X 为该群体的 10 名成员中使用移动支付的人数，$D[X]=2.4$，$P(X=4)<P(X=6)$，则 $P=$________.

6. 已知随机变量 X 服从正态分布 $N(-2, \sigma^2)$，且 $P(X \leqslant -1)=k$，则 $P(X \leqslant -3)=$________.

7. 设 $0<a<1$，随机变量 X 的分布是 $\begin{pmatrix} 0 & a & 1 \\ \frac{1}{3} & \frac{1}{3} & \frac{1}{3} \end{pmatrix}$，则当 a 在 $(0, 1)$ 内增大时，$D[X]$ (　　).

(A) 增大　　(B) 减小　　(C) 先增大后减小　　(D) 先减小后增大

8. 某校有 1 000 人参加某次模拟考试，其中数学考试成绩近似服从正态分布 $N(105, \sigma^2)$ $(\sigma>0)$，试卷满分 150 分，统计结果显示数学成绩优秀(高于 120 分)的人数占总人数的 $\frac{1}{5}$，则此次数学考试成绩在 90 分到 105 分之间的人数约为(　　).

(A) 150　　(B) 200　　(C) 300　　(D) 400

9. 设甲、乙两名同学上学期间，每天 7:30 之前到校的概率均为 $\frac{2}{3}$. 假定甲、乙两名同学到校情况互不影响，且任一同学每天到校情况相互独立.

(1) 用 X 表示甲同学上学期间的三天中 7:30 之前到校的天数，求随机变量 X 的分布和数学期望；

(2) 设 M 为事件“上学期间的三天中，甲同学在 7:30 之前到校的天数比乙同学在 7:30 之前到校的天数恰好多 2”，求事件 M 发生的概率.

10. 为了推进国家“民生工程”，某市现提供一批经济适用房来保障居民住房. 现有条件相同的甲、乙、丙、丁 4 套住房供 A，B，C 3 人申请，且他们的申请是相互独立的.

(1) 求 A，B 两人不申请同一套住房的概率；

(2) 设 3 名申请人中申请甲套住房的人数为 X，求 X 的分布和数学期望.

11. 2019 年是中华人民共和国成立 70 周年. 为了让人民了解这 70 年的风雨历程，某地的民调机构随机选取了该地的 100 名市民进行调查，将他们的年龄分成 6 段：$[20, 30)$，$[30, 40)$，…，$[70, 80]$，并绘制了如图 7-16 所示的频率分布直方图.

(1) 现从年龄在 $[20, 30)$，$[30, 40)$，$[40, 50)$ 内的人员中按比例分层抽样的方法抽取 8 人，再从这 8 人中随机选取 3 人进行座谈，用 X 表示年龄在 $[30, 40)$ 内的人数，求 X 的分布和数学期望；

(2) 若用样本的频率代替概率，用随机抽样的方法从该地抽取 20 名市民进行调查，其中有 k 名市民的年龄在 $[30, 50)$ 的概率为 $P(X=k)$ $(k=0, 1, 2, \cdots, 20)$. 当 $P(X=k)$ 最大时，求 k 的值.

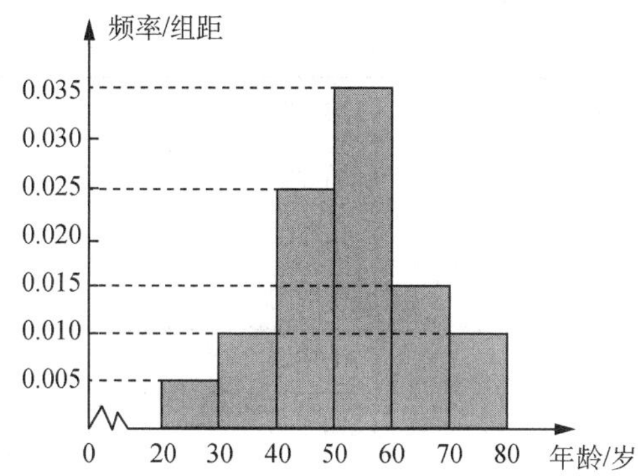

图 7-16

【能力提高】

1. 信息熵是信息论中的一个重要概念. 设随机变量 X 所有可能的取值为 $1, 2, \cdots, n$，且 $P(x=i)=p_i>0(i=1, 2, \cdots, n)$，$\sum_{i=1}^{n} p_i=1$，定义 X 的信息熵 $H(X)=-\sum_{i=1}^{n} p_i \log_2 p_i$，下列说法中，正确的是____________.

① 若 $n=1$，则 $H(X)=0$；

② 若 $n=2$，则 $H(X)$随着 p_i 的增大而增大；

③ 若 $p_i=\frac{1}{n}(i=1, 2, \cdots, n)$，则 $H(X)$随着 n 的增大而增大；

④ 若 $n=2m$，随机变量 Y 所有可能的取值为 $1, 2, \cdots, m$，且 $P(Y=j)=p_j+p_{2m+1-j}$ $(j=1, 2, \cdots, m)$，则 $H(X)\leqslant H(Y)$.

2. 迎接冬季奥运会期间，某市对全体高中学生举行了一次关于冬季奥运会相关知识的测试. 统计人员从全市高中学生中随机抽取 200 名学生成绩作为样本进行统计，测试满分为 100 分，统计后发现所有学生的测试成绩都在区间$[40, 100]$内，统计相应分数段的人数如下表：

分数段	学生人数	累计总人数
$[40, 50)$	10 人	10 人
$[50, 60)$	40 人	50 人
$[60, 70)$	50 人	100 人
$[70, 80)$	60 人	160 人
$[80, 90)$	30 人	190 人
$[90, 100]$	10 人	200 人

(1) 根据上面的学生成绩频率分布表，作出学生成绩频率分布的直方图. 并估计这 200 名学生的平均成绩；(同一组中的数据用该区间的中点值为代表)

(2) 在这 200 名学生中用分层抽样的方法从成绩在$[70, 80)$，$[80, 90)$，$[90, 100]$的三组中抽取了 10 人，再从这 10 人中随机抽取 3 人，记 X 为 3 人中成绩在$[80, 90)$的人数，求 X 的分布和数学期望；

(3) 规定成绩在$[90, 100]$的为 A 等级，成绩在$[70, 90)$的为 B 等级，其他为 C 等级. 以样本估计总体，用频率代替概率. 从所有参加考试的同学中随机抽取 10 人，其中获得 B 等级的人数恰为 $k(k\leqslant 10)$人的概率为 P，当 k 为何值时 P 的值最大?

3. 甲口袋中装有 2 个黑球和 1 个白球,乙口袋中装有 3 个白球. 现从甲、乙两口袋中各任取一个球交换放入另一口袋,重复 n 次这样的操作,记甲口袋中黑球个数为 X_n,恰有 2 个黑球的概率为 p_n,恰有 1 个黑球的概率为 q_n.

(1) 求 p_1, q_1 和 p_2, q_2;

(2) 求 $2p_n+q_n$ 与 $2p_{n-1}+q_{n-1}$ 的递推关系式和 X_n 的数学期望 $E[X_n]$(用 n 表示).

【归纳小结】

1. 求随机变量数学期望,先求随机变量的概率分布.

2. 随机变量数学期望是概率加权的平均数;随机变量的方差是用概率加权的方差. 我们可以对照统计中的平均数、方差公式理解随机变量的方差与平均数.

3. 二项分布可以联系二项式定理,但要注意与二项式定理通项公式的顺序相反;几何分布可以联系组合数公式 $C_m^0\cdot C_n^k+C_m^1\cdot C_n^{k-1}+\cdots+C_m^r\cdot C_n^{k-r}+\cdots+C_m^k\cdot C_n^0=C_{m+n}^k$ $(k\leqslant m, k\leqslant n, k, m, n\in\mathbf{N})$.

7.9 成对数据的相关分析、一元线性回归分析、2×2 列联表

【知识梳理】

1. 相关分析

来自同一对象的两组数据称为成对数据. 研究成对数据相关性的方法称为相关分析.

2. 一元线性相关关系

为了得到两个变量之间是否具有一定关系的直观印象,可以用散点图来描述这些数据. 如果图中所有点都在一条直线的附近波动,那么在这种情况下,我们说两个变量之间具有一种线性相关关系. 此时可以用一条直线来拟合这两组数据.

两组数据 x_i 和 y_i 的线性相关系数是度量两个变量 x 与 y 之间线性相关程度的统计量,

其计算公式为 $r=\dfrac{\sum\limits_{i=1}^{n}(x_i-\bar{x})(y_i-\bar{y})}{\sqrt{\sum\limits_{i=1}^{n}(x_i-\bar{x})^2\sum\limits_{i=1}^{n}(y_i-\bar{y})^2}}$，其中 $\bar{x}=\dfrac{1}{n}\sum\limits_{i=1}^{n}x_i$，$\bar{y}=\dfrac{1}{n}\sum\limits_{i=1}^{n}y_i$.

相关系数可以度量两个随机变量之间的线性关系. 相关系数 r 的值满足 $|r|\leqslant 1$；且 $|r|$ 越接近 1，两个随机变量的线性关系越密切.

3. 一元线性回归分析

设给定一组有线性相关关系的成对数据 (x_1, y_1)，(x_2, y_2)，…，(x_n, y_n) 和线性方程 $y=ax+b$. 取

$$\hat{a}=\frac{\sum\limits_{i=1}^{n}(x_i-\bar{x})(y_i-\bar{y})}{\sum\limits_{i=1}^{n}(x_i-\bar{x})^2}=\frac{\sum\limits_{i=1}^{n}x_iy_i-n\bar{x}\bar{y}}{\sum\limits_{i=1}^{n}x_i^2-n\bar{x}^2},\ \hat{b}=\bar{y}-\hat{a}\cdot\bar{x}=\frac{\sum\limits_{i=1}^{n}y_i-\hat{a}\cdot\sum\limits_{i=1}^{n}x_i}{n},$$

得到线性回归方程 $y=\hat{a}x+\hat{b}$，可使拟合误差 $Q=\sum\limits_{i=1}^{n}(y_i-\hat{y}_i)^2$（其中 $\hat{y}_i=ax_i+b$）最小.

这种回归分析的方法称为最小二乘法，由此导出的估计量称为最小二乘估计量，所得到的回归系数 $\hat{a}$ 与 $\hat{b}$ 又称为模型参数 a 与 b 的最小二乘估计.

4. 2×2 列联表

两个分类变量的观察值形成的 2 行、2 列的频数表格称为 2 行×2 列列联表，简称 2×2 列联表，也称为四格表.

要检验两个随机变量是否有关，统计上一般先假设它们没有关系，即相互独立，再进行统计检验. 这种假设称为原假设，也称为零假设，习惯上用 H_0 表示.

为了描述观察值与预期值之间的总体偏差，我们引入统计量 χ^2，其计算公式为

$$\chi^2=\sum\frac{(\text{观察值}-\text{预期值})^2}{\text{预期值}}.$$

χ^2 的值越大，说明观察值与预期值的总体偏差越大，原假设成立的可能性就越小. 教材中规定显著性水平为 0.05，根据下表，由于 $P(\chi^2\geqslant 3.841)\approx 0.05$，所以当 $\chi^2\geqslant 3.841$ 时，否定原假设；当 $\chi^2<3.841$ 时，接受原假设.

表 7-1　常用的 χ^2 的分布概率表

$P(\chi^2\geqslant k)$	0.1	0.050	0.025	0.010	0.001
k	2.706	3.841	5.024	6.635	10.828

【讲练平台】

考点1　一元线性回归分析

例 1　二手车经销商小王对其所经营的 A 型号二手车的使用年数 x 与销售价格 y（单位：

万元/辆)进行整理,得到如下数据:

使用年数 x	2	3	4	5	6	7
售价 y	20	12	8	6.4	4.4	3
$z=\ln y$	3.00	2.48	2.08	1.86	1.48	1.10

图 7-17 是 z 关于 x 的折线图:

(1) 由折线图可以看出,可以用线性回归模型拟合 z 与 x 的关系,请用相关系数加以说明;

(2) 求 y 关于 x 的回归方程,并预测当某辆 A 型号二手车使用年数为 9 年时售价约为多少?($\hat{a}$,$\hat{b}$ 小数点后保留两位有效数字)

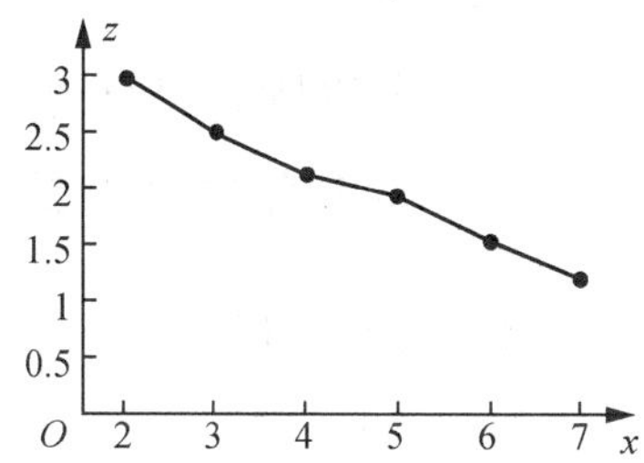

图 7-17

(3) 基于成本的考虑,A 型号二手车的售价不得低于 7 500 元,请根据(2)求出的回归方程预测在收购该型号二手车时车辆的使用年数不得超过多少年.(按四舍五入取整数)

解 (1) 由题意,知 $\bar{x}=\frac{1}{6}(2+3+4+5+6+7)=4.5$,

$\bar{z}=\frac{1}{6}(3+2.48+2.08+1.86+1.48+1.10)=2$,

又 $r=\frac{\sum_{i=1}^{6}(x_i-\bar{x})(z_i-\bar{z})}{\sqrt{\sum_{i=1}^{6}(x_i-\bar{x})^2\sum_{i=1}^{6}(z_i-\bar{z})^2}}=-0.994\ 55$,

所以 z 与 x 的相关系数大约为 $-0.994\ 55$,说明 z 与 x 的线性相关程度很高.

(2) $\hat{a}=\frac{\sum_{i=1}^{6}(x_i-\bar{x})(z_i-\bar{z})}{\sum_{i=1}^{6}(x_i-\bar{x})^2}=-0.363\ 43\approx-0.36$,

所以 $\hat{b}=\bar{z}-\hat{a}\bar{x}=2-4.5\times(-0.363\ 43)=3.635\ 435\approx3.64$,

z 与 x 的线性回归方程是 $z=-0.36x+3.64$.

又 $z=\ln y$,所以 y 关于 x 的回归方程是 $y=e^{-0.36x+3.64}$.

令 $x=9$,得 $y=e^{-0.36\times9+3.64}=e^{0.4}\approx1.49$,

所以预测当某辆 A 型号二手车使用年数为 9 年时售价约为 1.49 万元.

(3) 令 $y=e^{-0.36x+3.64}\geqslant0.75$,有 $-0.36x+3.64\geqslant\ln 0.75$,

解得 $x\leqslant\frac{3.64-\ln 0.75}{0.36}\approx10.91\approx11$,

因此,预测在收购该型号二手车时车辆的使用年数不得超过 11 年.

考点 2　独立性检验

例 2　甲、乙两台机床生产同种产品,产品按质量分为一级品和二级品,为了比较两台机床产品的质量，分别用两台机床各生产了 200 件产品，产品的质量情况统计见下表：

	一级品	二级品	合计
甲机床	150	50	200
乙机床	120	80	200
合计	270	130	400

(1) 甲机床、乙机床生产的产品中一级品的频率分别是多少？

(2) 能否有 99%的把握认为甲机床的产品质量与乙机床的产品质量有差异？

解 (1) 甲机床生产的产品中的一级品的频率为$\dfrac{150}{200}=75\%$，

乙机床生产的产品中的一级品的频率为$\dfrac{120}{200}=60\%$.

(2) $\chi^2=\dfrac{400(150\times80-120\times50)^2}{270\times130\times200\times200}=\dfrac{400}{39}\approx10.26>6.635$，

查阅 χ^2 分布表，知有 99%的把握认为甲机床的产品与乙机床的产品质量有差异.

【基础训练】

1. 有一散点图如图 7-18 所示，在 5 个(x, y)数据中去掉 $D(3, 10)$后，相关系数 r 的绝对值必然__________.（填写“变大”或“变小”）

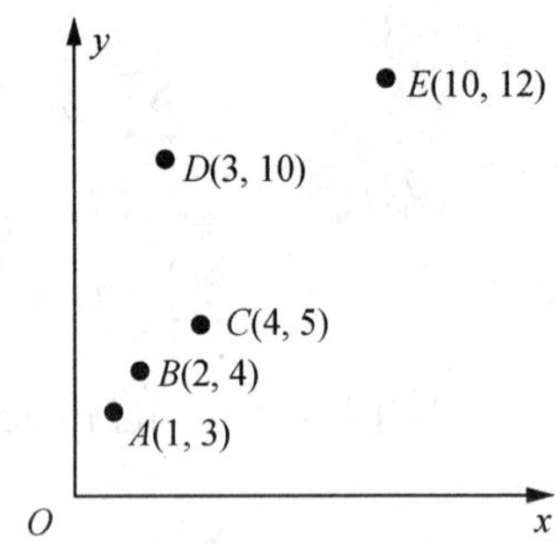

图 7-18

2. 为了研究某班学生的脚长 x（单位：cm）和身高 y（单位：cm）的关系，从该班随机抽取 10 名学生，根据测量数据的散点图可以得出 y 与 x 之间有线性相关关系，并设其回归直线方程为 $y=\hat{a}x+\hat{b}$. 已知 $\sum\limits_{i=1}^{10}x_i=225$，$\sum\limits_{i=1}^{10}y_i=1\,600$，$\hat{a}=4$. 该班某学生的脚长为 24，据此估计其身高为__________.

3. 如表为某小型工厂 2～5 月份生产的口罩数（单位：万）：

x	2	3	4	5
y	2.2	3.8	5.8	m

若 y 与 x 线性相关，且回归直线方程为 $\hat{y}=1.5x-0.6$，则表格中实数 m 的值为________.

4. 已知 x 与 y 之间的一组数据见下表，且它们之间存在较好的线性关系，

x	0	2	4	6
y	1	$2m+1$	$2-m$	$4-m$

则 y 与 x 的回归直线方程 $y=\hat{a}x+\hat{b}$ 必过定点__________.

5. 某机构调查了某地区 90 位购车车主的性别与购车种类情况,得到的数据见下表:

	购买非电动车	购买电动车	总计
男性	39	6	45
女性	30	15	45
总计	69	21	90

则观察值与预期值的偏差 $\chi^2=$ ______.

6. 某校一个课外学习小组为研究某作物种子的发芽率 y 和温度 x(单位:℃)的关系,在 20 个不同的温度条件下进行种子发芽实验,由实验数据 $(x_i, y_i)(i=1, 2, \cdots, 20)$ 得到图 7-19 的散点图:

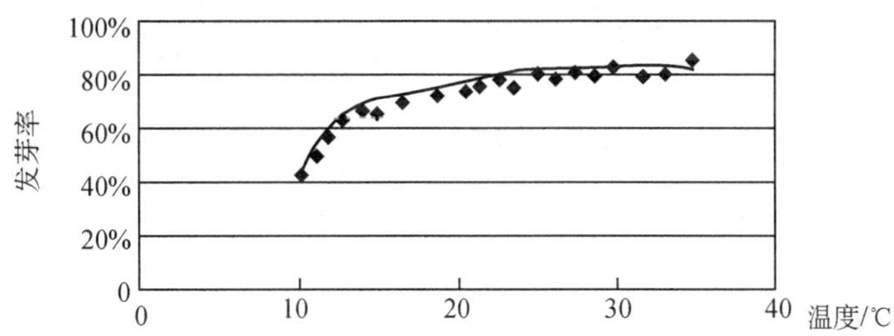

图 7-19

由此散点图,在 10 ℃至 40 ℃之间,下面四个回归方程类型中最适宜作为发芽率 y 和温度 x 的回归方程是(　　).

(A) $y=a+bx$　　(B) $y=a+bx^2$　　(C) $y=a+be^x$　　(D) $y=a+b\ln x$

7. 经统计,用于数学学习的时间(单位:小时)与成绩(单位:分)之间的关系近似于线性相关关系. 对某小组学生每周用于数学的学习时间 x 与数学成绩 y 进行数据收集如表:

x	15	16	18	19	22
y	102	98	115	115	120

由表中样本数据求得线性回归方程为 $\hat{y}=\hat{b}x+\hat{a}$,则点 $(\hat{a}, \hat{b})$ 与直线 $x+18y=100$ 的位置关系是(　　).

(A) $\hat{a}+18\hat{b}<100$　　(B) $\hat{a}+18\hat{b}>100$

(C) $\hat{a}+18\hat{b}=100$　　(D) $\hat{a}+18\hat{b}$ 与 100 的大小无法确定

8. 噪声污染已经成为影响人们身体健康和生活质量的严重问题,为了了解声音强度 D(单位:分贝)与声音能量 W(单位:W/cm^2)之间的关系,将测量得到的声音强度 D_i 和声音能量 $I_i(i=1, 2, \cdots, 10)$ 数据作了初步处理,得到如图 7-20 所示的散点图及一些统计量的值.

$\bar{I}=1.04\times10^{-11}$, $\bar{D}=45.7$, $\bar{W}=-11.5(W_i=\lg I_i)$,

$\sum\limits_{i=1}^{10}(I_i-\bar{I})^2=1.56\times10^{-21}$, $\sum\limits_{I=1}^{10}(W_i-\bar{W})^2=0.51$,

$\sum\limits_{i=1}^{10}(I_i-\bar{I})(D_i-\bar{D})=6.88\times10^{-11}$,

$\sum\limits_{i=1}^{10}(W_i-\bar{W})(D_i-\bar{D})=5.1$. 其中 $W_i=\lg I_i$.

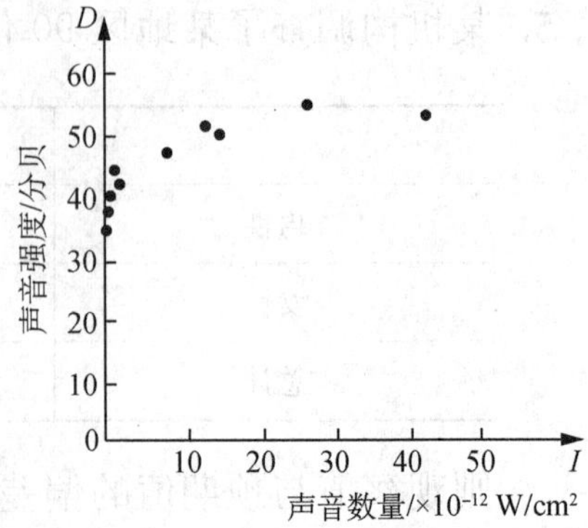

图 7-20

(1) 根据散点图判断,$D=a_1I+b_1$ 与 $D=a_2\lg I+b_2$ 哪一个适宜作为声音强度 D 关于声音能量的回归方程类型?(给出判断即可,不必说明理由)

(2) 根据表中数据,求声音强度 D 关于声音能量 W 的回归方程;

(3) 当声音强度大于 60 分贝时属于噪声,会产生噪声污染,城市中某点 P 共受到两个声源的影响,这两个声源的声音能量分别是 I_1 和 I_2,且 $\dfrac{1}{I_1}+\dfrac{4}{I_2}=10^{10}$. 已知点 P 的声音能量等于声音能量 I_1 与 I_2 之和. 请根据(1)中的回归方程,判断点 P 是否受到噪声污染的干扰,并说明理由.

9. 某收费 App(手机应用程序)自上架以来,凭借简洁的界面设计、方便的操作方式和强大的实用功能深得用户的喜爱. 该 App 所在的公司统计了用户一个月月租减免的费用 x(单位:元)及该月对应的用户数量 y(单位:万人),得到如下数据表格:

用户一个月月租减免的费用 x(元)	3	4	5	6	7
用户数量 y(万人)	1	1.1	1.5	1.9	2.2

已知 x 与 y 线性相关.

(1) 求 y 关于 x 的线性回归方程;($\sum\limits_{i=1}^{5}x_i^2=135$, $\sum\limits_{i=1}^{5}x_iy_i=41.7$)

(2) 据此预测,当月租减免费用为 10 元时,该月用户数量为多少?

参考公式:对于一组具有线性相关关系的数据 $(x_i, y_i)(i=1, 2, \cdots, n)$,其回归直线 $y=bx+a$ 的斜率和截距的最小二乘估计公式分别为

$$\hat{b}=\frac{\sum_{i=1}^{n}(x_i-\bar{x})(y_i-\bar{y})}{\sum_{i=1}^{n}(x_i-\bar{x})^2}=\frac{\sum_{i=1}^{n}x_iy_i-n\bar{x}\bar{y}}{\sum_{i=1}^{n}x_i^2-n\bar{x}^2},\hat{a}=\bar{y}-\hat{b}\bar{x}.$$

10. 为加强环境保护，治理空气污染，环境监测部门对某市空气质量进行调研，随机抽查了100天空气中的PM2.5和SO_2浓度(单位：$\mu g/m^3$)，得下表：

PM2.5	SO_2		
	[0, 50]	(50, 150]	(150, 475]
[0, 35]	32	18	4
(35, 75]	6	8	12
(75, 115]	3	7	10

(1) 估计事件"某一天，该市空气中PM2.5浓度不超过75，且SO_2浓度不超过150"的概率；

(2) 根据所给数据，完成下面的2×2列联表：

PM2.5	SO_2		
	[0, 150]	(150, 475]	合计
[0, 75]			
(75, 115]			
合计			

(3) 根据(2)中的列联表，判断是否有99%的把握认为该市一天空气中PM2.5浓度与SO_2浓度有关？

【能力提高】

1. 为了解某一地区纯电动汽车销售情况，机构根据统计数据，用最小二乘法得到电动汽车销量 y（单位：万台）关于 x（年份）的线性回归方程为 $y=4.7x-9\ 459.2$，且销量 y 的方差为 $s_y^2=\dfrac{254}{5}$，年份 x 的方差为 $s_x^2=2$，则 y 与 x 的相关系数 $r=$__________.（结果按四舍五入保留三位小数）

2. 某公司为确定下一年度投入某种产品的宣传费，需了解年宣传费 x（单位：千元）对年销售量 y（单位：吨）和年利润 z（单位：千元）的影响，于是对近 8 年的年宣传费 x_i 和年销售量 $y_i(i=1,2,\cdots,8)$ 的数据进行了初步处理，得到如图 7-21 所示的散点图及一些统计量的值.

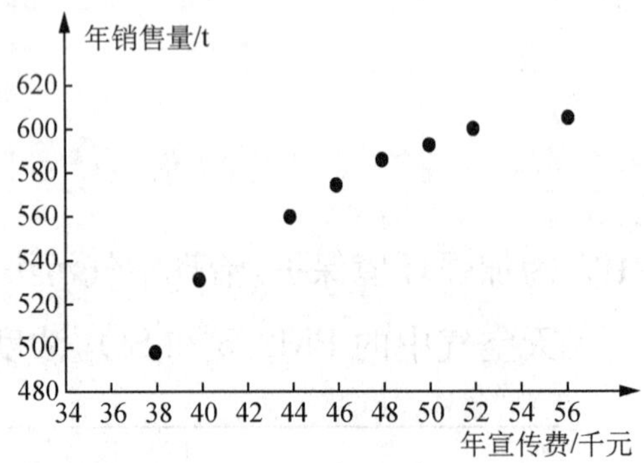

图 7-21

$\bar{x}=46.6$，$\bar{y}=563$，$\bar{w}=6.8\ (w_i=\sqrt{x_i})$，

$\sum\limits_{i=1}^{8}(x_i-\bar{x})^2=289.8$，$\sum\limits_{i=1}^{8}(w_i-\bar{w})^2=1.6$，

$\sum\limits_{i=1}^{8}(x_i-\bar{x})(y_i-\bar{y})=1\ 469$，$\sum\limits_{i=1}^{8}(w_i-\bar{w})(y_i-\bar{y})=108.8$.

(1) 根据散点图判断，$y=\hat{a}x+\hat{b}$ 与 $y=\hat{c}\sqrt{x}+\hat{d}$ 哪一个适宜作为年销售量 y 关于年宣传费 x 的回归方程模型？（给出判断即可，不必说明理由）

(2) 根据(1)的判断结果及表中数据，建立 y 关于 x 的回归方程；

(3) 已知这种产品年利润的预报值 z 与 x，y 之间的关系为 $z=0.2y-x$，根据(2)的结果回答下列问题：

① 当年宣传费 $x=49$ 时，年销售量及年利润的预报值是多少？

② 年宣传费 x 为何值时，年利润的预报值最大？

3. 社会实践是大学生课外教育的一个重要方面，在校大学生利用暑期参加社会实践活动，是认识社会、了解社会、提高自我能力的重要机会.某省统计了该省 4 所大学 2023 年毕业生的人数及参加过暑期社会实践活动的人数(单位：千人)，得到如下表格：

大学	A 大学	B 大学	C 大学	D 大学
2023 年毕业生人数 x(千人)	7	6	5	4
2023 年毕业生中参加过社会实践人数 y(千人)	0.5	0.4	0.3	0.2

(1) 已知 y 与 x 具有较强的线性相关性，求 y 关于 x 的线性回归方程 $y=\hat{a}x+\hat{b}$；

(2) 假设该省对参加过暑期社会实践活动的大学生每人发放 0.5 万元的补贴.

① 若该省大学 2023 年毕业生人数为 12 万人，估计该省要发放补贴的总金额；

② 若 2023 年毕业生中的小李、小王参加过暑期社会实践活动的概率分别为 p，$3p-1$，该省对小李、小王两人补贴总金额的期望不超过 0.75 万元，求 p 的取值范围.

参考公式：$\hat{a}=\dfrac{\sum\limits_{i=1}^{n}(x_i-\bar{x})(y_i-\bar{y})}{\sum\limits_{i=1}^{n}(x_i-\bar{x})^2}=\dfrac{\sum\limits_{i=1}^{n}x_iy_i-n\bar{x}\bar{y}}{\sum\limits_{i=1}^{n}x_i^2-n\bar{x}^2}$，$\hat{b}=\bar{y}-\hat{a}\bar{x}$.

【归纳小结】

(1) 建立非线性回归方程的步骤：①根据原始数据作出散点图；②根据散点图，选择恰当的拟合函数；③作恰当变换，将其转化成线性函数，求线性回归方程；④在③的基础上通过相应变换，即可得非线性回归方程.

(2) 用 2×2 列联表进行独立检验的步骤：①提出两个随机变量没有关系的原假设 H_0；②确定显著性水平 α，教材规定 $\alpha=0.05$；③计算统计量 χ^2 的值；④统计决断：根据 $P(\chi^2\geqslant 3.841)\approx 0.05$，比较上述 χ^2 与 3.841 的大小.若 $\chi^2\geqslant 3.841$，则拒绝(或否定)H_0；若 $\chi^2<3.841$，则不能拒绝(或否定)H_0，即接受 H_0.根据上述推断作出结论.

(3) 充分利用计算器预置功能完成统计分析.

8 数列

8.1 等 差 数 列

【知识梳理】

1. 等差数列的定义

如果一个数列从第 2 项起，每一项与其前一项的差都等于同一个常数，这个数列就称为等差数列，而这个常数称为等差数列的公差. 公差通常用小写字母 d 表示.

2. 等差中项的定义

给定一个数列 a，A，b. 如果 a，A，b 成等差数列，那么 $A=\frac{a+b}{2}$. 反之，如果 $A=\frac{a+b}{2}$，那么 $2A=a+b$，即 $A-a=b-A$，从而 a，A，b 成等差数列. 这时 A 称为 a 与 b 的等差中项.

3. 等差数列的通项公式

如果等差数列 $\{a_n\}$ 的首项为 a_1，公差为 d，当 n 为正整数时，$a_n=a_1+(n-1)d$.

4. 数列的前 n 项和

数列 $\{a_n\}$ 的前 n 项和可以记作 $\sum\limits_{i=1}^{n}a_i=S_n=a_1+a_2+\cdots+a_n$.

5. 等差数列的前 n 项和公式

如果等差数列 $\{a_n\}$ 的首项为 a_1，公差为 d，$S_n=a_1+a_2+\cdots+a_n$，则等差数列 $\{a_n\}$ 的前 n 项和公式为

$$S_n=\frac{n(a_1+a_n)}{2}=na_1+\frac{n(n-1)}{2}d.$$

【讲练平台】

考点1 等差数列基本计算

例 1 若等差数列 $\{a_n\}$，$\{b_n\}$ 的公差分别为 2 和 3，且 b_n 是正整数，则数列 $\{a_{b_n}\}$ 是（　　）.

(A) 等差数列且公差为 5

(B) 等差数列且公差为 6

(C) 等差数列且公差为 8

(D) 等差数列且公差为 9

解 由条件知 $a_n=a_1+2(n-1)$, $b_n=b_1+3(n-1)$,

所以 $a_{b_n}=a_1+(b_n-1)\times 2=2b_n+a_1-2=2b_1+2(n-1)\times 3+a_1-2=6n+a_1+2b_1-8$,

所以 $a_{b_{n+1}}-a_{b_n}=6$,即数列$\{a_{b_n}\}$是等差数列且公差为 6,故答案选(B).

考点 2 等差中项

例 2 在等差数列$\{a_n\}$中,若 $a_1+a_4+a_7=15$, $a_3+a_6+a_9=3$,求 S_9.

解 由 $a_1+a_4+a_7=15$, $a_3+a_6+a_9=3$,得 $3a_4=15$, $3a_6=3$,

所以 $a_4=5$, $a_6=1$,

所以 $S_9=\frac{9(a_1+a_9)}{2}=\frac{9(a_4+a_6)}{2}=27$.

考点 3 判定或证明数列是否为等差数列

例 3 下列结论中正确的有____________.(填序号)

① 若数列$\{a_n\}$为等差数列,它的前 n 项和为 S_n,则数列$\left\{\frac{S_n}{n}\right\}$也是等差数列.

② 若数列$\{a_n\}$为等差数列,它的前 n 项和为 S_n,则 S_n, S_{2n}, S_{3n}, …也是等差数列.

③ 若等差数列$\{a_n\}$的项数为 $2n(n>1)$,它的偶数项的和为 $S_{偶}$,它的奇数项的和为 $S_{奇}$,则$\frac{S_{奇}}{S_{偶}}=\frac{n+1}{n}$.

④ 若等差数列$\{a_n\}$的项数为 $2n+1(n>1)$,它的偶数项的和为 $S_{偶}$,它的奇数项的和为 $S_{奇}$,则$\frac{S_{奇}}{S_{偶}}=\frac{n+1}{n}$.

解 ① 数列$\{a_n\}$为等差数列,设公差为 d,首项为 a_1,

则 $S_n=na_1+\frac{n(n-1)}{2}d=\frac{d}{2}n^2+\left(a_1-\frac{d}{2}\right)n$,

故$\frac{S_n}{n}=\frac{d}{2}n+\left(a_1-\frac{d}{2}\right)$,

从而$\frac{S_{n+1}}{n+1}-\frac{S_n}{n}=\frac{d}{2}$(为常数),

故数列$\left\{\frac{S_n}{n}\right\}$也成等差数列,故①正确.

② 若数列$\{a_n\}$为等差数列,它的前 n 项和为 S_n,

令 $a_n=n$,则 $S_2=3$, $S_4=10$, $S_6=21$ 不成等差数列,故②错误.

③ 若等差数列$\{a_n\}$的项数为 $2n(n>1)$,它的偶数项的和为 $S_{偶}$,它的奇数项的和为 $S_{奇}$,

则$\frac{S_{奇}}{S_{偶}}=\frac{\frac{(a_1+a_{2n-1})n}{2}}{\frac{(a_2+a_{2n})n}{2}}=\frac{a_n}{a_{n+1}}$,故③错误.

④ 若等差数列$\{a_n\}$的项数为$2n+1(n>1)$，它的偶数项的和为$S_偶$，它的奇数项的和为$S_奇$，则

$$\frac{S_奇}{S_偶}=\frac{\frac{(a_1+a_{2n+1})(n+1)}{2}}{\frac{(a_2+a_{2n})n}{2}}=\frac{a_{n+1}\cdot(n+1)}{a_{n+1}\cdot n}=\frac{n+1}{n}$$，故④正确.

故答案为①④.

考点 4　等差数列的前 n 项和

例 4　(1) 设S_n为等差数列$\{a_n\}$的前n项和，若$S_3=3$，$S_6=24$，求S_9.

(2) 已知数列$\{a_n\}$的前n项和为$S_n=n^2-8n$，求数列$\{|a_n|\}$的前n项和H_n.

解　(1) $S_9=63$.

(2) 当$n\geqslant 2$时，$a_n=S_n-S_{n-1}=n^2-8n-[(n-1)^2-8(n-1)]=2n-9$，当$n=1$时，$a_1=S_1=-7$，综上可知数列$\{a_n\}$的通项公式为$a_n=2n-9$.

显然数列的前4项均为负，

当$1\leqslant n\leqslant 4$时，$H_n=-a_1-\cdots-a_n=-S_n=8n-n^2$，

当$n\geqslant 5$时，$H_n=-a_1-\cdots-a_4+a_5+a_6+\cdots+a_n=a_1+\cdots+a_4+a_5+a_6+\cdots+a_n-2(a_1+\cdots+a_4)=S_n-2S_4=n^2-8n+32$.

综上所述，当$1\leqslant n\leqslant 4$时，$H_n=-n^2+8n$，

当$n\geqslant 5$时，$H_n=n^2-8n+32$.

考点 5　等差数列的性质

例 5　已知数列$\{a_n\}$为等差数列，若$a_1+a_5+a_9=8\pi$，求$\cos(a_3+a_7)$的值.

解　因为数列$\{a_n\}$为等差数列，$a_1+a_5+a_9=8\pi$，

所以$a_1+a_5+a_9=3a_5=8\pi$，解得$a_5=\frac{8\pi}{3}$，

所以$a_3+a_7=2a_5=\frac{16\pi}{3}$，

所以$\cos(a_3+a_7)=\cos\frac{16\pi}{3}=-\cos\frac{\pi}{3}=-\frac{1}{2}$.

考点 6　等差数列前 n 项和 S_n 的最值

例 6　已知数列$\{a_n\}$为等差数列，若$\frac{a_{11}}{a_{10}}<-1$，且数列$\{a_n\}$的前n项和S_n有最大值，求使得$S_n>0$的n的最大值.

解　等差数列$\{a_n\}$的前n项和S_n有最大值，所以等差数列$\{a_n\}$的公差$d<0$.

因为$S_n=\frac{n(a_1+a_n)}{2}$，所以使得$S_n>0$的n的最大值是使$a_1+a_n>0$的n的最大值.

又由$\frac{a_{11}}{a_{10}}<-1$,得$\frac{a_{11}+a_{10}}{a_{10}}<0$,

所以 $a_{10}>0$,$a_{10}+a_{11}<0$,得 $a_{11}<0$,

$a_1+a_{19}=2a_{10}>0$, $a_1+a_{20}=a_{10}+a_{11}<0$,

故使 $a_1+a_n>0$ 的 n 的最大值为 19,即使得 $S_n>0$ 的 n 的最大值为 19.

考点 7 等差数列的综合应用

例 7 已知数列$\{a_n\}$的各项均为正数,记 S_n 为$\{a_n\}$的前 n 项和,从下面①②③中选取两个作为条件,证明另外一个成立.

① 数列$\{a_n\}$是等差数列;②数列$\{\sqrt{S_n}\}$是等差数列;③$a_2=3a_1$.

解 选择①③为条件,证明②结论.

由题意可得 $a_2=a_1+d=3a_1$,所以 $d=2a_1$,

数列$\{a_n\}$的前 n 项和为 $S_n=na_1+\frac{n(n-1)}{2}d=na_1+\frac{n(n-1)}{2}\times 2a_1=n^2a_1$,

故$\sqrt{S_n}-\sqrt{S_{n-1}}=n\sqrt{a_1}-(n-1)\sqrt{a_1}=\sqrt{a_1}\ (n\geqslant 2)$,

据此可得数列$\{\sqrt{S_n}\}$是等差数列.

选择①②为条件,证明③结论.

设数列$\{a_n\}$的公差为 d,则:

$$\sqrt{S_1}=\sqrt{a_1},\ \sqrt{S_2}=\sqrt{a_1+(a_1+d)}=\sqrt{2a_1+d},$$
$$\sqrt{S_3}=\sqrt{a_1+(a_1+d)+(a_1+2d)}=\sqrt{3(a_1+d)},$$

由数列$\{\sqrt{S_n}\}$为等差数列,则$\sqrt{S_1}+\sqrt{S_3}=2\sqrt{S_2}$,

即$(\sqrt{a_1}+\sqrt{3(a_1+d)})^2=(2\sqrt{2a_1+d})^2$,整理可得 $d=2a_1$,所以 $a_2=a_1+d=3a_1$.

选择②③为条件,证明①结论.

由题意可得 $S_2=a_1+a_2=4a_1$,所以$\sqrt{S_2}=2\sqrt{a_1}$,

则数列$\{\sqrt{S_n}\}$的公差为 $d=\sqrt{S_2}-\sqrt{S_1}=\sqrt{a_1}$,

通项公式为$\sqrt{S_n}=\sqrt{S_1}+(n-1)d=n\sqrt{a_1}$,

据此可得,当 $n\geqslant 2$ 时,$a_n=S_n-S_{n-1}=n^2a_1-(n-1)^2a_1=(2n-1)a_1$,

当 $n=1$ 时上式也成立,故数列$\{a_n\}$的通项公式为 $a_n=(2n-1)a_1$,

由 $a_{n+1}-a_n=[2(n+1)-1]a_1-(2n-1)a_1=2a_1$,可知数列$\{a_n\}$是等差数列.

【基础训练】

1. 在等差数列$\{a_n\}$中,$a_1+a_8=10$, $a_2+a_9=18$,则数列$\{a_n\}$的公差为__________.

2. 记 S_n 为数列$\{a_n\}$的前 n 项和,则命题"数列$\{a_n\}$为等差数列"是命题"数列$\left\{\frac{S_n}{n}\right\}$为等差数列"的

(　　).

(A) 充分非必要条件　　(B) 必要非充分条件

(C) 充要条件　　(D) 既非充分也非必要条件

3. 已知 m 和 $2n$ 的等差中项是 4，$2m$ 和 n 的等差中项是 5，则 m 和 n 的等差中项是________.

4. 已知公差不为 0 的等差数列 $\{a_n\}$ 的前 n 项和为 S_n，若 a_4，S_5，$S_7 \in \{-10, 0\}$，则 S_n 的最小值为________.

5. 一个首项为 23，公差为整数的等差数列，若前六项均为正数，第七项起为负数，则它的公差是(　　).

(A) -2　　(B) -3　　(C) -4　　(D) -5

6. 北京天坛的圜丘坛(图 8-1)为古代祭天的场所，分上、中、下三层. 上层中心有一块圆形石板(称为天心石)，环绕天心石砌 9 块扇面形石板构成第一环，向外每环依次增加 9 块. 下一层的第一环比上一层的最后一环多 9 块，向外每环依次也增加 9 块. 已知每层环数相同，且下层比中层多 729 块，则三层共有扇面形石板(不含天心石)的数量为(　　).

(A) 3 699 块

(B) 3 474 块

(C) 3 402 块

(D) 3 339 块

图 8-1

7. 已知数列 $\{a_n\}$ 和 $\{b_n\}$ 满足 $a_1=1$，$b_1=0$，$4a_{n+1}=3a_n-b_n+4$，$4b_{n+1}=3b_n-a_n-4$.

(1) 证明：数列 $\{a_n+b_n\}$ 是等比数列，数列 $\{a_n-b_n\}$ 是等差数列；

(2) 求数列 $\{a_n\}$ 和 $\{b_n\}$ 的通项公式.

8. 记 S_n 是公差不为 0 的等差数列 $\{a_n\}$ 的前 n 项和，若 $a_3=S_5$，$a_2a_4=S_4$.

(1) 求数列 $\{a_n\}$ 的通项公式；

(2) 求使 $S_n>a_n$ 成立的 n 的最小值.

【能力提高】

1. 已知无穷等差数列$\{a_n\}$满足:①$a_1<0$, $a_2>\frac{3}{2}$;②在区间$(11, 20)$中的项恰好比在区间$[41, 50]$中的项少2项,则数列$\{a_n\}$的通项公式为$a_n=$________.

2. 已知数列$\{a_n\}$的首项$a_1=1$,前n项和为S_n.设λ和k为常数,若对一切正整数n,均有$S_{n+1}^{\frac{1}{k}}-S_n^{\frac{1}{k}}=\lambda a_{n+1}^{\frac{1}{k}}$成立,则称此数列为"$\lambda$-$k$"数列.

(1) 若等差数列$\{a_n\}$是"λ-1"数列,求λ的值;

(2) 若数列$\{a_n\}$是"$\frac{\sqrt{3}}{3}$-2"数列,且$a_n>0$,求数列$\{a_n\}$的通项公式;

(3) 对于给定的λ,是否存在三个不同的数列$\{a_n\}$为"λ-3"数列,且$a_n\geqslant 0$?若存在,求出λ的取值范围;若不存在,说明理由.

【归纳小结】

1. 等差数列的判定方法

(1) 定义法:$a_{n+1}-a_n=d$(常数)$\Leftrightarrow$数列$\{a_n\}$是等差数列;

(2) 中项公式法:$2a_{n+1}=a_n+a_{n+2}$,数列$\{a_n\}$是等差数列;

(3) 通项公式法:$a_n=kn+b$(k, b为常数),数列$\{a_n\}$是等差数列;

(4) 前n项和公式法:$S_n=An^2+Bn$(A, B是常数),数列$\{a_n\}$是等差数列;

2. 方程思想

确定等差数列的关键是确定首项 a_1 和公差 d，等差数列的通项公式、前 n 项和的公式中联系着五个量：a_1，d，a_n，S_n，n，根据方程的思想，已知其中三个量，可以通过方程求出另外两个量.

3. 函数思想

公差不为零的等差数列的通项是关于 n 的一次函数、前 n 项和是关于 n 的二次函数(常数项为零)，在解决问题时，可以从函数的观点出发，运用函数的知识解决等差数列问题，特别是涉及一些最值问题时，这个方法更为有效.

8.2 等 比 数 列

【知识梳理】

1. 等比数列的定义

如果一个数列从第 2 项起，每一项与其前一项的比都等于同一个非零常数，这个数列就称为等比数列，而这个常数称为等比数列的公比. 公比通常用小写字母 $q(q\neq 0)$ 表示.

2. 等比中项的定义

在两个非零实数 a 与 b 之间插入一个数 G，使 a，G，b 成等比数列，从而 $G^2=ab$，即 $G=\sqrt{ab}$ 或 $G=-\sqrt{ab}$，此时 G 称为 a 与 b 的等比中项.

3. 等比数列的通项公式

如果等比数列 $\{a_n\}$ 的首项为 a_1，公比为 q，当 n 为正整数时，$a_n=a_1q^{n-1}$.

4. 等比数列前 n 项和的公式

如果等比数列 $\{a_n\}$ 的首项为 a_1，公比为 q，$S_n=a_1+a_2+\cdots+a_n$，当 $q\neq 1$ 时，$S_n=\dfrac{a_1(1-q^n)}{1-q}=\dfrac{a_1-a_nq}{1-q}$；当 $q=1$ 时，$S_n=na_1$.

5. 等比数列前 n 项和的极限

对于首项为 a，公比为 q 的等比数列，当公比满足 $0<|q|<1$ 时，$\sum\limits_{i=1}^{+\infty}aq^{i-1}=\lim\limits_{n\to+\infty}S_n=\dfrac{a}{1-q}$.

【讲练平台】

考点 1 **等比数列的基本运算**

例 1 已知等比数列 $\{a_n\}$ 中，各项都是正数，且 a_1，$\dfrac{1}{2}a_3$，$2a_2$ 成等差数列，求 $\dfrac{a_9+a_{10}}{a_7+a_8}$ 的值.

解 设等比数列 $\{a_n\}$ 的公比为 q，

依题意可得 $2\times\left(\frac{1}{2}a_3\right)=a_1+2a_2$，

即 $a_3=a_1+2a_2$，整理得 $q^2=1+2q$，

解得 $q=1\pm\sqrt{2}$.

因为各项都是正数，

所以 $q>0$，$q=1+\sqrt{2}$，

所以$\frac{a_9+a_{10}}{a_7+a_8}=\frac{a_1q^8+a_1q^9}{a_1q^6+a_1q^7}=3+2\sqrt{2}$.

考点2 等比中项

例2 已知成等差数列的三个正数的和等于15，并且这三个数分别加上2，5，13后成为等比数列$\{b_n\}$中的b_3，b_4，b_5，求数列$\{b_n\}$的通项公式.

解 设成等差数列的三个正数分别为 $a-d$，a，$a+d$，

依题意，得 $a-d+a+a+d=15$，解得 $a=5$.

所以，数列$\{b_n\}$中的 b_3，b_4，b_5 依次为 $7-d$，10，$18+d$，

依题意，b_4 是 b_3 和 b_5 的等比中项，有 $b_4^2=b_3\cdot b_5$，即 $100=(7-d)(18+d)$，

解得 $d=2$ 或 $d=-13$(舍去).

故数列$\{b_n\}$的第3项为5，公比为2. 由 $b_3=b_1\cdot 2^2$，即 $5=b_1\cdot 2^2$，解得 $b_1=\frac{5}{4}$.

所以，数列$\{b_n\}$是以$\frac{5}{4}$为首项、2为公比的等比数列，其通项公式为 $b_n=\frac{5}{4}\cdot 2^{n-1}=5\cdot 2^{n-3}$.

考点3 等比数列的判定与证明

例3 已知数列$\{a_n\}$是等比数列，下列四个命题中正确的是________(填序号).

① $\{\sqrt{a_n}\}$是等比数列； ② $\left\{\frac{1}{a_n}\right\}$是等比数列；

③ $\{a_n+a_{n+1}\}$是等比数列； ④ $\{a_na_{n+1}\}$等比数列.

解 根据题意，数列$\{a_n\}$是等比数列，设其公比为 q，则$\frac{a_{n+1}}{a_n}=q$.

当等比数列$\{a_n\}$的公比为负数时，$\{a_n\}$中存在某些负数，则数列$\{\sqrt{a_n}\}$没有意义，故①错误.

对于数列$\left\{\frac{1}{a_n}\right\}$，有$\frac{\frac{1}{a_n}}{\frac{1}{a_{n-1}}}=\frac{a_{n-1}}{a_n}=\frac{1}{q}(n\geqslant 2)$，数列$\left\{\frac{1}{a_n}\right\}$为等比数列，故②正确.

对于数列$\{a_n+a_{n+1}\}$，当 $q=-1$ 时，$a_n+a_{n+1}=0$，故$\{a_n+a_{n+1}\}$不是等比数列，故③错误.

对于数列$\{a_na_{n+1}\}$，有$\frac{a_na_{n+1}}{a_{n-1}a_n}=q^2(n\geqslant 2)$，数列$\{a_na_{n+1}\}$为等比数列，故④正确.

故答案为②④.

考点 4　等比数列的性质

例 4　在等比数列$\{a_n\}$中，$a_1+a_n=66$，$a_2\cdot a_{n-1}=128$，前 n 项和 $S_n=126$，求 n，公比 q.

解　因为 $a_1+a_n=66$，$a_2\cdot a_{n-1}=128=a_1\cdot a_n$，

所以 a_1，a_n 是方程 $x^2-66x+128=0$ 的两根，

所以 $a_1=2$，$a_n=64$ 或 $a_1=64$，$a_n=2$.

若 $a_1=2$，$a_n=64$，则 $q^{n-1}=32$，因为 $S_n=126=\dfrac{a_1(1-q^n)}{1-q}$，所以 $63(1-q)=1-32q$，

所以 $q=2$，所以 $n=6$.

同理，当 $a_1=64$，$a_n=2$ 时，$q=\dfrac{1}{2}$，$n=6$.

考点 5　等比数列的前 n 项和

例 5　已知等差数列$\{a_n\}$和等比数列$\{b_n\}$满足 $a_1=b_1=1$，$a_2+a_4=10$，$b_2b_4=a_5$.

(1) 求数列$\{a_n\}$的通项公式；

(2) 求 $b_1+b_3+b_5+\cdots+b_{2n-1}$.

解　(1) 设等差数列$\{a_n\}$的公差为 d，

由 $a_1=1$，$a_2+a_4=10$，

可得 $1+d+1+3d=10$，

解得 $d=2$，

所以数列$\{a_n\}$的通项公式为 $a_n=1+2(n-1)=2n-1$.

(2) 设等比数列$\{b_n\}$的公比为 q，则奇数项构成公比为 q^2 的等比数列，

由(1)可得 $a_5=9$，等比数列$\{b_n\}$满足 $b_1=1$，$b_2b_4=b_3^2=9$.

由于 $b_1=1>0$，可得 $b_3=3$（舍去 $b_3=-3$）（等比数列奇数项符号相同），

所以 $q^2=\dfrac{b_3}{b_1}=3$，

则 $b_1+b_3+b_5+\cdots+b_{2n-1}=\dfrac{3^n-1}{2}$.

考点 6　等比数列前 n 项和的极限（公比 q 满足 $0<|q|<1$）

例 6　如图 8-2 所示，OA，OB 是从点 O 出发的两条射线，在 OA 上取一点 A_1；作 $A_1B_1\perp OB$，交 OB 于 B_1；作 $B_1A_2\perp OA$，交 OA 于 A_2；作 $A_2B_2\perp OB$，交 OB 于 B_2；…….已知 $A_1B_1=7$，$B_1A_2=6$，求所有与 OB 垂直的线段 $A_iB_i(i=1, 2, \cdots)$的长度之和.

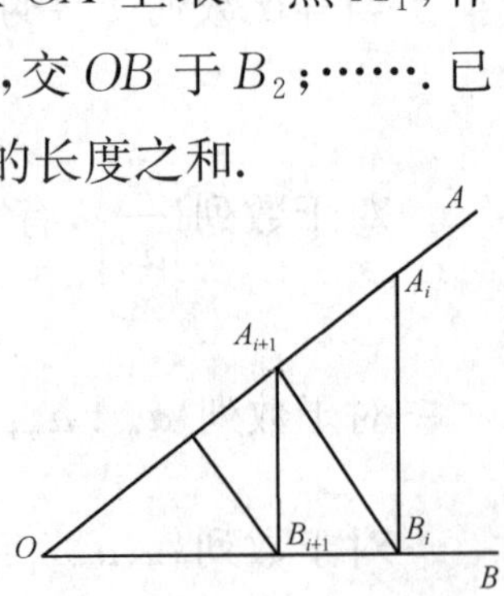

图 8-2

解　令 $a_i=A_iB_i(i=1, 2, \cdots)$，则 $a_1=7$.

由$\dfrac{A_{i+1}B_i}{A_iB_i}=\dfrac{6}{7}$，且$\dfrac{A_{i+1}B_{i+1}}{A_{i+1}B_i}=\dfrac{6}{7}$，得$\dfrac{A_{i+1}B_{i+1}}{A_iB_i}=\dfrac{36}{49}$，即$\dfrac{a_{i+1}}{a_i}=\dfrac{36}{49}$，

所以，数列$\{a_n\}$是等比数列，首项为 7，公比为$\dfrac{36}{49}$，

所以 $\sum\limits_{i=1}^{+\infty}a_1q^{i-1}=\dfrac{7}{1-\dfrac{36}{49}}=\dfrac{343}{13}$.

考点7 等比数列综合应用

例 7 已知数列$\{a_n\}$是公差为 2 的等差数列,其前 8 项的和为 64.数列$\{b_n\}$是公比大于 0 的等比数列,$b_1=4$, $b_3-b_2=48$.

(1) 求数列$\{a_n\}$和$\{b_n\}$的通项公式;

(2) 记 $c_n=b_{2n}+\dfrac{1}{b_n}$, n 是正整数.

(i) 证明:$\{c_n^2-c_{2n}\}$是等比数列;

(ii) 证明:$\sum\limits_{k=1}^{n}\sqrt{\dfrac{a_ka_{k+1}}{c_k^2-c_{2k}}}<2\sqrt{2}$ (n 是正整数).

解 (1) 由数列$\{a_n\}$是公差 d 为 2 的等差数列,其前 8 项的和为 64,

可得 $8a_1+\dfrac{1}{2}\times8\times7d=64$,解得 $a_1=1$,

所以 $a_n=1+2(n-1)=2n-1$, n 是正整数.

由数列$\{b_n\}$是公比 q 大于 0 的等比数列,$b_1=4$, $b_3-b_2=48$,

可得 $4q^2-4q=48$,解得 $q=4$(-3 舍去),

所以 $b_n=4^n$, n 是正整数.

(2) (i) 证明:因为 $b_n=4^n$,

所以 $c_n=b_{2n}+\dfrac{1}{b_n}=4^{2n}+\dfrac{1}{4^n}$,

则 $c_n^2-c_{2n}=\left(4^{2n}+\dfrac{1}{4^n}\right)^2-\left(4^{4n}+\dfrac{1}{4^{2n}}\right)=2\cdot4^n$,

所以$\dfrac{c_{n+1}^2-c_{2n+2}}{c_n^2-c_{2n}}=\dfrac{2\cdot4^{n+1}}{2\cdot4^n}=4$,

又 $c_1^2-c_2=\left(4^2+\dfrac{1}{4}\right)^2-\left(4^4+\dfrac{1}{4^2}\right)=8$,

所以数列$\{c_n^2-c_{2n}\}$是以 8 为首项,4 为公比的等比数列.

(ii) 证明:设 $p_n=\sqrt{\dfrac{a_na_{n+1}}{c_n^2-c_{2n}}}=\sqrt{\dfrac{(2n-1)(2n+1)}{2\cdot4^n}}=\sqrt{\dfrac{4n^2-1}{2\cdot4^n}}<\sqrt{\dfrac{4n^2}{2\cdot4^n}}=\sqrt{2}\cdot\dfrac{n}{2^n}$,

令 $q_n=\dfrac{n}{2^n}$,则 $p_n<\sqrt{2}q_n$,

所以 $\sum\limits_{k=1}^{n}q_k=\dfrac{1}{2}+\dfrac{2}{2^2}+\cdots+\dfrac{n}{2^n}$,

则 $\frac{1}{2}\sum_{k=1}^{n} q_k=\frac{1}{2^2}+\frac{2}{2^3}+\cdots+\frac{n}{2^{n+1}}$,

两式相减可得, $\frac{1}{2}\sum_{k=1}^{n} q_k=\frac{1}{2}+\frac{1}{2^2}+\cdots+\frac{1}{2^n}-\frac{n}{2^{n+1}}=\frac{\frac{1}{2}\times\left(1-\frac{1}{2^n}\right)}{1-\frac{1}{2}}-\frac{n}{2^{n+1}}=1-\frac{n+2}{2^{n+1}}$,

所以 $\sum_{k=1}^{n} q_k=2-\frac{n+2}{2^n}<2$,

则 $\sum_{k=1}^{n}\sqrt{\frac{a_k a_{k+1}}{c_k^2-c_{2k}}}<\sqrt{2}\sum_{k=1}^{n} q_k<2\sqrt{2}$.

【基础训练】

1. 记 S_n 为等比数列 $\{a_n\}$ 的前 n 项和. 若 $a_1=\frac{1}{3}$, $a_4^2=a_6$,则 $S_5=$__________.

2. 已知各项均为正数的等比数列 $\{a_n\}$ 的前 4 项和为 15,且 $a_5=3a_3+4a_1$,则 $a_3=$________.

3. 已知 $\{a_n\}$ 为等比数列,公比 q 满足 $0<|q|<1$, $a_1=3$, $\sum_{i=1}^{+\infty} a_1 q^{i-1}=9$, $b_n=a_{2n}$,设数列 $\{b_n\}$ 的前 n 项和为 S_n,则 $\lim_{n\to+\infty} S_n=$__________.

4. 已知数列 $\{a_n\}$ 为无穷等比数列,若 $\sum_{i=1}^{+\infty} a_i=-2$,则 $\sum_{i=1}^{+\infty}|a_i|$ 的取值范围为________.

5. 已知无穷等比数列 $\{a_n\}$ 中 $a_1=2$, $|a_2|<2$,它的前 n 项和为 S_n,则下列命题正确的是 (　　).

(A) 数列 $\{S_n\}$ 是递增数列　　(B) 数列 $\{S_n\}$ 是递减数列

(C) 数列 $\{S_n\}$ 存在最小项　　(D) 数列 $\{S_n\}$ 存在最大项

6. 设数列 $\{a_n\}$ 是公比不为 1 的等比数列, a_1 为 a_2, a_3 的等差中项.

(1) 求数列 $\{a_n\}$ 的公比;

(2) 若 $a_1=1$,求数列 $\{na_n\}$ 的前 n 项和.

7. 已知$\{a_n\}$是各项均为正数的等比数列，$a_1=2$，$a_3=2a_2+16$.

(1) 求数列$\{a_n\}$的通项公式；

(2) 设$b_n=\log_2 a_n$，求数列$\{b_n\}$的前n项和.

8. 已知各项都是正数的等比数列$\{a_n\}$满足$a_1=1$，$4a_3+3a_5=a_7$.

(1) 求数列$\{a_n\}$的通项公式；

(2) 若等差数列$\{b_n\}$的公差为3，且满足$a_4+b_4=4$，求数列$\{a_n-b_n\}$的前n项和S_n.

【能力提高】

1. 《九章算术》是我国古代的数学巨著. 书中有这样一道题："今有垣厚五尺，两鼠对穿. 大鼠日一尺，小鼠亦日一尺，大鼠日自倍，小鼠日自半. 问几何日相逢？"题意为：有一堵墙厚五尺，有两只老鼠从墙的正对面打洞穿墙. 大老鼠第一天打进一尺，以后每天打进的长度是前一天的2倍；小老鼠第一天也打进一尺，以后每天打进的长度是前一天的一半. 若这一堵墙厚16尺，则(　　)日后两鼠相逢.

(A) 3　　(B) 4　　(C) 5　　(D) 6

2. 某校学生在研究民间剪纸艺术时，发现剪纸时经常会沿纸的某条对称轴把纸对折. 规格为20 dm×12 dm的长方形纸，对折1次共可以得到10 dm×12 dm，20 dm×6 dm两种规格的图形，它们的面积之和$S_1=240\ \text{dm}^2$，对折2次共可以得到5 dm×12 dm，10 dm×6 dm，20 dm×3 dm三种规格的图形，它们的面积之和$S_2=180\ \text{dm}^2$. 以此类推，则对折4次共可以得到不同规格图形的种数为________；如果对折n次，那么$\sum_{k=1}^{n}S_k=$________ dm^2.

【归纳小结】

1. 在等比数列中的通项公式与求和公式中涉及 a_1，q，a_n，S_n，n 五个量，只要已知其中的三个量，就可以利用通项公式及前 n 项和公式列出方程(组)进而求出另外两个量；等比数列中基本的量是首项 a_1 和公比 q，建立关于 a_1 和 q 的方程(组)可确定等比数列.

2. 判断一个数列是否为等比数列的基本方法有两种：一是定义法，证明 $\frac{a_n}{a_{n-1}}=q$($n\geqslant 2$，n 是正整数，q 为非零常数)(一般说明 $a_1\neq 0$)；二是等比中项法，证明 $a_n^2=a_{n-1}a_{n+1}$($n\geqslant 2$，n 是正整数)，且 $a_n\neq 0$. 证明数列不是等比数列的常用手段是举反例.

3. 数列$\{a_n\}$是等比数列，在求和过程中，若公比不是具体数值时，则要进行分类讨论.

8.3 数　　列

【知识梳理】

1. 数列

按照一定顺序排列的一列数称为一个数列.

2. 数列的分类

(1) 有穷数列和无穷数列

项数有限的数列称为有穷数列；项数无限的数列称为无穷数列.

(2) 数列的单调性

从第 2 项起，每一项都不小于其前一项的数列$\{a_n\}$称为增数列，此时 $a_{n+1}\geqslant a_n$(n 为正整数)；特别地，从第 2 项起，每一项都大于其前一项的数列$\{a_n\}$称为严格增数列，此时 $a_{n+1}>a_n$(n 为正整数).

从第 2 项起，每一项都不大于其前一项的数列$\{a_n\}$称为减数列，此时 $a_{n+1}\leqslant a_n$(n 为正整数)；特别地，从第 2 项起，每一项都小于其前一项的数列$\{a_n\}$称为严格减数列，此时 $a_{n+1}<a_n$(n 为正整数).

增数列和减数列统称为单调数列，各项均相等的数列称为常数列.

3. 数列的通项公式

给定数列$\{a_n\}$，如果可以用一个关于序数 n 的公式来表示数列中的任一项 a_n，那么这个公式就称为数列$\{a_n\}$的通项公式.

4. 数列的递推公式

如果数列$\{a_n\}$的任一项 a_n 可由其前一项 a_{n-1}(或前几项)通过一个公式来表示，那么这个公式就称为这个数列的一个递推公式.

【讲练平台】

考点 1 求数列的项

例 1 如图 8-3 所示，满足如下条件：

① 第 n 行首尾两数均为 n；

② 表中的递推关系类似“杨辉三角”.

则第 n 行的第 2 个数是__________.

1

2 2

3 4 3

4 7 7 4

5 11 14 11 5

6 16 25 25 16 6

…

图 8-3

解 设第 n 行($n\geqslant 2$)第 2 个数为 a_n，

则由题意可得 $a_2=2$，$a_3=4$，$a_4=7$，$a_5=11$，…，

故可得 $a_3-a_2=2$，$a_4-a_3=3$，$a_5-a_4=4$，…，$a_n-a_{n-1}=n-1$，

以上 $n-2$ 个式子相加可得 $a_n-a_2=\dfrac{(2+n-1)(n-2)}{2}$，

故可得 $a_n=\dfrac{n^2-n+2}{2}(n\geqslant 2)$. 当 $n=1$ 时，也满足.

故答案为$\dfrac{n^2-n+2}{2}$.

考点 2 已知数列的递推公式，求通项公式

例 2 已知数列$\{a_n\}$满足 $a_1=1$，且 $a_n=2a_{n-1}+2^n$($n\geqslant 2$，且 n 是正整数).

(1) 求 a_2，a_3；

(2) 求证：数列$\left\{\dfrac{a_n}{2^n}\right\}$是等差数列；

(3) 求数列$\{a_n\}$的通项公式 a_n.

解 (1) $a_2=2a_1+2^2=6$，$a_3=2a_2+2^3=20$.

(2) 证明：因为 $a_n=2a_{n-1}+2^n$ ($n\geqslant 2$，且 n 是正整数)，

所以$\dfrac{a_n}{2^n}=\dfrac{a_{n-1}}{2^{n-1}}+1$ ($n\geqslant 2$，且 n 是正整数)，

即$\dfrac{a_n}{2^n}-\dfrac{a_{n-1}}{2^{n-1}}=1$ ($n\geqslant 2$，且 n 是正整数)，

故数列$\left\{\dfrac{a_n}{2^n}\right\}$是首项为$\dfrac{a_1}{2^1}=\dfrac{1}{2}$，公差 $d=1$ 的等差数列.

(3) 由(2)，得$\dfrac{a_n}{2^n}=\dfrac{1}{2}+(n-1)\times 1=n-\dfrac{1}{2}$，

所以 $a_n=\left(n-\dfrac{1}{2}\right)\cdot 2^n$.

考点 3 已知数列的前 n 项和 S_n 与 a_n 的关系，求通项公式

例 3 已知数列$\{a_n\}$的前 n 项和为 S_n，且 $S_n=n-5a_n-85$.

(1) 证明:数列$\{a_n-1\}$是等比数列;

(2) 数列$\{S_n\}$中最小的项是哪一项?请说明理由.

解 (1) 证明:当$n\geqslant 2$时,

$a_n=S_n-S_{n-1}=1-5a_n+5a_{n-1}$,

即$6a_n=5a_{n-1}+1$, $6(a_n-1)=5(a_{n-1}-1)$,

又$a_1=S_1=1-5a_1-85$,得$a_1=-14$,

故$a_1-1\neq 0$, $a_2-1\neq 0$, …, $a_{n-1}-1\neq 0$,

故当$n\geqslant 2$时有$\dfrac{a_n-1}{a_{n-1}-1}=\dfrac{5}{6}$为定值,

所以,数列$\{a_n-1\}$是等比数列.

(2) 由(1)得$a_n-1=-15\times\left(\dfrac{5}{6}\right)^{n-1}$,

即$a_n=1-15\times\left(\dfrac{5}{6}\right)^{n-1}$,

当$2\leqslant n\leqslant 15$时,$a_n<0$,$S_n<S_{n-1}$,

即$S_1>S_2>\cdots>S_{15}$;

当$n\geqslant 16$时,$a_n>0$,$S_n>S_{n-1}$,

即$S_{15}<S_{16}<\cdots$.

因此,数列$\{S_n\}$中最小的项为S_{15},即第15项.

考点4 数列的单调性

例4 已知数列$\{a_n\}$的前n项和$S_n=2n^2+2n$,数列$\{b_n\}$的前n项和$T_n=2-b_n$,

(1) 求数列$\{a_n\}$与$\{b_n\}$的通项公式;

(2) 设$c_n=a_n^2\cdot b_n$,求数列$\{c_n\}$的最大项.

解 (1) 由于$a_1=S_1=4$,

当$n\geqslant 2$时,$a_n=S_n-S_{n-1}=(2n^2+2n)-[2(n-1)^2+2(n-1)]=4n$,

所以$a_n=4n$(n是正整数),

又当$n\geqslant 2$时,$b_n=T_n-T_{n-1}=(2-b_n)-(2-b_{n-1})=b_{n-1}-b_n$,

所以$2b_n=b_{n-1}$,又$b_1=1$,所以数列$\{b_n\}$是等比数列,其首项为1,公比为$\dfrac{1}{2}$,即$b_n=\dfrac{1}{2^{n-1}}$.

(2) 由(1)知,$c_n=16n^2\cdot\left(\dfrac{1}{2}\right)^{n-1}$, $c_1=16$, $c_2=32$, $c_3=36$,当$n\geqslant 3$时,

因为$\dfrac{c_{n+1}}{c_n}=\dfrac{16(n+1)^2\cdot\dfrac{1}{2^n}}{16n^2\cdot\dfrac{1}{2^{n-1}}}=\dfrac{(n+1)^2}{2n^2}$,

又$(n+1)^2-2n^2=2n+1-n^2=-(n-1)^2+2\leqslant -2<0$,

所以$\frac{(n+1)^2}{2n^2}<1\ (n\geqslant 3)$.

即$n\geqslant 3$时,$\frac{c_{n+1}}{c_n}<1$,由于$c_n>0$恒成立,因此,当且仅当$n\geqslant 3$时,$c_{n+1}<c_n$.

所以当$n\geqslant 3$时,数列$\{c_n\}$单调递减,所以$n\geqslant 3$时,$c_n\leqslant c_3=36$.

又$c_1<c_2<c_3$,所以,数列$\{c_n\}$的最大项为$c_3=36$.

考点 5　数列的综合应用

例 5　设数列$\{a_n\}$是等差数列,数列$\{b_n\}$是等比数列. 已知$a_1=4$, $b_1=6$, $b_2=2a_2-2$, $b_3=2a_3+4$.

(1) 求数列$\{a_n\}$和$\{b_n\}$的通项公式;

(2) 设数列$\{c_n\}$满足$c_1=1$, $c_n=\begin{cases}1, & 2^k<n<2^{k+1},\\ b_k, & n=2^k,\end{cases}$其中$k$是正整数.

(i) 求数列$\{a_{2^n}(c_{2^n}-1)\}$的通项公式;

(ii) 求$\sum\limits_{i=1}^{2^n}a_ic_i$($n$是正整数).

解　(1) 设等差数列$\{a_n\}$的公差为d,等比数列$\{b_n\}$的公比为q,

依题意有$\begin{cases}6q=6+2d,\\ 6q^2=12+4d,\end{cases}$解得$\begin{cases}d=3,\\ q=2,\end{cases}$

故$a_n=4+(n-1)\times 3=3n+1$,

$b_n=6\times 2^{n-1}=3\times 2^n$.

(2) (i) 因为数列$\{c_n\}$满足$c_1=1$, $c_n=\begin{cases}1, & 2^k<n<2^{k+1},\\ b_k, & n=2^k,\end{cases}$其中$k$是正整数,

所以$a_{2^n}(c_{2^n}-1)=a_{2^n}(b_n-1)=(3\times 2^n+1)(3\times 2^n-1)=9\times 4^n-1$,

所以数列$\{a_{2^n}(c_{2^n}-1)\}$的通项公式为$a_{2^n}(c_{2^n}-1)=9\times 4^n-1$.

(ii) $$\begin{aligned}\sum_{i=1}^{2^n}a_ic_i&=\sum_{i=1}^{2^n}[a_i+a_i(c_i-1)]=\sum_{i=1}^{2^n}a_i+\sum_{i=1}^{n}a_{2^i}(c_{2^i}-1)\\&=\left[2^n\times 4+\frac{2^n(2^n-1)}{2}\times 3\right]+\sum_{i=1}^{n}(9\times 4^i-1)\\&=(3\times 2^{2n-1}+5\times 2^{n-1})+9\times\frac{4(1-4^n)}{1-4}-n\\&=27\times 2^{2n-1}+5\times 2^{n-1}-n-12.\ (n\text{ 是正整数})\end{aligned}$$

【基础训练】

1. 已知数列$\{a_n\}$满足$a_1=2$, $a_n=a_{n-1}+2$ (n是正整数, $n\geqslant 2$),则$a_3=$__________.

2. 已知数列$\{a_n\}$, $a_n=2n^2-10n+3$,它的最小项是(　　).

(A) 第 1 项　　(B) 第 2 项

(C) 第 3 项　　(D) 第 2 项和第 3 项

3. 已知数列$\{a_n\}$的前 4 项为 1，$-\frac{1}{2}$，$\frac{1}{3}$，$-\frac{1}{4}$，则数列$\{a_n\}$的通项公式可能为(　　).

(A) $a_n=\frac{1}{n}$　　(B) $a_n=-\frac{1}{n}$

(C) $a_n=\frac{(-1)^n}{n}$　　(D) $a_n=\frac{(-1)^{n-1}}{n}$

4. 一个无穷数列的前三项是 1，2，3，下列不可以作为其通项公式的是(　　).

(A) $a_n=n$　　(B) $a_n=n^3-6n^2+12n-6$

(C) $a_n=\frac{1}{2}n^2-\frac{1}{2}n+1$　　(D) $a_n=\frac{6}{n^2-6n+11}$

5. 大衍数列，来源于《乾坤谱》，主要用于解释中国传统文化中的太极衍生原理. 数列中的每一项，都代表太极衍生过程中曾经经历过的两仪数量总和，是中华传统文化中隐藏着的世界数学史上第一道数列题. 其前 10 项依次是 0，2，4，8，12，18，24，32，40，50，则此数列的第 20 项为(　　).

(A) 220　　(B) 200　　(C) 180　　(D) 162

6. 数列 1，6，15，28，45，…中的每一项都可用如图 8-4 所示的六边形表示出来，故称它们为六边形数，那么第 10 个六边形数为(　　).

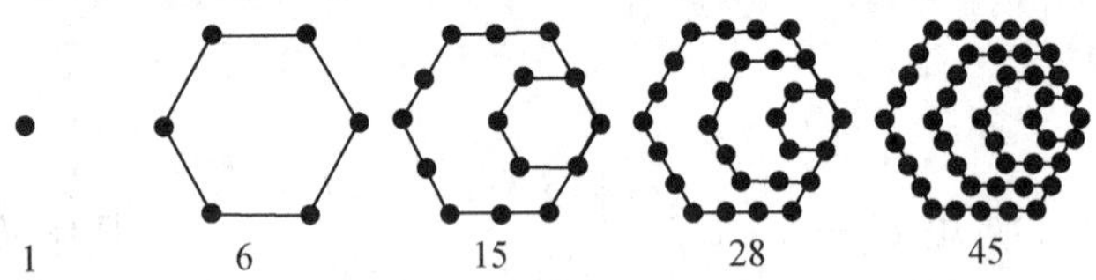

图 8-4

(A) 153　　(B) 190　　(C) 231　　(D) 276

7. 在数列$\{a_n\}$中，$a_1=1$，$a_{n+1}-a_n=9-2n$，求数列$\{a_n\}$中最大项的值.

8. 已知数列$\{a_n\}$满足$\log_2 a_{n+1}=1+\log_2 a_n$，且$a_1=2$.

(1) 求a_{10}的值；

(2) 若数列$\left\{a_n+\dfrac{\lambda}{a_n}\right\}$为严格增数列，其中$\lambda$是常数，求$\lambda$的取值范围.

【能力提高】

1. 已知数列$\{a_n\}$各项均为正数，其前n项和S_n满足$a_n \cdot S_n=9$. 给出下列四个结论：

① 数列$\{a_n\}$的第2项小于3；

② 数列$\{a_n\}$为严格减数列；

③ 数列$\{a_n\}$中存在连续的三项成等比数列；

④ 对任意正实数t，数列$\{a_n\}$中总存在小于t的项.

其中所有正确结论的序号是________.

2. 已知数列$\{a_n\}$，从中选取第i_1项、第i_2项、……、第i_m项($i_1<i_2<\cdots<i_m$)，若$a_{i_1}<a_{i_2}<\cdots<a_{i_m}$，则称新数列$a_{i_1}$, a_{i_2}, …, a_{i_m}为$\{a_n\}$的长度为m的递增子列. 规定：数列$\{a_n\}$的任意一项都是$\{a_n\}$的长度为1的递增子列.

(1) 写出数列1, 8, 3, 7, 5, 6, 9的一个长度为4的递增子列；

(2) 已知数列$\{a_n\}$的长度为p的递增子列的末项的最小值为a_{m_0}，长度为q的递增子列的末项的最小值为a_{n_0}. 若$p<q$，求证：$a_{m_0}<a_{n_0}$；

(3) 设无穷数列$\{a_n\}$的各项均为正整数，且任意两项均不相等. 若$\{a_n\}$的长度为s的递增子列末项的最小值为$2s-1$，且长度为s末项为$2s-1$的递增子列恰有2^{s-1}个($s=1$, 2, …)，求数列$\{a_n\}$的通项公式.

【归纳小结】

1. 求通项公式主要方法：

(1) 在递推关系中，若 $a_{n+1}=a_n+f(n)$，求 a_n 用累加法；若 $a_{n+1}=a_n\cdot f(n)$，求 a_n 用累乘法；若 $a_{n+1}=pa_n+q$，求 a_n 用待定系数法或迭代法.

(2) 由 a_n 和 S_n 的关系求 a_n，关键是应用 $a_n=\begin{cases}S_1, & n=1,\\ S_n-S_{n-1}, & n\geqslant 2,\end{cases}$ 求数列的通项，这里易因忽略了条件 $n\geqslant 2$ 而出错，即由 $a_n=S_n-S_{n-1}$ 求得 a_n 时的 n 是从 2 开始的自然数；要验证 a_1 是否适合 a_n 的表达式，若适合，则统一用 a_n 表示，若不适合，通项公式则分段表示.

2. 判断数列单调性的方法与判断函数单调性的方法不完全一致. 在研究问题时既要注意函数方法的普遍性，又要考虑数列方法的特殊性.

8.4 数学归纳法

【知识梳理】

一般地，证明一个与正整数 n 有关的命题，可以按以下步骤进行：

(1) 证明当 n 取第一个值 n_0(n_0 为正整数)时，命题成立；

(2) 假设当 $n=k$($k\geqslant n_0$, k 为正整数)时命题成立，证明当 $n=k+1$ 时命题也成立.

那么命题对于从 n_0 开始的所有正整数 n 都成立. 这种方法称为数学归纳法.

【讲练平台】

考点 1　用数学归纳法证明恒等式

例 1　设 n 是正整数，求证：$1-\frac{1}{2}+\frac{1}{3}-\frac{1}{4}+\cdots+\frac{1}{2n-1}-\frac{1}{2n}=\frac{1}{n+1}+\frac{1}{n+2}+\cdots+\frac{1}{2n}$.

证明　(1) 当 $n=1$ 时，左边 $=1-\frac{1}{2}=\frac{1}{2}$，右边 $=\frac{1}{2}$，等式成立.

(2) 假设当 $n=k$ 时等式成立，即 $1-\frac{1}{2}+\frac{1}{3}-\frac{1}{4}+\cdots+\frac{1}{2k-1}-\frac{1}{2k}=\frac{1}{k+1}+\frac{1}{k+2}+\cdots+\frac{1}{2k}$.

则 $1-\frac{1}{2}+\frac{1}{3}-\frac{1}{4}+\cdots+\frac{1}{2k-1}-\frac{1}{2k}+\frac{1}{2(k+1)-1}-\frac{1}{2(k+1)}$

$=\frac{1}{k+1}+\frac{1}{k+2}+\cdots+\frac{1}{2k}+\frac{1}{2k+1}-\frac{1}{2(k+1)}$

$=\frac{1}{k+2}+\cdots+\frac{1}{2k}+\frac{1}{2k+1}+\frac{1}{2(k+1)}$.

所以，当 $n=k+1$ 时，等式也成立. 由(1)，(2)可知，等式对任何正整数 n 都成立.

考点2 **数学归纳法的综合应用**

例2 下列各题在应用数学归纳法证明的过程中，有没有错误？如果有错误，错在哪里？

(1) 求证：当 n 是正整数时，$n=n+1$.

证明 假设当 $n=k$(k 是正整数)时，等式成立，即 $k=k+1$.

则当 $n=k+1$ 时，左边 $=k+1=(k+1)+1=$ 右边.

所以当 $n=k+1$ 时，等式也成立.

由此得出，对任何正整数 n，等式 $n=n+1$ 都成立.

(2) 用数学归纳法证明等差数列的前 n 项和公式是 $S_n=\dfrac{n(a_1+a_n)}{2}$.

证明 ① 当 $n=1$ 时，左边 $=S_1=a_1$，右边 $=a_1$，等式成立.

② 假设当 $n=k$ (k 是正整数)时，等式成立，即 $S_k=\dfrac{k(a_1+a_k)}{2}$. 则当 $n=k+1$ 时，

$$S_{k+1}=a_1+a_2+a_3+\cdots+a_k+a_{k+1},$$
$$S_{k+1}=a_{k+1}+a_k+a_{k-1}+\cdots+a_2+a_1.$$

上面两式相加并除以 2，可得

$$S_{k+1}=\frac{(k+1)(a_1+a_{k+1})}{2},$$

即当 $n=k+1$ 时，等式也成立.

由①②可知，等差数列的前 n 项和公式是 $S_n=\dfrac{n(a_1+a_n)}{2}$.

解

(1) 有错误，错误在于没有证明第①步，即没有证明 $n=1$ 时等式成立.

(2) 有错误，错误在于证明 $n=k+1$ 时，没有应用 $n=k$ 时的假设，而是应用了倒序相加法，这不符合数学归纳法的证明过程.

【基础训练】

1. 用数学归纳法证明"凸 n 边形的内角和等于 $(n-2)\pi$"时，正整数 n 所取的第一个值为__________.

2. 当 n 取 1, 2, 3, 4, 5, 6 时，n^2+n+11 的值分别为 13, 17, 23, 31, 41, 53，这些数都是质数，由此归纳得出对一切 $n\in\mathbf{N}$, $n\geqslant 1$, n^2+n+11 都是质数. 为了说明这种归纳不正确，可取 n 的最小值为__________，此时 n^2+n+11 的值为__________，这个值不是质数.

3. 用数学归纳法证明等式，$1+2+3+\cdots+2n=n(2n+1)$时，由 $n=k$ 到 $n=k+1$ 时，等式左

边应添加的项是____________.

4. 某个与正整数有关的命题：如果当 $n=k$(k 为正整数)时命题成立，则可以推出当 $n=k+1$ 时该命题也成立. 现已知 $n=5$ 时命题不成立，那么可以推得(　　).

(A) 当 $n=6$ 时命题成立　　(B) 当 $n=6$ 时命题不成立

(C) 当 $n=4$ 时命题成立　　(D) 当 $n=4$ 时命题不成立

5. 用数学归纳法证明 $1+2+2^2+\cdots+2^{5n-1}$($n\in\mathbf{N}^*$)能被 31 整除时，从 k 到 $k+1$ 添加的项数共有________项.(填多少项即可)

6. 用数学归纳法证明关于 $f(n)=(n+1)(n+2)\cdot\cdots\cdot(n+n)$ 的命题时，$f(k+1)=f(k)\cdot$____________，k 为正整数，则空格处应填(　　).

(A) $2k+1$　　(B) $\dfrac{(2k+1)(2k+2)}{k+1}$

(C) $\dfrac{2k+1}{k+1}$　　(D) $\dfrac{2k+2}{k+1}$

7. 已知数列$\{a_n\}$满足 $a_1=2$，$a_{n+1}=\dfrac{a_n}{2a_n+1}$.

(1) 求 a_2，a_3，a_4；

(2) 猜想数列$\{a_n\}$的通项公式，并用数学归纳法加以证明.

8. 已知数列$\{a_n\}$中，$a_1=3$，前 n 项和 S_n 满足条件 $S_n=6-2a_{n+1}$，计算 a_2，a_3，a_4，然后猜想出 a_n 的表达式，并用数学归纳法证明你的结论.

某学生的解答如下：当 $n\geqslant 2$ 时，

$$a_n=S_n-S_{n-1}=6-2a_{n+1}-(6-2a_n)=2a_n-2a_{n+1}，即\ a_{n+1}=\frac{1}{2}a_n，$$

因为 $a_1=3$，所以 $a_2=\dfrac{1}{2}a_1=\dfrac{3}{2}$，$a_3=\dfrac{1}{2}a_2=\dfrac{3}{4}$，$a_4=\dfrac{1}{2}a_3=\dfrac{3}{8}$.

由此猜想 $a_n=\dfrac{3}{2^{n-1}}$(n 是正整数).

① 当 $n=1$ 时，即 $a_1=\dfrac{3}{2^{1-1}}=3$. 结论成立.

② 假设当 $n=k(k\geqslant 1)$ 时结论成立，即 $a_k=\frac{3}{2^{k-1}}$ 成立，则当 $n=k+1$ 时，

因为 $a_{k+1}=\frac{1}{2}a_k$，所以 $\frac{a_{k+1}}{a_k}=\frac{1}{2}$.

又 $a_1=3$，所以数列 $\{a_n\}$ 是首项为 3，公比为 $\frac{1}{2}$ 的等比数列. 由此得 $a_{k+1}=3\times\left(\frac{1}{2}\right)^{k+1-1}=\frac{3}{2^{k+1-1}}$，这表明，当 $n=k+1$ 时结论也成立.

由①②可知，猜想对任意 n 是正整数都成立.

请判断该学生的解答是否正确.

【能力提高】

1. 已知各项均为正数的数列 $\{a_n\}$ 的前 n 项和 $S_n=\frac{1}{2}\left(a_n+\frac{1}{a_n}\right)$.

(1) 求 a_1，a_2，a_3；

(2) 猜想数列 $\{a_n\}$ 的通项公式，并用数学归纳法加以证明.

2. 如图 8-5 所示，$P_1(x_1, y_1)$，$P_2(x_2, y_2)$，…，$P_n(x_n, y_n)$($0<y_1<y_2<\cdots<y_n$)是曲线 C：$y^2=3x(y\geqslant 0)$上的 n 个点，点 $A_i(a_i, 0)$($i=1, 2, 3, \cdots, n$)在 x 轴的正半轴上，且 $\triangle A_{i-1}A_iP_i$ 是正三角形(A_0 是坐标原点).

(1) 写出 a_1，a_2，a_3；

(2) 猜想点 $A_n(a_n, 0)$的横坐标 a_n 关于 n 的表达式，并用数学归纳法证明.

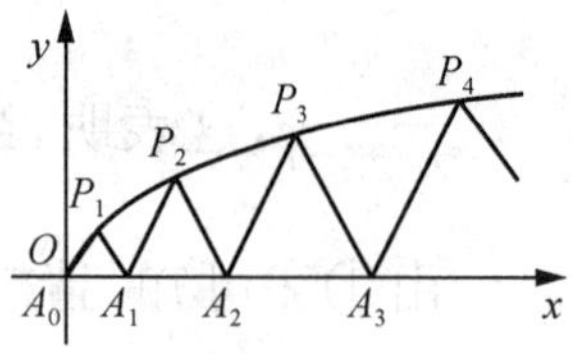

图 8-5

【归纳小结】

1. 归纳法是推理的方法，数学归纳法是证明的方法，由不完全归纳法得出的结论不一定正确，只有用数学归纳法证明后才能确定其真实性.

2. 运用数学归纳法证明恒等式(不等式)的要点是“两步一结论”：“两步”即第一步先验证取初始值时，结论成立，第二步是先假设 $n=k$ 时命题成立，再由 $n=k$ 时的命题作条件，推导 $n=k+1$ 时结论也成立；“一结论”是指最后归纳前面两个步骤，得出原结论是成立的.

3. 用数学归纳法证明整除问题的关键是第二步的配凑变形，即把 $n=k+1$ 的命题形式通过添项配凑成 $n=k$ 时的结论加除式的倍式的形式.

4. 探求数列中的有关性质，一般是先观察 $n=1, 2, 3$ 时的数列的性质，对这三项进行归纳、分析，猜想出一般性的结论，然后用数学归纳法来证明.

9 解析几何

9.1 直线的倾斜角与斜率

【知识梳理】

1. 如图 9-1 所示,直线 l 与 x 轴相交于点 A,将 x 轴绕着交点 A 按逆时针旋转到与直线 l 重合时所转过的最小的正角 θ 称为直线 l 的倾斜角.

当直线与 x 轴平行或重合时,规定其倾斜角 $\theta=0$. 因此直线倾斜角 θ 的取值范围为 $0\leqslant\theta<\pi$.

2. 当直线 l 的倾斜角 $\theta\neq\frac{\pi}{2}$时,定义 $\tan\theta$ 为直线的斜率,常用字母 k 表示,即 $k=\tan\theta$;当 $\theta=\frac{\pi}{2}$时,即直线 l 与 x 轴垂直时,直线 l 的斜率不存在.

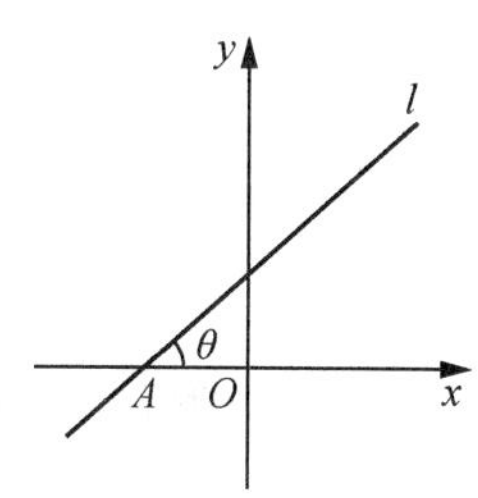

图 9-1

直线斜率 k 的取值范围为 $\mathbf{R}$.

3. 直线倾斜角与斜率的关系:

(1) $k=\tan\theta\left(\theta\neq\frac{\pi}{2}\right)$; (2) $\theta=\begin{cases}\arctan k, & k\geqslant 0,\\ \frac{\pi}{2}, & k\text{ 不存在},\\ \pi-\arctan(-k), & k<0.\end{cases}$

4. 斜率公式

若直线 l 经过两点 $P_1(x_1, y_1)$, $P_2(x_2, y_2)$,则直线 l 的斜率 $k=\frac{y_2-y_1}{x_2-x_1}$ $(x_1\neq x_2)$.

【讲练平台】

考点 1 **直线的倾斜角和斜率**

例 1 求直线 $y=x\cos\theta+2\ \left(\theta\in\left(0, \frac{\pi}{2}\right)\right)$的倾斜角(用 θ 表示)及其取值范围.

解 由已知,斜率 $k=\cos\theta$,所以 $0<k<1$. 则倾斜角为 $\arctan(\cos\theta)$.

所以,直线的倾斜角的取值范围为$\left(0, \frac{\pi}{4}\right)$.

考点 2 **斜率公式**

例 2 已知三点 $A(1, a)$, $B(3, 4)$, $C(-1, 2)$共线,求实数 a 的值.

解 因为 B, C 两点的横坐标不同,所以直线 BC 的斜率是 $k_1=\frac{2-4}{-1-3}=\frac{1}{2}$,

同理,直线 AB 的斜率是 $k_2=\frac{4-a}{3-1}=\frac{4-a}{2}$;

由已知 A, B, C 三点共线,所以 $k_1=k_2$,解得 $a=3$.

【基础训练】

1. 已知直线 l 的斜率为 2,则直线 l 的倾斜角为____________.

2. 已知直线 l 上有两点 $M(t-1, 2)$, $N(t-3, t^2-4t+4)(t\in\mathbf{R})$,则直线 l 的倾斜角的取值范围为_________.

3. 设一次函数 $y=\frac{1}{2}x-1$ 所表示的直线 l_1 的倾斜角为 α,另一条直线 l_2 的倾斜角为 2α,则 l_2 的斜率为____________.

4. 直线 l 过点 $P(0, 1)$, $Q(-1, m^2)$,当实数 m 变化时,直线 l 的倾斜角的范围是____________.

5. 过原点且与一次函数 $y=x+1$ 所表示的直线的夹角为 $\frac{\pi}{3}$ 的直线的倾斜角为_________.

6. 已知函数 $f(x)=a\sin 2x+b\cos 2x$ $(a, b\in\mathbf{R}$,且 $ab\neq 0)$,若其图像关于直线 $x=\frac{\pi}{6}$ 对称,则以 $-\frac{a}{b}$ 为斜率的直线的倾斜角为____________.

7. 已知直线 l_1 的斜率 $k_1=-3$ 且过点 $A(4, 2)$.

(1) 求 l_1 的倾斜角 α_1;

(2) 记直线 l_1 与 y 轴的交点为 B,直线 l_2 过点 $C(2, 10)$ 且与线段 AB 相交,求直线 l_2 的倾斜角 α_2 的取值范围.

8. 过点 $P(2, 1)$ 引直线 l,分别与 x 轴、y 轴的正半轴交于点 A 和 B, O 为原点,求 $\triangle AOB$ 面积的最小值及此时直线 l 的斜率.

【能力提高】

1. 已知过点 $P(1,4)$的直线在两个坐标轴上的截距都为正，且截距之和最小，则直线的倾斜角为____________.

2. 已知两点 $A(-3,4)$，$B(3,2)$，过点 $P(2,-1)$的直线 l 与线段 AB 有公共点.

(1) 求直线 l 的斜率 k 的取值范围；

(2) 求直线 l 的倾斜角 α 的取值范围.

【归纳小结】

1. 注意斜率和倾斜角的区别：每一条直线都有倾斜角，其范围是$[0,\pi)$，但不是每条直线都有斜率. 在设直线的斜率为 k 时，就默认了直线的斜率存在，一般情况下，还要对斜率不存在进行讨论.

2. 斜率公式与直线上两点选取顺序无关，要熟练运用数形结合的思想，理解斜率在刻画直线倾斜程度时的作用和意义，明确斜率随倾斜角变化而变化的函数关系.

9.2 直线的方程

【知识梳理】

1. 与直线 l 垂直的非零向量称为直线的法向量，用 $\vec{n}$ 表示.

(1) 直线的法向量必须是非零向量；

(2) 直线的法向量不唯一，所有与直线 l 的法向量平行的非零向量都是直线的法向量.

2. 直线方程的 5 种形式见表 9-1.

表 9-1 直线方程的形式

名称	方程	适用范围
点斜式	$y-y_0=k(x-x_0)$	不含直线 $x=x_0$
斜截式	$y=kx+b$	不含垂直于 x 轴的直线
两点式	$\dfrac{y-y_1}{y_2-y_1}=\dfrac{x-x_1}{x_2-x_1}$	不含垂直于坐标轴的直线
一般式	$ax+by+c=0$(a，b 不同时为零)	平面直角坐标系内的直线都适用
点法式	$a(x-x_0)+b(y-y_0)=0$(a，b 不同时为零)	平面直角坐标系内的直线都适用

【讲练平台】

考点 1 求直线方程

例 1 已知$\triangle ABC$的顶点$A(-1, 2)$, $B(2, 5)$, $C(1, 7)$,求:

(1) 与BC平行的中位线所在直线方程;

(2) BC边上的高所在直线方程.

解 (1) 易知点A, B的中点为$D\left(\frac{1}{2}, \frac{7}{2}\right)$,点$A$, C的中点为$E\left(0, \frac{9}{2}\right)$,所以经过点$D$, E的直线方程为$4x+2y-9=0$.

(2) 所求直线经过点A,且以向量$\overrightarrow{BC}$为法向量,所以由点法式方程可得:$-(x+1)+2(y-2)=0$,即$x-2y+5=0$.

考点 2 直线方程中的参数

例 2 已知直线l:$(3a-1)x-(a-2)y-1=0$ $(a\in \mathbf{R})$.

(1) 求证:不论a为何值时,l恒过一定点;

(2) 若直线l不通过第二象限,求a的取值范围;

(3) 求直线l倾斜角的取值范围.

解 (1) 证明:将直线方程改写为$(3x-y)a+(2y-x-1)=0$,

令$3x-y=0$, $2y-x-1=0$,解得$x=\frac{1}{5}$,$y=\frac{3}{5}$.

所以不论a为何值时,l恒过定点$\left(\frac{1}{5}, \frac{3}{5}\right)$.

(2) 当$3a-1=0$,即$a=\frac{1}{3}$时,直线方程为$y=\frac{3}{5}$,不符合题意,所以$a\neq\frac{1}{3}$;

当$a-2=0$,即$a=2$时,直线方程为$x=\frac{1}{5}$,符合题意,所以$a=2$在所求范围中;

当$3a-1\neq 0$且$a-2\neq 0$时,则直线在x, y轴上截距分别为$\frac{1}{3a-1}$, $\frac{-1}{a-2}$;

由题意,$\frac{1}{3a-1}>0$, $\frac{-1}{a-2}<0$,解得$a>2$;

综上,所求范围为$a\geqslant 2$.

(3) 当$a=2$时,直线l的倾斜角为$\frac{\pi}{2}$;

当$a\neq 2$时,直线l的斜率为$k=\frac{3a-1}{a-2}$,则$k\neq 3$,

可知倾斜角的取值范围是$[0, \arctan 3)\cup\left(\arctan 3, \frac{\pi}{2}\right)\cup\left(\frac{\pi}{2}, \pi\right)$.

综上,倾斜角的取值范围是$[0, \arctan 3)\cup(\arctan 3, \pi)$.

【基础训练】

1. 直线$3x+2y-7=0$的一个法向量是(　　).

(A) $\vec{n}=(2, 3)$　　(B) $\vec{n}=(2, -3)$　　(C) $\vec{n}=(3, -2)$　　(D) $\vec{n}=(6,4)$

2. 过点$(-1, 0)$,且与直线$\dfrac{x+1}{5}=\dfrac{y+1}{-3}$有相同法向量的直线的方程为(　　).

(A) $3x+5y-3=0$　　(B) $3x+5y+3=0$

(C) $3x+5y-1=0$　　(D) $5x-3y+5=0$

3. 已知点$A(1, 2)$, $B(3, 1)$,则线段AB的垂直平分线的方程为(　　).

(A) $4x+2y=5$　　(B) $4x-2y=5$　　(C) $x+2y=5$　　(D) $x-2y=5$

4. 若直线$(2a^2-7a+3)x+(a^2-9)y+3=0$与$x$轴平行,则实数$a$的值是__________.

5. 若坐标原点在直线l上的射影点的坐标是$(-4,2)$,则直线l的方程为__________.

6. 已知实数a, b, c成等差数列,当点$P(-1, 0)$到直线l:$ax+by+c=0$的距离最大时,直线l的方程为__________.

7. 已知$\triangle ABC$的顶点$A(3, -1)$,AB边上的中线所在直线方程为$3x+4y-8=0$,$\angle ABC$的平分线所在直线方程为$x-y+1=0$,则边BC所在直线的方程为__________.

8. (1) 已知$\triangle ABC$的三个顶点分别为$A(1, 2)$, $B(5, 8)$, $C(3, 6)$, M为AB的中点,N为AC的中点,求直线MN的方程.

(2) 求过点$(0, 1)$且与直线$x-2y+1=0$垂直的直线的一个点法式方程.

9. 解析几何是用代数来研究几何的数学方法,大数学家费马在1629年就已经有了坐标思想,他所用的坐标是我们现在所说的斜坐标.在斜坐标系xOy中,x轴与y轴具有相同的单位长度,x轴与y轴所成的角$\angle xOy=\alpha$.坐标平面上的任一点P,过点P作y轴的平行线(或y轴),与x轴交点对应的数为x_P;过点P作x轴的平行线(或x轴),与y轴交点对应的数为y_P,得点P的坐标为(x_P, y_P).当$\alpha=60°$时,

(1) 求斜坐标系下点$A(1, 2)$与原点O的距离;

(2) 给出点$B(1, 0)$, $C(0, 2)$,试求直线BC的方程.

【能力提高】

已知两条直线 $a_1x+b_1y+1=0$ 和 $a_2x+b_2y+1=0$ 交于点 $P(2, 3)$，求过点 $Q_1(a_1, b_1)$ 和 $Q_2(a_2, b_2)$ 的直线方程.

【归纳小结】

1. 在求直线方程时要注意限制，也要注意法向量与斜率的关系.
2. 要根据所给条件，选择适当的直线方程形式.

9.3 两条直线的位置关系

【知识梳理】

给定两条直线

l_1：$a_1x+b_1y+c_1=0$（a_1，b_1 不同时为零），l_2：$a_2x+b_2y+c_2=0$（a_2，b_2 不同时为零），

1. (1) l_1 与 l_2 重合⇔存在 $\lambda\in\mathbf{R}$，使得 $a_1=\lambda a_2$，$b_1=\lambda b_2$ 且 $c_1=\lambda c_2$；

(2) $l_1/\!/l_2$⇔存在 $\lambda\in\mathbf{R}$，使得 $a_1=\lambda a_2$，$b_1=\lambda b_2$ 且 $c_1\neq\lambda c_2$；

(3) l_1 与 l_2 相交⇔$a_1b_2\neq a_2b_1$.

2. 如果 l_2 的方程中三个系数 a_2，b_2 与 c_2 均不为零，那么

(1) l_1 与 l_2 重合⇔$\dfrac{a_1}{a_2}=\dfrac{b_1}{b_2}=\dfrac{c_1}{c_2}$；

(2) $l_1/\!/l_2$⇔$\dfrac{a_1}{a_2}=\dfrac{b_1}{b_2}\neq\dfrac{c_1}{c_2}$；

(3) l_1 与 l_2 相交⇔$\dfrac{a_1}{a_2}\neq\dfrac{b_1}{b_2}$.

3. 从法向量的角度刻画两条直线位置关系：

① l_1 与 l_2 相交⇔它们的法向量不平行；② l_1 与 l_2 平行或重合⇔它们的法向量平行；特别地，l_1 与 l_2 垂直⇔它们的法向量垂直，即 $a_1a_2+b_1b_2=0$.

4. 从斜率的角度刻画两条直线位置关系：

如果两直线的斜率都存在，设为 k_1，k_2，

① l_1 与 l_2 相交$\Leftrightarrow k_1\neq k_2$；② l_1 与 l_2 平行或重合$\Leftrightarrow k_1=k_2$；

特别地，l_1 与 l_2 垂直$\Leftrightarrow k_1\cdot k_2=-1$.

5. 设两直线的夹角为 $\alpha\left(\alpha\in\left[0,\ \frac{\pi}{2}\right]\right)$，则夹角 α 的余弦公式为 $\cos\alpha=\frac{|a_1a_2+b_1b_2|}{\sqrt{a_1^2+b_1^2}\sqrt{a_2^2+b_2^2}}$.

【讲练平台】

考点1 两直线的平行与垂直

例1 已知两直线 $l_1: x+(m+1)y+m-2=0$，$l_2: mx+2y+8=0$. 当实数 m 为何值时，l_1 与 l_2：(1)相交；(2)平行；(3)重合；(4)垂直.

解 易知 l_1 与 l_2 的法向量分别为 $\overrightarrow{n_1}=(1,\ m+1)$，$\overrightarrow{n_2}=(m,\ 2)$.

(1) 由题意，$\overrightarrow{n_1}$ 不平行于 $\overrightarrow{n_2}$，即 $m(m+1)\neq 2$，即 $m\neq 1$ 且 $m\neq -2$.

(2) 当 $\overrightarrow{n_1}/\!/\overrightarrow{n_2}$ 时，$m=1$ 或 $m=-2$，又 $\frac{1}{m}\neq\frac{m-2}{8}$，则 $m=1$.

(3) 当 $\overrightarrow{n_1}/\!/\overrightarrow{n_2}$ 时，$m=1$ 或 $m=-2$，又 $\frac{1}{m}=\frac{m-2}{8}$，则 $m=-2$.

(4) 当 $\overrightarrow{n_1}\perp\overrightarrow{n_2}$ 时，$m+2(m+1)=0$，解得 $m=-\frac{2}{3}$.

考点2 两直线的夹角

例2 若直线 l_1 与 l_2 的倾斜角分别为 32° 和 152°，则 l_1 与 l_2 的夹角为__________.

解 直线 l_1 与 l_2 的倾斜角相差 120°，又因为 l_1 与 l_2 的夹角范围是 $\left[0,\ \frac{\pi}{2}\right]$，所以答案为 60°.

例3 已知直线 $l_1: x+y-2=0$，$l_2: 7x-y+4=0$，求直线 l_1 与 l_2 夹角的平分线方程.

解 设直线 l_1 与 l_2 夹角的平分线的斜率为 k，

由夹角公式得 $\left|\frac{k-(-1)}{1-k}\right|=\left|\frac{k-7}{1+7k}\right|$，解得 $k=-3$ 或 $k=\frac{1}{3}$.

因为求夹角的平分线，所以 $k=-3$.

又 $x+y-2=0$，$7x-y+4=0$，得两直线的交点坐标为 $\left(-\frac{1}{4},\ \frac{9}{4}\right)$，

所以直线 l_1 与 l_2 夹角的平分线方程为 $6x+2y-3=0$.

【基础训练】

1. 直线 $l_1: x-1=0$ 和直线 $l_2: \sqrt{3}x-y=0$ 的夹角大小是__________.

2. 若直线 $l_1: ax+2y+6=0$ 与直线 $l_2: x+(a-1)y+(a^2-1)=0$ 平行，则 a 的值为______.

3. 已知直线 $2x+y-2=0$ 和 $mx-y+1=0$ 的夹角为$\frac{\pi}{4}$，则 $m=$__________.

4. 已知 a，b 是正实数，若直线 $x+2y+3=0$ 与直线$(a-1)x+by=2$ 互相垂直，则 ab 的最大值等于____________.

5. 若三条直线 $l_1: 4x+y-4=0$，$l_2: 2x+y=0$，$l_3: 2x-3my-16=0$ 不能围成三角形，则实数 m 取值的集合为________.

6. 求直线 $x-2y+1=0$ 关于直线 $x=1$ 对称的直线方程.

7. 设直线 $l_1: x-2y-2=0$ 与 l_2 关于直线 $l: 2x-y-4=0$ 对称，则直线 l_2 的方程是________.

8. 若直线 m 被两条平行线 $l_1: x-\sqrt{3}y-1=0$ 与 $l_2: x-\sqrt{3}y+5=0$ 所截得的线段长为 $2\sqrt{3}$，求直线 m 的倾斜角.

【能力提高】

已知点 M 是直线 $l: 2x-y-4=0$ 与 x 轴的交点，把直线 l 绕点 M 依逆时针方向旋转 $45°$，得到的直线方程为(　　).

(A) $3x+y-6=0$　　(B) $3x-y+6=0$　　(C) $x+y-3=0$　　(D) $x-3y-2=0$

【归纳小结】

在判断两直线的位置关系时，若用斜率作为判断依据，不要忘记关注两条直线中斜率不存在的情况. 若用点斜式设直线方程时，也需要对斜率是否存在进行讨论.

9.4 点到直线的距离

【知识梳理】

1. 点到直线的距离

设点 $P(x_0, y_0)$ 是直线 $l: ax+by+c=0$（a, b 不全为零）外的一点，点 P 到直线 l 的距离公式为 $d=\dfrac{|ax_0+by_0+c|}{\sqrt{a^2+b^2}}$.

特别地，点 $P(x_0, y_0)$ 到 x 轴、y 轴的距离分别为 $|y_0|$, $|x_0|$.

2. 两平行线之间的距离

已知两平行直线 $l_1: ax+by+c_1=0$, $l_2: ax+by+c_2=0$（a, b 不同时为零, $c_1\neq c_2$），则两平行直线之间的距离为 $\dfrac{|c_1-c_2|}{\sqrt{a^2+b^2}}$.

【讲练平台】

考点1 点到直线距离公式

例1 圆 $x^2+y^2-2x+4y=0$ 的圆心到直线 $3x+4y-5=0$ 的距离等于__________.

解 圆心为 $(1, -2)$，所以 $d=\dfrac{|3\times1+4\times(-2)-5|}{\sqrt{3^2+4^2}}=2$.

考点2 两平行线间的距离

例2 若直线 m 被两平行线 $l_1: x-y+1=0$ 与 $l_2: x-y+3=0$ 所截得的线段的长为 $2\sqrt{2}$，则 m 的倾斜角可以是①15°；②30°；③45°；④60°；⑤75°. 其中正确答案的序号是________（写出所有正确答案的序号）.

解 两平行线间的距离为 $d=\dfrac{|3-1|}{\sqrt{1+1}}=\sqrt{2}$，可知直线 m 与 l_1 的夹角为 30°，l_1 的倾斜角为 45°，所以直线 m 的倾斜角为 $30°+45°=75°$ 或 $45°-30°=15°$.

故正确答案的序号是①⑤.

【基础训练】

1. 已知两点 $A(3, 3)$, $B(-1, 5)$ 在直线 $l: y=kx+1$ 的异侧，且两点到直线的距离相等，则 $k=$__________.

2. 原点 $O(0, 0)$ 到直线 $a(x+1)-(y-1)=0$ 的距离的最大值为__________.

3. 已知点 $A(1, 3)$, $B(3, 1)$, $C(-1, 0)$，则 $\triangle ABC$ 的面积为________.

4. 已知点 $P(x, y)$是直线 $l:24x-7y-10=0$ 上一点,则$\sqrt{x^2+y^2}$的最小值为__________.

5. 已知两条直线 $l_1:4x+2y-3=0$ 和 $l_2:2x+y+1=0$,则 l_1 与 l_2 的距离为__________.

6. 在平面直角坐标系中,已知点 $P(-2, 2)$,对于任意不全为零的实数 a, b,直线 $l:a(x-1)+b(y+2)=0$,若点 P 到直线 l 的距离为 d,则 d 的取值范围是__________.

7. 已知两点 $A(1, 2)$, $B(3, 1)$到直线 l 的距离分别是$\sqrt{2}$和$\sqrt{5}-\sqrt{2}$,则满足条件的直线 l 有__________条.

8. 求直线 $l_1:2x-y=0$ 与 $l_2:x+3y-3=0$ 所夹锐角的角平分线所在的直线方程.

【能力提高】

1. 已知 $x_1^2+y_1^2=1$, $x_2^2+y_2^2=1$, $x_1x_2+y_1y_2=\dfrac{1}{2}$,则$\dfrac{|x_1+y_1-1|}{\sqrt{2}}+\dfrac{|x_2+y_2-1|}{\sqrt{2}}$的最大值为__________.

2. 已知平面直角坐标系中的直线 $l_1:y=3x$, $l_2:y=-3x$. 设到 l_1, l_2 距离之和为 $2p_1$ 的点的轨迹是曲线 C_1,到 l_1, l_2 的距离平方和为 $2p_2$ 的点的轨迹是曲线 C_2,其中 p_1, p_2 均大于 0,则 C_1 与 C_2 公共点的个数不能为(　　).

(A) 0　　(B) 4　　(C) 8　　(D) 12

【归纳小结】

1. 点与直线上所有点连线中垂直距离最小,在运用平行线间距离公式时一定要先把方程中 x, y 的系数分别化成对应相同的值,再使用公式.

2. 点关于点、直线关于点、点关于直线、直线关于直线对称是四种基本对称,要熟练掌握解题思路和方法.

9.5　圆

【知识梳理】

1. 圆的方程

标准方程:$(x-a)^2+(y-b)^2=r^2(r>0)$;

一般方程:$x^2+y^2+Dx+Ey+F=0(D^2+E^2-4F>0)$.

(1) 标准方程的优点是几何特征比较明显,可以直接从方程中看出它的圆心坐标与半径.

(2) 对于方程 $x^2+y^2+Dx+Ey+F=0$,只有当 $D^2+E^2-4F>0$ 时才表示圆,此时该圆的圆心坐标为$\left(-\frac{D}{2}, -\frac{E}{2}\right)$,半径为 $r=\frac{1}{2}\sqrt{D^2+E^2-4F}$;当 $D^2+E^2-4F=0$ 时,它表示一个点$\left(-\frac{D}{2}, -\frac{E}{2}\right)$;当 $D^2+E^2-4F<0$ 时,方程是无解的,从而不表示任何图形.

(3) 要确定一个圆的方程需要三个独立条件.

2. 直线 $l: ax+by+c=0$ 与圆 $C: x^2+y^2+Dx+Ey+F=0(D^2+E^2-4F>0)$的位置关系

记圆 C 的半径为 $r\left(r=\frac{1}{2}\sqrt{D^2+E^2-4F}\right)$,圆心 $C\left(-\frac{D}{2}, -\frac{E}{2}\right)$到直线 l 的距离为 $d\left(d=\frac{\left|a\cdot\frac{D}{2}+b\cdot\frac{E}{2}-c\right|}{\sqrt{a^2+b^2}}\right)$.

(1) 直线 l 与圆 C 相交 $\Leftrightarrow\begin{cases}ax+by+c=0,\\x^2+y^2+Dx+Ey+F=0\end{cases}$ 有两组不同的解 $\Leftrightarrow d<r$.

(2) 直线 l 与圆 C 相切 $\Leftrightarrow\begin{cases}ax+by+c=0,\\x^2+y^2+Dx+Ey+F=0\end{cases}$ 有唯一解 $\Leftrightarrow d=r$.

(3) 直线 l 与圆 C 相离 $\Leftrightarrow\begin{cases}ax+by+c=0,\\x^2+y^2+Dx+Ey+F=0\end{cases}$ 无解 $\Leftrightarrow d>r$.

3. 圆 $C_1:(x-a_1)^2+(y-b_1)^2=r_1^2$ 与圆 $C_2:(x-a_2)^2+(y-b_2)^2=r_2^2$ 的位置关系

两圆圆心间距离为 $d\left(d=|C_1C_2|=\sqrt{(a_1-a_2)^2+(b_1-b_2)^2}\right)$:

圆 C_1 与圆 C_2 外离 $\Leftrightarrow d>r_1+r_2$;

圆 C_1 与圆 C_2 外切 $\Leftrightarrow d=r_1+r_2$;

圆 C_1 与圆 C_2 相交 $\Leftrightarrow |r_1-r_2|<d<r_1+r_2$;

圆 C_1 与圆 C_2 内切 $\Leftrightarrow d=|r_1-r_2|$;

圆 C_1 与圆 C_2 内含 $\Leftrightarrow d<|r_1-r_2|$.

4. 圆 $C:(x-a)^2+(y-b)^2=r^2$ 的弦 AB 的长度计算公式

记圆心 $C(a, b)$到弦 AB 的距离为 d,则 $|AB|=2\sqrt{r^2-d^2}$.

5. 设两个圆的一般方程为

$$C_1: x^2+y^2+D_1x+E_1y+F_1=0, C_2: x^2+y^2+D_2x+E_2y+F_2=0.$$

当两圆相交时,公共弦所在的直线方程为$(D_1-D_2)x+(E_1-E_2)y+(F_1-F_2)=0$.

【讲练平台】

考点1 求圆的方程

例 1 以两条直线 $l_1: 2x+y=0$ 和 $l_2: x+3y+5=0$ 的交点为圆心,求与直线 $x+3y+$

15=0 相切的圆的方程.

解 联立方程,有$\begin{cases}2x+y=0,\\x+3y+5=0,\end{cases}$解得圆心坐标为(1, −2),

半径 $r=\dfrac{|1+3\times(-2)+15|}{\sqrt{1^2+3^2}}=\sqrt{10}$,则所求圆的方程为$(x-1)^2+(y+2)^2=10$.

例 2 已知圆心在直线 $2x-y-7=0$ 上的圆 C 与 y 轴交于两点 $A(0, -4)$, $B(0, -2)$,求圆 C 的方程.

解法 1 设圆心坐标为 $C(a, b)$,利用圆心在直线上及 C 到 A, B 两点之间的距离相等可得方程组,求得圆心坐标.

设圆心坐标为 $C(a, b)$,则$\begin{cases}2a-b-7=0,\\\sqrt{a^2+(b+4)^2}=\sqrt{a^2+(b+2)^2}\end{cases}\Leftrightarrow\begin{cases}a=2,\\b=-3,\end{cases}$

则所求圆的方程为$(x-2)^2+(y+3)^2=5$.

解法 2 要求这个圆的方程,只要求出圆心坐标与半径即可.

设圆心为 $C(a, b)$,半径为 r,则$\begin{cases}b=-3,\\2a-b-7=0\end{cases}\Leftrightarrow\begin{cases}a=2,\\b=-3,\end{cases}$ $r=\sqrt{5}$,则所求的圆的方程为$(x-2)^2+(y+3)^2=5$.

解法 3 设所要求的圆的方程为 $x^2+y^2+Dx+Ey+F=0$,

由已知可得$\begin{cases}4-2E+F=0,\\16-4E+F=0,\\2\left(-\dfrac{D}{2}\right)-\left(-\dfrac{E}{2}\right)-7=0\end{cases}\Rightarrow\begin{cases}D=-4,\\E=6,\\F=8.\end{cases}$

考点 2　轨迹问题

例 3 古希腊数学家阿波罗尼奥斯发现,平面上两点 A, B,则所有满足 $m|AP|=n|PB|$ $(0<m<n)$的点 P 的轨迹是一个以定比$\dfrac{m}{n}$内分和外分定线段 AB 的两个分点的连线为直径的圆.我们称之为"阿波罗尼奥斯圆".

(1) 试用解析几何的方法证明上述命题;

(2) 利用"阿波罗尼奥斯圆",解决下面的问题:在△ABC 中,满足 $AB=4$, $AC=\sqrt{2}BC$,求△ABC 的面积的最大值.

解 (1) 以 AB 的中点为原点,$\overrightarrow{AB}$ 为 x 轴的正向,建立平面直角坐标系.

设 $A(-a, 0)$, $B(a, 0)$, $P(x, y)$,

因为 $m|AP|=n|PB|$,所以 $m\sqrt{(x+a)^2+y^2}=n\sqrt{(x-a)^2+y^2}$,

所以 $x^2+y^2+2a\dfrac{m^2+n^2}{m^2-n^2}x+a^2=0$,

即$\left(x+a\dfrac{m^2+n^2}{m^2-n^2}\right)^2+y^2=\dfrac{4a^2m^2n^2}{(m^2-n^2)^2}$,①

方程①表示圆心为$\left(\dfrac{a(m^2+n^2)}{n^2-m^2},\ 0\right)$,半径为$\dfrac{2amn}{n^2-m^2}$的圆.

所以圆的一条直径的两个端点为$P_1\left(\dfrac{a(n+m)}{n-m},\ 0\right)$,$P_2\left(\dfrac{a(n-m)}{n+m},\ 0\right)$.

所以$\overrightarrow{AP_1}=\left(\dfrac{2an}{n-m},\ 0\right)$,$\overrightarrow{P_1B}=\left(-\dfrac{2am}{n-m},\ 0\right)$,$\overrightarrow{AP_1}=-\dfrac{n}{m}\overrightarrow{P_1B}$;

$\overrightarrow{AP_2}=\left(\dfrac{2an}{n+m},\ 0\right)$,$\overrightarrow{P_2B}=\left(\dfrac{2am}{n+m},\ 0\right)$,$\overrightarrow{AP_2}=\dfrac{n}{m}\overrightarrow{P_2B}$.

所以点P的轨迹是一个以定比$\dfrac{n}{m}$内分和外分定线段AB的两个分点的连线为直径的圆.

(2) 根据(1)可知点C落在以P_1,P_2为直径的“阿波罗尼奥斯圆”上,

且$\overrightarrow{AP_1}=\sqrt{2}\overrightarrow{P_1B}$,$\overrightarrow{AP_2}=-\sqrt{2}\overrightarrow{P_2B}$,

因为$AB=4$,所以$P_1B=\dfrac{4}{\sqrt{2}+1}$,$P_2B=\dfrac{4}{\sqrt{2}-1}$,

所以直径$2R=P_1B+BP_2=\dfrac{4}{\sqrt{2}-1}+\dfrac{4}{\sqrt{2}+1}=8\sqrt{2}$,

所以$\triangle ABC$的高的最大值为$R=4\sqrt{2}$,

$\triangle ABC$的面积的最大值$(S_{\triangle ABC})_{\max}=\dfrac{1}{2}AB\cdot R=8\sqrt{2}$.

考点3 直线与圆的位置关系问题

例4 已知直线l:$(2m+1)x+(m+1)y=7m+4$,圆C:$(x-1)^2+(y-2)^2=25$,

(1) 证明:$m\in\mathbf{R}$时,l与圆C恒相交;

(2) 求相交弦长的最小值及相应的m的值.

解 (1) 把直线l的方程化为$m(2x+y-7)+(x+y-4)=0$,

直线l必经过直线$2x+y-7=0$,$x+y-4=0$的交点$M(3,\ 1)$,

又$|MC|=\sqrt{5}<5$,即点$M(3,\ 1)$在圆内,所以l与圆C恒相交.

(2) 由几何意义可知,当直线l垂直CM时,弦长的最小值为$4\sqrt{5}$,此时$m=-\dfrac{3}{4}$.

例5 已知圆C:$(x-4)^2+(y-3)^2=4$和两点$A(-m,\ 0)$,$B(m,\ 0)(m>0)$,若圆C上至少存在一点P,使得$\angle APB=90^\circ$,则m的取值范围是____________.

解 设$P(x,\ y)$,因为$\angle APB=90^\circ$,所以$\overrightarrow{AP}\cdot\overrightarrow{BP}=(x+m)(x-m)+y^2=0$,

所以满足$\angle APB=90^\circ$的点P的轨迹是$x^2+y^2=m^2$,

又点P在圆C上,所以圆C:$(x-4)^2+(y-3)^2=4$与圆$x^2+y^2=m^2$有公共点.

圆心间的距离$|OC|$满足：$|m-2|\leqslant|OC|=\sqrt{4^2+3^2}=5\leqslant m+2$，

解得 m 的取值范围是$[3,\ 7]$.

【基础训练】

1. 若方程 $x^2+k^2y^2+2kx+(k-1)y+1=0$ 表示圆，则实数 $k=$____________.

2. 已知直线 $l:ax+by=1$，点 $P(a,\ b)$在圆 $C:x^2+y^2=1$ 外，则直线 l 与圆C 的位置关系是(　　).

(A) 相交　　(B) 相切　　(C) 相离　　(D) 不能确定

3. 若函数 $y=ax+2a-\sqrt{1-x^2}$ 存在零点，则实数 a 的取值范围是____________.

4. 已知直线 l 过点$(-1,\ 0)$且与直线 $2x-y=0$ 垂直，则圆 $x^2+y^2-4x+8y=0$ 与直线 l 相交所得的弦长为____________.

5. 若圆 $C_1:x^2+y^2=1$ 和圆 $C_2:x^2+y^2-6x-8y-k=0$ 没有公共点，则实数 k 的取值范围是(　　).

(A) $(-9,\ 11)$　　(B) $(-25,\ -9)$

(C) $(-\infty,\ -9)\cup(11,\ +\infty)$　　(D) $(-25,\ -9)\cup(11,\ +\infty)$

6. 已知直线 $l_1:y-2=0$ 和直线 $l_2:x+1=0$，则圆$(x-1)^2+y^2=1$ 上一动点 P 到直线 l_1 和直线 l_2 的距离之和的最小值是________.

7. 在平面直角坐标系 xOy 中，过点 $P(-3,\ a)$作圆 $x^2+y^2-2x=0$ 的两条切线，切点分别为 $M(x_1,\ y_1)$，$N(x_2,\ y_2)$，若$(x_2-x_1)(x_2+x_1)+(y_2-y_1)(y_2+y_1-2)=0$，则实数 a 的值等于________.

8. 已知圆 M 的圆心 M 在直线 $l_1:x-y-1=0$ 上，且和直线 $l_2:4x+3y+14=0$ 相切，又截直线 $l_3:3x+4y+10=0$ 所得的弦长为 6，求圆 M 的方程.

9. 设 O 为原点，直线 $x+2y-3=0$ 与圆 $x^2+y^2+x-6y+c=0$ 交于 P，Q 两点.

(1) 若线段 PQ 长度为$\sqrt{31}$，求 c 的值；

(2) 若 $OP\perp OQ$，求该圆的面积.

【能力提高】

1. 若集合 $A=\{(x,y)\mid(x+y)^2+x+y-2\leqslant 0\}$，$B=\{(x,y)\mid(x-a)^2+(y-2a-1)^2\leqslant a^2-1\}$，且 $A\cap B\neq\varnothing$，则实数 a 的取值范围是________.

2. 已知圆 C：$x^2+y^2=a^2(a>0)$，$M(x_1,\ y_1)$，$N(x_1,\ -y_1)$为圆上关于 x 轴对称的两点，$P(x_0,\ y_0)$为圆上任意一点，且直线 MP，NP 分别交 x 轴于点 $E(x_E,\ 0)$和点 $F(x_F,\ 0)$，是否存在常数 λ，使 $x_E\cdot x_F=\lambda$ 恒成立. 若存在，求出 λ 的值；若不存在，说明理由.

3. 给定椭圆 C：$\dfrac{x^2}{3}+y^2=1$，是否存在原点为圆心，半径为 r 的定圆：$x^2+y^2=r^2(r>0)$，当点 P 是该圆上的一动点，过点 P 作直线 l_1，l_2，使得 l_1，l_2 与椭圆 C 都只有一个公共点时，均有 $l_1\perp l_2$. 若此圆存在，求出其半径 r；若不存在，说明理由.

【归纳小结】

1. 通过解直线方程与圆方程联立所成的方程组，根据解的个数判断直线与圆的位置关系，这是判断曲线间交点个数的根本方法. 在判断直线与圆的位置关系时，也可以通过比较圆心到直线的距离与半径的大小关系来判断. 相应的弦长、三角形面积等问题也是此处的常见问题.

2. 通过圆的方程，得到圆的圆心、半径，进一步解决圆与圆的位置关系等定性判断问题；根据圆半径和弦、弦心距的几何关系，解决有关弦长、面积等问题，简化运算过程.

9.6 椭　　圆

【知识梳理】

椭圆的标准方程及几何性质见表 9-2.

表 9-2　椭圆的标准方程及几何性质

定义	平面内到两个定点 F_1，F_2 的距离和等于常数 $2a(2a>\|F_1F_2\|)$ 的点的轨迹称为椭圆. 这两个定点称为椭圆的焦点，两个焦点之间的距离称为焦距，记作 $\|F_1F_2\|=2c$	
离心率	$e=\frac{c}{a}$，其范围是 $(0,1)$. e 越接近于 1，椭圆越扁；e 越接近于 0，椭圆越接近于圆	
标准方程	$\frac{x^2}{a^2}+\frac{y^2}{b^2}=1\ (a>b>0)$	$\frac{y^2}{a^2}+\frac{x^2}{b^2}=1\ (a>b>0)$
图形	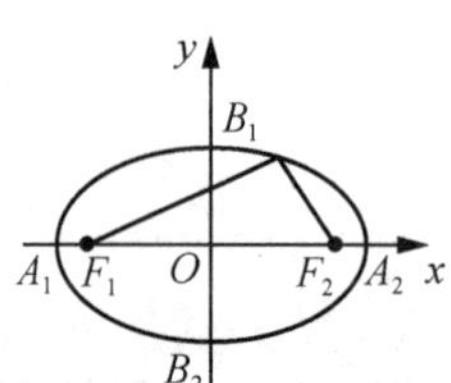	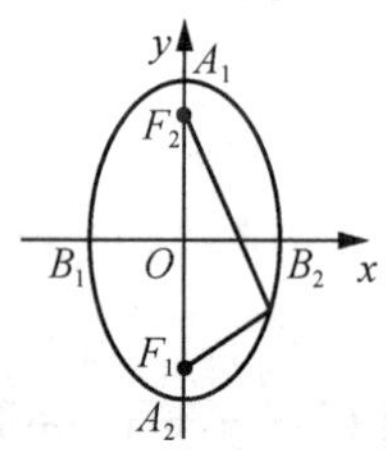
焦点	$F_{1,2}(\pm c,0)$	$F_{1,2}(0,\pm c)$
对称性	对称轴：x 轴、y 轴；对称中心：原点	
顶点	$A_{1,2}(\pm a,0)$，$B_{1,2}(0,\pm b)$	$B_{1,2}(\pm b,0)$，$A_{1,2}(0,\pm a)$
范围	$x\in[-a,a]$，$y\in[-b,b]$ 长轴长 $2a$，短轴长 $2b$	$x\in[-b,b]$，$y\in[-a,a]$ 长轴长 $2a$，短轴长 $2b$
弦长	$\|AB\|=\sqrt{(x_1-x_2)^2+(y_1-y_2)^2}=\sqrt{1+k^2}\,\|x_1-x_2\|=\sqrt{1+\frac{1}{k^2}}\,\|y_1-y_2\|(k\neq 0)$	

【讲练平台】

考点 1　求椭圆的标准方程

例 1　已知焦点在 x 轴上的椭圆 C 上的点到两个焦点的距离和为 10，椭圆 C 经过点

$\left(3,\ \frac{16}{5}\right)$. 则椭圆 C 的标准方程为__________.

解 因为椭圆 C 上的点到两个焦点的距离和为 10，所以 $2a=10$，即 $a=5$.

设椭圆 C 的标准方程为 $\frac{x^2}{5^2}+\frac{y^2}{b^2}=1(a>b>0)$，

又椭圆 C 经过点 $\left(3,\ \frac{16}{5}\right)$，代入椭圆方程，可解得 $b^2=16$.

所以椭圆 C 的标准方程为 $\frac{x^2}{25}+\frac{y^2}{16}=1$.

考点 2　椭圆定义的应用

例 2 已知圆 C：$(x+1)^2+y^2=8$.

(1) 设点 $Q(x,\ y)$ 是圆 C 上一点，求 $x+y$ 的取值范围；

(2) 如图 9-2 所示，定点 $A(1,\ 0)$，M 为圆 C 上一动点，点 P 在 AM 上，点 N 在 CM 上，且满足 $\overrightarrow{AM}=2\overrightarrow{AP}$，$\overrightarrow{NP}\cdot\overrightarrow{AM}=0$，求点 N 的轨迹.

解 (1) 因为点在圆 C 上，所以可设 $\begin{cases}x=-1+2\sqrt{2}\cos\alpha,\\ y=2\sqrt{2}\sin\alpha,\end{cases}$ $\alpha\in[0,\ 2\pi)$，$x+y=-1+2\sqrt{2}(\cos\alpha+\sin\alpha)=-1+4\sin\left(\alpha+\frac{\pi}{4}\right)$，

从而 $x+y\in[-5,\ 3]$.

(2) 因为 $\overrightarrow{AM}=2\overrightarrow{AP}$，$\overrightarrow{NP}\cdot\overrightarrow{AM}=0$，所以 NP 为 AM 的垂直平分线，所以 $|NA|=|NM|$.

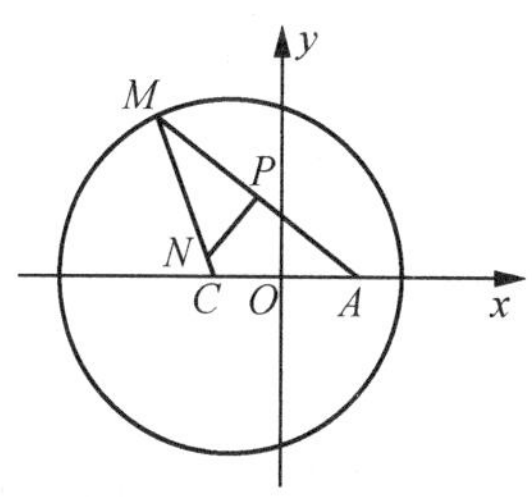

图 9-2

又因为 $|CN|+|NM|=2\sqrt{2}$，所以 $|CN|+|AN|=2\sqrt{2}>2$.

所以动点 N 的轨迹是以点 $C(-1,\ 0)$，$A(1,\ 0)$ 为焦点的椭圆，且椭圆长轴长为 $2a=2\sqrt{2}$，焦距 $2c=2$，所以 $a=\sqrt{2}$，$c=1$，$b^2=1$.

所以点 N 的轨迹为椭圆，方程为 $\frac{x^2}{2}+y^2=1$.

例 3 如图 9-3 所示，某海域内有一孤岛，岛四周的海平面(视为平面)上有一浅水区(含边界)，其边界是长轴长为 $2a$，短轴长为 $2b$ 的椭圆，已知岛上甲、乙导航灯的海拔高度分别为 h_1，h_2，且两个导航灯在海平面上的投影恰好落在椭圆的两个焦点上，现有船只 M 经过该海域(船只的大小忽略不计)，在船上测得甲、乙导航灯的仰角分别为 θ_1，θ_2，求船只已进入该浅水区的判别条件.

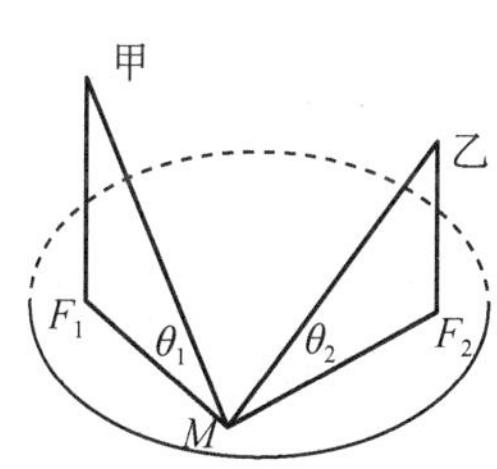

图 9-3

解 依椭圆定义，$|MF_1|+|MF_2|\leqslant 2a$，则 $h_1\cdot\cot\theta_1+h_2\cdot\cot\theta_2\leqslant 2a$.

考点 3　与椭圆有关的问题

例 4 已知曲线 Γ 上的任意一点到两定点 $F_1(-1,\ 0)$，$F_2(1,\ 0)$ 的距离之和为 $2\sqrt{2}$，直

线 l 交曲线 Γ 于 A, B 两点, O 为坐标原点.

(1) 求曲线 Γ 的方程;

(2) 若直线 l 不过点 O 且不平行于坐标轴,记线段 AB 的中点为 M. 求证:直线 OM 的斜率与直线 l 的斜率的乘积为定值;

(3) 若 $OA\perp OB$,求$\triangle AOB$ 面积的取值范围.

解 (1) 由题意知曲线 Γ 是以原点为中心,长轴在 x 轴上的椭圆,

设其标准方程为$\dfrac{x^2}{a^2}+\dfrac{y^2}{b^2}=1$,则有 $a=\sqrt{2}$, $c=1$,

所以 $b^2=a^2-c^2=1$,所以曲线 Γ 的方程为$\dfrac{x^2}{2}+y^2=1$.

(2) 证明:设直线 l 的方程为 $y=kx+b(k\neq 0,\ b\neq 0)$,

设 $A(x_1,\ y_1)$, $B(x_2,\ y_2)$, $M(x_0,\ y_0)$,

则联立 $y=kx+b$ 以及$\dfrac{x^2}{2}+y^2=1$,可得$(1+2k^2)x^2+4kbx+2b^2-2=0$,

所以 $x_1+x_2=-\dfrac{4kb}{1+2k^2}$,

所以 $x_0=\dfrac{x_1+x_2}{2}=-\dfrac{2kb}{1+2k^2}$, $y_0=kx_0+b=\dfrac{b}{1+2k^2}$, $k_{OM}=\dfrac{y_0}{x_0}=-\dfrac{1}{2k}$,

所以直线 OM 的斜率与直线 l 的斜率的乘积$=k_{OM}\cdot k=-\dfrac{1}{2}$为定值.

(3) 设 $A(x_1,\ y_1)$, $B(x_2,\ y_2)$,则由 $OA\perp OB$ 知, $x_1x_2+y_1y_2=0$,所以 $x_1^2x_2^2=y_1^2y_2^2$,

因为 A, B 两点在椭圆上,有

$$\begin{cases}\dfrac{x_1^2}{2}+y_1^2=1,\\ \dfrac{x_2^2}{2}+y_2^2=1,\end{cases}\text{即}\begin{cases}x_1^2+2y_1^2=2,\\ x_2^2+2y_2^2=2,\end{cases}(x_1^2+2y_1^2)(x_2^2+2y_2^2)=4,$$

得 $x_1^2y_2^2+x_2^2y_1^2=2-\dfrac{5}{2}x_1^2x_2^2$,所以 $S_{\triangle AOB}=\dfrac{1}{2}\sqrt{2-\dfrac{1}{2}x_1^2x_2^2}$.

$$\text{又由}\begin{cases}y_1^2=1-\dfrac{x_1^2}{2},\\ y_2^2=1-\dfrac{x_2^2}{2}\end{cases}\text{得 }y_1^2y_2^2=\left(1-\dfrac{x_1^2}{2}\right)\left(1-\dfrac{x_2^2}{2}\right)=1-\dfrac{1}{2}(x_1^2+x_2^2)+\dfrac{1}{4}x_1^2x_2^2=x_1^2x_2^2,$$

所以 $2(x_1^2+x_2^2)=4-3x_1^2x_2^2\geqslant 4x_1x_2$,所以 $0\leqslant x_1^2x_2^2\leqslant\dfrac{4}{9}$.

所以 $S_{\triangle AOB}=\dfrac{1}{2}\sqrt{2-\dfrac{1}{2}x_1^2x_2^2}\in\left[\dfrac{2}{3},\ \dfrac{\sqrt{2}}{2}\right]$.

考点 4 直线与椭圆的位置关系

例 5 已知椭圆 Γ: $\dfrac{x^2}{8}+\dfrac{y^2}{4}=1$, P 为椭圆 Γ 上一点.

(1) F_1, F_2 为椭圆 Γ 的两个焦点,设直线 PF_1, PF_2 的两个斜率存在,分别记为 k_1, k_2, 若 $k_1k_2=1$,求点 P 的坐标;

(2) 若经过点 $N(-1, 0)$的直线 l 与椭圆 Γ 的两个交点为 T, Q,当 $|\overrightarrow{NT}|-|\overrightarrow{NQ}|=\dfrac{4}{7}$ 时,求直线 l 的方程.

解 (1) 设 $P(x, y)$,又椭圆 Γ 的两个焦点为 $F_1(-2, 0)$, $F_2(2, 0)$,

由题意得 $k_1=\dfrac{0-y}{-2-x}$, $k_2=\dfrac{0-y}{2-x}$,

所以 $k_1k_2=\dfrac{y^2}{x^2-4}=1$,即 $y^2=x^2-4$.

又 $\dfrac{x^2}{8}+\dfrac{y^2}{4}=1$,所以 $x^2=\dfrac{16}{3}$, $y^2=\dfrac{4}{3}$.

所以满足条件的点有四个,分别为

$$P\left(\frac{4\sqrt{3}}{3}, \frac{2\sqrt{3}}{3}\right), P\left(\frac{4\sqrt{3}}{3}, -\frac{2\sqrt{3}}{3}\right), P\left(-\frac{4\sqrt{3}}{3}, \frac{2\sqrt{3}}{3}\right), P\left(-\frac{4\sqrt{3}}{3}, -\frac{2\sqrt{3}}{3}\right).$$

(2) 设直线 l 的方程 $y=k(x+1)$,设 $T(x_1, y_1)$, $Q(x_2, y_2)$,

根据条件,T 位于 N 右侧,Q 位于 N 左侧,且 $x_1+1>-(x_2+1)$,

联立方程 $y=k(x+1)$ 及 $\dfrac{x^2}{8}+\dfrac{y^2}{4}=1$,化简得$(1+2k^2)x^2+4k^2x+2k^2-8=0$,

计算可知 $\Delta>0$ 恒成立,根据韦达定理,有 $x_1+x_2=-\dfrac{4k^2}{1+2k^2}$, $x_1x_2=\dfrac{2k^2-8}{1+2k^2}$,

所以 $|\overrightarrow{NT}|-|\overrightarrow{NQ}|=\dfrac{4}{7}=\sqrt{1+k^2}\,|x_1+1|-\sqrt{1+k^2}\,|x_2+1|=\sqrt{1+k^2}(x_1+x_2+2)$,

即 $\sqrt{1+k^2}\left(\dfrac{-4k^2}{1+2k^2}+2\right)=\dfrac{4}{7}$,解得 $k=\pm\sqrt{3}$,

直线 l 的方程为 $y=\pm\sqrt{3}(x+1)$.

例 6 如图 9-4,椭圆有两顶点 $A(-1, 0)$, $B(1, 0)$,过其焦点 $F(0, 1)$的斜率为 k 的直线 l 与椭圆交于 C, D 两点,并与 x 轴交于点 P,直线 AC 与直线 BD 交于点 Q.

(1) 当 $|CD|=\dfrac{3\sqrt{2}}{2}$ 时,求直线 l 的方程;

(2) 当点 P 异于 A, B 两点时,求证:$\overrightarrow{OP}\cdot\overrightarrow{OQ}$ 为定值.

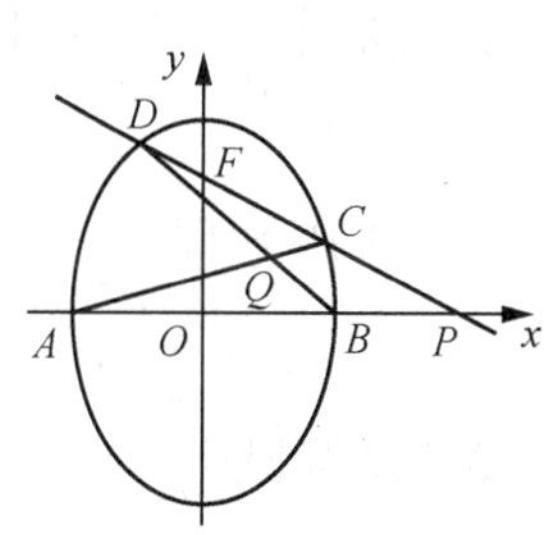

图 9-4

解 设 $C(x_2, y_2)$, $D(x_1, y_1)$,直线 l 的方程为 $y=kx+1$,

由 $\begin{cases} y=kx+1, \\ \dfrac{y^2}{2}+x^2=1, \end{cases}$ 消去 y 可得 $(2+k^2)x^2+2kx-1=0(*)$.

(1) $|CD|=\sqrt{1+k^2}|x_1-x_2|=\sqrt{1+k^2}\cdot\dfrac{\sqrt{(2k)^2+4(2+k^2)}}{2+k^2}=\dfrac{2\sqrt{2}(1+k^2)}{2+k^2}=\dfrac{3\sqrt{2}}{2}$,

解得 $k^2=2$,所以 $k=\pm\sqrt{2}$,所以直线 l 的方程为 $y=\pm\sqrt{2}x+1$.

(2) 证明:由题意,可得 $k\neq\pm1$, $k\neq0$,点 P 的坐标为 $\left(-\dfrac{1}{k}, 0\right)$,

易知:直线 BD 的方程为 $y=\dfrac{y_1}{x_1-1}(x-1)$,直线 AC 的方程为 $y=\dfrac{y_2}{x_2+1}(x+1)$,

联立两个直线方程,可得点 Q 的横坐标,

$$x_Q=\frac{y_1(x_2+1)+y_2(x_1-1)}{y_1(x_2+1)-y_2(x_1-1)},$$

其中,$y_1(x_2+1)=(kx_1+1)(x_2+1)=kx_1x_2+kx_1+x_2+1$,

$y_2(x_1-1)=(kx_2+1)(x_1-1)=kx_1x_2-kx_2+x_1-1$,

即点 Q 的横坐标 $x_Q=\dfrac{(x_1+x_2)+2kx_1x_2+k(x_1-x_2)}{k(x_1+x_2)-(x_1-x_2)+2}$,

由$(*)$,利用韦达定理得到 $x_1+x_2=-\dfrac{2k}{2+k^2}$,$x_1x_2=-\dfrac{1}{2+k^2}$,代入上式得

$$x_Q=\frac{-\dfrac{2k}{2+k^2}-\dfrac{2k}{2+k^2}+k(x_1-x_2)}{-\dfrac{2k^2}{2+k^2}-(x_1-x_2)+2}=\frac{-\dfrac{4k}{2+k^2}+k(x_1-x_2)}{\dfrac{4}{2+k^2}-(x_1-x_2)}=-k.$$

所以 $\overrightarrow{OP}\cdot\overrightarrow{OQ}=x_Px_Q+y_Py_Q=-\dfrac{1}{k}(-k)+y_Q\cdot0=1$.

【基础训练】

1. 椭圆 $\dfrac{x^2}{9}+\dfrac{y^2}{4}=1$ 的离心率为____________.

2. 已知方程 $\dfrac{x^2}{m^2}+\dfrac{y^2}{m+2}=1$ 表示焦点在 x 轴上的椭圆,则 m 的取值范围是____________.

3. 设椭圆 $\dfrac{x^2}{2}+y^2=1$ 的左、右焦点分别为 F_1, F_2,点 P 在该椭圆上,则使得$\triangle F_1F_2P$ 是等腰三角形的点 P 的个数是____________.

4. 设椭圆 Γ：$\dfrac{x^2}{a^2}+y^2=1(a>1)$，直线 l 过 Γ 的左顶点 A 交 y 轴于点 P，交 Γ 于点 Q，若 $\triangle AOP$ 是等腰三角形（O 为坐标原点），且 $\overrightarrow{PQ}=2\overrightarrow{QA}$，则 Γ 的长轴长等于__________.

5. 已知椭圆 C：$\dfrac{x^2}{25}+\dfrac{y^2}{m^2}=1(0<m<5)$ 的离心率为 $\dfrac{\sqrt{15}}{4}$，A，B 分别为 C 的左、右顶点. 若点 P 在 C 上，点 Q 在直线 $x=6$ 上，且 $|BP|=|BQ|$，$BP\perp BQ$，则 $\triangle APQ$ 的面积为__________.

6. 若椭圆 Γ 的顶点和焦点都在圆 O：$x^2+y^2=4$ 上，如图 9-5 所示，则下列结论正确的是（　　）.

(A) 椭圆 Γ 的方程是 $\dfrac{x^2}{4}+\dfrac{y^2}{2}=1$

(B) 过椭圆 Γ 上的点作圆 O 的切线，一定有两条

(C) 圆 O 上的点与椭圆 Γ 上的点的距离的最大值是 $2(\sqrt{2}+1)$

(D) 直线 $x+y+2\sqrt{2}=0$ 与椭圆 Γ 有交点，与圆 O 无公共点

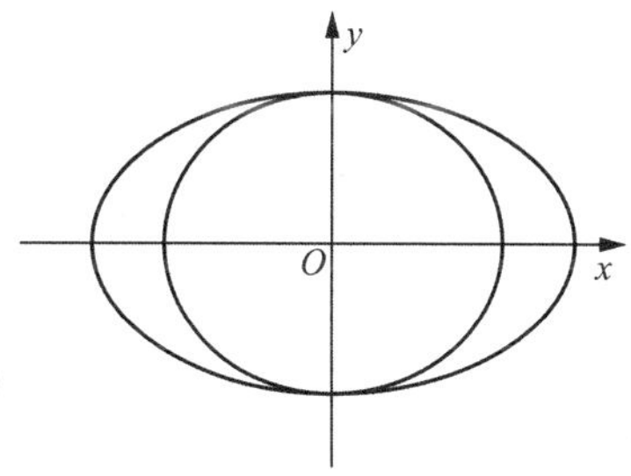

图 9-5

7. 已知 F_1，F_2 为椭圆 Γ：$\dfrac{x^2}{a^2}+y^2=1(a>1)$ 的左、右焦点，A 为 Γ 的上顶点，直线 l 经过点 F_1 且与 Γ 交于 B，C 两点. 若 l 垂直平分线段 AF_2，则 $\triangle ABC$ 的周长是________.

8. 已知椭圆 Γ：$\dfrac{x^2}{a^2}+\dfrac{y^2}{b^2}=1\ (a>b>0)$，点 A 为椭圆短轴的上顶点，P 为椭圆上异于 A 点的任一点. 若点 P 到点 A 距离的最大值仅在点 P 为短轴的另一顶点时取到，则称此椭圆为“圆椭圆”. 已知 $b=2$.

(1) 若 $a=\sqrt{5}$，判断椭圆 Γ 是否为“圆椭圆”；

(2) 若椭圆 Γ 是“圆椭圆”，求 a 的取值范围；

(3) 若椭圆 Γ 是“圆椭圆”，且 a 取最大值，Q 为 P 关于原点 O 的对称点，Q 也异于 A 点. 直线 AP，AQ 分别与 x 轴交于 M，N 两点，试问以线段 MN 为直径的圆是否过定点？证明你的结论.

【能力提高】

1. 已知椭圆 Γ：$\frac{x^2}{m^2}+\frac{y^2}{2}=1(m>0,\ m\neq\sqrt{2})$，点 A，B 分别是椭圆 Γ 与 y 轴的交点(点 A 在点 B 的上方)，过点 $D(0,\ t)(0<t<2)$ 且斜率为 k 的直线 l 交椭圆 Γ 于 E，G 两点.

(1) 设 $m=1$，对于定点 D，若当 $k=1$ 时 $\triangle BEG$ 的面积取到最大值，求 t 的值；

(2) 设 $t=1$，直线 AE 与直线 $y=2$ 交于点 H，证明：B，G，H 三点共线.

2. 已知椭圆 C：$\frac{x^2}{a^2}+\frac{y^2}{b^2}=1$ 过点 $A(-2,\ -1)$，且 $a=2b$.

(1) 求椭圆 C 的方程；

(2) 过点 $B(-4,\ 0)$ 的直线 l 交椭圆 C 于点 M，N，直线 MA，NA 分别交直线 $x=-4$ 于点 P，Q. 求 $\frac{|PB|}{|BQ|}$ 的值.

【归纳小结】

1. 理解并能灵活运用椭圆定义，理解椭圆中 a，b，c 的几何意义.

2. 掌握椭圆的几何性质：对称性、范围、顶点、焦点、长轴与短轴，这些基本性质是解决计算等问题的基础和关键.

3. 直线与椭圆的位置关系一般是联立方程，用一元二次方程的判别式、根与系数的关系、中点坐标公式等来处理，若有直线过焦点，通常要结合定义来求解.

9.7　双　曲　线

【知识梳理】

双曲线的标准方程和几何性质见表 9-3.

表 9-3　双曲线的标准方程和几何性质

定义	平面内与两个定点 F_1，F_2 的距离之差的绝对值等于常数 $2a$（$0<2a<\|F_1F_2\|$）的点轨迹为双曲线. 这两个定点 F_1，F_2 称为焦点，两个焦点的距离 $\|F_1F_2\|$ 称为焦距	
离心率	$e=\dfrac{c}{a}$，其范围是 $(1, +\infty)$. e 越大，双曲线的开口越开阔；e 越小，双曲线的开口越狭窄	
标准方程	$\dfrac{x^2}{a^2}-\dfrac{y^2}{b^2}=1\ (a>0,\ b>0)$	$\dfrac{y^2}{a^2}-\dfrac{x^2}{b^2}=1\ (a>0,\ b>0)$
图形	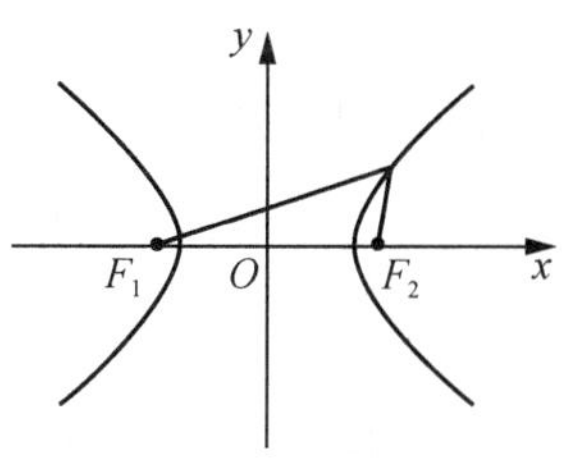	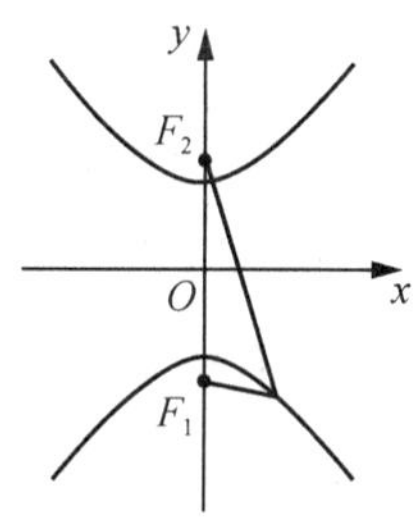
焦点	$F_{1,2}(\pm c,\ 0)$，焦距为 $2c$	$F_{1,2}(0,\ \pm c)$，焦距为 $2c$
对称性	对称轴：x 轴、y 轴；对称中心：原点	
顶点	$(\pm a,\ 0)$	$(0,\ \pm a)$
范围	$x\in(-\infty,\ -a]\cup[a,\ +\infty)$，$y\in\mathbf{R}$ 实轴长 $2a$，虚轴长 $2b$	$y\in(-\infty,\ -a]\cup[a,\ +\infty)$，$x\in\mathbf{R}$ 实轴长 $2a$，虚轴长 $2b$
渐近线	$y=\pm\dfrac{b}{a}x$	$y=\pm\dfrac{a}{b}x$

【讲练平台】

考点 1　求双曲线的标准方程

例 1　求由下列条件所确定的双曲线的标准方程.

(1) 实轴在 y 轴上，且实轴长是虚轴长的 2 倍，焦距是 10；

(2) 求过点 $(-2,\ 2)$ 且与双曲线 $\dfrac{x^2}{2}-y^2=1$ 有公共渐近线的双曲线方程；

(3) 实轴在 x 轴上，且实轴长是 12，一条渐近线的方程是 $y=-\dfrac{2}{3}x$.

解 (1) 由题意知 $c=5$, $a=2\sqrt{5}$, $b=\sqrt{5}$, 且焦点在 y 轴上, 则双曲线的标准方程为 $\frac{y^2}{20}-\frac{x^2}{5}=1$.

(2) 由题意, 设双曲线的标准方程为 $\frac{x^2}{2}-y^2=k(k\neq0)$, 代入点 $(-2, 2)$, 所求双曲线的标准方程为 $\frac{y^2}{2}-\frac{x^2}{4}=1$.

(3) 因为双曲线的一条渐近线的方程是 $y=-\frac{2}{3}x$, 实轴在 x 轴上, 则双曲线的方程可设为 $\frac{x^2}{9}-\frac{y^2}{4}=k(k>0)$, 由已知条件 $2a=12$, $a=6$, 所以有 $9k=a^2=36$, $k=4$, 因此, 所求双曲线的方程是 $\frac{x^2}{36}-\frac{y^2}{16}=1$.

考点 2 双曲线定义的应用

例 2 已知 F_1, F_2 是双曲线 $\frac{x^2}{16}-\frac{y^2}{20}=1$ 的焦点, 点 P 在双曲线上. 若点 P 到焦点 F_1 的距离等于 9, 求点 P 到焦点 F_2 的距离. 某学生的解答如下: 双曲线的实轴长为 8, 由 $||PF_1|-|PF_2||=8$, 即 $|9-|PF_2||=8$, 得 $|PF_2|=1$ 或 17. 该学生的解答是否正确? 若正确, 请写出他的解题依据; 若不正确, 请写出正确的结果.

解 该学生解答不正确. 设 F_1, F_2 分别为双曲线的左、右焦点, 若点 P 在双曲线右支上, 则点 P 到左焦点距离最小值为 $a+c=10$, 不可能等于 9. 则点 P 只能在双曲线的左支上, 则只可能 $|PF_2|=|PF_1|+8$, 则 $|PF_2|=17$.

考点 3 双曲线的几何性质

例 3 已知双曲线 C_1: $\frac{x^2}{4}-\frac{y^2}{b^2}=1$ 与圆 C_2: $x^2+y^2=4+b^2(b>0)$ 交于点 $A(x_A, y_A)$(第一象限), 曲线 Γ 为 C_1, C_2 上满足 $|x|>x_A$ 的部分, C_2 与 x 轴的左、右交点分别记作 F_1, F_2.

(1) 若 $x_A=\sqrt{6}$, 求 b 的值;

(2) 若 $b=\sqrt{5}$, 点 P 在曲线 Γ 上, 且在第一象限, $|PF_1|=8$, 求 $\angle F_1PF_2$ 的余弦值;

(3) 点 $D\left(0, \frac{b^2}{2}+2\right)$, 过该点的直线斜率为 $-\frac{b}{2}$ 的 l 和 Γ 有且只有两个交点, 记作 M, N, 用 b 表示 $\overrightarrow{OM}\cdot\overrightarrow{ON}$, 并求 $\overrightarrow{OM}\cdot\overrightarrow{ON}$ 的取值范围.

解 (1) 若 $x_A=\sqrt{6}$, 因为点 A 为曲线 C_1 与曲线 C_2 的交点,

所以 $\begin{cases}\frac{x_A^2}{4}-\frac{y_A^2}{b^2}=1,\\ x_A^2+y_A^2=4+b^2,\end{cases}$ 解得 $\begin{cases}y_A=\sqrt{2},\\ b=2,\end{cases}$ 所以 $b=2$.

(2) **解法 1** 由题意易得 F_1, F_2 为曲线的两焦点，且点 P 在双曲线上. 由双曲线定义知: $|PF_2|=|PF_1|-2a$, $|PF_1|=8$, $2a=4$, 所以 $|PF_2|=4$. 又因为 $b=\sqrt{5}$, 所以 $|F_1F_2|=6$.

在 $\triangle PF_1F_2$ 中由余弦定理可得:

$\cos\angle F_1PF_2=\dfrac{|PF_1|^2+|PF_2|^2-|F_1F_2|^2}{2|PF_1|\cdot|PF_2|}=\dfrac{11}{16}$.

解法 2 因为 $b=\sqrt{5}$, 可得 $\begin{cases}\dfrac{x^2}{4}-\dfrac{y^2}{5}=1,\\(x+3)^2+y^2=64,\end{cases}$ 解得 $P(4,\sqrt{15})$,

所以 $\overrightarrow{PF_1}=(-7,-\sqrt{15})$, $\overrightarrow{PF_2}=(-1,-\sqrt{15})$,

所以 $\cos\langle\overrightarrow{PF_1},\overrightarrow{PF_2}\rangle=\dfrac{\overrightarrow{PF_1}\cdot\overrightarrow{PF_2}}{|\overrightarrow{PF_1}||\overrightarrow{PF_2}|}=\dfrac{11}{16}$.

(3) 设直线 $l: y=-\dfrac{b}{2}x+\dfrac{b^2+4}{2}$,

可得原点 O 到直线 l 的距离 $d=\dfrac{\left|\dfrac{b^2+4}{2}\right|}{\sqrt{1+\dfrac{b^2}{4}}}=\dfrac{b^2+4}{\sqrt{b^2+4}}=\sqrt{b^2+4}$,

所以直线 l 是圆的切线，切点为 M, 所以 $k_{OM}=\dfrac{2}{b}$,

并设 $l_{OM}: y=\dfrac{2}{b}x$, 与圆 $x^2+y^2=4+b^2$ 联立可得 $x^2+\dfrac{4}{b^2}x^2=4+b^2$,

所以得 $x=b$, $y=2$, 即 $M(b, 2)$, 注意到直线 l 与双曲线的斜率为负的渐近线平行，

所以只有当 $y_A>2$ 时，直线 l 才能与曲线 Γ 有两个交点，

由 $\begin{cases}\dfrac{x^2}{4}-\dfrac{y_A^2}{b^2}=1,\\x_A^2+y_A^2=4+b^2,\end{cases}$ 得 $y_A^2=\dfrac{b^4}{4+b^2}$,

所以有 $4<\dfrac{b^4}{4+b^2}$, 解得 $b^2>2+2\sqrt{5}$, 或 $b^2<2-2\sqrt{5}$ (舍),

由投影知识可知: $\overrightarrow{OM}\cdot\overrightarrow{ON}=|\overrightarrow{OM}|^2=b^2+4$,

所以 $\overrightarrow{OM}\cdot\overrightarrow{ON}=b^2+4>6+2\sqrt{5}$, 即 $\overrightarrow{OM}\cdot\overrightarrow{ON}$ 的取值范围是 $(6+2\sqrt{5},+\infty)$.

例 4 设 $m>0$, 椭圆 $\Gamma: \dfrac{x^2}{3m}+\dfrac{y^2}{m}=1$ 与双曲线 $C: m^2x^2-y^2=m^2$ 的焦点相同.

(1) 求椭圆 Γ 与双曲线 C 的方程;

(2) 过双曲线 C 的右顶点作两条斜率分别为 k_1, k_2 的直线 l_1, l_2, 分别交双曲线 C 于点 P, Q (P, Q 不同于右顶点), 若 $k_1\cdot k_2=-1$, 求证: 直线 PQ 的倾斜角为定值，并求出此

定值.

解 (1) 由题意，$2m=m^2+1$，所以 $m=1$，

所以椭圆 Γ 的方程为 $\frac{x^2}{3}+y^2=1$，双曲线 C 的方程为 $x^2-y^2=1$.

(2) 双曲线 C 的右顶点为 $(1,\ 0)$，$k_1\cdot k_2=-1$，不妨设 $k_1>0$，则 $k_2<0$，

设直线 l_1 的方程为 $y=k_1(x-1)$，$P(x_1,\ y_1)$，

由 $\begin{cases}y=k_1(x-1),\\ x^2-y^2=1,\end{cases}$ 得 $(1-k_1^2)x^2+2k_1^2x-k_1^2-1=0$，

则 $1\cdot x_1=-\frac{k_1^2+1}{1-k_1^2}$，所以 $x_1=\frac{k_1^2+1}{k_1^2-1}$，$y_1=k_1\left(\frac{k_1^2+1}{k_1^2-1}-1\right)=\frac{2k_1}{k_1^2-1}$，

同理，设 $Q(x_2,\ y_2)$，$x_2=\frac{k_2^2+1}{k_2^2-1}$，$y_2=\frac{2k_2}{k_2^2-1}$，

因为 $k_1k_2=-1$，所以 $y_1=\frac{2k_1}{k_1^2-1}=\frac{2\left(-\frac{1}{k_2}\right)}{\frac{1}{k_2^2}-1}=-\frac{2k_2}{1-k_2^2}=y_2$，

所以 $y_1=y_2$，所以直线 PQ 与 x 轴平行，即 k_{PQ} 为定值 0，倾斜角为 0.

【基础训练】

1. 若双曲线的一个顶点坐标为 $(3,\ 0)$，焦距为 10，则它的离心率为____________.

2. 设 P 为双曲线 $\frac{x^2}{a^2}-y^2=1$ 虚轴的一个端点，Q 为双曲线上的一个动点，则 $|PQ|$ 的最小值为____________.

3. 设 O 为坐标原点，直线 $x=a$ 与双曲线 C：$\frac{x^2}{a^2}-\frac{y^2}{b^2}=1(a>0,\ b>0)$ 的两条渐近线分别交于 D，E 两点，若 $\triangle ODE$ 的面积为 8，则 C 的焦距的最小值为（　　）.

(A) 4　　(B) 8　　(C) 16　　(D) 32

4. 已知双曲线 $\frac{x^2}{4}-\frac{y^2}{b^2}=1(b>0)$ 的右焦点为 F，若双曲线上存在关于原点 O 对称的两点 P，Q 使 $\overrightarrow{FP}\cdot\overrightarrow{FQ}=4$，则 b 的取值范围为________.

5. 已知双曲线 M：$x^2-\frac{y^2}{6}=1$ 的左、右焦点分别为 F_1，F_2，过 F_1 的直线 l 与双曲线 M 的左、右两支分别交于点 A，B. 若 $\triangle ABF_2$ 为等边三角形，则 $\triangle ABF_2$ 的边长为________.

6. (1) 某团队在点 O 西侧，东侧 20 km 处分别设有 A，B 两站点，测量距离发现一点 P 满足 $|PA|-|PB|=20$ km，可知 P 在 A，B 为焦点的双曲线上，以点 O 为原点，东侧为 x 轴正半轴，北侧为 y 轴正半轴，建立平面直角坐标系，P 在北偏东 60°处，求双曲线的

标准方程和点 P 的坐标.

(2) 在(1)的条件下,该团队又在南侧、北侧 15 km 处分别设有 C, D 两站点,测量距离发现 $|QA|-|QB|=30$ km, $|QC|-|QD|=10$ km,求 $|OQ|$(精确到 1 km)和 Q 点位置(精确到 1 km, 1°).

7. 已知双曲线 Γ:$\frac{x^2}{a^2}-\frac{y^2}{b^2}=1$(其中 $a>0$, $b>0$)的左、右焦点分别为 F_1, F_2,焦距为 $2c$.

(1) 若 Γ 过点(2, 1)且一条渐近线方程为 $y=\frac{\sqrt{2}}{2}x$,倾斜角为 $\frac{\pi}{4}$ 且在 y 轴上的截距为 -2 的直线 l 与 Γ 交于两点 A, B, M 为线段 AB 的中点,求 $\triangle MF_1F_2$ 的面积;

(2) 以坐标原点 O 为圆心,c 为半径作圆,该圆与双曲线 Γ 在第一象限的交点为 P,过点 P 作该圆的切线,若切线的斜率为 $-\sqrt{3}$,求双曲线 Γ 的离心率.

8. (1) 已知双曲线的中心在原点，焦点在 x 轴上，实轴长为 4，渐近线方程为 $y=\pm\sqrt{3}x$. 求双曲线的标准方程；

(2) 过(1)中双曲线上一点 P 的直线分别交两条渐近线于 $A(x_1,\ y_1)$，$B(x_2,\ y_2)$两点，且 P 是线段 AB 的中点，求证：x_1x_2 为常数；

(3) 函数 $y=\dfrac{1}{x}$的图像是由双曲线 $x^2-y^2=2$ 的图像逆时针旋转 45°得到的. 函数 $y=\dfrac{\sqrt{3}}{3}x+\dfrac{\frac{\sqrt{3}}{2}}{x}$的图像也是双曲线，请尝试写出双曲线 $y=\dfrac{\sqrt{3}}{3}x+\dfrac{\frac{\sqrt{3}}{2}}{x}$的性质(不必证明).

【能力提高】

1. 已知双曲线 C 的中心在原点，$D(1,\ 0)$是它的一个顶点，$\vec{n}=(\sqrt{2},\ -1)$是它的一条渐近线的一个法向量.

(1) 求双曲线 C 的方程；

(2) 若过点$(-3,\ 0)$任意作一条直线与双曲线 C 交于 A，B 两点(A，B 都不同于点 D)，求证：$\overrightarrow{DA}\cdot\overrightarrow{DB}$ 为定值；

(3) 对于双曲线 Γ：$\dfrac{x^2}{a^2}-\dfrac{y^2}{b^2}=1(a>0,\ b>0,\ a\neq b)$，$E$ 为它的右顶点，M，N 为双曲线 Γ 上的两点(都不同于点 E)，且 $EM\perp EN$，那么直线 MN 是否过定点？若是，请求出此定点的坐标；若不是，说明理由. 然后在以下三个情形中选择一个，写出类似结论(不要求书写求解或证明过程).

情形 1：双曲线$\dfrac{x^2}{a^2}-\dfrac{y^2}{b^2}=1(a>0,\ b>0,\ a\neq b)$及它的左顶点；

情形 2：抛物线 $y^2=2px(p>0)$及它的顶点；

情形 3：椭圆$\frac{x^2}{a^2}+\frac{y^2}{b^2}=1\ (a>b>0)$及它的顶点.

2. 我们把具有公共焦点、公共对称轴的两段圆锥曲线弧合成的封闭曲线称为“盾圆”.

(1) 设椭圆 C_1：$\frac{x^2}{a^2}+\frac{y^2}{b^2}=1$ 与双曲线 C_2：$9x^2-\frac{9y^2}{8}=1$ 有相同的焦点 F_1 与 F_2，M 是椭圆 C_1 与双曲线 C_2 的公共点，且$\triangle MF_1F_2$ 的周长为 6，求椭圆 C_1 的方程.

(2) 如图 9－6 所示，已知“盾圆 D”的方程为 $y^2=\begin{cases}4x, & 0\leqslant x\leqslant 3,\\ -12(x-4), & 3<x\leqslant 4.\end{cases}$ 设“盾圆 D”上的任意一点 M 到 $F(1,\ 0)$的距离为 d_1，M 到直线 l：$x=3$ 的距离为 d_2，求证：d_1+d_2 为定值.

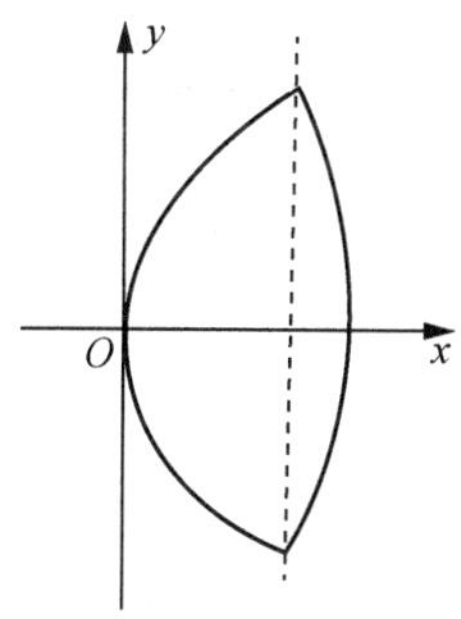

图 9-6

(3) 由抛物线弧 E_1：$y^2=4x\left(0\leqslant x\leqslant\frac{2}{3}\right)$与第(1)小题椭圆弧 E_2：$\frac{x^2}{a^2}+\frac{y^2}{b^2}=1\left(\frac{2}{3}\leqslant x\leqslant a\right)$所合成的封闭曲线为“盾圆 E”. 设过点 $F(1,\ 0)$的直线与“盾圆 E”交于 A，B 两点，$|FA|=r_1$，$|FB|=r_2$ 且$\angle AFx=\alpha(0\leqslant\alpha\leqslant\pi)$，试用 $\cos\alpha$ 表示 r_1，并求$\frac{r_1}{r_2}$的取值范围.

【归纳小结】

1. 理解并能灵活运用双曲线定义，特别需要注意 a，c 的大小关系；理解双曲线中 a，b，c 的几何意义.

2. 掌握双曲线的几何性质：离心率、对称性、范围、顶点、焦点、实轴、虚轴和渐近线，这些基本性质是解决计算问题的基础和关键.

3. 直线与双曲线的位置关系一般是联立方程，用一元二次方程的判别式、根与系数的关系、中点坐标公式等来处理，若有直线过焦点，通常要结合定义来求解. 给定的双曲线，其渐近线必然确定. 但若仅知渐近线方程，并且不能确定双曲线的焦点位置，通常可以用双曲线系来解决.

9.8 抛 物 线

【知识梳理】

抛物线的标准方程及几何性质，见表 9-4.

表 9-4 抛物线的标准方程及几何性质

定义	平面上与一个定点 F 和一条定直线 l（F 不在 l 上）的距离相等的点的轨迹称为抛物线，点 F 称为焦点，定直线 l 称为准线			
标准方程	$y^2=2px(p>0)$	$y^2=-2px(p>0)$	$x^2=2py(p>0)$	$x^2=-2py(p>0)$
图形	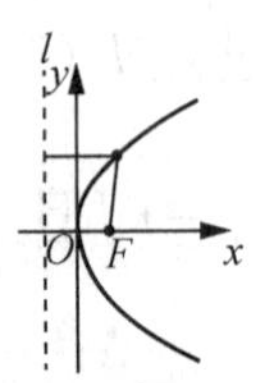	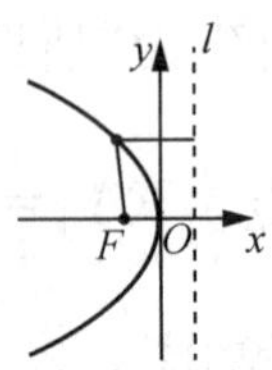	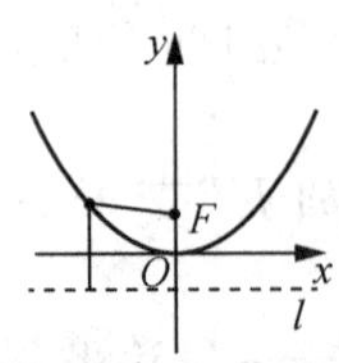	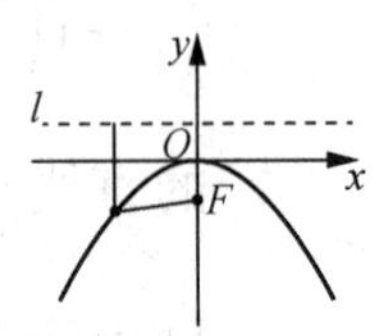
焦点坐标	$\left(\frac{p}{2},0\right)$	$\left(-\frac{p}{2},0\right)$	$\left(0,\frac{p}{2}\right)$	$\left(0,-\frac{p}{2}\right)$
准线方程	$x=-\frac{p}{2}$	$x=\frac{p}{2}$	$y=-\frac{p}{2}$	$y=\frac{p}{2}$
顶点	$(0,0)$	$(0,0)$	$(0,0)$	$(0,0)$
对称轴	x 轴	x 轴	y 轴	y 轴
范围	$x\geqslant0$，$y\in\mathbf{R}$	$x\leqslant0$，$y\in\mathbf{R}$	$y\geqslant0$，$x\in\mathbf{R}$	$y\leqslant0$，$x\in\mathbf{R}$
焦半径	$\lvert PF\rvert=x+\frac{p}{2}$	$\lvert PF\rvert=-x+\frac{p}{2}$	$\lvert PF\rvert=y+\frac{p}{2}$	$\lvert PF\rvert=-y+\frac{p}{2}$

注：抛物线的离心率 $e=1$.

【讲练平台】

考点1 求抛物线的标准方程

例1 若抛物线通过直线 $y=x$ 与圆 $x^2+y^2+6x=0$ 的交点,且以原点为顶点,坐标轴为对称轴,求此抛物线的方程,并写出它的焦点坐标和准线方程.

解 由$\begin{cases}y=x,\\x^2+y^2+6x=0,\end{cases}$解得抛物线过点$(0, 0)$与$(-3, -3)$.

(1) 设所求抛物线的方程为 $y^2=-2px$,

因为抛物线过点$(-3, -3)$,代入上述方程,得到 $p=\frac{3}{2}$,

因此,所求抛物线的方程为 $y^2=-3x$,焦点坐标为$\left(-\frac{3}{4}, 0\right)$,准线方程为 $x=\frac{3}{4}$.

(2) 设所求抛物线的方程为 $x^2=-2py$,

因为抛物线过点$(-3, -3)$,代入上述方程,得到 $p=\frac{3}{2}$,

因此,所求抛物线的方程为 $x^2=-3y$,焦点坐标为$\left(0, -\frac{3}{4}\right)$,准线方程为 $y=\frac{3}{4}$.

考点2 抛物线的定义及应用

例2 已知直线 l_1:$4x-3y+6=0$ 和直线 l_2:$x=-1$,则抛物线 $y^2=4x$ 上一动点 P 到直线 l_1 和直线 l_2 的距离之和的最小值是(　　).

(A) $\frac{37}{16}$　　(B) $\frac{11}{5}$　　(C) 2　　(D) $\frac{7}{4}$

解 抛物线 $y^2=4x$ 上一动点 P 到直线 l_2 的距离等于 P 到焦点 $F(1, 0)$的距离. 抛物线 $y^2=4x$ 上一动点 P 到直线 l_1 和直线 l_2 的距离之和的最小值即为焦点 F 到直线 l_1 的距离 $d=\frac{|4-0+6|}{\sqrt{4^2+3^2}}=2$. 故答案选(C).

考点3 直线和抛物线

例3 已知抛物线 Γ:$y^2=2px(p>0)$.

(1) 若 Γ 上一点 $M(1, t)$到其焦点的距离为 3,求 Γ 的方程;

(2) 若 $p=2$,斜率为 2 的直线 l 交 Γ 于两点 A, B,交 x 轴的正半轴于点 M,O 为坐标原点,$\overrightarrow{OA}\cdot\overrightarrow{OB}=0$,求点 M 的坐标.

解 (1) 由条件知 $1+\frac{p}{2}=3$,即 $p=4$,所以 Γ 的方程为 $y^2=8x$.

(2) 设点 M, A, B 的坐标分别为 $M(m, 0)(m>0)$, $A(x_1, y_1)$, $B(x_2, y_2)$,

则直线 l 的方程为 $y=2(x-m)$,联立$\begin{cases}y=2(x-m),\\y^2=4x,\end{cases}$则 $y^2-2y-4m=0$,所以 $y_1y_2=$

$-4m$，$x_1x_2=\frac{y_1^2y_2^2}{16}=m^2$.

所以$\overrightarrow{OA}\cdot\overrightarrow{OB}=x_1x_2+y_1y_2=-4m+m^2=0$，则$m=4$，所以点$M$的坐标为$(4,0)$.

考点 4　抛物线的综合应用

例 4　已知抛物线$C:y^2=3x$的焦点为F，斜率为$\frac{3}{2}$的直线l与C的交点为A，B，与x轴的交点为P.(1)若$|AF|+|BF|=4$，求l的方程；(2)若$\overrightarrow{AP}=3\overrightarrow{PB}$，求$|AB|$.

解　设直线$l:y=\frac{3}{2}x+t$，$A(x_1,y_1)$，$B(x_2,y_2)$.

(1) 由题设得$F\left(\frac{3}{4},0\right)$，故$|AF|+|BF|=x_1+x_2+\frac{3}{2}$，由题设可得$x_1+x_2=\frac{5}{2}$.

由$\begin{cases}y=\frac{3}{2}x+t,\\y^2=3x,\end{cases}$可得$9x^2+12(t-1)x+4t^2=0$，则$x_1+x_2=-\frac{12(t-1)}{9}$，

从而$-\frac{12(t-1)}{9}=\frac{5}{2}$，得$t=-\frac{7}{8}$，所以$l$的方程为$y=\frac{3}{2}x-\frac{7}{8}$.

(2) 由$\overrightarrow{AP}=3\overrightarrow{PB}$可得$y_1=-3y_2$，

由$\begin{cases}y=\frac{3}{2}x+t,\\y^2=3x,\end{cases}$可得$y^2-2y+2t=0$，

所以$y_1+y_2=2$，从而$-3y_2+y_2=2$，故$y_2=-1$，$y_1=3$，

代入C的方程得$x_1=3$，$x_2=\frac{1}{3}$，故$|AB|=\frac{4\sqrt{13}}{3}$.

【基础训练】

1. 已知点$A(1,\sqrt{5})$在抛物线$y^2=2px$上，则点A到该抛物线的准线的距离为________.

2. 已知抛物线$x^2=2y$上的两个不同的点A，B的横坐标恰好是方程$x^2+6x+4=0$的根，则直线AB的斜率为________.

3. 已知过抛物线$y^2=2px(p>0)$的焦点作两条相互垂直的弦AB和CD，则$\frac{1}{|AB|}+\frac{1}{|CD|}$的值为(　　).

(A) $\frac{p}{2}$　　(B) $\frac{2}{p}$　　(C) $2p$　　(D) $\frac{1}{2p}$

4. 已知E是抛物线$C:y^2=2px(p>0)$的对称轴与准线的交点，F为抛物线C的焦点，点P在抛物线C上.在$\triangle EFP$中，若$\sin\angle EFP=\mu\cdot\sin\angle FEP$，则$\mu$的最大值为(　　).

(A) $\frac{\sqrt{2}}{2}$　　(B) $\frac{\sqrt{3}}{2}$　　(C) $\sqrt{2}$　　(D) $\sqrt{3}$

5. 已知椭圆 $x^2+\frac{y^2}{b^2}=1\ (0<b<1)$ 的左、右焦点为 F_1，F_2，以 O 为顶点，F_2 为焦点作抛物线交椭圆于点 P，且 $\angle PF_1F_2=45^\circ$，则抛物线的准线方程为__________.

6. 设抛物线 $\Gamma: y^2=4x$ 的焦点为 F，经过 x 轴正半轴上点 $M(m, 0)$ 的直线 l 交 Γ 于不同的两点 A 和 B.

(1) 若 $|FA|=3$，求点 A 的坐标；

(2) 若 $m=2$，求证：原点 O 总在以线段 AB 为直径的圆的内部.

7. 利用“平行于圆锥母线的平面截圆锥面，所得截面是抛物线”的几何原理，某快餐店用两个射灯（射出的光线为圆锥）在广告牌上投影出其标识，如图 9-7(a) 所示. 图 9-7(b) 是投影射出的抛物线的平面图，图 9-7(c) 是一个射灯投影的直观图，在图 9-7(b) 和图 9-7(c) 中，点 O，A，B 在抛物线上，OC 是抛物线的对称轴. $OC\perp AB$ 于 C，$AB=3$ m，$OC=4.5$ m.

(1) 求抛物线的焦点到准线的距离；

(2) 在图 9-7(c) 中，已知 OC 平行于圆锥的母线 SD，AB，DE 是圆锥底面的直径，求圆锥的母线与轴的夹角的大小（精确到 0.01°）.

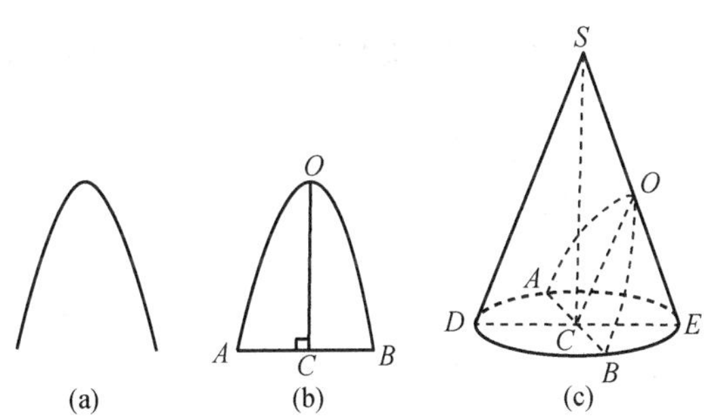

图 9-7

8. 已知椭圆 C_1：$\frac{x^2}{2}+y^2=1$，抛物线 C_2：$y^2=2px(p>0)$，点 A 是椭圆 C_1 与抛物线 C_2 的交点，过点 A 的直线 l 交椭圆 C_1 于点 B，交抛物线 C_2 于点 M(B, M 不同于点 A).

(1) 若 $p=\frac{1}{16}$，求抛物线 C_2 的焦点坐标；

(2) 若存在不过原点的直线 l 使 M 为线段 AB 的中点，求 p 的最大值.

【能力提高】

1. 已知抛物线 C：$y^2=2px$ $(p>0)$，直线 l 交此抛物线于不同的两个点 $A(x_1,\ y_1)$，$B(x_2,\ y_2)$.

(1) 当直线 l 过点 $M(p,\ 0)$时，证明：y_1y_2 为定值.

(2) 当 $y_1y_2=-p$ 时，直线 l 是否过定点？若过定点，求出定点坐标；若不过，请说明理由.

(3) 如果直线 l 过点 $M(p,\ 0)$，过点 M 再作一条与直线 l 垂直的直线 l' 交抛物线 C 于两个不同的点 D，E. 设线段 AB 的中点为 P，线段 DE 的中点为 Q，记线段 PQ 的中点为 N. 问是否存在一条直线和一个定点，使得点 N 到它们的距离相等？若存在，求出这条直线和这个定点；若不存在，请说明理由.

2. 设抛物线 $C: y^2=2px(p>0)$ 的焦点为 F，点 $D(p, 0)$，过点 F 的直线交 C 于 M, N 两点. 当直线 MD 垂直于 x 轴时，$|MF|=3$.

(1) 求抛物线 C 的方程；

(2) 设直线 MD, ND 与 C 的另一个交点分别为 A, B，记直线 AB, MN 的倾斜角分别为 α, β. 当 $\alpha-\beta$ 取得最大值时，求直线 AB 的方程.

【归纳小结】

1. 理解并能灵活运用抛物线定义，学会用抛物线的定义解题. 抛物线方程中，字母 p 的几何意义是焦点到准线的距离，$\frac{p}{2}$ 是焦点到顶点的距离.

2. 掌握抛物线的几何性质：对称性、范围、顶点、焦点、准线. 这些基本性质是解决计算等问题的基础和关键. 适度了解一些焦点弦所特有的几何性质与坐标的代数特征.

3. 求抛物线方程时，要依据题设的条件，判断出抛物线的对称轴和开口方向，正确选择抛物线的标准方程.

4. 直线与抛物线的位置关系一般是联立方程，用一元二次方程的判别式、根与系数的关系、中点坐标公式等来处理，若有直线过焦点，通常要结合定义来求解.

*9.9 曲线与方程

【知识梳理】

1. 曲线的方程与方程的曲线

在直角坐标系中，如果曲线 C（看作适合某种条件的点的集合或轨迹）与方程 $F(x, y)=0$ 的实数解集合之间有如下两个关系：

(1) 曲线 C 上任意一点的坐标都是方程 $F(x, y)=0$ 的解；

(2) 以方程 $F(x, y)=0$ 的解为坐标的点都是曲线 C 上的点.

这时，我们把方程 $F(x, y)=0$ 称为曲线 C 的方程，曲线 C 称为方程 $F(x, y)=0$ 的曲线.

已知曲线求轨迹方程，其方法有直接法、代入法、定义法、参数法等.

2. 曲线的交点

如果曲线 C_1, C_2 的方程分别为 $F_1(x, y)=0$, $F_2(x, y)=0$，则方程组 $\begin{cases}F_1(x, y)=0,\\F_2(x, y)=0\end{cases}$ 的解即为曲线 C_1, C_2 的交点坐标；如果方程组无解，则曲线 C_1, C_2 无交点.

3. 参数方程

一般地，在平面直角坐标系中，如果曲线 C 上任意一点的坐标 x, y 都是某个变量 t 的函数 $\begin{cases}x=f(t),\\y=g(t),\end{cases}$ $t\in D$，并且对于每一个 t 的允许取值，方程组所确定的点 $P(x, y)$ 都在曲线 C 上. 那么该方程组就称为曲线 C 的参数方程，变量 t 称为参变量或参数.

4. 极坐标与极坐标方程

在如图 9-8 所示的极坐标中，定点 O 称为极点，射线 Ox 称为极轴，(ρ, θ) 称为点 M 的极坐标，其中 ρ 称为点 M 的极径，θ 称为点 M 的极角.

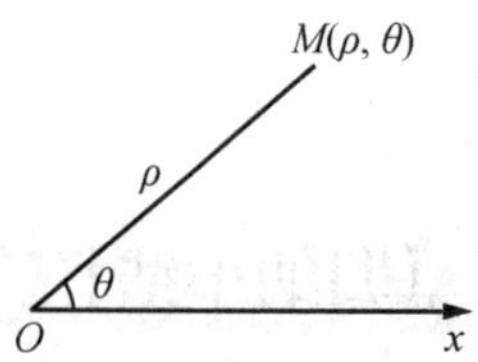

图 9-8

与平面直角坐标系一样，极坐标系也可以确定平面上点的位置，建立平面曲线的极坐标方程 $F(\rho, \theta)=0$.

【讲练平台】

考点 1 曲线与方程的概念

例 1 如果曲线 C 上任意一点的坐标都是方程 $F(x, y)=0$ 的解，则下列命题正确的是 (　　).

(A) 曲线 C 的方程是 $F(x, y)=0$

(B) 曲线 C 上的点都在方程 $F(x, y)=0$ 的曲线上

(C) 方程 $F(x, y)=0$ 的曲线是曲线 C

(D) 以方程 $F(x, y)=0$ 的解为坐标的点都在曲线 C 上

解 曲线 C 上任意一点的坐标都是方程 $F(x, y)=0$ 的解，但以方程的解为坐标的点不一定在曲线 C 上，故选答案(B).

考点 2 求曲线的方程

例 2 设过点 $P(x, y)$ 的直线分别与 x 轴的正半轴和 y 轴的正半轴交于 A，B 两点，点 Q 与点 P 关于 y 轴对称，O 为坐标原点，若 $\overrightarrow{BP}=2\overrightarrow{PA}$ 且 $\overrightarrow{OQ}\cdot\overrightarrow{AB}=1$，求点 P 的轨迹方程.

解 由题意得，$A\left(\frac{3}{2}x, 0\right)$，$B(0, 3y)$，$Q(-x, y)$，代入 $\overrightarrow{OQ}\cdot\overrightarrow{AB}=1$，

得点 P 的轨迹方程 $\frac{3}{2}x^2+3y^2=1(x>0, y>0)$.

例 3 已知△ABC 的周长为 12，$B(0, -2)$，$C(0, 2)$，则顶点 A 的轨迹方程为__________.

解 △ABC 的周长 $|AB|+|AC|+|BC|=12$，所以 $|AB|+|AC|=8$，

顶点 A 的轨迹是以 $B(0, -2)$，$C(0, 2)$ 为焦点，$2a=8$ 的椭圆.

因为 $c=2$，所以 $b^2=a^2-c^2=12$，

又焦点在 y 轴上，且 A，B，C 三点不共线，

所以顶点 A 的轨迹方程为 $\frac{x^2}{12}+\frac{y^2}{16}=1(x\neq 0)$.

考点 3 参数方程

例 3 将下列参数方程化为普通方程，并说明它们各表示什么曲线？

(1) $\begin{cases} x=\frac{a}{2}\left(t+\frac{1}{t}\right), \\ y=\frac{b}{2}\left(t-\frac{1}{t}\right), \end{cases}$ t 为参数，a，b 为正常数； (2) $\begin{cases} x=2\sec\theta, \\ y=\tan\theta, \end{cases}$ $\theta\in\left(-\frac{\pi}{2}, \frac{\pi}{2}\right)$.

解 (1) 因为 $x^2=\frac{a^2}{4}\left(t+\frac{1}{t}\right)^2=\frac{a^2}{4}\left(t^2+\frac{1}{t^2}+2\right)$，$y^2=\frac{b^2}{4}\left(t-\frac{1}{t}\right)^2=\frac{b^2}{4}\left(t^2+\frac{1}{t^2}-2\right)$，所以 $\frac{x^2}{a^2}-\frac{y^2}{b^2}=\frac{1}{4}\left(t^2+\frac{1}{t^2}+2\right)-\frac{1}{4}\left(t^2+\frac{1}{t^2}-2\right)=1$，即普通方程为 $\frac{x^2}{a^2}-\frac{y^2}{b^2}=1$，表示双曲线.

(2) 由 $x^2=4\sec^2\theta$，$y^2=\tan^2\theta$，得 $\frac{x^2}{4}=1+y^2$，由于 $\theta\in\left(-\frac{\pi}{2}, \frac{\pi}{2}\right)$，所以 $x>0$，

即普通方程为 $\frac{x^2}{4}-\frac{y^2}{1}=1$，$x>0$，表示双曲线的右支.

考点 4 极坐标方程

例 4 在平面直角坐标系 xOy 中，直线 l 过点 $P(1, -1)$，且倾斜角为 $\frac{\pi}{4}$，以坐标原点为极点，x 轴的正半轴为极轴建立极坐标系，曲线 C 的极坐标方程为 $\rho^2=\frac{24}{3-\cos 2\theta}$.

(1) 求曲线 C 的直角坐标方程；

(2) 已知直线 l 与曲线 C 交于 M, N 两点,求 $|PM|\cdot|PN|$.

解 (1) 由 $\rho^2=\dfrac{24}{3-\cos 2\theta}$,有 $\rho^2(3-\cos 2\theta)=24$,即 $\rho^2(\cos^2\theta+2\sin^2\theta)=12$,考虑到 $x=\rho\cos\theta$, $y=\rho\sin\theta$,所以 $x^2+2y^2=12$,即曲线 C 的直角坐标方程为 $\dfrac{x^2}{12}+\dfrac{y^2}{6}=1$.

(2) 直线 l 的参数方程为 $\begin{cases}x=1+\dfrac{\sqrt{2}}{2}t,\\ y=-1+\dfrac{\sqrt{2}}{2}t,\end{cases}$ t 为参数,

代入 $x^2+2y^2=12$,得 $\left(1+\dfrac{\sqrt{2}}{2}t\right)^2+2\left(-1+\dfrac{\sqrt{2}}{2}t\right)^2=12$,即 $\dfrac{3}{2}t^2-\sqrt{2}t-9=0$.

由题意设,M, N 对应的参数分别为 t_1, t_2,则 $t_1+t_2=\dfrac{2\sqrt{2}}{3}$, $t_1t_2=-6$,

所以 $|PM|\cdot|PN|=|t_1t_2|=6$.

【基础训练】

1. 已知点 $P(a, b)$,曲线 C_1 的方程为 $y=\sqrt{1-x^2}$,曲线 C_2 的方程为 $x^2+y^2=1$,则"点 $P(a, b)$ 在曲线 C_1 上"是"点 $P(a, b)$ 在曲线 C_2 上"的(　　).

(A) 充分非必要条件　　(B) 必要非充分条件

(C) 充要条件　　(D) 既非充分也非必要条件

2. 直线 $\begin{cases}x=-1-\dfrac{1}{2}t,\\ y=2+\dfrac{\sqrt{3}}{2}t\end{cases}$ 上到点 $P(-1, 2)$ 的距离等于 2 的点的坐标为__________.

3. 在极坐标系中,圆 C:$\rho=8\sin\theta(\rho\in\mathbf{R})$ 上的点到直线 l:$\theta=\dfrac{\pi}{3}$ 距离的最大值为________.

4. 已知两点 $F_1(-2, 0)$, $F_2(2, 0)$,动点 P 在 y 轴上的射影是 H,且 $2\overrightarrow{PF_1}\cdot\overrightarrow{PF_2}=\overrightarrow{PH}^2$. 则动点 P 的轨迹方程是__________.

5. 方程 $(|x|-|y|-1)(x^2-9)=0$ 表示的曲线所围成的封闭图形的面积是__________.

6. 在平面直角坐标系 xOy 中,以 $\sqrt{3}$ 为斜率且经过点 $(2, 0)$ 的直线的极坐标方程为__________.

7. 数学中有许多形状优美、寓意美好的曲线,曲线 C:$x^2+y^2=1+|x|y$ 就是其中之一(如图 9-9),给出下列两个命题:命题 q_1:曲线 C 上任意一点到原点的距离都不超过 $\sqrt{2}$;命题 q_2:曲线 C 所围成的"心形"

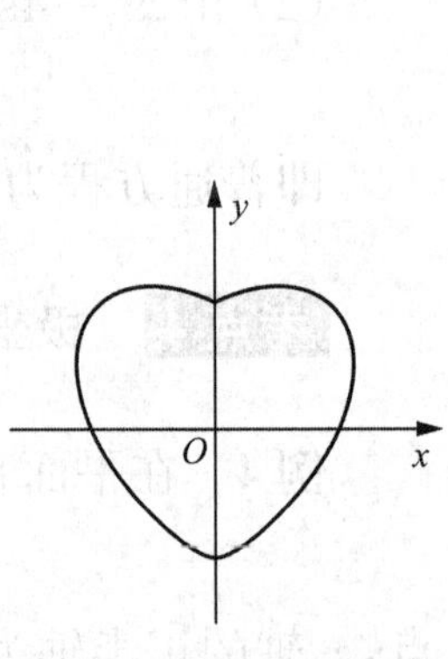

图 9-9

区域的面积小于 3,则下列说法正确的是(　　).

(A) 命题 q_1 是真命题,命题 q_2 是假命题

(B) 命题 q_1 是假命题,命题 q_2 是真命题

(C) 命题 q_1,q_2 都是真命题

(D) 命题 q_1,q_2 都是假命题

8. 如图 9-10 所示,已知 $P(4,\ 0)$是圆 $x^2+y^2=36$ 内一点,A,B 是圆上两动点,且满足 $\angle APB=90°$,求矩形 $APBQ$ 的顶点 Q 的轨迹方程.

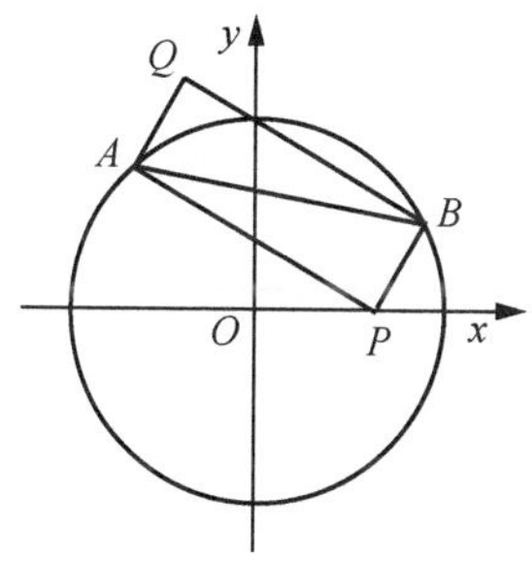

图 9-10

【能力提高】

1. 已知椭圆 C 的方程为$\dfrac{x^2}{2}+y^2=1$,过动点 P 存在两条互相垂直的直线 l_1,l_2 与椭圆 C 均有且只有一个公共点,求动点 P 的轨迹方程.

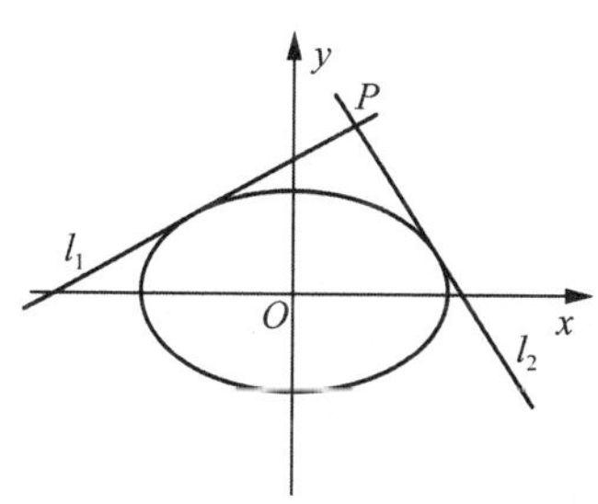

图 9-11

2. 在△ABC 中，$c=10$，$\frac{\cos A}{\cos B}=\frac{b}{a}=\frac{4}{3}$，$P$ 为△ABC 内切圆上动点，求以 PA，PB，PC 为直径的三个圆面积之和的最小值和最大值.

【归纳小结】

1. 求解曲线的方程的一般步骤：首先应有平面直角坐标系；其次设曲线上任意一点；然后写出表示曲线的点集满足的条件；再代入坐标；最后整理出方程，并证明或修正. 常用的方法有：定义法、直接法、代入法、参数法，解题时必须正确理解各种方法的适用条件.

2. 把曲线交点问题转化为方程组解的问题，实际上是一种化归思想，在具体问题中有时还要注意使用分类讨论和数形结合的思想.

3. 参数方程中参数的取值范围很重要，该取值范围决定了曲线 $F(x, y)=0$ 中变量 x，y 的取值范围.

10 数学建模

10.1 数学建模

【知识梳理】

1. 数学建模

根据实际问题来建立数学模型，对数学模型进行求解，然后根据结果去解决实际问题. 当需要从定量的角度分析和研究一个实际问题时，人们就要在深入调查研究、了解对象信息、作出简化假设、分析内在规律等工作的基础上，用数学的符号和语言作表述来建立数学模型.

2. 数学建模的内涵

一是对现实问题的数学抽象；二是用数学的语言表达问题；三是用数学方法构建模型解决问题.

3. 数学建模的过程与方法(图 10-1)

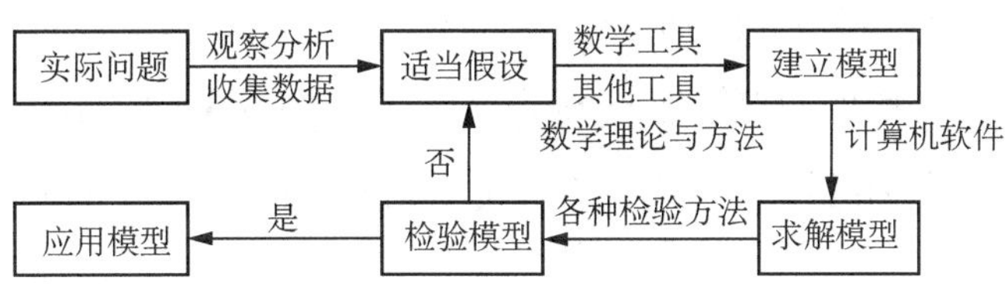

图 10-1

4. 数学建模与应用题的区别

(1) 数学建模问题来自于实际，具有较大的开放性，问题中的条件往往不够充分，需要学生去收集数据、整合信息；应用题则是针对某个特定的知识，为了理解和应用而人为设置的，问题条件较为理想化，往往直接将背景中的数量关系符号化或做简单的假设就可以根据问题建立起数学模型，其重点在于抽象和模型求解.

(2) “假设”是数学建模过程中必不可少的一步，是为了抓住问题的本质，忽略次要因素，使问题更加明确. 想象力、洞察力、判断能力以及经验在模型假设中起着重要的作用. 而应用题的已知条件是给定的，往往不需要假设.

(3) 从问题的结果来看，两者都要经过检验，如果结果和实际不符，就需要修改模型或列式. 数学建模的答案会根据分析假设以及选择的模型不同而不同，也就是说数学建模的答案是开放的. 应用题则不一样，它的答案是确定的.

(4) 从结论的表达形式上看，数学建模问题需要写成报告文章，应用题则只需要写出答案.

(5) 如图 10-2 所示. 从求解的步骤来看,应用题的解题步骤是数学建模问题的一部分,而且数学建模问题比应用题更能反映日常生活和生产实际,对学生各方面的要求更高.

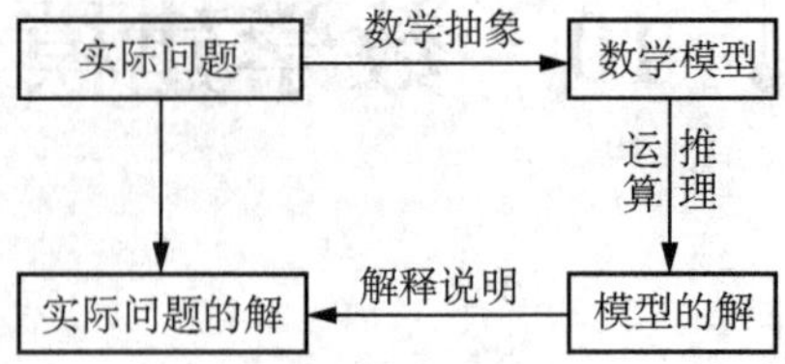

图 10-2

5. 数学建模的分类

方程(组)与不等式模型、函数模型、数列模型、三角模型、概率统计模型、优化模型、几何(解析几何与立体几何)模型.

【讲练平台】

考点 1 利用既定模型命题

例 1 某家庭为准备孩子上大学的学费,决定每年 6 月 30 日在银行中存入 1 万元,连存 5 年. 在询问储蓄利率并结合家庭的实际情况考虑后,他们打算在五年期零存整取和每年转存的存款方式中选择一种合适的,已知五年期零存整取的年利率是 6.5%,每年转存的年利率是 5.7%,请你帮这户家庭设计存款方案.

问题分析 通过查阅资料可知,零存整取是每年由储户自定固定存额,每年存入一次,到期支取时按实存金额和实际存期计算利息,零存整取按单利计息. 每年转存则是指在定期存款到期之后,自动将该笔存款的本利和重新转为定期,从而实现续期存款,按复利计息. 这两种存款方式分别是单利计息和复利计息,但由于利率不同,因此最后的本利也不同.

模型建构 设 n 为存款的年数,则

① 如果按五年期零存整取计算,那么每存入 a 元,按 $a\cdot(1+n\cdot 6.5\%)$ 计算本利和,

则 5 年零存整取本利和是 $1\times(1+5\times 6.5\%)+1\times(1+4\times 6.5\%)+\cdots+1\times(1+6.5\%)=5.975$(万元).

② 如果按每年转存的方式计算,那么每存入 a 元,按 $a\cdot(1+5.7\%)$ 计算本利和.

则 5 年的本利和是 $1\times(1+5.7\%)^5+1\times(1+5.7\%)^4+\cdots+1\times(1+5.7\%)\approx 5.923$(万元).

所以,选择 5 年期零存整取的方法好.

反思 等差数列和等比数列是最基本的两类数列,以此为模型的问题很多,如常见的人口与住房问题、疾病问题、细菌传播问题等.

考点 2 从模型假设的环节命题

例 2 这是一个著名的问题:某家庭有 4 个女孩,她们去洗碗,结果打破了 4 个碗,其中有 3 个是同一个女孩打破的,因此其他人说她笨拙.

(1) 针对这一问题作了如下假设,其中合理的是________;

假设 1:每个女孩打破碗的概率是相同的,即是等可能的;

假设 2:每个人洗碗的地点、方式与方法都一样,打破碗没有其他的客观因素;

假设 3:家人关系和睦,不存在偏袒现象;

假设 4:每一个打破的碗都是由一个人打破的.

(2) 这个小女孩有理由为自己辩驳吗?

解 (1)“假设”是数学建模中不能缺少的环节，合情假设的目的是在不改变本质的情形下简化问题，就像修剪枝叶保留主干. 为了了解女孩打破 3 个碗的概率，需建立合适的模型，故需事件独立，即每个人的洗碗都不受其他因素的影响. 所以以上假设都是正确的.

(2) 小女孩是否有理由为自己辩驳，关键在于判断“同一个人打碎 3 个碗”这件事是小概率事件还是大概率事件，如果是小概率事件，那么根据小概率事件不发生原理可以推得，小女孩无法辩驳，否则就有理由为自己辩驳.

模型构建

模型一：(古典概型)

记事件 A：女孩甲打破了三只碗. 完成事件 A 需要经过 2 个步骤：

① 4 个碗中的 3 个被女孩甲打破了；

② 余下的 1 个碗被其余三个女孩中的一个打破了.

则事件 A 有 $C_4^1 \cdot C_3^1=12$ 种不同的选择方法. 又因为一个碗只能由一个人打破，但一个人可以打破多个碗，所以 4 个碗被打破共有 $4^4=256$ 种方法.

所以 $P(A)=\frac{12}{256}\approx 0.047$.

因此，在等可能情况下，小女孩打破 3 个碗是小概率事件，由小概率事件不发生原理，小女孩没有理由辩驳.

模型二：(伯努利概型)

易知，对于每一只打破的碗，它被其中某一位女孩打破的概率是 $\frac{1}{4}$，不是被这位女孩打破的概率是 $\frac{3}{4}$. 本题是 $n=4$ 的伯努利概型，记事件 B 是“4 个碗中有 3 个是女孩甲打破的”，则 $P(B)=C_4^3 \cdot \left(\frac{1}{4}\right)^3 \cdot \left(\frac{3}{4}\right)\approx 0.047$.

所以，小女孩打破三个碗是小概率事件，因此小女孩没有理由反驳.

例 3 一门高射炮炮口可在水平面 $360°$ 范围内任意转动，并可在铅直平面内以 $0°$ 和 $90°$ 之间任一仰角发射.

(1) 为了使这个模型突出主要问题，请作出合理的假设；

(2) 设炮口偏角为 $\alpha(0°\leqslant\alpha\leqslant 90°)$，炮弹离开炮口时初速度为定值 v_0，求该高射炮的火力范围.

解 (1) 模型假设：① 忽略炮身大小，把其看作一个几何点；

② 忽略空气的阻力.

(2) 取炮口为坐标原点 O，铅直向上为 z 轴，任意一个方位的铅直平面为 yOz 坐标面，再取相应的 y 轴，得到坐标系如图 10-3 所示.

我们先在 yOz 坐标面的第一象限内来进行考察. 可以求得炮弹在空中飞行的轨迹的参数

方程为：

$$y=v_0t\cos\alpha,\ z=v_0t\sin\alpha-\frac{1}{2}gt^2,$$

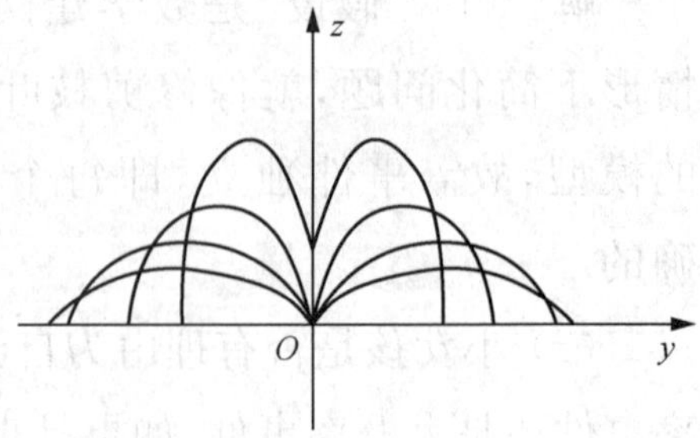

图 10-3

在这两个方程中消去参数 t，可得：

$$z=y\tan\alpha-\frac{1}{2v_0^2}gy^2(1+\tan^2\alpha),$$

上式可以改写为：$z=\frac{v_0^2}{2g}-\frac{gy^2}{2v_0^2}-\frac{gy^2}{2v_0^2}\left(\tan\alpha-\frac{v_0^2}{gy}\right)^2$，

由此可知，能够选取适当的坐标系，使 yOz 坐标面的第一象限内的点 $(y,\ z)$ 总能被击中的充要条件是 $0\leqslant z\leqslant\frac{v_0^2}{2g}-\frac{gy^2}{2v_0^2}$.

将此区域绕 z 轴旋转一周，即可得所求的火力范围. 通过旋转面与旋转体知识的推导，可以得出高射炮的火力范围是一个旋转体 $0\leqslant z\leqslant\frac{v_0^2}{2g}-\frac{g}{2v_0^2}(x^2+y^2)$.

考点 3　从模型的解读和验证角度命题

例 4　红铃虫是棉花主要害虫之一，一只红铃虫的产卵数和温度有关. 现收集了 7 组观测数据，用 4 种模型分别进行拟合. 由此得到相应的回归方程并进行残差分析，进一步得到如下 4 幅残差图，根据残差图，拟合效果最好的模型是(　　).

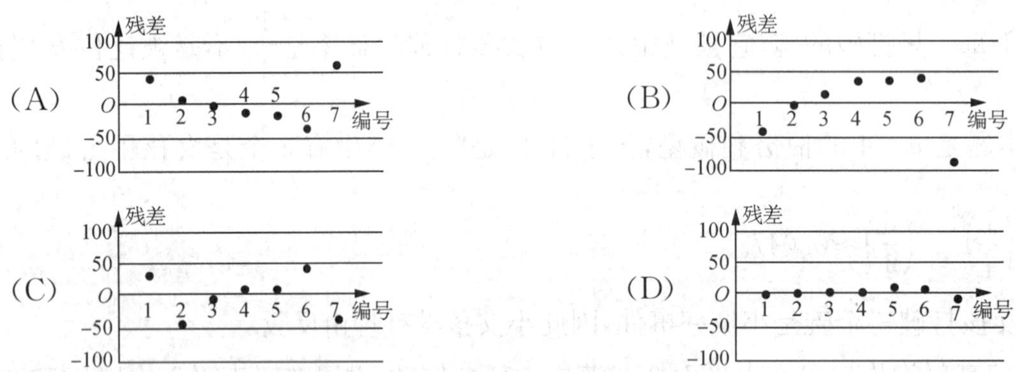

解　当残差点比较均匀地落在水平的带状区域中，说明选用的模型比较合适，这样的带状区域的宽度越窄，说明拟合精度越好，拟合效果越好，对比 4 个残差图，可知模型四的图对应的带状区域的宽度最窄. 故答案选(D).

例 5　习近平总书记在党的十九大报告中指出，必须树立和践行“绿水青山就是金山银山”的生态文明发展理念，这将进一步推动新能源汽车产业的迅速发展. 根据近几年我国某新能源汽车的年销售量的调研，作出如图 10-4 所示的散点图，给出 y 与 x 销售的两种回归模型：

① $y=bx+a$，② $y=cx^2+d$，你认为哪个模型更适宜______

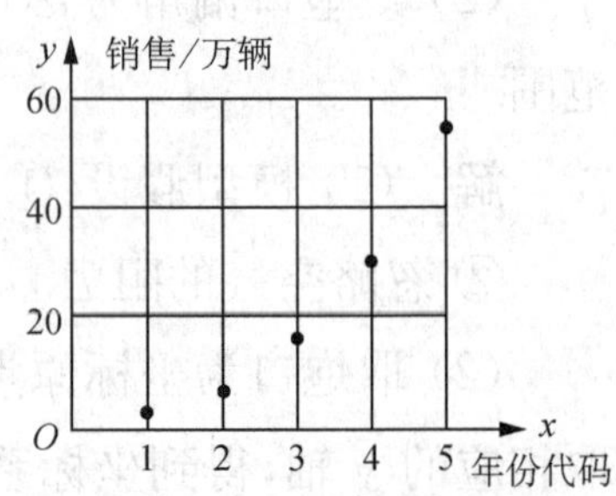

图 10-4

______.（从①②中选一个填到空格处）

解 根据散点图 10-4 知，$y=cx^2+d$ 更适宜作为年销量 y 关于年份代码 x 的回归方程；故答案为②.

考点 4 利用模型假设，分层检验命题

例 6 购买水果时，仔细观察会发现，放在箱内的水果，虽然每层相邻两个水果之间是紧密相连，但是上下层之间的水果放却是错开的，这样放可以节约包装成本. 请你作出合理的假设，并从层高的角度分析其中的原因.

解 用相同的纸箱装水果，影响箱内水果数量的因素很多，诸如每一个水果的大小，水果放的方式等. 当箱内装有多层水果时，上下两层水果放置的位置关系也会影响所装水果的数量，因此我们可以从如下几个方面进行合理假设：

假设 1：纸箱每层放置的水果个数是相同的；

假设 2：水果为球形，大小一样，直径为 d.

模型建构时考虑水果摆放的高度，一般情况下，层与层之间有两种摆放方法，“叠装”和“错装”. “叠装”是将上层水果对齐摆放在下一层相应水果上方，此时第二层水果顶部到纸箱底部的距离是 h_1；“错装”则是将上层水果放置于下层水果的缝隙处，此时第二层水果顶部到纸箱底部的距离是 h_2，如图 10-5 所示.

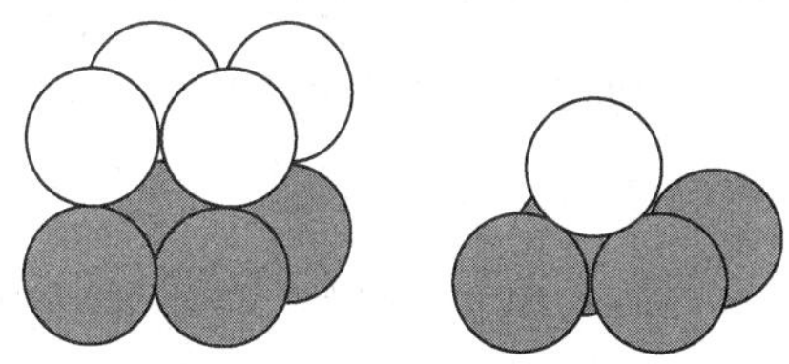

图 10-5

易知 $h_1=2d$，对于 h_2，则可利用正四棱锥模型求解.

如图 10-6 所示，分别以球心为顶点构造正四棱锥 $O\text{-}ABCD$，M 是底面 $ABCD$ 的中心，连接 OM，作 $MN\perp BC$ 交 BC 于点 N，连接 ON，则

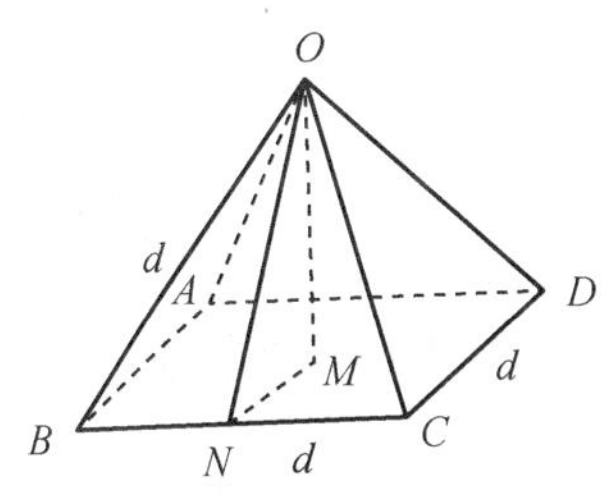

图 10-6

在 $\mathrm{Rt}\triangle OBN$ 中，$OB=d$，$BN=\dfrac{d}{2}$，$\angle ONB=90^\circ$，可求得 $ON=\dfrac{\sqrt{3}}{2}d$.

在 $\mathrm{Rt}\triangle OMN$ 中，$ON=\dfrac{\sqrt{3}}{2}d$，$MN=\dfrac{d}{2}$，$\angle OMN=90^\circ$，可求得 $OM=\dfrac{\sqrt{2}}{2}d$.

所以，第二层水果顶部到纸箱底部的距离 $h_2=\left(1+\dfrac{\sqrt{2}}{2}\right)d$.

可见，用“错装”的方式放置水果比用“叠装”的方式放置所占空间的高度少，还有利于包装减小成本.

例 7 某班在学习了解斜三角形后对测量产生了浓厚的兴趣，他们分成若干小组准备测量学校附近最高的同一幢大楼. 他们手上只有测量角度与测量距离工具.

根据上述情境，请选择以下合适的假设，求大楼的高度.

假设 1：大楼垂直于地面；

假设 2：大楼抽象成一条线段，记作 BA，它的顶点看作质点，记作 A，它的底面也看作质点，记作 B；

假设 3：大楼底部与测量者脚部位于同一水平面；

假设 4：测量者的身高为 h；

测量 5：测量时，测量者前面是一片开阔的空地，可以直接测量出测量者与大楼之间的距离 m；

假设 6：测量者在 D 处测得仰角为 θ；

假设 7：大楼与测量者之间有建筑物，没法直接测量出测量者与大楼之间的距离；

假设 8：测量选择了两个观测点 D_1, D_2，且 B, D_1, D_2 三点共线，在观测点 D_1, D_2 处测得仰角分别为 α 和 β，且 D_1, D_2 的距离为 m；

假设 9：因某种原因，测量者只能在房间窗口（二楼及以上）测量大楼的高度，观测点所在的楼房也垂直于地面，观测点位于不同的楼层；

假设 10：在一栋楼 C_1, C_2 两处分别测得大楼顶点 A 处的仰角为 α_1, α_2，大楼底部 B 处的俯角为 β_1, β_2，测得 C_1, C_2 的高度差为 m；

假设 11：测量者在地面上的一条直线 l 上选取了三个观测点 D, E, F，点 B 不在直线 l 上，在 D, E, F 处测得的仰角分别为 α, β, γ，且 $DE=EF=m$.

解 层次一：选择假设 1, 2, 3, 4, 5, 6.

如图 10-7 所示，易求得大楼的高度为 $AB=h+m\tan\theta$；

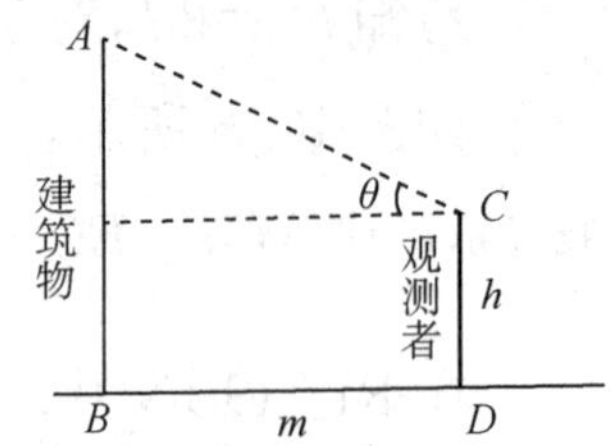

图 10-7

层次二：选择假设 1, 2, 3, 4, 7, 8.

如图 10-8 所示，$C_1E=AE\cot\alpha$, $C_2E=AE\cot\beta$,

得 $m=C_1E-C_2E=AE(\cot\alpha-\cot\beta)$,

所以 $AE=\dfrac{m\sin\alpha\sin\beta}{\sin(\beta-\alpha)}$,

所以大楼的高度为 $AB=h+\dfrac{m\sin\alpha\sin\beta}{\sin(\beta-\alpha)}$.

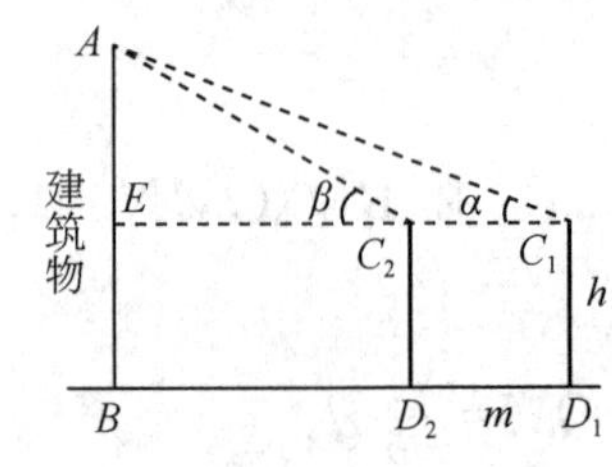

图 10-8

层次三：选择假设 1, 2, 9, 10.

如图 10-9 所示，在 $\triangle AC_1C_2$ 中，$\angle C_1AC_2=\alpha_2-\alpha_1$, $\angle AC_1C_2=\alpha_1+\dfrac{\pi}{2}$, $C_1C_2=m$,

由正弦定理，得 $AC_2=\dfrac{m\cos\alpha_1}{\sin(\alpha_2-\alpha_1)}$,

同理，得 $BC_2=\dfrac{m\cos\beta_1}{\sin(\beta_1-\beta_2)}$,

在 $\triangle ABC_2$ 中，由余弦定理，得

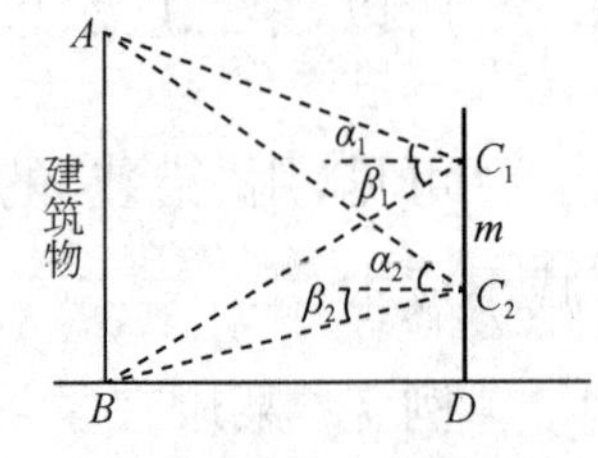

图 10-9

$$AB=m\sqrt{\frac{\cos^2\alpha_1}{\sin^2(\alpha_2-\alpha_1)}+\frac{\cos^2\beta_1}{\sin^2(\beta_1-\beta_2)}-\frac{2\cos\alpha_1\cos\beta_1\cos(\alpha_2+\beta_2)}{\sin(\beta_1-\beta_2)\sin(\alpha_2-\alpha_1)}}.$$

层次四:选择假设 1, 2, 3, 11.

如图 10-10 所示,设大楼高为 H,

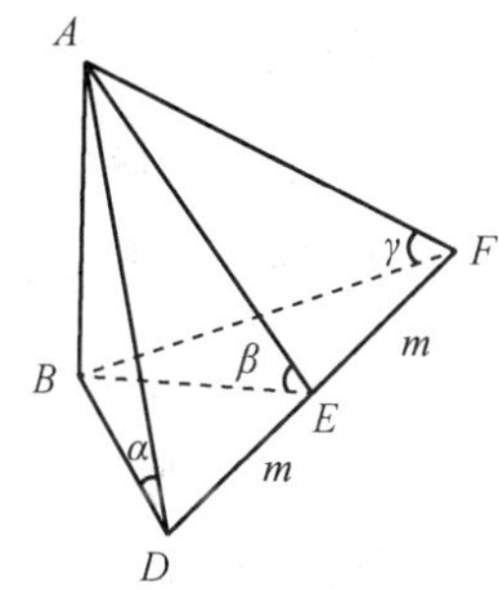

图 10-10

由题意知:$AD=\frac{H}{\sin\alpha}$, $AE=\frac{H}{\sin\beta}$,$AF=\frac{H}{\sin\gamma}$,

在△ADE 中,有 $\cos\angle AED=\frac{m^2+\left(\frac{H}{\sin\beta}\right)^2-\left(\frac{H}{\sin\alpha}\right)^2}{2m\cdot\frac{H}{\sin\beta}}$,

在△AFE 中,有 $\cos\angle AEF=\frac{m^2+\left(\frac{H}{\sin\beta}\right)^2-\left(\frac{H}{\sin\gamma}\right)^2}{2m\cdot\frac{H}{\sin\beta}}$,

因为$\angle AED+\angle AEF=\pi$,

所以$\frac{m^2+\left(\frac{H}{\sin\beta}\right)^2-\left(\frac{H}{\sin\alpha}\right)^2}{2m\cdot\frac{H}{\sin\beta}}+\frac{m^2+\left(\frac{H}{\sin\beta}\right)^2-\left(\frac{H}{\sin\gamma}\right)^2}{2m\cdot\frac{H}{\sin\beta}}=0$,

得到 $H=m\sqrt{\frac{2}{\frac{1}{\sin^2\alpha}+\frac{1}{\sin^2\gamma}-\frac{2}{\sin^2\beta}}}$.

总结 本题的解答不唯一,除了上述提供的四种层次的解答之外,还可以有很多其他的求解方案.此外,不必拘泥于条件中所给出的 11 种假设,鼓励提出更多的合理假设,并根据这些假设建立模型、求解模型.

【基础训练】

1. 某工厂常年生产红木家具,根据预测可知,该产品近 10 年的产量平稳增长.记 2024 年为第 1 年,且前 4 年中,第 x 年与年产量 $f(x)$(单位:万件)之间的关系见下表:

x	1	2	3	4
$f(x)$	4.00	5.61	7.00	8.87

若 $f(x)$ 近似符合以下三种函数模型之一:① $f(x)=ax+b$, ② $f(x)=2^x+a$, ③ $f(x)=\log_{\frac{1}{2}}x+a$.则你认为最适合的函数模型的序号为__________.

2. 汽车在行驶中的刹车距离与刹车前汽车行驶的速度有关;与行驶人员的反应时间有关,因人而异;与车辆的刹车性能有关,因车而异;还与道路状况,天气状况等一些随机因素有关. 为了解急刹车时应有的安全距离，以下假设中合理的是____________.

(1) 驾驶人员的反应速度极快，近似地将时间看为 0；

(2) 汽车在高速公路上行驶，刹车性能良好；

(3) 天气状况并不影响驾驶人员的视线.

3. 新能源汽车以使用成本低、行驶稳定、更加环保的特点，受到广大消费者的青睐，消费者在购买新能源汽车时除了外观、性能、技术等因素之外，还非常看重电池的续航能力，通常用百公里的耗电量作为其中的一个评判标准. 为了客观、公正评计该车行驶时百公里内的耗电量，作出了以下假设：

(1) 车辆在路况较好的高速公路上行驶；

(2) 车辆不在极端天气下行驶；

(3) 车辆在正常行驶中，没有发生任何故障、事故，没有进行无故耗电操作；

(4) 车辆在行驶中没有做为了减少电量消耗而故意节电的操作.

其中，正确的假设是____________.

4. (必修一课后阅读)船速一定的汽船，在静水中和有流速河中往返航行同样的距离，所需的时间是否一样？

有人认为二者所需的时间是一样的，他们的理由是：当河水有流速时，汽船逆流上行虽然速度要减慢，但回来时顺流下行的速度加快，二者互相补偿，航行时间就应和在静水中往返一次所需的时间一样.

为了用数学知识解决这一问题，你觉得需作哪些合理的假设？

5. 某地原有森林木材存量为 a，且每年增长率为 25%，因生产建设的需要每年年底要砍伐一定量的木材，同时为了保护生态环境，防止水土流失，要求森林木材存量不得少于$\frac{7a}{9}$. 如果每年年底砍伐的木材量为$\frac{19a}{72}$，那么该地会发生水土流失吗？

6. 为了治理沙尘暴，西部某地区政府经过多年努力，到 2019 年年底，将当地沙漠绿化了 40%. 从 2020 年开始，每年将出现这种现象：原有沙漠面积的 12%被绿化，即改造为绿洲(被绿化的部分称为绿洲)，同时原有绿洲面积的 8%又被侵蚀为沙漠，问至少经过几年的绿化，才能使该地区的绿洲面积超过 50%？(结果精确到 1 年)

【能力提高】

1. 斐波那契数列：1，1，2，3，5，8，13，…的递推关系是：$f(1)=1$，$f(2)=1$，$f(n+2)=f(n+1)+f(n)$，n 是正整数. 该递推关系就是斐波那契数列的数学模型. 众所周知，斐波那契数列来自于斐波那契在 1202 年撰写的《算盘全书》，书中有很多有趣的故事，其中一则是有趣的兔子问题：若一对成年兔子，一雌一雄，每个月可以生一对小兔子，那么一年之后共可有多少对兔子？已知兔子对数成斐波那契数列模型，请作出合理的假设.

2. 已知舰 A 在舰 B 的正东，距离 6 km，舰 C 在舰 B 的北偏西 30°，距离 4 km，它们准备围找海洋动物，某时刻舰 A 发现动物信号，4 s 后，舰 B，C 同时发现这种信号，A 于是发射麻醉炮弹，动物信号的传播速度为 1 km/s，炮弹运行的初速度是 $\sqrt{\dfrac{20\sqrt{3}g}{3}}$ km/s，其中 g 是重力加速度.

(1) 请你就此情境，提出合理的假设，从而解决问题；

(2) 求舰 A 发射炮弹的方位角和仰角.

3. 某超市计划按月订购一种预防感冒饮品，每天进货量相同，进货成本每瓶 5 元，售价每瓶 8 元，未售出的饮品降价处理，以每瓶 3 元的价格当天全部处理完. 根据一段时间以来的销售经验，每天需求量与当天最高气温（单位：℃）有关. 如果最高气温不低于 30 ℃，需求量为 500 瓶；如果最高气温位于区间[25, 30)，需求量为 300 瓶；如果最高气温低于 25 ℃，需求量为 200 瓶. 为了确定七月份的订购计划，统计了前三年七月份各天的最高气温数据，得下面的频数分布表：

最高气温	[20, 25)	[25, 30)	[30, 35)	[35, 40)
天数	27	36	20	7

以最高气温位于各区间的频率代替最高气温位于该区间的概率.

(1) 求七月份这种饮品一天的需求量 x（单位：瓶）的分布；

(2) 若七月份一天销售这种饮品的利润的数学期望值不低于 700 元，则该月份一天的进货量 n（单位：瓶）应满足什么条件？

【归纳小结】

数学建模不仅仅用于解决数学问题，更注重培养建模的意识和方法. 对于数学建模的测试，既要求考查数学建模意识，又能兼顾各种数学素养：数学抽象、数据分析、数学运算、逻辑推理和直观想象.

10.2 函数模型

【知识梳理】

1. 方程(组)与不等式模型

主要掌握由单一的初等函数构成的方程.

2. 函数模型

(1) 二次函数型：$y=ax^2+bx+c\ (a\neq 0)$.

(2) 指数函数型：$y=A\cdot a^x+B\ (a>0$，且 $a\neq 1)$.

(3) 对数函数型：$y=A\cdot \log_a x+B\ (a>0$，且 $a\neq 1)$.

(4) 其他常用函数型：$y=x+\frac{k}{x}\ (k>0$ 或 $k<0)$.

(5) 导数型：主要掌握以下两个模型.

① 初等函数及四则运算构成的函数模型；

② 以一次函数为内层函数的复合函数模型.

【讲练平台】

考点1 方程(组)与不等式模型

例1 啮合是指两机械零件间的一种传动关系，称为啮合传动. 齿轮传动是最典型的啮合传动，也是应用最广泛的一种传动形式. 齿轮啮合传动具有适应范围大、传递效率较高、工作寿命长、传动平稳、可靠性高、能保证瞬时传动比恒定、能实现各种位置要求的两轴传动等特点，在近代机械传动中应用十分广泛. 已知相互啮合的两个齿轮，大轮 48 齿，小轮有 20 齿，如图 10-11 所示. 如果大轮的转速为 180 r/min，小轮的半径为 10.5 cm，求小轮周上一点每秒转过的弧长.

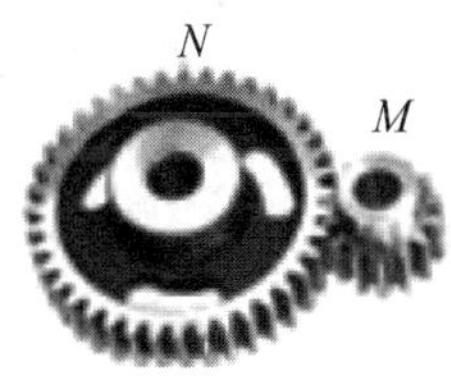

图 10-11

解 由情境分析得，现已知大轮的齿数和转速以及小轮的半径，所以要求小轮周上一点每秒转过的弧长，就需要探寻大轮和小轮转动时的关系，也就是要探寻其中的等量关系，从而构造方程，进而求解问题，大齿轮和小齿轮互相咬合一齿一齿地转动，通过探究两齿轮的转动特点，可以得到以下的等量关系：

① 小齿轮转动的总齿数＝大齿轮转动的总齿数，即小齿轮齿数×周数＝大齿轮齿数×周数；

② 小齿轮上的点转过的弧长＝该点转过的弧度数×小齿轮的半径.

模型建构 因为小齿轮齿数×周数＝大齿轮齿数×周数，所以假设当大轮动一周时，小轮转动了 x 周.

因为大轮转动了 48 个齿，代入等量关系得，$20\times x=48\times 1$.

所以小轮转动周数 $x=\frac{12}{5}$周.

又因为大齿轮的转速为 180 r/min，所以小齿轮转速为$\frac{12}{5}\times 180=432$ r/min.

故小齿轮周上一点每秒转过的弧度数为 $432\times 2\pi\div 60=\frac{72}{5}\pi$.

小齿轮周上一点每秒转过的弧长为$\frac{72}{5}\pi\times 10.5=151.2\pi$ cm.

考点 2　利用既定模型求解函数问题

例 2 我国西部某省 4A 级风景区内居住着一个少数民族村，该村投资了 800 万元修复和加强民俗文化基础设施. 据调查，修复好民俗文化基础设施后，任何一个月内(每月按 30 天计)每天的旅游人数 $f(x)$与第 x 天近似地满足 $f(x)=8+\frac{8}{x}$(千人)，且参观民俗文化村的游客人均消费 $g(x)$近似地满足 $g(x)=143-|x-22|$(元).

(1) 求该村第 x 天的旅游收入 $p(x)$(单位：千元，$1\leqslant x\leqslant 30$，$x\in\mathbf{N}$)的函数关系；

(2) 若以最低日收入的 20%作为每一天的纯收入的计量依据，并以纯收入的 5%的税率收回投资成本，试问该村在两年内能否收回全部投资成本？

分析 利用实际生活中旅游收入＝人均消费×当天的旅游人数，构造函数，结合函数的单调性，求解数学模型. 通过对本问题的思考和求解，突出数学的实际应用，提高抽象问题、建构模型、求解模型的能力.

解 (1) 依据题意，有

$$p(x)=f(x)\cdot g(x)=\left(8+\frac{8}{x}\right)\cdot(143-|x-22|)\ (1\leqslant x\leqslant 30,\ x\in\mathbf{N})$$

$$=\begin{cases}8x+\dfrac{968}{x}+976, & 1\leqslant x\leqslant 22,\ x\in\mathbf{N},\\ -8x+\dfrac{1\,320}{x}+1\,312, & 22< x\leqslant 30,\ x\in\mathbf{N}.\end{cases}$$

(2) ① 当 $1\leqslant x\leqslant 22$，$x\in\mathbf{N}$ 时，

$p(x)=8x+\frac{968}{x}+976\geqslant 2\sqrt{8x\cdot\frac{968}{x}}+976=1\,152$(当且仅当 $x=11$ 时，等号成立)，

因此，$p(x)_{\min}=p(11)=1\,152$(千元).

② 当 $22<x\leqslant 30,\ x\in\mathbf{N}$ 时，$p(x)=-8x+\dfrac{1\,320}{x}+1\,312$，

考察函数 $y=-8x+\dfrac{1\,320}{x}$，可知 $y=-8x+\dfrac{1\,320}{x}$ 在 $(22,\ 30]$ 上单调递减，

于是，$p(x)_{\min}=p(30)=1\,116$（千元）.

又 $1\,152>1\,116$，所以，日最低收入为 1 116 千元.

该村两年可收回的投资资金为 $1\,116\times 20\%\times 5\%\times 30\times 12\times 2=8\,035.2$（千元）$=803.52$（万元）.

因 803.52 万元>800 万元，所以该村两年内能收回全部投资资金.

例 3 某地区不同身高的未成年男性的体重平均值见下表：

身高/cm	60	70	80	90	100	110	120	130	140	150	160	170
体重/kg	6.13	7.90	9.99	12.15	15.02	17.50	20.92	26.86	31.11	38.85	47.25	55.05

(1) 现有两个函数：①$y=k\cdot a^x\ (a>0,\ a\neq 1)$；②$y=ax^2+bx+c$，问哪个函数更符合实际情况？请说明理由.

(2) 若体重比相同身高男性体重平均值的 1.2 倍高，则为偏胖，比相同身高男性体重平均值的 0.8 低为偏瘦，那么这个地区一名身高 175 cm、体重 82 kg 的在校男生体重是否正常？

解 (1) 分别以身高和体重作为横坐标和纵坐标，在坐标平面内画出这些点的散点图，如图 10-12 所示.

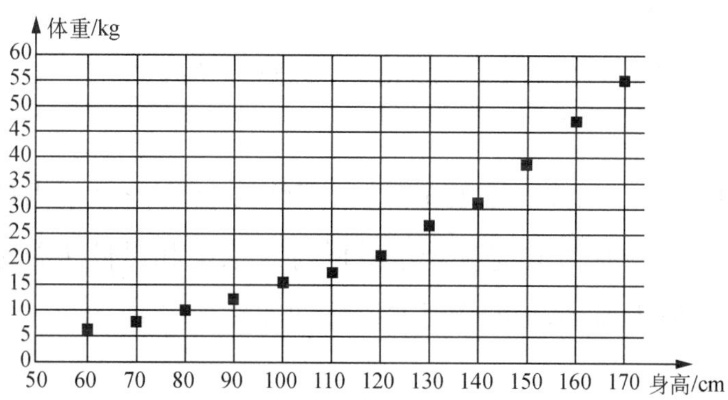

图 10-12

对于函数①：$y=k\cdot a^x\ (a>0,\ a\neq 1)$

观察点和曲线的位置关系，选择将点 $(90,\ 12.15)$，$(110,\ 17.50)$ 代入函数，得

$$\begin{cases}k\cdot a^{90}=12.15,\\ k\cdot a^{110}=17.5,\end{cases}\ \text{解得}\begin{cases}a\approx 1.02,\\ k\approx 2,\end{cases}$$

所以指数函数模型为 $y=2\times 1.02^x$.

对于函数②：$y=ax^2+bx+c$

将点 $(70,\ 7.9)$，$(110,\ 17.50)$，$(130,\ 26.86)$ 代入函数模型，得

$$\begin{cases}a\cdot 70^2+b\cdot 70+c=7.9,\\ a\cdot 110^2+b\cdot 110+c=17.50,\\ a\cdot 130^2+b\cdot 130+c=26.86,\end{cases}\text{解得}\begin{cases}a=\dfrac{19}{5\,000},\\ b=-\dfrac{111}{250},\\ c=\dfrac{509}{25},\end{cases}$$

所以一元二次函数模型是 $y=\dfrac{19}{5\,000}x^2-\dfrac{111}{250}x+\dfrac{509}{25}$.

这两个函数哪一个更合适呢？我们可以将其他的点代入所求模型进行拟合检验，如图 10-13 所示.

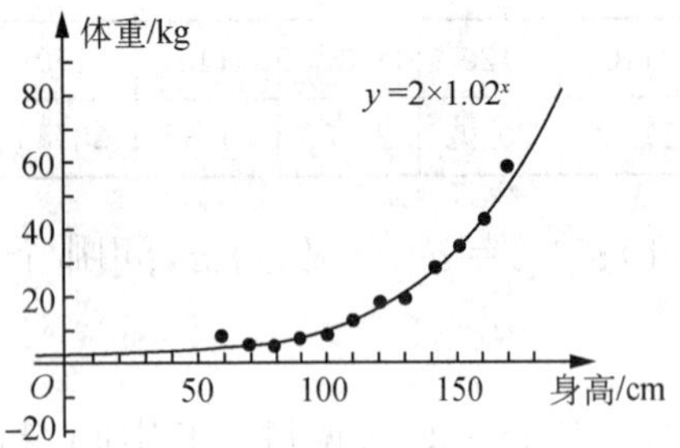

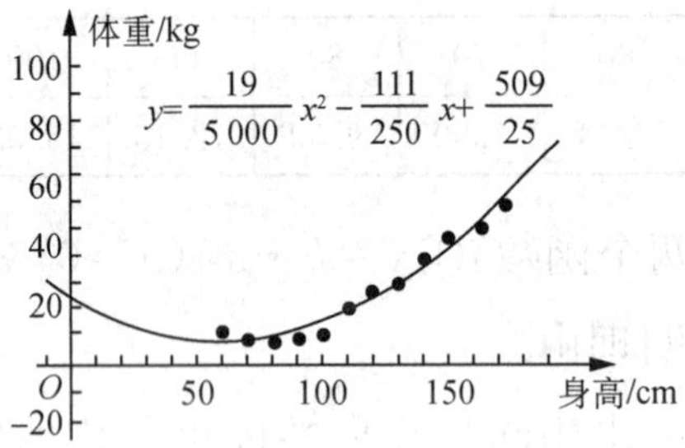

图 10-13

通过对比可知指数函数模型能满足更多的点，所以选择指数函数模型进行模拟.

(2) 图表中并未给出身高 175 cm 男性所对应的平均体重，从而无法直接判断该男生的体重情况，因此需要首先估算出身高 175 cm 男性的平均体重. 根据指数函数模型，175 cm 的男性体重平均值约为 $2\times1.02^{175}\approx64$(kg).

因为 $64\times1.2=76.8$(kg)，76.8 kg<82 kg，所以这个男生偏胖.

考点 3　模型的检验

例 4　血药浓度(Plasma Concentration)是指药物吸收后在血浆内的总浓度. 药物在人体内发挥治疗作用时，该药物的血药浓度应介于最低有效浓度和最低中毒浓度之间. 已知成人单次服用 1 单位某药物后，体内血药浓度及相关信息如图 10-14 所示：

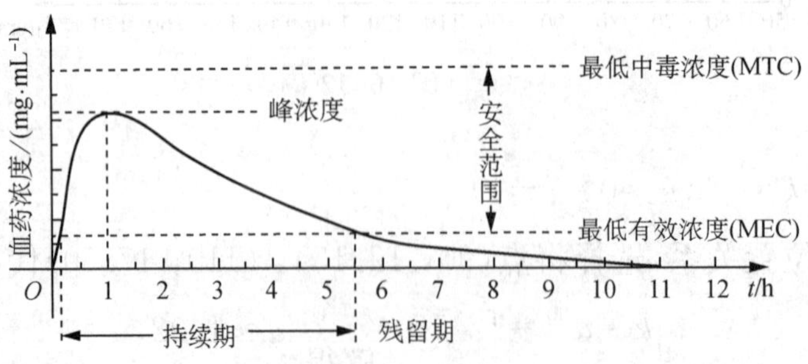

图 10-14

根据图中提供的信息，下列关于成人使用该药物的说法中，不正确的个数是(　　).

① 首次服用该药物 1 单位约 10 min 后，药物发挥治疗作用；

② 每次服用该药物 1 单位，两次服药间隔小于 2 h，一定会产生药物中毒；

③ 每间隔 5.5 h 服用该药物 1 单位,可使药物持续发挥治疗作用;

④ 首次服用该药物 1 单位 3 小时后,再次服用该药物 1 单位,不会发生药物中毒.

(A) 1　　(B) 2　　(C) 3　　(D) 4

解　对于①,由图像中最低有效浓度与体内血液浓度的第一个交点坐标可知正确;

对于②,当第 2 个单位的药服用 1 h 时的血液浓度为峰浓度,此时第 1 个单位的药物已服用 3 h,此时血液浓度必超过最低中毒浓度,因此一定会产生药物中毒,正确;

对于③,由图知,每间隔 5.5 h 服用该药物,血液浓度都在最低有效浓度之上,正确;

对于④,首次服用该药物 1 单位 3 h 后,再次服用该药物 1 单位,过 1 h 之后,第二个单位的药物达到峰浓度,两个单位的药物的血液浓度仍超过最低中毒浓度,故错误.

综上可知,答案选(A).

总结　观察图像提供的信息,准确的获取信息是解题关键. 由图像可得函数先增后减,在 $t=1$ 时取到极大值,在血液浓度所对应的值超过最低中毒浓度时,会发生药物中毒,因此两次服药的间隔不能太小,需要看是否有两次药效之和超过最低值.

【基础训练】

1. 如图 10-15 所示,有一直角墙角,若 P 处有一棵树与两墙的距离分别是 4 m 和 a m $(0<a<12)$. 现用 16 m 长的篱笆,借助墙角围成一个矩形花圃 $ABCD$.

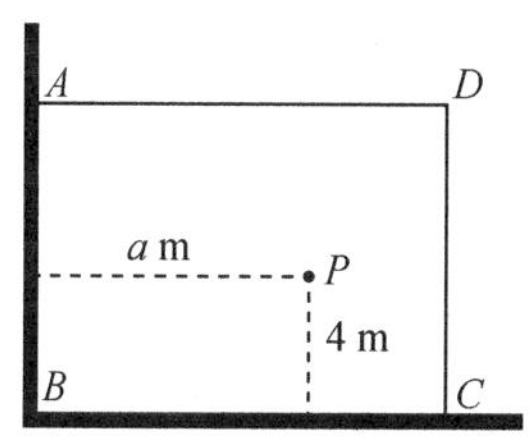

图 10-15

(1) 针对上述问题,请写出两条合理的假设:

______________________________;

______________________________.

(2) 在上述合理的假设的前提下,设此矩形花圃的最大面积为 u,并将这棵树围在矩形花圃内,则函数 $u=f(a)$(单位:m^2)的图像大致是(　　).

(A) 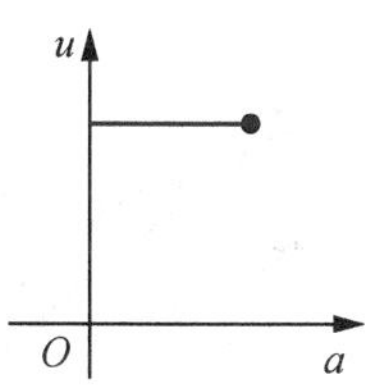　(B) 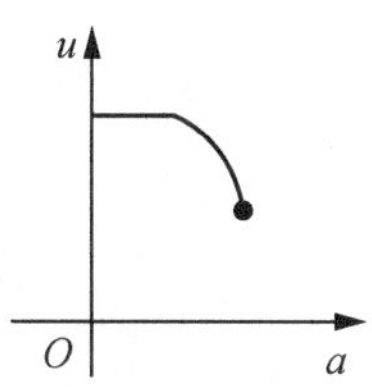　(C) 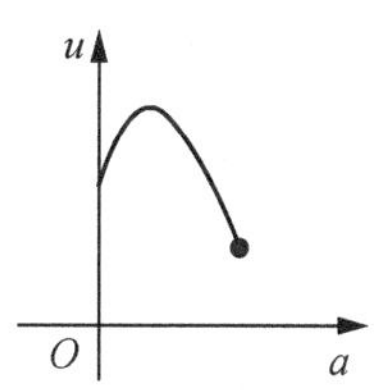　(D) 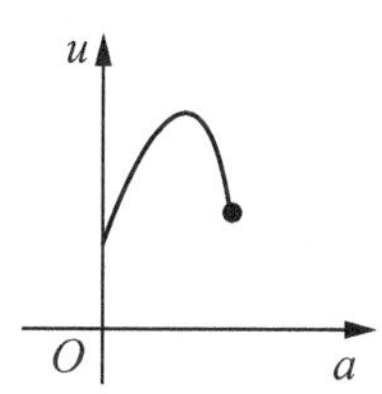

2. 在不考虑空气阻力的情况下火箭的最大速度 v(单位:m/s)和燃料的质量 M(单位:kg),火箭(除燃料外)的质量 m(单位:kg)满足 $e^v=\left(1+\dfrac{M}{m}\right)^{2000}$ (e 为自然对数的底数).

(1) 当燃料质量 M 为火箭(除燃料外)质量 m 的两倍时,求火箭的最大速度;(单位:m/s,结果精确到 0.1)

(2) 当燃料质量 M 为火箭(除燃料外)质量 m 的多少倍时,火箭的最大速度可以达到 8 000 m/s.(结果精确到 0.1)

3. 某创业投资公司拟投资开发某种新能源产品，估计能获得 25 万元～1 600 万元的投资收益，现准备制定一个对科研课题组的奖励方案：奖金 y（单位：万元）随投资收益 x（单位：万元）的增加而增加，奖金不超过 75 万元，同时奖金不超过投资收益的 20%. 设奖励方案函数模型为 $y=f(x)$ 时，则公司对函数模型的基本要求是：

当 $x\in[25,\ 1\ 600]$ 时，① $f(x)$ 是增函数；② $f(x)\leqslant 75$ 恒成立；③ $f(x)\leqslant\frac{x}{5}$ 恒成立.

(1) 判断函数 $f(x)=\frac{x}{30}+10$ 是否符合公司奖励方案函数模型的要求，并说明理由；

(2) 已知函数 $g(x)=a\sqrt{x}-5(a\geqslant 1)$ 符合公司奖励方案函数模型要求，求实数 a 的取值范围.

4. 如图 10-16 所示，有一边长为 a 的正方形纸片，纸片的四角截去四个边长为 x 的小正方形，然后做成一个无盖方盒，求 x 多大时，方盒的容积 V 最大.

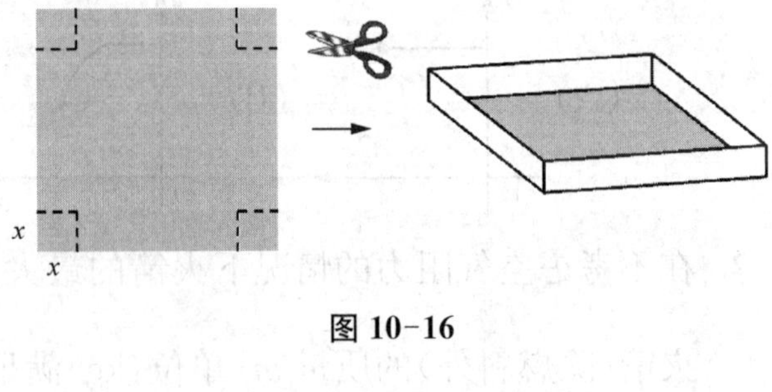

图 10-16

5. 一家公司计划生产某种小型产品的月固定成本为 1 万元，每生产 1 万件需要再投入 2 万元. 设该公司一个月内生产该小型产品 x 万件并全部销售完，每万件的销售收入为 $(4-x)$万元，且每万件国家给予补助$\left(2\mathrm{e}-\dfrac{2\mathrm{e}\ln x}{x}-\dfrac{1}{x}\right)$万元(e 为自然对数的底数).

(1) 写出月利润 $f(x)$(万元)关于月生产量 x(万件)的函数解析式；(注：月利润＝月销售收入＋月国家补助－月总成本)

(2) 当月生产量在$\left[1,\dfrac{4}{3}\mathrm{e}\right]$万件时，求该公司在生产这种小型产品中所获得的最大月利润及此时的月生产量.

6. 2015 年 10 月 5 日，我国女药学家屠呦呦获得 2015 年诺贝尔生理学或医学奖. 屠呦呦和她的团队研制的抗疟药青蒿素，是科学技术领域的重大突破，开创了疟疾治疗新方法，挽救了全球特别是发展中国家数百万人的生命，对促进人类健康、减少病痛发挥了难以估量的作用. 已知青蒿素药片在体内发挥作用的过程可分为两个阶段，第一个阶段为药片溶解和进入血液，即药品进入人体后会逐渐溶解，然后进入血液使得血药浓度上升到一个峰值；第二个阶段为吸收和代谢，即进入血液的药物被人体逐渐吸收从而发挥作用或者排出体外，这使得血药浓度从峰值不断下降，最后下降到一个不会影响人体机能的非负浓度值. 人体内的血药浓度是一个连续变化的过程，不会发生骤变. 现用 t 表示时间(单位：h)，在 $t=0$ 时人体服用青蒿素药片；用 C 表示青蒿素的血药浓度(单位：μg/mL). 根据青蒿素在人体发挥作用的过程可知，C 是 t 的函数. 已知青蒿素一般会在 1.5 h 达到需要血药浓度的峰值. 请根据以上描述完成下列问题：

(1) 下列几个函数中，能够描述青蒿素血药浓度变化过程的函数的是__________.

① $C(t)=\begin{cases}0.2t, & 0\leqslant t<1.5,\\ 0.75-0.3t, & t\geqslant 1.5;\end{cases}$　　② $C(t)=\begin{cases}-\dfrac{1}{5}t^2+\dfrac{2}{5}t, & 0\leqslant t<1.5,\\ \dfrac{9}{40}-\dfrac{1}{20}t, & 1.5\leqslant t<4.5,\\ 0, & t\geqslant 4.5;\end{cases}$

③ $C(t)=\begin{cases}0.3e^{t}-0.3, & 0\leqslant t<1.5,\\ \dfrac{0.3\ln 2.5}{t}, & t\geqslant 1.5;\end{cases}$ ④ $C(t)=\begin{cases}0.2\ln(t+1), & 0\leqslant t<1.5,\\ \dfrac{0.3\ln 2.5}{t}, & t\geqslant 1.5.\end{cases}$

(2) 对于青蒿素药片而言，若血药浓度的峰值大于等于 0.1 μg/mL，则称青蒿素药片是合格的. 基于(1)中你选择的函数(若选择多个，则任选其中一个)，可判断此青蒿素药片____________.(填“合格”“不合格”)

(3) 记血药浓度的峰值为 $C_{\max}$，当 $C\geqslant\frac{1}{2}C_{\max}$ 时，我们称青蒿素在血液中达到“有效浓度”，基于(1)中你选择的函数(若选择多个，则任选其中一个)，计算青蒿素在血液中达到“有效浓度”的持续时间.

【能力提高】

1. 某科研机构为了研究某种药物对某种疾病的治疗效果，准备利用小白鼠进行科学试验. 研究发现，药物在血液内的浓度与时间的关系因使用方式的不同而不同. 若使用注射方式给药，则在注射后的 4 h 内，药物在白鼠血液内的浓度 y_1(单位：mg/L)与时间 t(单位：h)满足关系式 $y_1=5-at$($a>0$，a 为常数)；若使用口服方式给药，则药物在白鼠血液内的浓度 y_2(单位：mg/L)与时间 t(单位：h)满足关系式 $y_2=\begin{cases}2\sqrt{t}, & 0<t<1,\\ 5-\dfrac{4}{t}, & 1\leqslant t\leqslant 4.\end{cases}$ 现对小白鼠同时进行注射和口服该种药物，且注射药物和口服药物的吸收与代谢互不干扰. 假设同时采用两种方式给药后，小白鼠血液中药物的浓度等于单独使用每种方式给药的浓度之和.

(1) 若 $a=1$，求 4 h 内，该小白鼠何时血液中药物的浓度最高，并求出最大值；

(2) 若要使小白鼠在用药后 4 h 内血液中的药物浓度都不低于 4 mg/L，求正数 a 的取值范围.

2. 如图 10-17 所示，工厂 A 到铁路专用线的距离 $AB=20$ km，在铁路专用线上距离 B 100 km 的地方有一个配件厂 C，现在准备在专用线的 BC 段选一处 D 铺设一条公路(向着 A)，已知铁路每千米的运费是公路的 60%，为了使得配件厂到工厂 A 的运费最省，那么 D 处应如何选址？

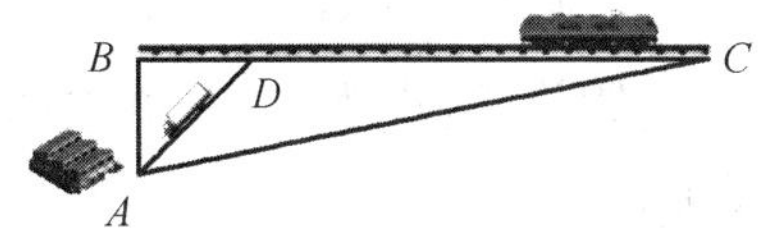

图 10-17

【归纳小结】

函数是高中数学的重要内容之一，高中阶段主要涉及的函数模型通常是初等函数模型，例如，一次函数模型、二次函数模型、正反比例函数模型、幂指对函数模型等. 用函数的观点分析问题、解决问题是实际问题中最常见的手段之一，实际生活中经常遇见的最大利润、最佳方案、最短路线、最少时间这些问题都可以归结为函数的最值问题；增长的快慢、变化的多少则可用函数的单调性描述.

10.3 三 角 模 型

【知识梳理】

1. 扇形的弧长 $l=\alpha R$；扇形的面积 $S=\frac{1}{2}\alpha R^2=\frac{1}{2}lR$.

2. 三角形的面积 $S=\frac{1}{2}ab\sin C=\frac{1}{2}ac\sin B=\frac{1}{2}bc\sin A$.

3. 正弦定理 $\frac{a}{\sin A}=\frac{b}{\sin B}=\frac{c}{\sin C}=2R$.

4. 余弦定理 $a^2=b^2+c^2-2bc\cos A$；$\cos A=\frac{b^2+c^2-a^2}{2bc}$.

【讲练平台】

考点 1 方位问题

例 1 某日，在我某海警基地码头 O 处，发现海面上有一艘可疑船只位于 A 处. 可疑船的行驶方向是任意的，海警巡逻艇从 O 处即刻出发拦截可疑船.

根据上述情境，请选择以下合适的假设，按要求建立并求解模型.

假设 1：测定可疑船的行驶方向的时间非常短，近似看作 0；

假设 2：巡逻艇沿直线航行追赶可疑船；

假设 3：可疑船沿直线逃离；

假设 4：可疑船只以 40 海里/时的速度朝正北方向逃跑；

假设 5：巡逻艇和可疑船始终以匀速航行，不受天气、水流方向和水流速度等其他因素影响；

假设 6：巡逻艇的速度约是可疑船航速的 2 倍；

假设 7：巡逻艇的速度至少是可疑船速度的 $\lambda(\lambda>0)$ 倍；

假设 8：O 和 A 两地之间的距离为定值 60 海里；

假设 9：O 和 A 两地之间的距离为定值 $2a(a>0)$；

假设 10：可疑船只位于海警基地码头 O 北偏东 $60°$ 方向上；

假设 11：可疑船只位于海警基地码头 O 正东方向上.

解 层次一：选择假设 1，2，3，4，5，6，8，10.

提出的问题：如图 10-18 所示，我海警巡逻船最少要用多少 h 可以截获可疑船只(精确到 0.01 h)？

设在 P 点处截获所需时间为 t h，则 $OP=80t$，$AP=40t$，$OA=60$，

在$\triangle OAP$ 中，$\angle OAP=180°-60°=120°$，

由余弦定理可得 $OP^2=OA^2+AP^2-2OA\cdot AP\cdot\cos\angle OAP$，

即$(80t)^2=60^2+(40t)^2-2\times60\times40t\times\left(-\dfrac{1}{2}\right)$，

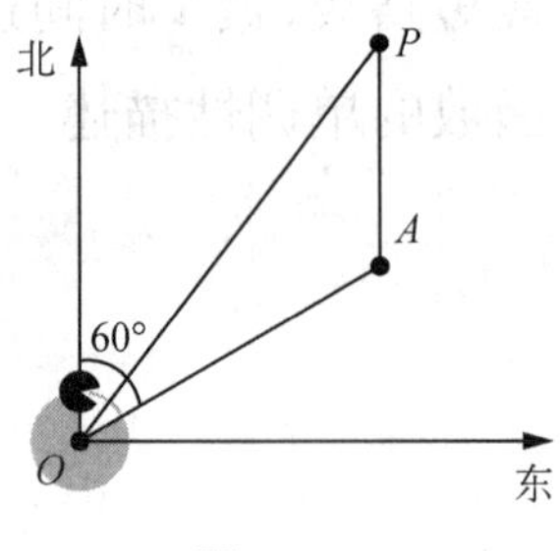

图 10-18

化简得 $4t^2-2t-3=0$，

由于 $t>0$，解得 $t=\dfrac{\sqrt{13}+1}{4}\approx1.15$ h.

层次二：选择假设 1，2，3，5，6，8，10.

提出的问题：若巡逻艇和可疑船在追逃过程中均未改变航向和航速，在点 P 处恰好截获可疑船只，在如图 10-19 所示的平面直角坐标系中，求点 P 的轨迹方程.

设点 A 的坐标为(x_0, y_0)，则

$x_0=60\cos30°=30\sqrt{3}$，$y_0=60\sin30°=30$，

所以点 A 的坐标为$(30\sqrt{3}, 30)$.

由题意知，$|OP|=2|AP|$，设点 P 的坐标为(x, y)，

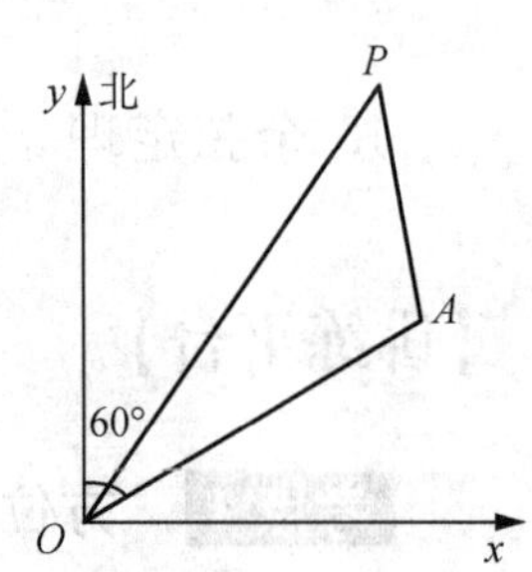

图 10-19

由两点间的距离公式可得$\sqrt{x^2+y^2}=2\sqrt{(x-30\sqrt{3})^2+(y-30)^2}$，

化简得$(x-40\sqrt{3})^2+(y-40)^2=1\,600$，

因此，点 P 的轨迹方程为 $(x-40\sqrt{3})^2+(y-40)^2=1\,600$.

层次三：选择假设 1, 2, 3, 5, 7, 9, 11.

提出的问题：判断可截获和非截获区域.

建立以 OA 的中点 M 为原点，以正东方向为 x 轴正方向，并以海里为单位，建立平面直角坐标系，如图 10-20 所示，设可疑船在点 $P(x, y)$ 处截获.

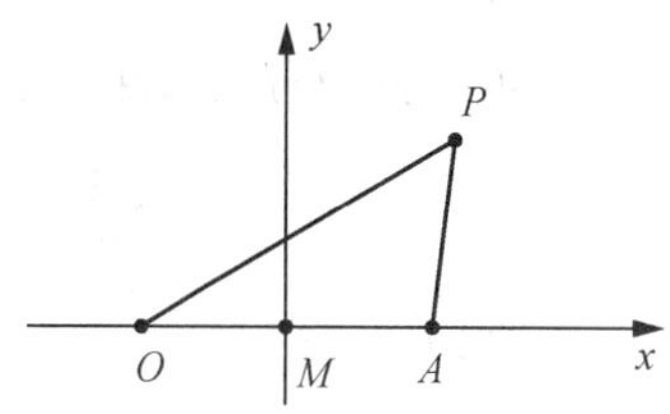

图 10-20

由情境可知，$|PO|\geqslant\lambda|PA|$，

所以 $\sqrt{(x+a)^2+y^2}\geqslant\lambda\sqrt{(x-a)^2+y^2}\ (\lambda>0)$，

化简得 $(\lambda^2-1)x^2+(\lambda^2-1)y^2-2a(\lambda^2+1)x+a^2(\lambda^2-1)\leqslant 0\ (*)$.

① 当 $\lambda=1$ 时，式 $(*)$ 变形为 $x\geqslant 0$，即 OA 中垂线右侧（含中垂线）领海内的区域为可截获区域，其他区域为非截获区域；

② 当 $\lambda>1$ 时，式 $(*)$ 变形为 $\left[x-\dfrac{a(\lambda^2+1)}{\lambda^2-1}\right]^2+y^2\leqslant\dfrac{4a^2\lambda^2}{(\lambda^2-1)^2}$，

即以 $\left(\dfrac{a(\lambda^2+1)}{\lambda^2-1},\ 0\right)$ 为圆心，$\dfrac{2a\lambda}{\lambda^2-1}$ 为半径的圆（及其内部）且在领海内的区域为可截获区域，其他区域为非截获区域；

③ 当 $\lambda<1$ 时，式 $(*)$ 变形为 $\left[x-\dfrac{a(\lambda^2+1)}{\lambda^2-1}\right]^2+y^2\geqslant\dfrac{4a^2\lambda^2}{(\lambda^2-1)^2}$，

即以 $\left(\dfrac{a(\lambda^2+1)}{\lambda^2-1},\ 0\right)$ 为圆心，$\dfrac{2a\lambda}{1-\lambda^2}$ 为半径的圆（及其外部）且在领海内的区域为可截获区域，其他区域为非截获区域.

总结 本题的解答不唯一，除了上述提供的三种层次的解答之外，还可以有很多其他的求解方案，鼓励合作探究、集思广益. 此外，不必拘泥于条件中所给出的 11 种假设，鼓励提出更多的合理假设，并根据这些假设建立模型、求解模型.

考点 2 测量距离与角度问题

例 2 上海市松江区天马山上的“护珠塔”因其倾斜度超过意大利的比萨斜塔而号称“世界第一斜塔”，如图 10-21 所示. 兴趣小组同学实施如下方案来测量塔的倾斜度和塔高. 为此他们准备了量角器和测量距离的工具. 为得到塔高，同学们做了如下假设与测量：

图 10-21

(1) 忽略塔基所占面积，假设塔基为质点 O；

(2) 忽略塔尖的大小，假设塔尖为质点 P；

(3) 假设塔尖在地面上的射影为点 H；

(4) 假设所有测量点与塔基在同一水平面上.

测量中，在塔身 OP 射影所在直线上选点 A，使仰角 $\angle HAP=45^\circ$，在地面上过点 O 与射线 OA 成 120° 的方向上选 B 点，使仰角 $\angle HBP=45^\circ$，此时测得 $\angle OAB=27^\circ$，A 与 B 之间的距离为 33.6 米，如图 10-22 所示. 试求：

(1) 塔高;(即线段 PH 的长,精确到 0.1 m)

(2) 塔身的倾斜度.(即 PO 与 PH 的夹角,精确到 0.1°)

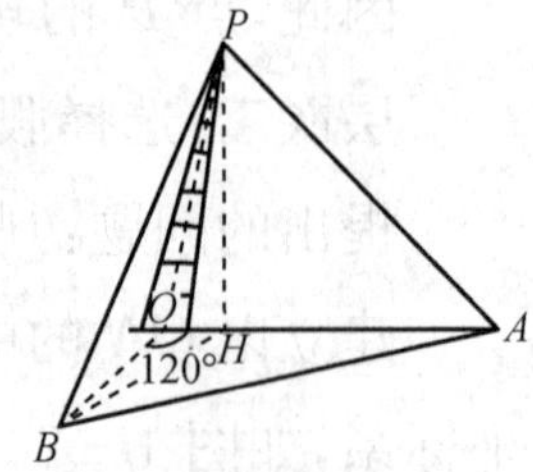

图 10-22

解 (1) 设塔高 $PH=x$ m,

由题意知,$\angle HAP=45^\circ$,$\angle HBP=45^\circ$,

所以$\triangle PAH$,$\triangle PBH$ 均为等腰直角三角形,所以 $AH=BH=x$.

在$\triangle AHB$ 中,$AH=BH=x$,$\angle HAB=27^\circ$,$AB=33.6$,

所以 $x=\dfrac{\frac{AB}{2}}{\cos\angle HAB}=\dfrac{16.8}{\cos 27^\circ}\approx 18.9$.

所以塔高约 18.9 m.

(2) 如图 10-23 所示,在$\triangle BOH$ 中,$\angle BOH=120^\circ$,

所以$\angle OBH=180^\circ-120^\circ-2\times 27^\circ=6^\circ$,$BH\approx 18.9$,

由$\dfrac{OH}{\sin\angle OBH}=\dfrac{BH}{\sin\angle BOH}$,得 $OH=\dfrac{BH\times\sin\angle OBH}{\sin\angle BOH}\approx 2.28$,

所以$\angle OPH=\arctan\dfrac{OH}{PH}\approx 6.9^\circ$,

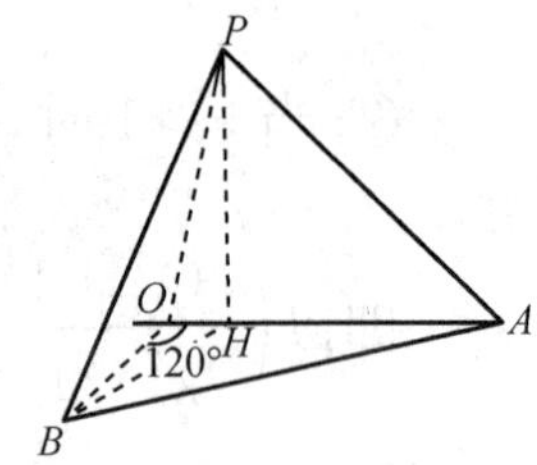

图 10-23

所以塔身的倾斜度约为 6.9°.

考点 3 三角函数的应用

例 3 某居民小区为缓解业主停车难的问题,拟对小区内一块扇形空地 AOB 进行改建.根据实际情况,如图 10-24 所示,作如下假设:

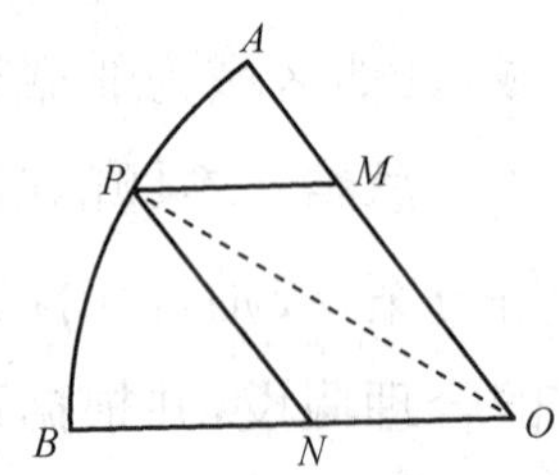

图 10-24

假设 1:平行四边形 $OMPN$ 区域为停车场,其余部分建成绿地,点 P 在围墙 AB 弧上,点 M 和点 N 分别在道路 OA 和道路 OB 上;

假设 2:假设所有车辆所占车位的面积大小相同;

假设 3:所种植的绿化植物不影响车辆的停靠、进入;

假设 4:扇形的半径为 60 m,圆心角为 60°;

假设 5:停车场规划合理,道路没有多余设计,且恰好方便车辆行驶与停靠.

问题:如何规划使停车场车位最多.

解 设$\angle NOP=\theta$,停车场面积为 S,

由平行四边形 $OMPN$ 得,在$\triangle OPN$ 中,$\angle ONP=120^\circ$,$\angle OPN=60^\circ-\theta$,

则$\dfrac{ON}{\sin\angle OPN}=\dfrac{OP}{\sin\angle ONP}=\dfrac{PN}{\sin\angle PON}$,即$\dfrac{ON}{\sin(60^\circ-\theta)}=\dfrac{60}{\sin 120^\circ}=\dfrac{PN}{\sin\theta}$,

$ON=40\sqrt{3}\sin(60^\circ-\theta)$,$PN=40\sqrt{3}\sin\theta$,

则停车场面积 $S=ON\cdot PN\cdot\sin\angle ONP=2\,400\sqrt{3}\sin\theta\sin(60^\circ-\theta)$,

即 $S=2\,400\sqrt{3}\sin\theta\sin(60^\circ-\theta)$

$\quad=2\,400\sqrt{3}\sin\theta\left(\dfrac{\sqrt{3}}{2}\cos\theta-\dfrac{1}{2}\sin\theta\right)$,

$=3\,600\sin\theta\cos\theta-1\,200\sqrt{3}\sin^2\theta=1\,800\sin 2\theta+600\sqrt{3}\cos 2\theta-600\sqrt{3}$,

$=1\,200\sqrt{3}\sin(2\theta+30^\circ)-600\sqrt{3}$,

其中 $0^\circ<\theta<60^\circ$.

因为 $0^\circ<\theta<60^\circ$，所以 $30^\circ<2\theta+30^\circ<150^\circ$，

则当 $2\theta+30^\circ=90^\circ$ 时，$S_{\max}=1\,200\sqrt{3}\times1-600\sqrt{3}=600\sqrt{3}\approx1\,039.2\ (\text{m}^2)$.

故当 $\theta=30^\circ$ 时，停车场的面积最大，约为 1 039.2 m^2，车位最多.

考点 4 **三角模型与其他知识的综合**

例 4 现有一长为 100 码，宽为 80 码，球门宽为 8 码的矩形足球运动场地，如图 10-25 所示，其中 CD 是足球场地边线所在的直线，球门 AB 处于所在直线的正中间位置，足球运动员（将其看作点 P）$\angle APB$ 称为视角. 当运动员带球沿着边线 DD_1 奔跑时，设点 P 到底线的距离为 $PD=x$ 码，试求当 x 为何值时，视角 $\angle APB$ 最大.

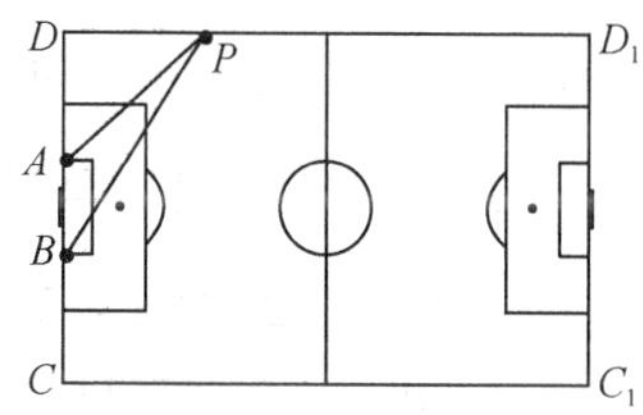

图 10-25

问题分析 本题是历史悠久的足球员射门问题，要求得 $\angle APB$ 最大，只需 $\tan\angle APB$ 最大，利用 $\tan\angle APB=\tan(\angle DPB-\angle DPA)$，将其展开后表示为关于 x 的函数，利用基本不等式求得最值.

解 $\tan\angle APB=\tan(\angle DPB-\angle DPA)=\dfrac{\tan\angle DPB-\tan\angle DPA}{1+\tan\angle DPB\tan\angle DPA}$

$$=\frac{\frac{44}{x}-\frac{36}{x}}{1+\frac{44}{x}\cdot\frac{36}{x}}=\frac{8x}{x^2+1\,584}=\frac{8}{x+\frac{1\,584}{x}}\leqslant\frac{8}{2\sqrt{x\cdot\frac{1\,584}{x}}}=\frac{\sqrt{11}}{33},$$

当且仅当 $x=\dfrac{1\,584}{x}$，即 $x=12\sqrt{11}$ 时，$\tan\angle APB$ 取得最大值 $\dfrac{\sqrt{11}}{33}$，

又 $y=\tan x$ 在 $\left[0,\dfrac{\pi}{2}\right)$ 上单调递增，所以当 $\tan\angle APB$ 取得最大值时，$\angle APB$ 最大，

所以当 $x=12\sqrt{11}$ 时，视角 $\angle APB$ 最大.

变式 1（调整条件） 现有一长为 100 码，宽为 80 码，球门宽为 8 码的矩形足球运动场地，如图 10-26 所示，其中 BD 是足球场地边线所在的直线，球门 AB 处于所在直线的正中间位置，足球运动员（将其看作点 P）在运动场上观察球门的角 $\angle APB$ 称为视角. 当运动员带球沿边线奔跑时，何时起脚射门命中率最大？

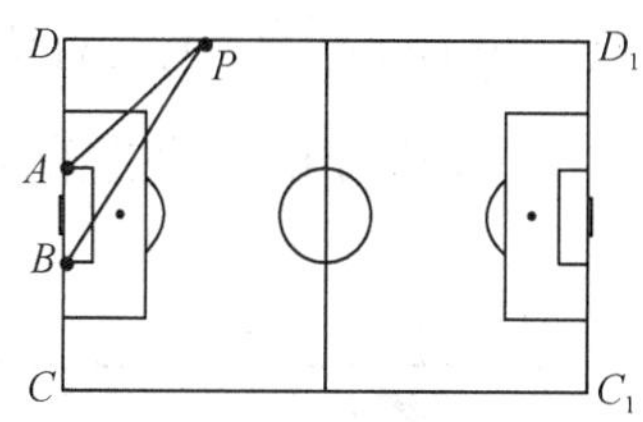

图 10-26

问题分析 由题意可知，欲使射门的命中率最大，只需要视角 $\angle APB$ 最大. 而要求 $\angle APB$ 的最大值，就需要将 $\angle APB$ 放在某个三角形中，又因为运动员是沿边线奔跑，所以可以假设运动员奔跑的轨迹是与底线垂直的直线.

解 在 $\text{Rt}\triangle BDP$ 中，$\angle APB=\angle DPB-\angle DPA$，

设 $PD=x$ 码，则 $\tan\angle APB=\tan(\angle DPB-\angle DPA)=\dfrac{\tan\angle DPB-\tan\angle DPA}{1+\tan\angle DPB\tan\angle DPA}$，以下解法同上.

变式 2(调整条件)　足球运动员带球沿边线奔跑，问他的最佳射门位置在何处？

问题分析　本情境和原题相比，缺少了很多直观信息，所以首先需要收集数据信息，然后作出合理的假设. 查阅资料可知，国际标准足球场的长宽尺寸要求：场地长度 100～110 m，宽度 64～75 m，球门必须放置在每条球门线的中央，球门柱和地面垂直，球门柱之间的距离是 7.32 m，从横梁的下沿至地面的距离是 2.44 m，两根球门柱和横梁都是圆柱形，横截面直径不超过 12 cm，所谓最佳射门位置就是在运动场上观察球门的角 $\angle APB$ 最大时候的位置，基于以上几点，作出如下合情假设：

假设 1：足球运动员是在符合国际标准尺寸的足球场上踢球；

假设 2：该运动员从带球奔跑到起脚射门时没有受到其他运动员的干扰和阻拦；

假设 3：该运动员带球奔跑的轨迹是直线；

假设 4：由于国际标准足球场的长宽尺寸是一个区间，简便起见，假设足球场的长为 a m，宽为 b m；

假设 5：球门柱和横梁的直径忽略不计.

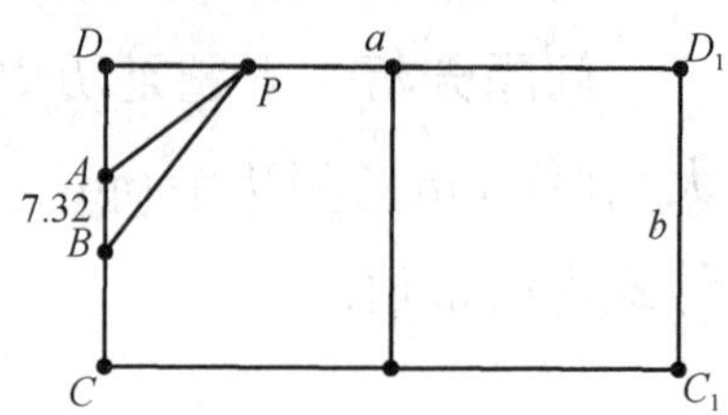

图 10-27

模型建构　如图 10-27 所示，在 Rt△BDP 中，

设 $PD=x$ 码，则

$$\tan\angle APB=\tan(\angle DPB-\angle DPA)=\frac{\tan\angle DPB-\tan\angle DPA}{1+\tan\angle DPB\tan\angle DPA},$$

以下模型求解的方法同上.

变式 3(修改模型)　实际上运动员在带球奔跑时，会和边线相距一段距离，则该运动员在离边线距离为 d 的直线上向对方球门进攻时，他的最佳射门位置在何处呢？

问题分析　如图 10-28 所示，只要用 $AD-d=\dfrac{b-7.32}{2}-d$ 代替变式 2 中的 AD，求解方法不变.

变式 4(模型修改)　如果足球运动员是沿一条和边线成某一个角度的斜线进攻，如图 10-29 所示，其中 $\angle APB$ 为锐角，他在何处射门最有利？

问题分析　在之前假设的前提下，如图 10-30 所示，以 C 为原点建立平面直角坐标系，

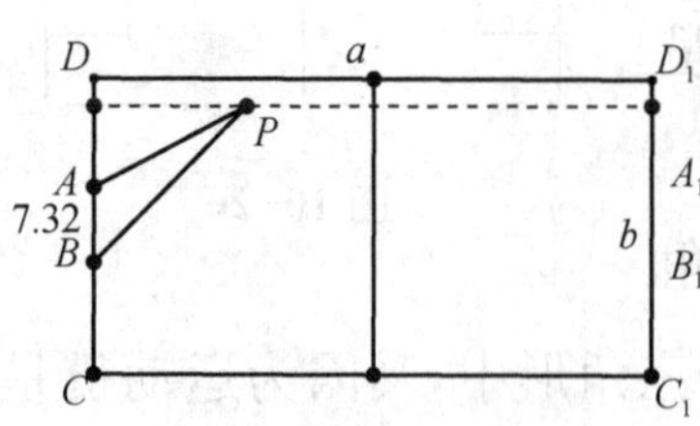

图 10-28

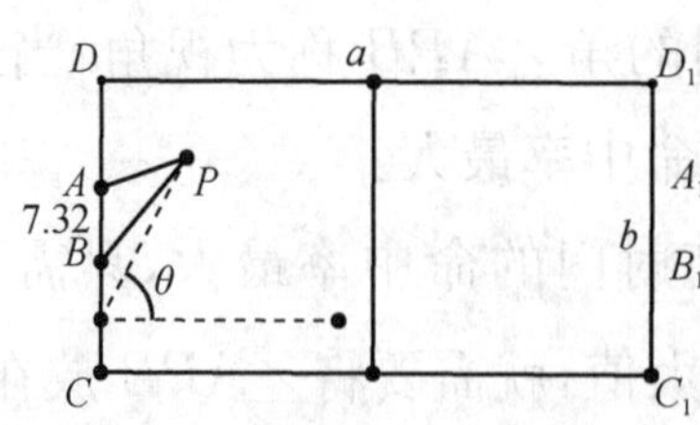

图 10-29

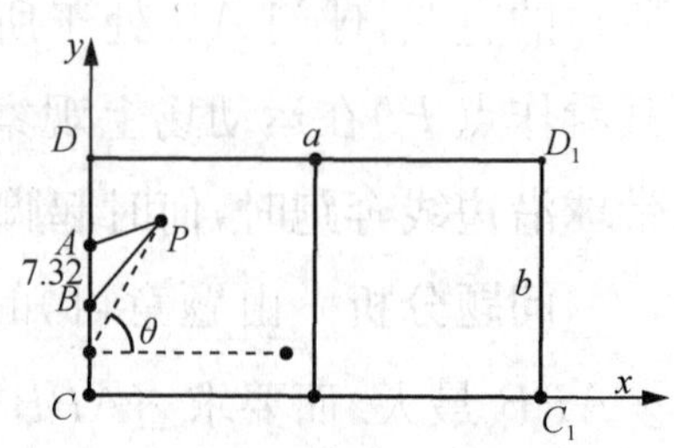

图 10-30

设运动员(记作点 $P(x, y)$)进攻奔跑所在直线为 $y=kx+t(k>0)$,为方便运算,设 $|CB|=m$, $|CA|=n$,其中 $n>m>t>0$,欲求$\angle APB$ 的最大值,

$$\tan\angle APB=\left|\frac{k_{PB}-k_{PA}}{1+k_{PB}\cdot k_{PA}}\right|=\left|\frac{\frac{n-m}{x}}{1+\frac{y-m}{x}\cdot\frac{y-n}{x}}\right|$$

$$=\frac{(n-m)x}{x^2+(y-n)(y-m)}(n>m>t>0).$$

显然,$\tan\angle APB>0$.

将 $y=kx+t(k>0)$代入上式得,

$$\tan\angle APB=\frac{(n-m)x}{x^2(1+k^2)+k(2t-m-n)x+(t-n)(t-m)}$$

$$=\frac{n-m}{x(1+k^2)+k(2t-m-n)+\frac{(t-n)(t-m)}{x}}$$

$$\leqslant\frac{n-m}{2\sqrt{x(1+k^2)\cdot\frac{(t-n)(t-m)}{x}}+k(2t-m-n)}$$

$$=\frac{n-m}{2\sqrt{(1+k^2)\cdot(t-n)(t-m)}+k(2t-m-n)}.$$

当且仅当 $x=\sqrt{\frac{(t-n)(t-m)}{1+k^2}}$ 时,可以达到最佳射门位置.

变式 5(模型修改) 通常球场上运动员带球奔跑的路线不是直线,那么运动员在球场区域内射门到球门 AB 的最佳射门点的轨迹是什么呢?

问题分析 当运动员奔跑到视角最大的位置时即为最佳射门点,所求的轨迹就是这些最佳射门点所在的曲线.

模型建构 为了便于计算,以球门柱 AB 中点 O 为坐标原点建立平面,如图 10-31 所示. 进一步假设$\angle APB$ 为锐角.

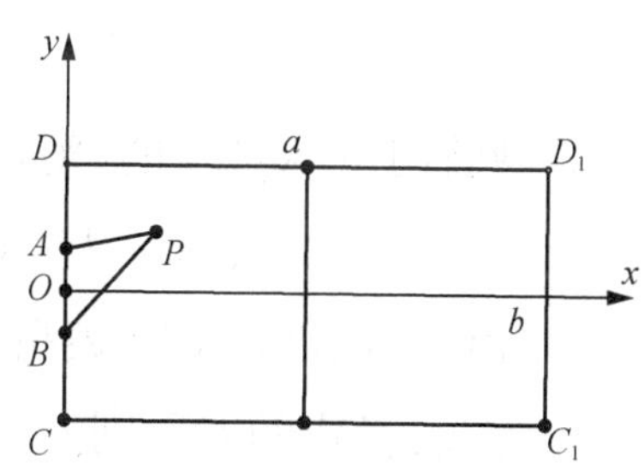

图 10-31

记$|OA|=c$,则$|OB|=c$(其中 $c=3.66$ m),

设 $P(x, y)$,其中 $0<x\leqslant a$, $-\frac{b}{2}\leqslant y\leqslant\frac{b}{2}$,显然,$a>c$.

$$\tan\angle APB=\left|\frac{k_{PB}-k_{PA}}{1+k_{PB}\cdot k_{PA}}\right|=\left|\frac{\frac{y+c}{x}-\frac{y-c}{x}}{1+\frac{y-c}{x}\cdot\frac{y+c}{x}}\right|$$

$$=\left|\frac{2cx}{x^2+y^2-c^2}\right|=\left|\frac{2c}{x+\frac{y^2-c^2}{x}}\right|.$$

① 当$|y|>|c|$时，由均值不等式可知当$x=\dfrac{y^2-c^2}{x}$，即$c^2=y^2-x^2$，也就是最佳射门点的轨迹是以$(0,\ \pm\sqrt{2}c)$为焦点的双曲线的一部分；

② 当$|y|=|c|$时，$\tan\angle APB=\dfrac{2c}{x}$在$(0,\ a]$上是减函数，所以离球门柱越近越容易射进球门；

③ 当$|y|<|c|$时，$\tan\angle APB$在$(0,\ a]$上是减函数，所以离球门越近越容易射进球门.

【基础训练】

1. 2020年12月8日，中国和尼泊尔联合公布珠穆朗玛峰最新高程为8 848.86 m，三角高程测量法是珠峰高程测量方法之一. 如图10-32所示，是三角高程测量法的一个示意图，现有A，B，C三点，且A，B，C在同一水平面上的投影A'，B'，C'满足$\angle A'C'B'=45°$，$\angle A'B'C'=60°$. 由C点测得B点的仰角为$15°$，BB'与CC'的差为100 m；由B点测得A点的仰角为$45°$，则A，C两点到水平面$A'B'C'$的高度差$AA'-CC'$约为(　　)m.

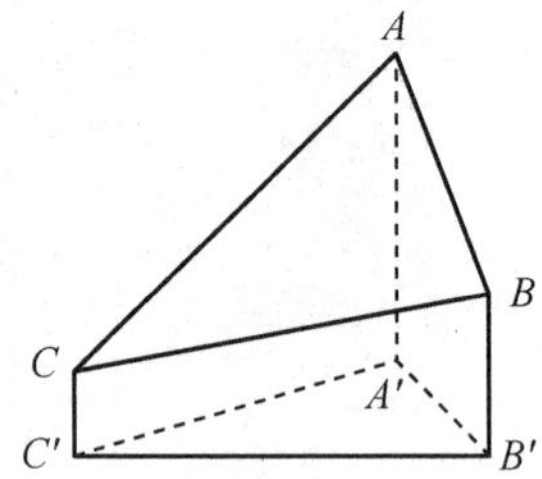

图 10-32

(A) 346　　(B) 373　　(C) 446　　(D) 473

2. 2020年3月14日是全球首个国际圆周率日(π Day). 历史上，求圆周率π的方法有多种，与中国传统数学中的“割圆术”相似. 数学家阿尔·卡西的方法：当正整数n充分大时，计算单位圆的内接正$6n$边形的周长和外切正$6n$边形(各边均与圆相切的正$6n$边形)的周长，将它们的算术平均数作为2π的近似值. 按照阿尔·卡西的方法，π的近似值的表达式是(　　).

(A) $3n\left(\sin\dfrac{30°}{n}+\tan\dfrac{30°}{n}\right)$　　(B) $6n\left(\sin\dfrac{30°}{n}+\tan\dfrac{30°}{n}\right)$

(C) $3n\left(\sin\dfrac{60°}{n}+\tan\dfrac{60°}{n}\right)$　　(D) $6n\left(\sin\dfrac{60°}{n}+\tan\dfrac{60°}{n}\right)$

3. 魏晋时刘徽撰写的《海岛算经》是关于测量的数学著作，其中第一题是测海岛的高. 如图10-33所示，点E，H，G在水平线AC上，DE和FG是两个垂直于水平面且等高的测量标杆的高度，称为“表高”，EG称为“表距”，GC和EH都称为“表目距”，GC与EH的差称为“表目距的差”，则海岛的高AB为(　　).

(A) $\dfrac{\text{表高}\times\text{表距}}{\text{表目距的差}}+\text{表高}$

(B) $\dfrac{\text{表高}\times\text{表距}}{\text{表目距的差}}-\text{表高}$

(C) $\dfrac{\text{表高}\times\text{表距}}{\text{表目距的差}}+\text{表距}$

(D) $\dfrac{\text{表高}\times\text{表距}}{\text{表目距的差}}-\text{表距}$

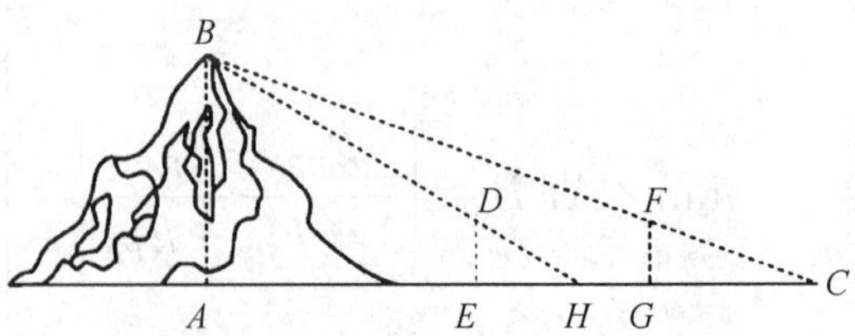

图 10-33

4. 如图 10-34 所示，某公司要在 A，B 两地连线上的定点 C 处建造广告牌 CD，其中 D 为顶端，AC 长 35 m，CB 长 80 m，设 A，B 在同一水平面上，从 A 和 B 看 D 的仰角分别为 α 和 β.

(1) 设计中 CD 是铅垂方向，若要求 $\alpha \geqslant 2\beta$，问 CD 的长至多为多少？(结果精确到 0.01 m)

(2) 施工完成后. CD 与铅垂方向有偏差，现在实测得 $\alpha = 38.12°$，$\beta = 18.45°$，求 CD 的长？(结果精确到 0.01 m)

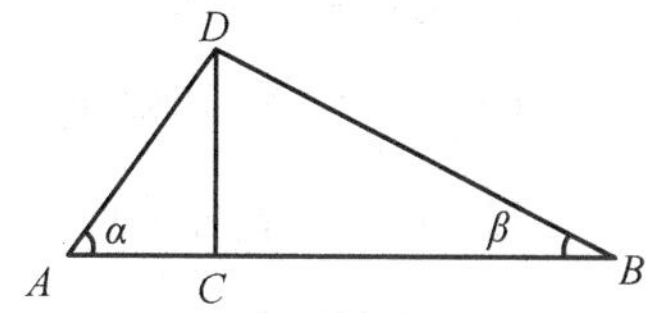

图 10-34

5. 如图 10-35 所示，某广场中间有一块扇形绿地 OAB，其中 O 为扇形 OAB 所在圆的圆心，半径为 r，$\angle AOB = \frac{\pi}{3}$. 广场管理部门欲在绿地上修建观光小路：在弧 $\overset{\frown}{AB}$ 上选一点 C，过点 C 修建与 OB 平行的小路 CD，与 OA 平行的小路 CE，设 $\angle COA = \theta$.

(1) 当 $\theta = \frac{\pi}{4}$ 时，求 CD；

(2) 当 θ 取何值时，才能使得修建的道路 CD 与 CE 的总长 s 最大？并求出 s 的最大值.

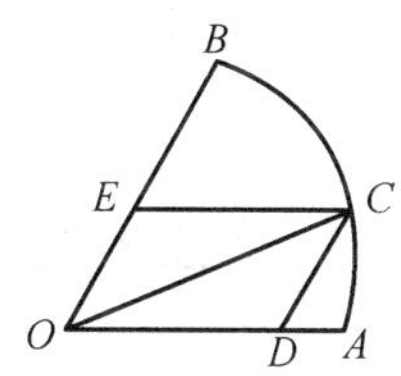

图 10-35

6. 在股票市场上，投资者常根据股价（每股的价格）走势图来操作，股民老张在研究某只股票时，发现其在平面直角坐标系内的走势图有如下特点：每日股价 y（元）与时间 x（天）的关系在 ABC 段可近似地用函数 $y=a\sin(\omega x+\varphi)+20\ (a>0,\ \omega>0,\ 0<\omega<\pi)$ 的图像从最高点 A 到最低点 C 的一段来描述（如图 10-36 所示），并且从 C 点到今天的 D 点在底部横盘整理，今天也出现了明显的底部结束信号. 老张预测这只股票未来一段时间的走势会如图中虚线 DEF 段所示，且 DEF 段与 ABC 段关于直线 l：$x=34$ 对称，点 B，D 的坐标分别是 $(12,\ 20)$，$(44,\ 12)$.

(1) 请你帮老张确定 a，ω，φ 的值，并写出 ABC 段的函数解析式；

(2) 如果老张预测准确，且今天买入该只股票，那么买入多少天后股价至少是买入价的两倍？

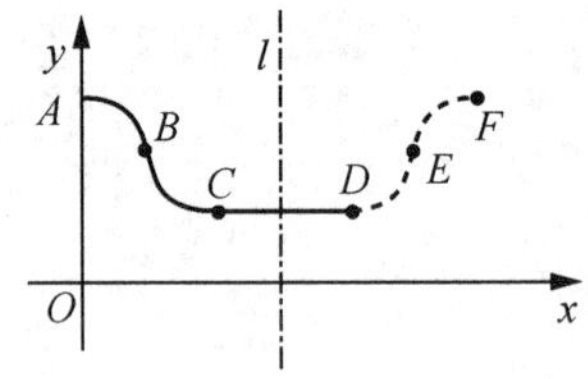

图 10-36

7. 某校兴趣小组在如图 10-37 所示的矩形区域 $ABCD$ 内举行机器人拦截挑战赛，在 E 处按 $\overrightarrow{EP}$ 方向释放机器人甲，同时在 A 处按某方向释放机器人乙，设机器人乙在 Q 处成功拦截机器人甲. 若点 Q 在矩形区域 $ABCD$ 内（包含边界），则挑战成功，否则挑战失败. 已知 $AB=18$ m，E 为 AB 中点，机器人乙的速度是机器人甲的速度的 2 倍，比赛中两机器人均按匀速直线运动方式行进，记 $\overrightarrow{EP}$ 与 $\overrightarrow{EB}$ 的夹角为 θ.

(1) 若 $\theta=\dfrac{\pi}{3}$，AD 足够长，则如何设置机器人乙的释放角度才能挑战成功？

(2) 如何设计矩形区域 $ABCD$ 的宽 AD 的长度，才能确保无论 θ 的值为多少，总可以通过设置机器人乙的释放角度使机器人乙在矩形区域 $ABCD$ 内成功拦截机器人甲？

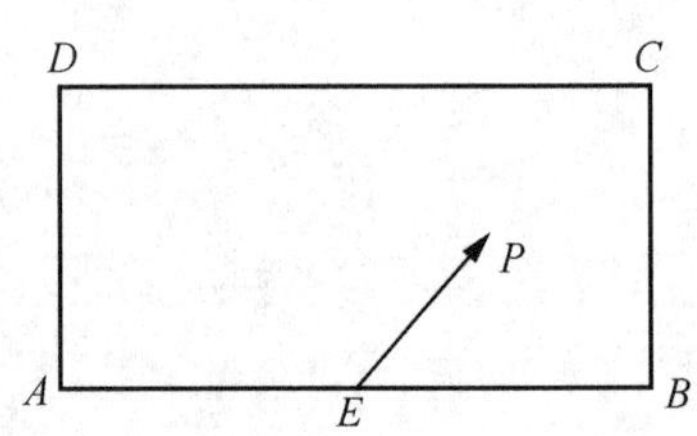

图 10-37

8. 某企业欲做一个介绍企业发展史的铭牌,铭牌的截面形状是如图 10-38 所示的扇形环面(由扇形 OAD 挖去扇形 OBC 后构成的). 已知 $OA=10$ m, $OB=x$ m $(0<x<10)$,线段 BA, CD,与弧 BC、弧 AD 的长度之和为 30 m,设圆心角为 θ 弧度.

(1) 求 θ 关于 x 的函数解析式;

(2) 记铭牌的截面面积为 y,试问 x 取何值时,y 的值最大? 并求出最大值.

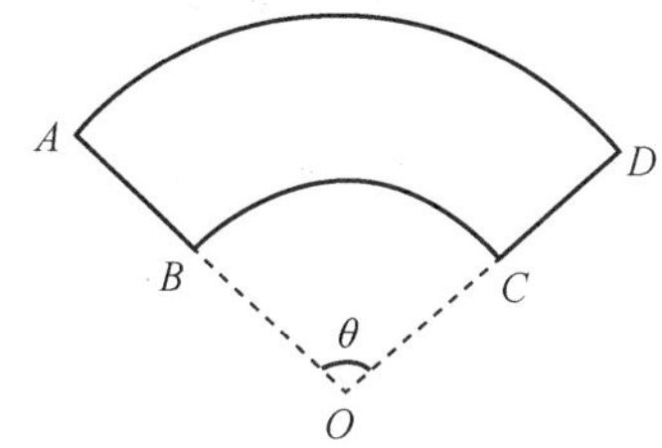

图 10-38

9. 如图 10-39 所示,"伦敦眼"坐落在英国伦敦泰晤士河畔,是世界上首座观景摩天轮,又称"千禧之轮",该摩天轮的半径为 6(单位:10 m),游客在乘坐舱 P 升到上半空鸟瞰伦敦建筑 $BC(BC\perp AB)$,伦敦眼与建筑之间的距离 AB 为 12(单位:10 m),游客在乘坐舱 P 看建筑 BC 的视角为 θ.

(1) 当游客在乘坐舱 P 与伦敦眼 M 在同一水平面,且看建筑 BC 的视角 θ 为 60° 时,拍摄效果最好. 求此时视线 PC 的长度.

(2) 当乘坐舱 P 在伦敦眼的最高点 D 时,视角 $\theta=30^\circ$,求建筑 BC 的高度.

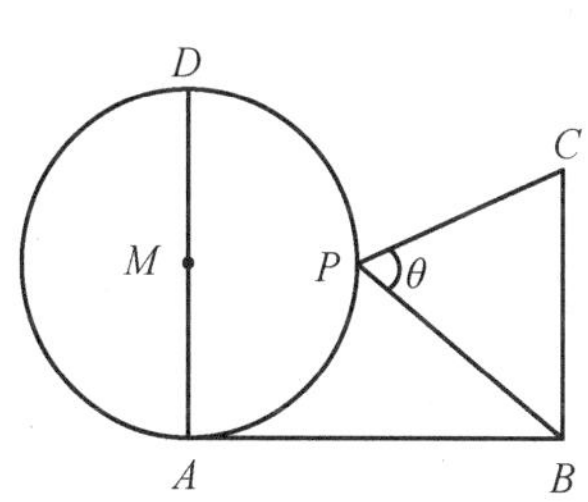

图 10-39

【能力提高】

1. 如图 10-40,想要测量公园中荷花池旁 A, B 两棵树之间的距离,实线部分是小路,其余部分是池水或者种植了绿化不方便行走,由于条件限制工作人员无法直接测量,你有好办法吗?

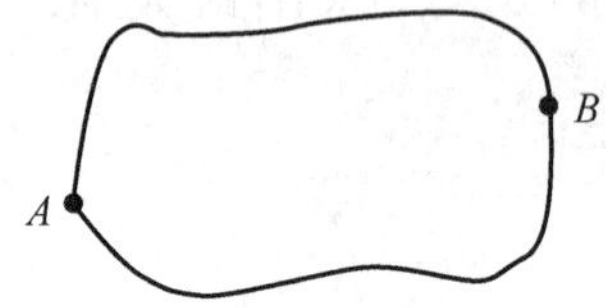

图 10-40

2. 新房即将建成封顶时,考虑到下雨时落至房顶的雨滴以最快的速度流离房顶,因此要设计好房顶的坡度,如图 10-41 所示,那么坡度角应设计为多少可以达到最好的效果呢?

(1) 对此模型,应作哪些合情假设?

(2) 请根据假设,解决这个模型.

图 10-41

3. 某中学开展劳动实习，学生加工制作零件，零件的截面如图 10-42 所示. O 为圆孔及轮廓圆弧 AB 所在圆的圆心，A 是圆弧 AB 与直线 AG 的切点，B 是圆弧 AB 与直线 BC 的切点，四边形 $DEFG$ 为矩形，$BC\perp DG$，垂足为 C，$\tan\angle ODC=\frac{3}{5}$，$BH/\!/DG$，$EF=12$ cm，$DE=2$ cm，点 A 到直线 DE 和 EF 的距离均为 7 cm，圆孔半径为 1 cm，那么图中阴影部分的面积为多少？

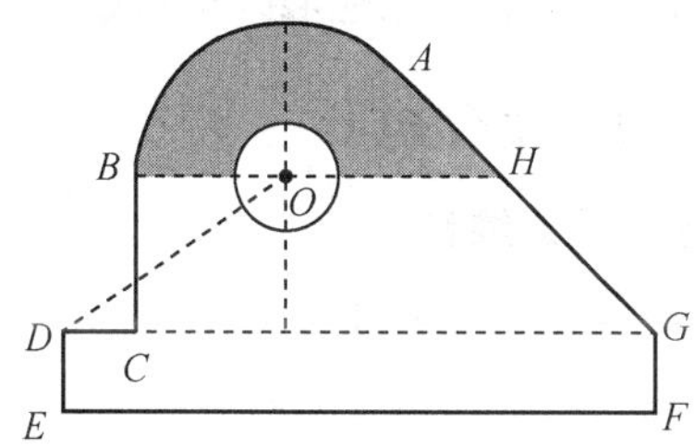

图 10-42

【归纳小结】

三角模型是高考常考的模型之一，主要应用扇形的弧长、面积公式、正余弦定理解斜三角形、建立三角函数模型，利用三角函数的单调性求最值等问题.

参考答案

答案详解

1 集合与逻辑、等式与不等式

1.1 集合初步

【基础训练】

1. 3； **2.** $\{1, 3\}$； **3.** $[-1, 1]$； **4.** $a=1$，$b=0$； **5.** (1) $m\leqslant-3$，(2) $m=-3$，$\bar{A}\cap B=\{-2, 4\}$； **6.** 见详解.

【能力提高】

1. (B)； **2.** (1) 集合$\{1, 2, 3, 4, 5\}$不是“和谐集”，(2) 见详解，(3) 7.

1.2 常用逻辑概念

【基础练习】

1. $y=(x-1)^2$，$x\in(0, 4)$(答案不唯一，只要满足题意即可)； **2.** (A)； **3.** (B)； **4.** $(-\infty, 5]$； **5.** 见详解； **6.** (1) $(3, +\infty)$，(2) $(-\infty, 1)\cup(3, +\infty)$.

【能力提高】

1. (C)； **2.** (1) 见详解，(2) $a=0$，$b\geqslant0$，$c\in\mathbf{R}$，(3) 见详解.

1.3 等式与不等式的性质

【基础训练】

1. $1+ab>a+b$； **2.** (B)； **3.** (C)； **4.** 3； **5.** $-3<m\leqslant-1$； **6.** (1) $x^2+3>3x$，(2) $x^2+y^2+1\geqslant x+y+xy$，当且仅当 $x=y=1$ 时，等号成立，(3) $\frac{x}{y^2}+\frac{y}{x^2}\geqslant\frac{1}{x}+\frac{1}{y}$，当且仅当 $x=y>0$ 时，等号成立，(4) $\sqrt{x+1}-\sqrt{x}<\sqrt{x}-\sqrt{x-1}$.

【能力提高】

1. $\frac{9}{8}$； **2.** (1) $x\in(-\infty, -\sqrt{2})\cup(\sqrt{2}, +\infty)$，(2) 见详解.

1.4 不等式的解法

【基础训练】

1. $-12, -2$； **2.** $\left(-\infty, -\frac{3}{2}\right]\cup(1, +\infty)$； **3.** $-1\leqslant a\leqslant3$； **4.** $0<a\leqslant1$； **5.** 当 $a=0$ 时，解集为$(-\infty, 2)$. 当$a<0$时，解集为$\left(\frac{2}{a}, 2\right)$. 当$a>0$时，① 当 $0<a<1$ 时，解集为$(-\infty, 2)\cup\left(\frac{2}{a}, +\infty\right)$；② 当 $a>1$ 时，解集为$\left(-\infty, \frac{2}{a}\right)\cup(2, +\infty)$；③ 当 $a=1$ 时，解集为$(-\infty, 2)\cup(2, +\infty)$. **6.** (1) $\{x\mid x>1$ 或 $x<-5\}$，(2) $(-\infty, 9]$.

【能力提高】

1. $(2-\sqrt{2}, 3)$； **2.** (1) ① 3，② 12；(2) ① 当 $0<a<9$ 时，$\left\{x\,\middle|\,x\geqslant\frac{a^2+9}{a}\text{或}x\leqslant2a-8\right\}$；② 当 $a=0$ 时，$\{x\mid x\leqslant-8\}$；③ 当 $-1<a<0$ 时，$\left\{x\,\middle|\,\frac{a^2+9}{a}\leqslant x\leqslant2a-8\right\}$；④ 当 $a=-1$ 时，$\{-10\}$；⑤ 当 $a<-1$ 时，$\left\{x\,\middle|\,2a-8\leqslant x\leqslant\frac{a^2+9}{a}\right\}$.

1.5 基本不等式及其应用

【基础训练】

1. (B)； **2.** (B)； **3.** (D)； **4.** $\frac{3\sqrt{2}}{4}$； **5.** 160 元； **6.** (1) 500，(2) $(0, 5]$.

【能力提高】

1. (1) 1，(2) 最小值为 $3+2\sqrt{2}$，此时 $a=\frac{3}{2}\sqrt{2}-2$，$b=3-2\sqrt{2}$； **2.** $m\leqslant\frac{1}{4}$.

2 函数

2.1 函数的概念

【基础训练】

1. 3； **2.** ①； **3.** $[0, 2)\cup(2, +\infty)$； **4.** $(-\infty, 3]$； **5.** (1) $f(x)=x^2+2x-2$，(2) $f(x)=x+3$，(3) $f(x)=\dfrac{2}{3x}-\dfrac{x}{3}(x\neq0)$；

6. (1) $y=g(x)$不是"保三角形函数"，$y=h(x)$是"保三角形函数"，(2) 2.

【能力提高】

1. $\dfrac{4\ 045}{6}$； **2.** $\left[0, \dfrac{\pi}{3}\right]\cup\left[\dfrac{2\pi}{3}, \pi\right]$.

2.2 函数的性质

【基础训练】

1. $\dfrac{\pi}{6}$(答案不唯一，符合题意均可)； **2.** $(-3, 1)$； **3.** $\{x|x<5\}$； **4.** $-\dfrac{1}{4}$； **5.** $3-\ln 3$； **6.** ①③；

7. (1) $f(x)=\begin{cases}x^2-2x-3, & x\geqslant0,\\ x^2+2x-3, & x<0;\end{cases}$ (2) 增区间为$[-1, 0)$，$[1, +\infty)$，减区间为$(-\infty, -1]$，$[0, 1]$；(3) -4； **8.** 见详解； **9.** (1) 见详解，(2) $[1, \sqrt{2}+1)\cup\left\{\sqrt{2}+\dfrac{\sqrt{6}}{2}\right\}$.

【能力提高】

1. (1) $[0, +\infty)$，(2) 见详解，(3) 见详解；

2. (1) $(-\infty, -2]\cup[0, +\infty)$，(2) $\left(0, \dfrac{1}{4}\right)$，(3) 存在，$\left(-\infty, -\dfrac{1}{4}\right]$.

2.3 一元二次函数和幂函数

【基础训练】

1. -1； **2.** $\left(-\infty, -\dfrac{1}{2}\right]\cup\left[-\dfrac{1}{4}, +\infty\right)$；

3. $a\geqslant3$； **4.** $\dfrac{\sqrt{17}-3}{2}$； **5.** (D)； **6.** 14；

7. (1) $g(a)=\begin{cases}a-2, & a>\dfrac{1}{2},\\ -\dfrac{1}{4a}-1, & \dfrac{1}{4}\leqslant a\leqslant\dfrac{1}{2},\\ 4a-3, & 0<a<\dfrac{1}{4},\end{cases}$ (2) $-\dfrac{3}{2}$；

8. (1) $g(x)=-x^2+2x$，(2) $\left[-1, \dfrac{1}{2}\right]$，(3) $\lambda\leqslant0$；

9. (1) 见详解；(2) ① $M\left(\dfrac{t}{2}, 0\right)$，$N\left(\dfrac{t}{2}+\dfrac{1}{2t}, 2\right)$，② $S(t)=4-t-\dfrac{1}{2t}$，S的最大值为$4-\sqrt{2}$. **10.** (1) 选择函数 $y=ka^x(k>0, a>1)$更合适，解析式为 $y=2\cdot(\sqrt{5})^x$，(2) 11.

【能力提高】

(1) 不是，(2) $\left[\dfrac{7}{4}, 2\right)$，(3) $2\sqrt{3}-2$.

2.4 指数函数与对数函数

【基础训练】

1. $(-2, 2)$； **2.** $-\dfrac{1}{27}$； **3.** 2； **4.** $2\sqrt{2}-1$；

5. (B)； **6.** $\left[\dfrac{1}{2}, 1\right)\cup[3, +\infty)$； **7.** ②③④；

8. (1) $f(x)$是偶函数，(2) $[-1-\lg 2, 2+\lg 4]$；

9. (1) $f(x)=x+\log_{\frac{1}{2}}(-x+1)(x<0)$，(2) $\left(\dfrac{1}{2}, 1\right)$.

【能力提高】

1. $\dfrac{1}{2}$； **2.** $[8, 10]$

2.5 函数的应用

【基础训练】

1. 1.3； **2.** 60%；

3. $\Delta y=\sqrt{-(\Delta x)^2+\Delta x+\dfrac{3}{4}}-\dfrac{\sqrt{3}}{2}\left(0<\Delta x<\dfrac{1}{2}\right)$；

4. 300； **5.** $(-3, -2\sqrt{2})$； **6.** $\dfrac{24}{25}$；

7. (1) $f(x)=\begin{cases}-\dfrac{1}{4}(x-12)^2+103, & 0\leqslant x\leqslant14,\\ \log_{\frac{1}{2}}(x-13)+102, & 14<x\leqslant24,\end{cases}$

(2) 当天在 $12-2\sqrt{3}\leqslant x\leqslant17$ 这个时间段，该城市的空气处于污染状态；

8. (1) $f(x)=\dfrac{-2^x+1}{2^{x+1}+2}$，(2) $\{a|-4<a<0\}$，(3) $\{a|a\geqslant0\}$.

【能力提高】

1. $(-1, 0]$； **2.** $[-2, +\infty)$； **3.** (1) 偶函数，(2) 11，(3) $\left\{\frac{\sqrt{5}-1}{2}\right\}$.

2.6 导数的概念、意义与运算

【基础训练】

1. $y=-x-1$； **2.** (D)； **3.** 2； **4.** (A)；

5. (D)； **6.** $\frac{1}{2}\sin 2x$(答案不唯一)；

7. (1) $f'(x)=x^2\cos x+2x\sin x-2\sin x$，(2) $f'(x)=-\frac{2e^x}{(e^x-1)^2}$，(3) $f'(x)=-3\sin(3x+4)$，(4) $f'(x)=10(2x-1)^4$； **8.** (1) $(-1, -4)$，(2) $x+4y+17=0$； **9.** $6\sqrt{2}$.

【能力提高】

(1) -4，(2) 见详解，(3) $\left(\frac{3-\sqrt{5}}{2}, \frac{1}{2}\right]\cup\left[2, \frac{3+\sqrt{5}}{2}\right)$.

2.7 导数的应用

【基础训练】

1. 6； **2.** (4, 5)； **3.** 3； **4.** -1；

5. $\left(-1, \frac{1}{2}\right)$； **6.** $\left[-\frac{1}{8}, +\infty\right)$； **7.** $\{a\,|\,a<-2$ 或 $a>2\}$； **8.** $\pm\frac{3}{2}$； **9.** (1) 增区间为$(-\infty, -3)$，$(1, +\infty)$，减区间为$(-3, 1)$；(2) 增区间是$(-\infty, 1)$，$(3, +\infty)$，减区间是$(1, 3)$.

10. (1) 减区间为$\left(0, \frac{\sqrt{-a}}{2}\right)$，增区间为$\left(\frac{\sqrt{-a}}{2}, +\infty\right)$，(2) $\left(-\infty, \frac{2e}{1-2e}\right]$.

11. (1) $\left(-\infty, \frac{1}{4}\right)$，(2) $6\sqrt{3}$.

【能力提高】

1. (1) 增区间为$(0, +\infty)$，无减区间，(2) $\left(0, \frac{1}{3}\right)\cup(2, +\infty)$. **2.** (1) 见详解，(2) $P(0, 1)$，其他见详解，(3) 严格减.

3 三角与三角函数

3.1 正弦、余弦、正切、余切

【基础训练】

1. 2 弧度，25； **2.** $2\sqrt{2}$； **3.** ± 12； **4.** (A)；

5. $\sin(B+C)=\frac{\sqrt{3}}{2}$，$\cos A=\pm\frac{1}{2}$； **6.** $\frac{1}{4}$.

【能力提高】

(1) $f(1)=-2\cos\left(\frac{\pi}{3}+\theta\right)$，$f(2)=2\cos\left(\frac{\pi}{3}+\theta\right)$，$f(3)=-2\cos\left(\frac{\pi}{3}+\theta\right)$，$f(4)=2\cos\left(\frac{\pi}{3}+\theta\right)$；

(2) $f(2k-1)=-2\cos\left(\frac{\pi}{3}+\theta\right)$，$f(2k)=2\cos\left(\frac{\pi}{3}+\theta\right)$.

3.2 常用三角公式(1)——两角和与差的正弦、余弦、正切公式

【基础训练】

1. (B)； **2.** (B)； **3.** $\frac{\sqrt{2}}{10}$； **4.** $\frac{2\pi}{5}$；

5. $\left(-\frac{\sqrt{2}}{2}, \frac{3\sqrt{2}}{2}\right)$； **6.** $\frac{33}{65}$； **7.** $-\frac{56}{65}$； **8.** $\frac{3\pi}{4}$.

【能力提高】

1. 4； **2.** (D).

3.3 常用三角公式(2)——二倍角公式及三角变换的应用

【基础训练】

1. (B)； **2.** (B)； **3.** (D)； **4.** $\tan\frac{\theta}{2}$； **5.** $\frac{7}{5}$；

6. $\frac{12}{13}$； **7.** 直角三角形； **8.** $\frac{5\sqrt{3}-12}{26}$.

【能力提高】

1. 存在，$\alpha=\frac{\pi}{6}$，$\beta=\frac{\pi}{4}$； **2.** 见详解.

3.4 已知正弦、余弦或正切值求角

【基础训练】

1. (B)； **2.** $\left\{\frac{\pi}{6}, \frac{5\pi}{6}\right\}$； **3.** $-\frac{5\pi}{4}$或$-\frac{7\pi}{4}$；

4. $\left\{x \middle| x=2k\pi+\frac{5\pi}{6}, k\in\mathbf{Z}\right\}$； 5. $(-\infty, -5)\cup\left(-5, -\frac{4}{3}\right)\cup(6, +\infty)$； 6. (1) $\left\{x \middle| x=k\pi+\frac{\pi}{6}+(-1)^k\frac{\pi}{6}, k\in\mathbf{Z}\right\}$，(2) $\left\{x \middle| x=2k\pi\pm\frac{5\pi}{6}, k\in\mathbf{Z}\right\}$，(3) $\left\{x \middle| x=\frac{k\pi}{2}-\frac{\pi}{12}+\frac{(-1)^k\arcsin\frac{5}{6}}{2}, k\in\mathbf{Z}\right\}$，(4) $\left\{x \middle| x=k\pi+\frac{\pi}{4}\text{或}x=k\pi+\arctan 6, k\in\mathbf{Z}\right\}$.

【能力提高】

1. (1) $\left\{x \middle| x=k\pi\pm\frac{\pi}{6}\text{或}x=k\pi\pm\frac{\pi}{3}, k\in\mathbf{Z}\right\}$，(2) $\left\{x \middle| x=k\pi-\frac{\pi}{4}+(-1)^k\arcsin\frac{\sqrt{2}}{4}\text{或}x=k\pi+\frac{\pi}{4}-(-1)^k\arcsin\frac{\sqrt{2}}{4}, k\in\mathbf{Z}\right\}$； 2. (1) $x=2k\pi-\frac{\pi}{6}$，$k\in\mathbf{Z}$，(2) $\begin{cases}x=2k\pi+\frac{\pi}{6},\\ y=\frac{\sqrt{3}}{2}\end{cases}$或$\begin{cases}x=2k\pi+\frac{7\pi}{6},\\ y=-\frac{1}{2}\end{cases}$或$\begin{cases}x=2k\pi+\frac{\pi}{4},\\ y=\frac{\sqrt{2}}{2}\end{cases}$或$\begin{cases}x=2k\pi+\frac{5\pi}{4},\\ y=-\frac{\sqrt{2}}{2},\end{cases}$ $k\in\mathbf{Z}$.

3.5 解三角形

【基础训练】

1. (B)； 2. 0； 3. $\frac{\pi}{3}$； 4. (1) $b=1$，$c=\sqrt{6}$，(2) $\frac{5\sqrt{30}}{2}$； 5. $6+3\sqrt{2}$； 6. 148.90 km.

【能力提高】

1. (C)； 2. (1) $5\sqrt{13}$尺，(2) 14.7 尺.

3.6 正弦、余弦函数的图像与性质

【基础训练】

1. ④⑤； 2. $\frac{\pi}{4}$； 3. $[-\pi, 0]$； 4. $f(x)=\begin{cases}x^2+\sin x+1, & x>0,\\ 0, & x=0,\\ -x^2+\sin x-1, & x<0;\end{cases}$ 5. $k\pi$ ($k\in\mathbf{Z}$)，2，$k\pi\pm\arccos\frac{1}{4}$ ($k\in\mathbf{Z}$) $\frac{7}{8}$； 6. (1) $\frac{1+2\sqrt{6}}{6}$，(2) $-\frac{3}{2}$； 7. (1) 0，(2) $-\frac{11\pi}{24}$，$-\frac{5\pi}{24}$，$\frac{13\pi}{24}$，$\frac{19\pi}{24}$； 8. $-\frac{1}{2}<a<\frac{1}{2}$.

【能力提高】

1. $[-3, 3]$； 2. 见详解.

3.7 函数 $y=A\sin(\omega x+\varphi)$的图像

【基础训练】

1. $\left(\frac{11\pi}{6}, \frac{19\pi}{6}\right]$； 2. (B)； 3. π； 4. $-\frac{\sqrt{3}}{3}$； 5. $y=\frac{3}{2}\sin\left(\frac{6}{5}x+\frac{9\pi}{10}\right)+\frac{3}{2}$； 6. (C)； 7. $\frac{\pi}{3}$； 8. 见详解； 9. (1) $\frac{24\sqrt{3}-32}{25}$，(2) 值域为$[-2, 1]$,单调递增区间是$\left[-\frac{\pi}{6}, \frac{\pi}{6}\right]$.

【能力提高】

1. 9； 2. (1) $\left[\frac{1-\sqrt{3}}{2}, \frac{3}{2}\right]$，(2) $\left[\frac{1-\sqrt{3}}{2}, \frac{1+\sqrt{3}}{2}\right)\cup\left\{\frac{3}{2}\right\}$，(3) $\left[\frac{1+\sqrt{3}}{2}, \frac{3}{2}\right)$.

3.8 正切函数的图像与性质

【基础训练】

1. (D)； 2. (A)； 3. $(-1, 1)$； 4. $\left(0, \frac{\pi}{2}\right)\cup[\pi, 4]$； 5. 定义域为$\{x \mid x\neq 6k+1, k\in\mathbf{Z}\}$，$T=6$,增区间为$(6k-5, 6k+1)$ ($k\in\mathbf{Z}$),无单调递减区间； 6. $g(x)=\frac{1}{2}\tan\left(2x-\frac{\pi}{3}\right)$.

【能力提高】

1. (C)； 2. (A)； 3. 见详解.

4 平面向量

4.1 平面向量的基本概念和加减法

【基础训练】

1. $\sqrt{2}$； **2.** (C)； **3.** (C)； **4.** (B)； **5.** (A)； **6.** (B)； **7.** (D)； **8.** (1) $\vec{0}$，(2) 见详解.

【能力提高】

1. $\frac{35\sqrt{6}}{6}$； **2.** (1) $\frac{3}{4}$，(2) $\left[0, \frac{3}{4}\right]$.

4.2 向量的数量积

【基础训练】

1. $\frac{3}{2}$； **2.** ③； **3.** $3\sqrt{2}$； **4.** (B)； **5.** $-2\pm\sqrt{3}$； **6.** $[-3, 5]$； **7.** 见详解.

【能力提高】

1. $\sqrt{7}$； **2.** $[-4, 12]$.

4.3 向量的坐标表示

【基础训练】

1. $\left(-\frac{1}{8}, -1\right)$； **2.** (1, 1)； **3.** -3； **4.** (A)； **5.** $-\frac{3}{2}$； **6.** $(-2, 5)$或$(6, -7)$； **7.** $\sqrt{2}$.

【能力提高】

1. (1) 见详解，(2) $k>\frac{1}{4}$； **2.** $\frac{1}{4}$.

4.4 向量的应用

【基础训练】

1. (D)； **2.** (2, 4)； **3.** $(5, -5)$或$(-3, -5)$或$(1, 5)$； **4.** (A)； **5.** $2\sqrt{3}$； **6.** (1) (2, 2)，(2) 1.

【能力提高】

1. $2\sqrt{3}$； **2.** (C).

5 复数

5.1 复数及其四则运算

【基础训练】

1. 4； **2.** $3+4i$； **3.** -2； **4.** $4-2\,021i$； **5.** $1+i$； **6.** -1； **7.** (C)； **8.** $x=0$，$y=0$ 或 $x=1.5$，$y=0.75$.

【能力提高】

$z=1\pm 3i$，$3\pm i$.

5.2 复数的几何意义

【基础训练】

1. $(-1, 1)$； **2.** 100； **3.** $-4<a<4$； **4.** $1-\sqrt{3}i$ 或 $1+\sqrt{3}i$； **5.** $\sqrt{13}+1$； **6.** $\frac{7}{2}$； **7.** (1) 4，1，(2) $\left(\frac{3+\sqrt{21}}{2}, 4\right)$，(3) $1+\sqrt{11}$； **8.** (1) $[2, 6]$，(2) $[0, 12]$.

【能力提高】

1. 5； **2.** (1) $\frac{\pi}{3}$，(2) $(-\infty, -2-\sqrt{3}]\cup[-2+\sqrt{3}, 0]$； **3.** (1) $z_1=3i$，$z_2=-5i$ 或 $z_1=-i$，$z_2=-i$，(2) $k=3\sqrt{3}$.

5.3 实系数一元二次方程

【基础训练】

1. (D)； **2.** 4； **3.** $\sqrt{2}$； **4.** 2； **5.** $\frac{5}{2}$； **6.** 38； **7.** (C)； **8.** $(0, 2]$； **9.** $x^2-6x+10=0$(答案不唯一)； **10.** (1) $1-\sqrt{3}i$，4，(2) 存在，$m=1$.

【能力提高】

1. $a=\frac{3}{2}$或$\frac{1}{2}$； **2.** (1) 4，$z_1=0$，$z_2=1+3i$(答案不唯一)，(2) 见详解； **3.** (1) $z_1=-\frac{1}{2}+\frac{\sqrt{3}}{2}i$，$z_2=-\frac{1}{2}-\frac{\sqrt{3}}{2}i$ 或 $z_1=-\frac{1}{2}-\frac{\sqrt{3}}{2}i$，$z_2=-\frac{1}{2}+\frac{\sqrt{3}}{2}i$，(2) $[\sqrt{13}, 4)$.

*5.4 复数的三角形式

【基础训练】

1. (B)； **2.** (B)； **3.** (C)； **4.** $\frac{\pi}{3}$； **5.** 32，$\frac{\pi}{3}$； **6.** $\pi-\frac{\theta}{2}$，$-2\cos\frac{\theta}{2}$； **7.** $\frac{\sqrt{2}}{2}\left(\cos\frac{7\pi}{4}+i\sin\frac{7\pi}{4}\right)$；

8. $3+6i$，$6+2i$； **9.** (1) -6，(2) $-\frac{\sqrt{6}}{2}+\frac{\sqrt{2}}{2}i$，(3) $-\frac{\sqrt{3}+1}{2}+\frac{\sqrt{3}-1}{2}i$，(4) $-\frac{\sqrt{2}}{4}-\frac{\sqrt{6}}{4}i$.

【能力提高】

1. $-\frac{3\sqrt{2}}{2}-\frac{3\sqrt{2}}{2}i$； **2.** (1) $\sqrt{2k-4}$ ($k>2$)，(2) $\frac{2}{3}+\frac{4}{9}i$，(3) 见详解.

6 立体几何

6.1 平面及其基本性质

【基础训练】

1. ③⑤； **2.** ①②③； **3.** 7； **4.** 平行或相交； **5.** (B)； **6.** (B)； **7.** (C)； **8.** (D)； **9.** AC； **10.** 见详解.

【能力提高】

1. 图见详解，5； **2.** 见详解.

6.2 直线与直线的位置关系

【基础训练】

1. 30°或150°； **2.** 异面； **3.** 相交、平行或异面； **4.** $<$； **5.** (D)； **6.** (B)； **7.** (C)； **8.** 5.

【能力提高】

1. $\sqrt{2}$； **2.** (1) 见详解，(2) $\arccos\frac{\sqrt{10}}{10}$； **3.** 30°.

6.3 直线与平面的位置关系

【基础训练】

1. ①②③； **2.** (C)； **3.** 6； **4.** 45°； **5.** (B)； **6.** (B)； **7.** (A)； **8.** $\frac{2\sqrt{3}}{5}$.

【能力提高】

1. (A)； **2.** (1) 见详解，(2) 见详解，(3) 线段 AD 上存在点 N，使 $MN//$平面 PAB. **3.** $3\sqrt{3}$.

6.4 平面与平面的位置关系

【基础训练】

1. 平行或相交； **2.** 平面 $ABC\perp$平面 ACD，平面 $ABC\perp$平面 BCD，平面 $ABD\perp$平面 BCD； **3.** $\sqrt{2}$； **4.** ②④； **5.** $\frac{1}{2}$； **6.** (B)； **7.** 见详解； **8.** 4.

【能力提高】

1. $\frac{\sqrt{3}}{4}$； **2.** 60°； **3.** $\sqrt{26}$.

6.5 多面体和旋转体

【基础训练】

1. 6； **2.** ①③； **3.** ②④⑤； **4.** 1； **5.** (D)； **6.** ③④； **7.** (A)； **8.** (1) $2\sqrt{10}$，(2) $2\sqrt{5}$，1.

【能力提高】

1. ①③④； **2.** (1) $\frac{4}{27}\pi h^3$ cm^3，(2) 11.91 cm； **3.** $\frac{9\pi}{2}$.

6.6 多面体、旋转体的表面积和体积

【基础训练】

1. 112 或 72； **2.** 2∶3； **3.** $\sqrt{3}$； **4.** $\frac{7\sqrt{3}}{12}$； **5.** $(48\sqrt{3}+22\pi)$cm^3； **6.** $\frac{256\pi}{3}$； **7.** (B)； **8.** (1) $V=-\frac{\sqrt{3}}{2}(x^3+3x^2-9x-27)$，其中 $0<x<3$；(2) $16\sqrt{3}$.

【能力提高】

1. $\frac{5\pi}{4}$； **2.** (1) 存在这样的点 P 为线段 AD 上靠近点 D 的三等分点，使平面 $EBP\perp$平面 EBC，(2) $\frac{7\sqrt{5}}{6}$； **3.** (1) $V_1=\pi H\left(r^2-\frac{r^3}{R}\right)(0<r<R)$，$V_2=2\pi R\left(r^2-\frac{2r^3}{H}\right)\left(0<r<\frac{H}{2}\right)$，(2) $(V_1)_{\max}=\frac{4}{27}\pi R^2H$，$(V_2)_{\max}=\frac{2}{27}\pi RH^2$，$(V_1)_{\max}>(V_2)_{\max}$.

6.7 空间向量及其应用

【基础训练】

1. $2\sqrt{6}$； **2.** $\frac{1}{8}$； **3.** $\frac{8}{3}$； **4.** $\sqrt{10}$； **5.** (B)； **6.** (B)； **7.** (1) 见详解，(2) $\frac{\sqrt{2}}{2}$.

【能力提高】

1. $\frac{11}{8}$； **2.** (C)； **3.** (1) 见详解，(2) $\frac{\sqrt{15}}{5}$，(3) $\frac{1}{3}$.

7 概率统计

7.1 随机现象与样本空间、古典概率

【基础训练】

1. $\frac{1}{12}$； **2.** $\frac{1}{441}$； **3.** $\frac{17}{35}$； **4.** $\frac{1}{4}$； **5.** $\frac{7}{12}$；

6. (C)； **7.** (C)； **8.** (1) $\frac{1}{5}$，(2) $\frac{3}{5}$，(3) $\frac{9}{10}$；

9. (1) $\frac{1}{54}$，(2) $\frac{5}{18}$，(3) $\frac{25}{216}$，(4) $\frac{1}{216}$.

【能力提高】

1. $\frac{1}{5}$； **2.** 男生 15 人，女生 21 人；或男生 21 人，女生 15 人.

7.2 频率与概率、随机事件的独立性

【基础训练】

1. 100； **2.** $(1-p)^7p^3$； **3.** $\frac{1}{3}$； **4.** $\frac{8}{81}$；

5. ①②④； **6.** (B)； **7.** 0.79； **8.** (1) $\frac{1}{4}$，(2) $\frac{5}{8}$； **9.** (1) 甲：0.4，乙：0.28，(2) 甲：1 500 元，乙：1 000 元，甲分厂.

【能力提高】

1. 0.5； **2.** (1) $\frac{1}{6}$，(2) $\frac{5}{72}$.

7.3 总体与样本、数据的获取、抽样方法

【基础训练】

1. 38； **2.** 600； **3.** 普查； **4.** 22； **5.** $x=24$，$y=30$； **6.** (B)； **7.** (C)； **8.** 见详解；

9. (1) 2，3，2，(2) $\frac{11}{21}$.

【能力提高】

1. 1 004； **2.** (1) 总体是同年级的每一名学生在体测 1 000 m 中的成绩表现情况(或者该体育老师所任教的班级的全体学生在体测 1 000 m 中的成绩表现情况，或者全地区同龄人在体测 1 000 m 中的成绩表现情况)，样本是参与该次 1 000 m 体测的每一名学生的成绩表现情况. (2) 同意，1 000 m 体测成绩要求是国家根据同龄人群的身体表现设定的一个集体标准，或者说是一个根据以往同龄人 1 000 m 体测成绩产生的一个统计量，这个统计量可以作为判断某些个体或群体在总体中的相对情况，即如果低于这个值，可以认定体能方面存在问题.

7.4 统计图表、统计估计、统计活动

【基础训练】

1. 55%； **2.** 3； **3.** 存在； **4.** 18； **5.** 15；

6. (A)； **7.** (C)； **8.** (1) $\frac{1}{3}$，$\frac{3}{4}$，(2) $\frac{13}{36}$，(3) $p_1<p_0$； **9.** (1) $m=25$，$n=100$，图见详解，(2) $\frac{3}{5}$； **10.** (1) 0.35，0.10，(2) 4.05，6.

【能力提高】

1. (1) 9，(2) 8.75，(3) 不合理，样本的选取只选在高一某班，不具有代表性；

2. (1) 118，125.5，频率分布直方图见详解，(2) 乙班学生数学考试分数的平均水平高于甲班学生数学考试分数的平均水平，甲班学生数学考试分数的分散程度高于乙班学生数学考试分数的分散程度，(3) $\frac{5}{234}$；

3. (1) $x=0.06$，60，(2) 176.25，(3) 见详解.

7.5 乘法原理与加法原理、排列、组合

【基础训练】

1. $(n+1)!-1$； **2.** $x=4$； **3.** 16； **4.** 144；

5. 96； **6.** 1 260； **7.** (B)； **8.** (B)； **9.** (1) 720，(2) 3 600，(3) 1 440，(4) 2 520，(5) 720，(6) 1 440，(7) 5 040； **10.** (1) $6\cdot P_6^4=2\ 160$(个)，(2) $P_6^4+C_3^1\cdot C_5^1\cdot P_5^3=1\ 260$(个)，(3) $P_6^4+C_5^1\cdot P_5^3=760$(个)，(4) $5\cdot C_4^1\cdot 4!+2\cdot 5!=720$(个)，(5) $C_3^1\cdot P_6^4=1\ 080$(个)； **11.** 540.

【能力提高】

1. 10； 2. (1) 21, (2) 150.

7.6 计数原理在古典概率中的应用、二项式定理

【基础训练】

1. $\frac{2}{3}$； 2. 36； 3. 1； 4. 15； 5. $-40x^2$；

6. 1； 7. (B)； 8. (1) 8, (2) $\frac{1}{256}$.

【能力提高】

1. (1) $a_0=1$, (2) $r=11$ 或 12； 2. (1) $f(x)=\frac{x^2+1}{x}$, (2) 见详解.

7.7 条件概率与相关公式

【基础训练】

1. $\frac{5}{9}$； 2. $\frac{5}{6}$； 3. $\frac{3}{10}$； 4. $\frac{10}{113}$； 5. $\frac{3}{4}$；

6. (C)； 7. 0.3； 8. (A)； 9. (B)； 10. $\frac{3}{8}$；

11. (1) 0.8, (2) 0.5.

【能力提高】

1. $\frac{7}{12}$； 2. 90.834%, 49.751 2%.

7.8 随机变量的分布与特征、常用分布

【基础训练】

1. $\frac{40}{243}$； 2. $\frac{94}{54\ 145}$； 3. $\frac{4}{3}$； 4. $\frac{18}{35}$； 5. 0.6；

6. $1-k$； 7. (D)； 8. (C)；

9. (1) $\begin{pmatrix} 0 & 1 & 2 & 3 \\ \frac{1}{27} & \frac{2}{9} & \frac{4}{9} & \frac{8}{27} \end{pmatrix}$, 2, (2) $\frac{20}{243}$；

10. (1) $\frac{3}{4}$, (2) $\frac{3}{4}$； 11. (1) $\begin{pmatrix} 0 & 1 & 2 \\ \frac{5}{14} & \frac{15}{28} & \frac{3}{28} \end{pmatrix}$, $\frac{3}{4}$, (2) 7.

【能力提高】

1. ①③； 2. (1) 69.5, (2) $\begin{pmatrix} 0 & 1 & 2 & 3 \\ \frac{7}{24} & \frac{21}{40} & \frac{7}{40} & \frac{1}{120} \end{pmatrix}$, $\frac{9}{10}$, (3) 4； 3. (1) $p_1=\frac{1}{3}$, $q_1=\frac{2}{3}$, $p_2=\frac{7}{27}$, $q_2=\frac{16}{27}$, (2) $2p_n+q_n=\frac{1}{3}(2p_{(n-1)}+q_{(n-1)})+\frac{2}{3}$, $1+\frac{1}{3^n}$.

7.9 成对数据的相关分析、一元线性回归分析、2×2 列联表

【基础训练】

1. 变大； 2. 166； 3. 7.1； 4. (3, 2)； 5. 5.031； 6. (D)； 7. (B)； 8. (1) $D=a_2\lg I+b_2$ 更适合, (2) $D=10\lg I+160.7$, (3) 点 P 会受到噪声污染的干扰； 9. (1) $y=0.32x-0.06$, (2) 3.14 万人； 10. (1) 由表格可知,该市 100 天中,空气中的 PM2.5 浓度不超过 75,且 SO_2 浓度不超过 150 的天数有 32+6+18+8=64 天. 据此估计某一天,该市空气中的 PM2.5 浓度不超过 75,且 SO_2 浓度不超过 150 的概率为 $\frac{64}{100}=0.64$, (2) 见详解, (3) 有 99% 的把握认为该市一天空气中 PM2.5 浓度与 SO_2 浓度有关.

【能力提高】

1. 0.933； 2. (1) $y=\hat{c}\sqrt{x}+\hat{d}$ 适宜, (2) $y=68\sqrt{x}+100.6$, (3) ① 576.6, 66.32, ② $x=46.24$ 时,年利润的预报值最大； 3. (1) $y=0.1x-0.2$, (2) ① 5 900 万元, ② $\left[\frac{1}{3}, \frac{5}{8}\right]$.

8 数列

8.1 等差数列

【基础训练】

1. 4； 2. (C)； 3. 3； 4. -12； 5. (C)；

6. (C)； 7. (1) 见详解, (2) $a_n=\left(\frac{1}{2}\right)^n+n-\frac{1}{2}$, $b_n=\left(\frac{1}{2}\right)^n-n+\frac{1}{2}$； 8. (1) $a_n=2n-6$, (2) 7.

【能力提高】

1. $3n-4$； **2.** (1) 1，(2) $a_n=\begin{cases}1, & n=1,\\ 3\cdot 4^{n-2}, & n\geqslant 2,n\text{ 是正整数}\end{cases}$，(3) 存在三个不同的数列$\{a_n\}$为“$\lambda-3$”数列，且$a_n\geqslant 0$，且$0<\lambda<1$.

8.2 等比数列

【基础训练】

1. $\frac{121}{3}$； **2.** 4； **3.** $\frac{18}{5}$； **4.** $[2,+\infty)$； **5.** (C)； **6.** (1) -2，(2) $\frac{1-(1+3n)\cdot(-2)^n}{9}$； **7.** (1) $a_n=2^{2n-1}$，(2) n^2； **8.** (1) $a_n=2^{n-1}$，(2) $S_n=2^n-\frac{3}{2}n^2+\frac{29}{2}n-1$.

【能力提高】

1. (B)； **2.** 5，$240\left(3-\frac{n+3}{2^n}\right)$.

8.3 数列

【基础训练】

1. 6； **2.** (D)； **3.** (D)； **4.** (C)； **5.** (B)； **6.** (B)； **7.** 17； **8.** (1) 1 024，(2) $(-\infty,8)$.

【能力提高】

1. ①②④； **2.** (1) 1，3，5，6，(2) 见详解，(3) $a_n=\begin{cases}n+1, & n\text{ 为奇数},\\ n-1, & n\text{ 为偶数}.\end{cases}$

8.4 数学归纳法

【基础训练】

1. 3； **2.** 10，121； **3.** $(2k+1)+(2k+2)$； **4.** (D)； **5.** 5； **6.** (B)； **7.** (1) $a_2=\frac{2}{5}$，$a_3=\frac{2}{9}$，$a_4=\frac{2}{13}$，(2) 见详解； **8.** 不正确.

【能力提高】

1. (1) $a_1=1$，$a_2=\sqrt{2}-1$，$a_3=\sqrt{3}-\sqrt{2}$，(2) 见详解； **2.** (1) $a_1=2$，$a_2=6$，$a_3=12$，(2) $a_n=n(n+1)$，证明见详解.

9 解析几何

9.1 直线的倾斜角与斜率

【基础训练】

1. arctan2； **2.** $\left[0,\frac{\pi}{4}\right]\cup\left(\frac{\pi}{2},\pi\right)$； **3.** $\frac{4}{3}$； **4.** $\left[0,\frac{\pi}{4}\right]\cup\left(\frac{\pi}{2},\pi\right)$； **5.** $\frac{7\pi}{12}$或$\frac{11\pi}{12}$； **6.** $\frac{2\pi}{3}$； **7.** (1) $\pi-\arctan 3$，(2) $[0,\pi-\arctan 4]\cup[\pi-\arctan 2,\pi)$； **8.** 4，$-\frac{1}{2}$.

【能力提高】

1. $\pi-\arctan 2$； **2.** (1) $k\leqslant -1$ 或 $k\geqslant 3$，(2) $\arctan 3\leqslant\alpha\leqslant\frac{3\pi}{4}$.

9.2 直线的方程

【基础训练】

1. (D)； **2.** (B)； **3.** (B)； **4.** $\frac{1}{2}$； **5.** $2x-y+10=0$； **6.** $x-y-3=0$； **7.** $2x+3y-8=0$； **8.** (1) $x-y+2=0$，(2) $2(x-0)+(y-1)=0$； **9.** (1) $\sqrt{7}$，(2) $2x+y-2=0$.

【能力提高】

$2x+3y+1=0$.

9.3 两条直线的位置关系

【基础训练】

1. $\frac{\pi}{6}$； **2.** -1； **3.** $-\frac{1}{3}$ 或 3； **4.** $\frac{1}{8}$； **5.** $\left\{-\frac{1}{6},-\frac{1}{3},1\right\}$； **6.** $x+2y-3=0$； **7.** $11x+2y-22=0$； **8.** $\frac{\pi}{2}$或$\frac{5\pi}{6}$.

【能力提高】

(A).

9.4 点到直线的距离

【基础训练】

1. 3； **2.** $\sqrt{2}$； **3.** 5； **4.** $\frac{2}{5}$； **5.** $\frac{\sqrt{5}}{2}$； **6.** [0,

5]； **7.** 3； **8.** $(2\sqrt{2}-1)x-(3+\sqrt{2})y+3=0$.

【能力提高】

1. $\sqrt{3}+\sqrt{2}$； **2.** (D).

9.5 圆

【基础训练】

1. -1； **2.** (A)； **3.** $\left[0, \frac{\sqrt{3}}{3}\right]$； **4.** $2\sqrt{15}$； **5.** (D)； **6.** $4-\sqrt{2}$； **7.** 4； **8.** $(x-2)^2+(y-1)^2=25$； **9.** (1) $c=\frac{1}{4}$, (2) $\frac{25}{4}\pi$.

【能力提高】

1. $\left[-\frac{11}{7}, -1\right]$； **2.** 存在，$\lambda=a^2$； **3.** 存在，半径 $r=2$.

9.6 椭圆

【基础训练】

1. $\frac{\sqrt{5}}{3}$； **2.** $(-2, -1)\cup(2, +\infty)$； **3.** 6； **4.** $2\sqrt{5}$； **5.** $\frac{5}{2}$； **6.** (C)； **7.** $\frac{8\sqrt{3}}{3}$； **8.** (1) 是，(2) $(2, 2\sqrt{2}]$，(3) 过定点$(0, \pm 2\sqrt{2})$.

【能力提高】

1. (1) $\frac{\sqrt{6}}{2}$，(2) 见详解； **2.** (1) $\frac{x^2}{8}+\frac{y^2}{2}=1$，(2) 1.

9.7 双曲线

【基础训练】

1. $\frac{5}{3}$； **2.** $\sqrt{a^2+1-\frac{1}{a^2+1}}$； **3.** (B)； **4.** $b\geqslant 2$； **5.** 4； **6.** (1) $\frac{x^2}{100}-\frac{y^2}{300}=1$，$\left(\frac{15\sqrt{2}}{2}, \frac{5\sqrt{6}}{2}\right)$，(2) 19 km，$Q$ 点位于点 O 北偏东 66°方向 19 km 处； **7.** (1) $2\sqrt{3}$，(2) $\sqrt{2}$； **8.** (1) $\frac{x^2}{4}-\frac{y^2}{12}=1$，(2) 4，(3) 见详解.

【能力提高】

1. (1) $x^2-\frac{y^2}{2}=1$，(2) 见详解，(3) $\left(-\frac{a(a^2+b^2)}{a^2-b^2}, 0\right)$； **2.** (1) $\frac{x^2}{4}+\frac{y^2}{3}=1$，(2) $d_1+d_2=4$，(3) $r_1=\frac{2}{1-\cos\alpha}\left(-1\leqslant\cos\alpha\leqslant-\frac{1}{5}\right)$或 $r_1=\frac{3}{2+\cos\alpha}\left(-\frac{1}{5}\leqslant\cos\alpha\leqslant 1\right)$，$\left[\frac{9}{11}, \frac{11}{9}\right]$.

9.8 抛物线

【基础训练】

1. $\frac{9}{4}$； **2.** -3； **3.** (D)； **4.** (C)； **5.** $x=1-\sqrt{2}$； **6.** (1) $(2, 2\sqrt{2})$或$(2, -2\sqrt{2})$，(2) 见详解. **7.** (1) $\frac{1}{4}$ m，(2) 9.59°； **8.** (1) $\left(\frac{1}{32}, 0\right)$，(2) $\frac{\sqrt{10}}{40}$.

【能力提高】

1. (1) $y_1y_2=-2p^2$，(2) $y_1y_2=-p$ 时，过定点 $\left(\frac{1}{2}, 0\right)$，(3) 存在 $x=\frac{15p}{8}$，$\left(\frac{17p}{8}, 0\right)$； **2.** (1) $y^2=4x$，(2) $x-\sqrt{2}y-4=0$.

*9.9 曲线与方程

【基础训练】

1. (A)； **2.** $(-2, 2+\sqrt{3})$或$(0, 2-\sqrt{3})$； **3.** 6； **4.** $\frac{x^2}{8}+\frac{y^2}{4}=1$； **5.** 8； **6.** $\rho\sin\left(\theta-\frac{\pi}{3}\right)=-\sqrt{3}$； **7.** (A)； **8.** $x^2+y^2=56$.

【能力提高】

1. $x^2+y^2=3$； **2.** 18π，22π.

10 数学建模

10.1 数学建模

【基础训练】

1. ①； **2.** (1)(2)(3)； **3.** (2)(3)(4)； **4.** 见详解； **5.** 见详解； **6.** 4.

【能力提高】

1. 见详解；

2. (1) 见详解,(2) 北偏东 30°,30°或 60°;
3. (1) 见详解,(2) $267\leqslant n\leqslant 400$,$n\in\mathbf{N}$.

10.2 函数模型

【基础训练】

1. (1) 见详解,(2) (B); **2.** (1) 2 197.2 m/s,(2) 53.6; **3.** (1) 不符合公司要求,(2) $[1, 2]$; **4.** $\frac{a}{6}$; **5.** (1) $f(x)=-x^2+2(e+1)x-2e\ln x-2(0<x<4)$,(2) (e^2-2)万元,e 万件; **6.** (1) ④,(2) 合格,(3) $\left(4-\frac{\sqrt{10}}{2}\right)$ h.

【能力提高】

1. (1) 6,(2) $0<a\leqslant\frac{5}{4}$; **2.** D 处选在距点 B 处 15 km 时运费最省.

10.3 三角模型

【基础训练】

1. (B); **2.** (A); **3.** (A); **4.** (1) 28.28 m,(2) 26.93 m; **5.** (1) $\frac{\sqrt{6}r}{3}$,(2) $\frac{\pi}{6}$,$\frac{2\sqrt{3}}{3}r$; **6.** (1) $a=8$,$\omega=\frac{\pi}{24}$,$\varphi=\frac{\pi}{2}$,$f(x)=8\cos\frac{\pi}{24}x+20(0\leqslant x\leqslant 24)$,(2) 16; **7.** (1) 机器人乙按与 $\overrightarrow{AB}$ 的夹角为 $\arccos\frac{\sqrt{13}}{4}$ 的角度释放才能挑战成功,(2) 至少为 6 m; **8.** (1) $\theta=\frac{2x+10}{x+10}(0<x<10)$,(2) $\frac{5}{2}$ m,$\frac{225}{4}$ m^2; **9.** (1) $(60\sqrt{6}-60\sqrt{2})$ m,(2) $120(\sqrt{3}-1)$ m.

【能力提高】

1. 见详解; **2.** (1) 见详解,(2) 见详解; **3.** $\frac{5}{2}\pi+4$ cm^2.